Menghin
Frühgeschichte Bayerns

Wilfried Menghin

Frühgeschichte Bayerns

Römer und Germanen
Baiern und Schwaben
Franken und Slawen

Theiss

Fotos des Tafelteils
von Joachim Feist

CIP-Titelaufnahme der Deutschen Bibliothek
Menghin, Wilfried:
Frühgeschichte Bayerns : Römer und Germanen – Baiern und Schwaben – Franken und Slawen / Wilfried Menghin. – Stuttgart : Theiss, 1990
ISBN 3-8062-0598-1

Schutzumschlag: Jürgen Reichert, Kornwestheim

Gesamtherstellung: Grafische Betriebe
Süddeutscher Zeitungsdienst, Aalen
Printed in Germany
ISBN 3-8062-0598-1

Inhalt

Vorwort 7
Einleitung 9
Archäologisch-historische Grundlegung 12
Germanen am Limes 18
Markomannen 19
Alamannen 24
Die spätrömische Zeit 26
Das Ende der Römerherrschaft 31
Die Archäologie des 4. und 5. Jahrhunderts in Südbayern 33
Laeten und Foederaten 33
Der provinzialrömische Fundstoff 36
Die germanische Komponente 43
Siedlungsgeschichte 47
Die andere Seite: »Römische Kaiserzeit« 48
Siedlungen und Gräber 48
Gauburgen 55
Das 5. Jahrhundert 60
Archäologische Ethnographie 63
Am Ende der Spätantike 65
Bayern in der Völkerwanderungszeit 66
Der hl. Severin und die Donaugrenze 69
Byzanz, Ostgoten und Franken 71
Herkunft, Herrschafts- und Stammesgeschichte der Baiern 74
Die »Frankisierung« Süddeutschlands und die Archäologie der Reihengräberzeit 79
Reihengräber und fränkische Landnahme 79
Franken in Franken 81
Mechanismen herrschaftlicher Erfassung 86
Das alamannische Bayern 91
Zur frühmittelalterlichen Ethnographie in Bayern 94
Walchen 95
Wenden 95

Realienkunde 99
Tracht 100
Gerät und Waffen 104
Das frühe Christentum in Bayern 110
Literarische Zeugnisse 110
Die iro-fränkische Mission 112
Heidentum, Christentum und Aberglaube 114
Bayern in frühkarolingischer Zeit 116
Tafelteil 119
Anmerkungen 193
Literatur zum Tafelteil 201
Personen- und Ortsregister 204
Bildnachweis 206

Vorwort

Es wäre vermessen zu glauben, die Frühgeschichte Bayerns in einem Buch dieses Umfangs umfassend oder auch nur hinreichend in allen Aspekten abhandeln zu können. Das ist Sache historischer Handbücher. Dennoch scheint mir der Titel nicht verfehlt, da mit »Frühgeschichte« die Jahrhunderte von der Zeitenwende bis ins beginnende Mittelalter gemeint sind, deren »Geschichte« in einem weitmaschigen Netz historischer Überlieferungen durch die Interpretation archäologischer Funde und Befunde rekonstruiert wird. Demgemäß stehen die Sachaltertümer im Mittelpunkt – in diesem Zusammenhang sei dem Verlag für die großzügige Ausstattung des Buches mit Farbtafeln, dem Fotografen Joachim Feist für die vorzüglichen Neuaufnahmen und den Kollegen und Direktoren der städtischen und staatlichen Museen sowie des Landesamts für Denkmalpflege in Bayern für die Bereitstellung der Fundobjekte herzlichst gedankt.
Aber gibt es überhaupt eine »Frühgeschichte Bayerns«? Eigentlich nicht, da die heutigen Grenzen des Freistaats relativ modernen Ursprungs sind und neben den altbayerischen Gebieten die fränkischen und schwäbischen Landesteile einschließen. In diesem Widerspruch liegt jedoch der Reiz des Themas: der Vergleich historischer Entwicklung in Nord und Süd, hier römische Provinz, dort freies Germanien, dann baierisches Stammesherzogtum, Alamannen zwischen Iller und Lech, im Norden fränkisches Königsland bzw. thüringisches Stammesherzogtum. Die Vielfalt in Zeit und Raum ermöglicht modellartig die Darstellung ethnogenetischer Zusammenhänge mit archäologischen Mitteln. Dabei kommen allerdings bestimmte Themen wie Haus und Hof, Wirtschaft, Handwerk und Handel oder das agilolfingische Baiern insgesamt zu kurz. Sie sind in jüngster Zeit in der großen Bajuwaren-Ausstellung in Rosenheim und Mattsee umfassend abgehandelt worden, so daß ich diesen Stoff ausklammern zu können glaube. Aus demselben Grund liegt die Gewichtung des Textes im frühmittelalterlichen Abschnitt mehr in Franken als in Altbayern.
Die Vor- und Frühgeschichtsforschung in Bayern hat gerade in den letzten Dezennien wesentliche Fortschritte zu verzeichnen, deren ich mich in meiner zusammenfassenden Darstellung bedienen konnte. Die Arbeit an diesem Buch hat mir Freude gemacht, vor allem wegen der Offenheit und der umkomplizierten Hilfsbereitschaft der Kollegen in den bayerischen Museen, der Hilfe meiner Mitarbeiter im Germanischen Nationalmuseum und der Studierenden am Lehrstuhl für Vor- und Frühgeschichte in Regensburg. Für Beratung, Bereitstellung von Sammlungsbeständen und Publikationserlaubnis danke ich Dr. Hermann Dannhei-

mer und Dr. Thomas Fischer (Prähistorische Staatssammlung München), Dr. Lothar Bakker (Römisches Museum Augsburg), Dr. Sabine Rieckhoff-Hesse (Museum der Stadt Regensburg), Dr. Johannes Prammer und Dr. Hans Geisler (Gäubodenmuseum Straubing), Prof. Dr. Gerhard Bott (Germanisches Nationalmuseum Nürnberg), Dipl.-Arch. Lothar Hennig (Historisches Museum Bamberg), Dr. Eva Zahn (Mainfränkisches Museum Würzburg), Markus Marquart M. A. (Museen der Stadt Aschaffenburg), Dr. Ludwig Wamser (Bayer. Landesamt für Denkmalpflege, Abt. Vor- und Frühgeschichte, Außenstelle Würzburg), Dr. Stefan Winghart (Bayer. Landesamt für Denkmalpflege, Abt. Vor- und Frühgeschichte, München). Mein herzlicher Dank gilt auch Frau Petra Reif für das Schreiben des Typoskripts, Dr. Brigitte Haas und Dr. Tobias Springer M. A. (Germanisches Nationalmuseum Nürnberg) für Manuskript- und Bildschirmkorrektur, Oktavian Catrici (Germanisches Nationalmuseum Nürnberg) und Verena Croon (Museum für Vor- und Frühgeschichte Berlin) für Zeichnungen und Heinz Kornemann für Fotos und Restaurierungen.

Bleibt zu hoffen, daß die Mühen nicht vergeblich waren, das Buch beim Leser Anklang findet und das Interesse an der heimischen Archäologie anregt. Zuschreiben möchte ich es als meinen persönlichen Abschied allen Bayern und jenen, die noch »Freistaatler« werden wollen. Gewidmet ist die »Frühgeschichte Bayerns« meiner Frau Traudi und meiner Tochter Sonia, die nicht nur wieder einmal monatelang auf gemeinsame familiäre Freizeit verzichten mußten, sondern schließlich auch noch »entbayerisiert« wurden und mir nach Berlin folgten.

Berlin, den 1. Juli 1990 Wilfried Menghin

Einleitung

Bayern in seinen modernen Grenzen ist das Ergebnis einer langen historisch-dynastischen und politischen Entwicklung, die zu Beginn des 19. Jahrhunderts ihren Abschluß fand. Obwohl geographisch, kulturhistorisch und ethnographisch keine Einheit, wuchs das zunächst künstlich wirkende Gebilde zu einem Staat zusammen, den weder die Gründung des Deutschen Reichs noch der Untergang der Monarchie, noch die Katastrophen des 20. Jahrhunderts gefährden konnten.

Von bayerischen Politikern wird bei passender Gelegenheit oft und gerne behauptet, »Bayern« sei einer der ältesten kontinuierlich bestehenden Staaten in Europa. Ein Blick in den Schulatlas belehrt, daß dies nur sehr bedingt zutrifft und diese Behauptung eigentlich zu Konflikten führen muß.

Den Kern des napoleonischen Königreichs Bayern bildete »Alt-Baiern«, im wesentlichen das spätmittelalterliche Herzogtum, das wiederum nur aus dem nordwestlichen Teil des alten Stammesherzogtums mit seinen hochmittelalterlichen östlichen Marken bestand (Abb. 1). Die übrigen Teile Bayerns, etwa zwei Fünftel des heutigen Staatsgebiets – die linksrheinische, ehemals bayerische Pfalz bleibt außer Betracht –, kamen im wesentlichen zwischen 1802 und 1816 aus weltlicher und geistlicher souveräner Herrschaft an das Königreich. Die »Bayerisierung« dieser fränkischen und schwäbischen Landesteile unter Bewahrung ihrer stammesmäßigen und historisch geprägten Eigenarten ist bis heute – in weitaus abgeschwächterer Form als im 19. Jahrhundert – ein Thema bayerischer Innenpolitik.

Selbst die ethnodynamisch nivellierende Zuwanderung von Flüchtlingen und Vertriebenen aus den deutschen Ostgebieten, von Aussiedlern und Umsiedlern vornehmlich aus Osteuropa, und eine durch mancherlei Faktoren bedingte Nord-Süd-Wanderung innerhalb der Bundesrepublik sowie aus Mitteldeutschland, welche die Bevölkerungsstatistik Bayerns seit 1945 von acht auf zwölf Millionen hochgetrieben hat, änderte wenig am Bewußtsein der drei Gruppen. Oberbayern, Niederbayern und Oberpfälzer fühlen sich baierisch, Ober-, Mittel- und Unterfranken fränkisch und die Schwaben schwäbisch (Abb. 2). Nach außen hin aber geben sie sich alle, genauso wie die assimilierten »Preußen«, als »Bayern«, wobei das »y« im Namen wichtig ist. Denn sprachlich und kulturell sind Ober- und Niederösterreicher, Steierer und Kärntner, Salzburger und sogar Tiroler wirkliche Baiern (mit »ai«), wobei die sich, auch in Kenntnis ihrer baierischen Wurzeln, niemals als »Bayern«, sondern immer als Österreicher bezeichnen würden.

Abb. 1 Das baierische Stammesherzogtum im Hochmittelalter (nach Bayer. Geschichtsatlas, ergänzt).
1 = Fränkische und schwäbische Landesteile
2 = Altbaierische Landesteile mit Nordgau in Bayern
3 = Baierisches Stammesherzogtum zur Zeit der Agilolfinger
4 = Baierische Kolonisationsgebiete Niederösterreich, Steiermark und Kärnten

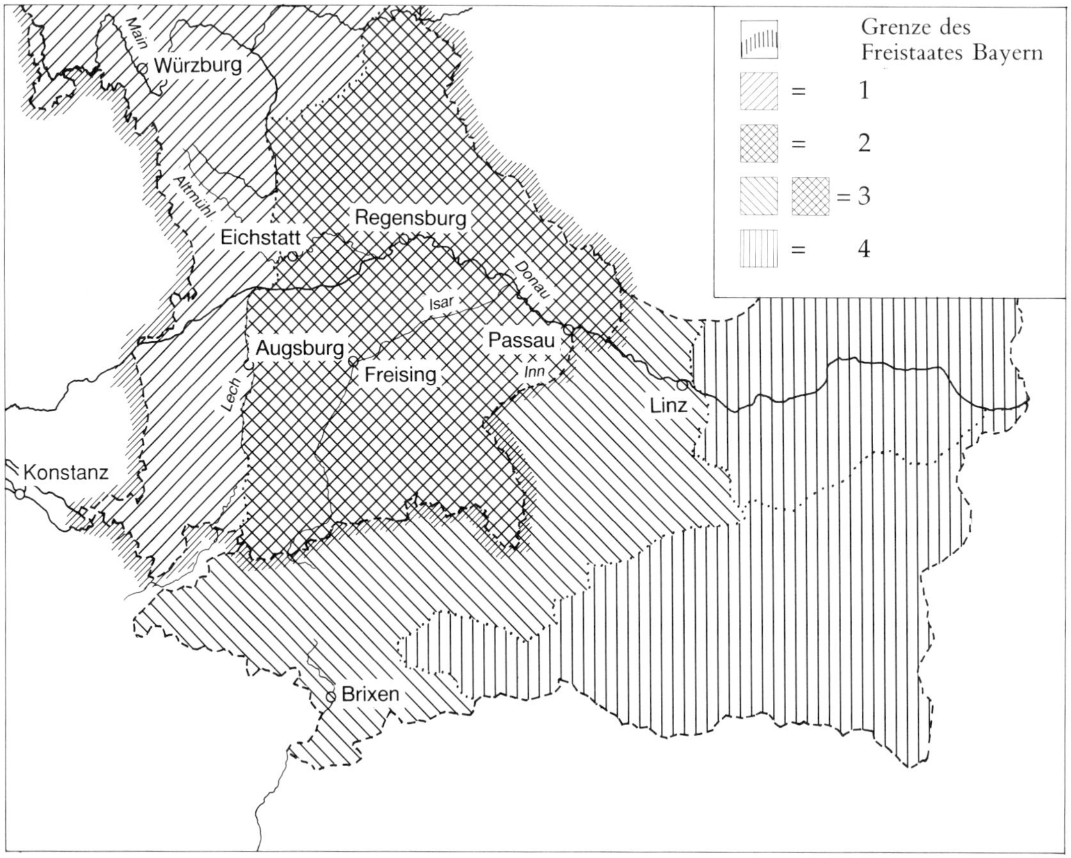

Abb. 2 Die Regierungsbezirke des Freistaats Bayern.

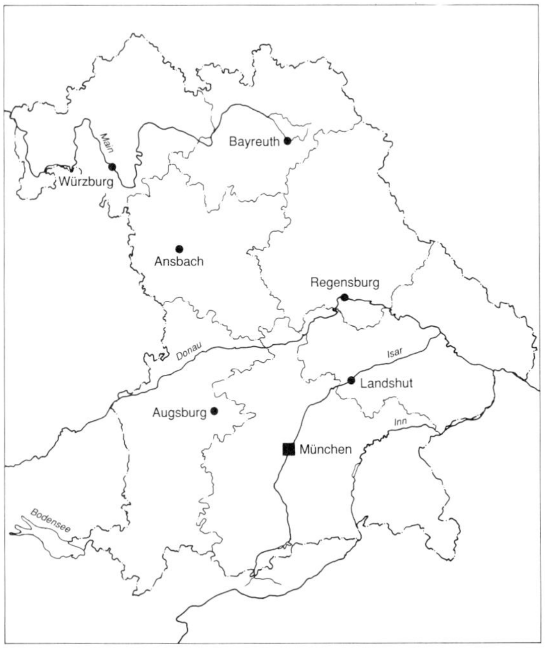

Aufgrund der historischen Entwicklungen seit dem 10. Jahrhundert ist das baierische Stammesgebiet mit seinen östlichen, südöstlichen und südlichen Kolonisationsräumen in eine baierische und eine österreichische Hälfte geteilt, wobei die Gebiete zwischen Lech, Donau, Salzach, Inn und Alpennordrand zusammen mit dem schwäbischen Landesteil und Franken – im wesentlichen das Maingebiet mit seinen Nebenflüssen – den Freistaat Bayern bilden.
Die naturräumliche Gliederung Bayerns ist von den Flußsystemen der Donau und des Mains sowie den nördlichen Kalkalpen im Süden, von Fichtelgebirge, Oberpfälzer- und Bayerischem Wald im Osten, Spessart, Rhön, Thüringer und Frankenwald im Norden sowie Schwäbischer Alb und Frankenhöhe im Westen bestimmt. Frankenhöhe, Steigerwald, Haßberge und Fränkische Alb begrenzen das Mittelfränkische Becken, während das Alpenvorland, die schwäbisch-bayerische Hochebene, nach Westen offen ist und östlich von Inn- und Salzach in das österreichische Schichtstufenland übergeht (Abb. 3).
Verkehrsgeographisch wichtig ist die Entwässerung des Donauflußsystems nach Osten und die des Mains nach Westen. Schon Karl der Große versuchte 793, Rhein und Donau über die Schwäbische Rezat und Altmühl an der optimalen Stelle der Wasserscheide beider Flußsysteme durch einen Kanal, die »Fossa Carolina«, zu verbinden.
Entsprechend der Ausrichtung der Flußsysteme ergibt sich für den süd- und nordostbayerischen Raum in vor- und frühgeschichtlicher Zeit periodenweise eine verstärkte donauländische Ausrichtung, die durch leichte Übergänge in das Böhmische Becken – so die Cham-Fur-

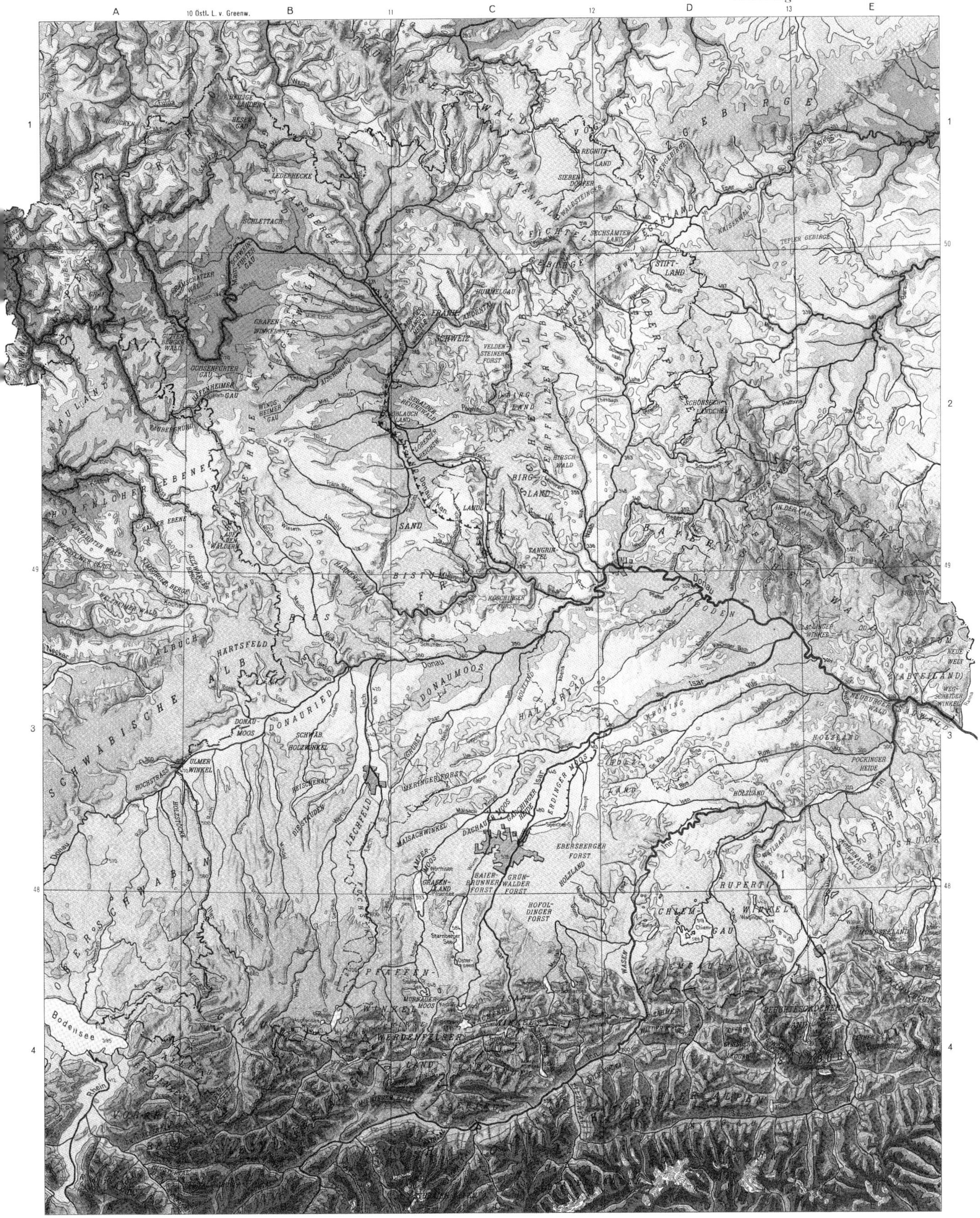

Abb. 3 Die naturräumliche Gliederung Bayerns (nach Bayer. Geschichtsatlas).

ther-Senke – ergänzt wird, während das Maintal im wesentlichen immer nach Westen und durch seine nördlichen Zuflüsse nach Mitteldeutschland orientiert war (Abb. 3).

Archäologisch-historische Grundlegung

Abb. 4 Keltische Stämme, wichtige Oppida (Punkte) und Siedlungen (Kreise) in Bayern um 60 v. Chr. (nach S. Rieckhoff-Pauli).

Als der Raum nördlich der Alpen in das Blickfeld antiker Historiographen gerät, wird von Kelten berichtet, und auf dem Siegesdenkmal für den Alpenfeldzug im Jahr 15 v. Chr. in La Turbie, dem Tropaeum Alpium des Augustus, dessen Inschrift von Plinius d. Ä. überliefert ist, werden im Alpenvorland zwischen Iller und Inn als Unterworfene Vindeliker genannt, die westlich von den Norikern sitzen (Abb. 4)[1]. Die Okkupation des Alpenvorlandes ist in Zusammenhang mit der Großstrategie des Augustus zu sehen, die darauf abzielte, zum einen die Nordgrenze Italiens und zum anderen die Verbindung zwischen Gallien und den illyrischen Provinzen zu sichern. Wie der Alpenfeldzug im einzelnen ablief und wo genau die bei Plinius d. Ä. erwähnten Teilstämme der Vindeliker zu lokalisieren sind, ist unklar.[2] Eine Nachricht bei Cassius Dio (3. Jahrhundert) besagt, daß es bald nach der Eroberung zu umfänglichen Zwangsaushebungen kam, mit denen die *cohortes Raetorum et Vindelicorum* aufgestellt wurden[3], und Strabo schreibt im Jahr 18/19, daß Drusus und Tiberius den Raubzügen der Räter und Vindeliker mit einem einzigen Feldzug ein Ende machten und diese nun im 33. Jahr friedlich ihre Abgaben zahlten[4].

Im Widerspruch zu diesen Nachrichten steht das archäologische Bild. Eine Siedlungskontinuität von der spätkeltischen in die frührömische Zeit ist nicht nachzuweisen, obwohl die vorrömisch-keltischen Namen wie Cambodunum, Brigantia, Abodiacum (Kempten, Bregenz, Epfach) tradiert wurden. Nach dem archäologischen Befund scheint es vielmehr so, als ob das Alpenvorland von Fremden aus dem inneralpinen Bereich, aus Oberitalien und anderen römischen Provinzen aufgesiedelt worden sei, wobei in den Grab- und Siedlungsfunden erstaunlicherweise eine germanische Komponente ins Auge fällt[5]. Anders als im östlich anschließenden Norikum, dessen Gebiete zwischen Inn und Salzach heute bayerisch sind, wo heimische Trachteigentümlichkeiten und Grabsitten bruchlos vom 1. Jahrhundert v. Chr. bis ins 2. Jahrhundert n. Chr. nachgewiesen werden können, scheint das autochthone Element in Rätien bereits zur Zeit der römischen Okkupation des Alpenvorlandes bedeutungslos gewesen zu sein.[6]

Obwohl bald nach der Eroberung mit der Organisation des Gebiets begonnen wurde und in tiberischer Zeit vor allem zwischen Bodensee und mittlerer Isar Zivilsiedlungen und Militärposten entstanden, erlangte Rätien erst unter Claudius (41–45) den Rang einer prokuratorischen Provinz.[7] Die Donaugrenze wurde durch Kastelle gesichert, die Infrastruktur ausgebaut. Die Provinzhauptstadt Augusta Vindelicum war durch die Via Claudia Augusta mit Italien verbunden, der Fernweg von Bregenz über Augsburg nach Iuvavum (Salzburg) wurde als Kunststraße ausgebaut (Abb. 5). Unter Domitian (81–96) wurde die Grenze im Zuge einer umfänglichen Eroberungspolitik in Südwestdeutschland über die Donau nach Norden vorverlegt und die »nasse Grenze« zwischen Eining und Linz durch Kastelle gesichert.[8] Bis zu den Wirren nach dem Tod Kaiser Neros hatte für diese Grenzsicherung im östlichsten Rätien und im westlichen Norikum kein Bedarf bestanden. Maßgeblich hierfür dürften die geographischen Gegebenheiten und die Siedlungsmöglichkeiten gewesen sein. Die

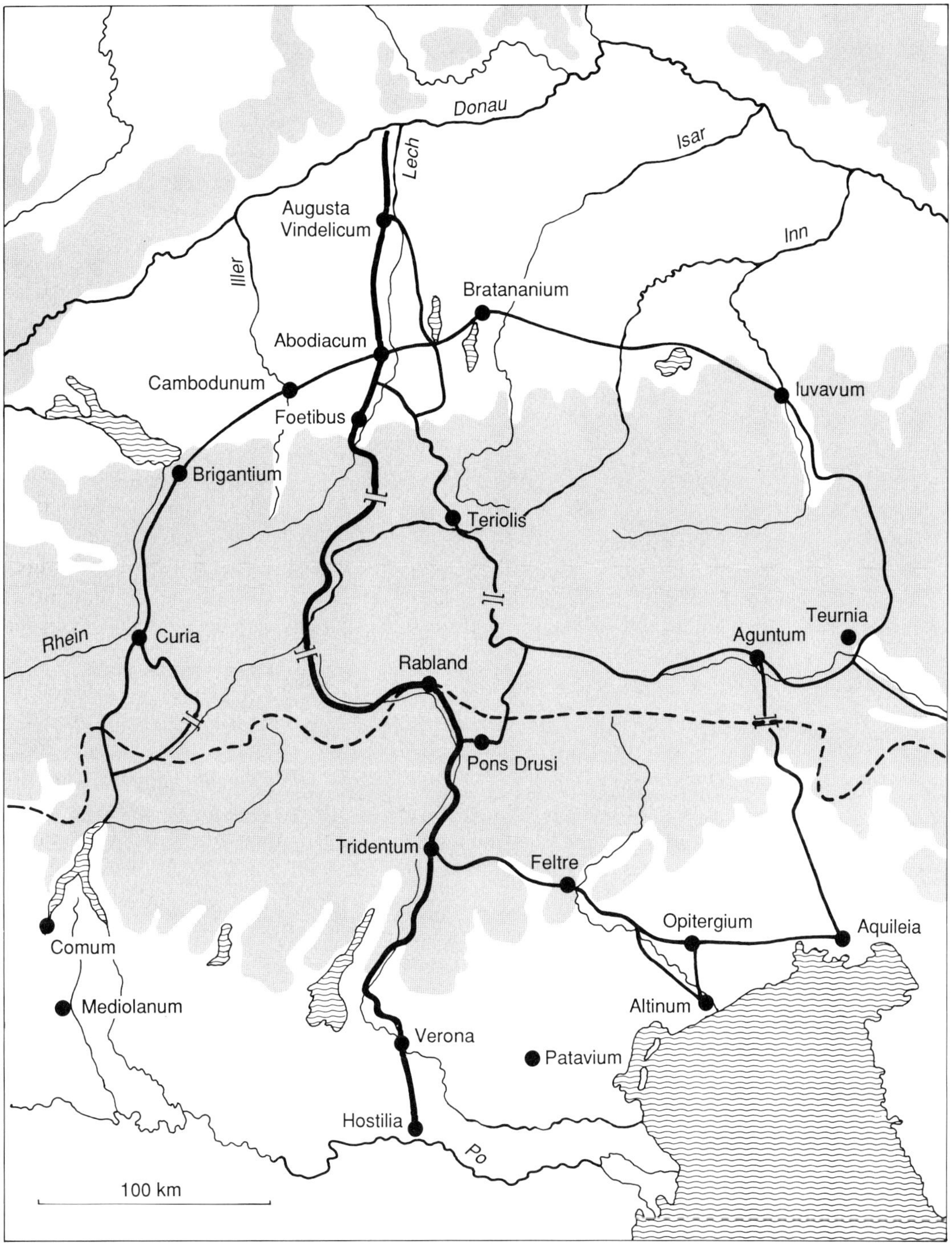

Abb. 5 Die Via Claudia Augusta verband die rätische Provinzhauptstadt Augsburg mit Italien (nach W. Czysz).

nordostbayerischen Waldgebirge und bewaldeten Mittelgebirge des österreichischen Mühl- und Waldviertels begleiten die Donau auf der gesamten Stromstrecke und wirkten, trotz der Durchgängigkeit, als »Bollwerk« (K. Dietz). Aus der Oberpfalz, dem Naab- und Regental sind keine archäologischen Funde bekannt, die auf eine umfangreichere germanische Sied-

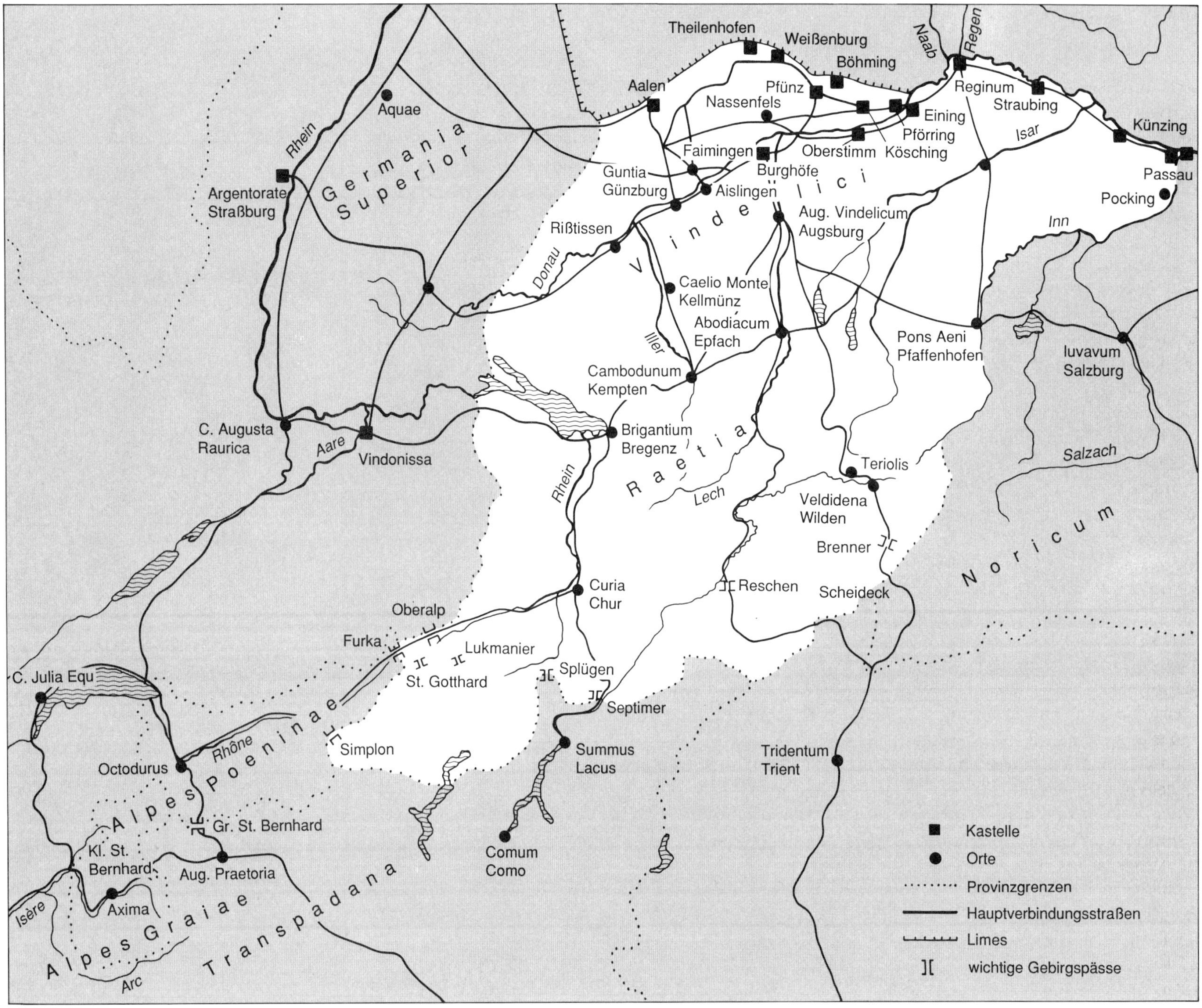

Abb. 6 Rätien in der römischen Kaiserzeit (nach K. Dietz).

lung in frührömischer Zeit schließen ließen. Auch das osträtische Hinterland der Donau scheint erst römisch aufgesiedelt worden zu sein, nachdem die Kastelle bei Eining, Regensburg-Kumpfmühl, Straubing, Künzing, Passau und Passau-Innstadt (auf norischer Seite) eingerichtet waren.

Der »rätische Limes«, zuletzt zu einer Steinmauer ausgebaut, bildete seit Hadrian (117–138) bis zu den Katastrophen des 3. Jahrhunderts die Nordgrenze des Imperiums (Abb. 6). Im Schutz des Militärs prosperierte die Provinz. Die Hauptstadt Augsburg wurde unter Hadrian 121 mit dem Namen Aelium Augustum bedacht und zugleich Municipium. Eine weitere Aufwertung erfuhr die Provinz durch die Stationierung der 3. Italischen Legion in Regensburg, deren Legat in Augsburg residierte.[9] Nach Instandsetzung der Schäden aus den Markomannenkriegen (166–180/81) erlebte die Provinz nochmals einen wirtschaftlichen Aufschwung, bis sie mit dem Auftreten der Alamannen zum Krisengebiet wurde und nach verheerenden Barbareneinfällen im 3. Jahrhundert die Grenze an die Donau und die Iller zurückgenommen werden mußte.

Während das südliche Bayern – das heutige Schwaben, das südliche Mittelfranken, Nieder- und Oberbayern – zur römischen Provinz Rätien bzw. das östliche Oberbayern zwischen Inn und Salzach zur Provinz Norikum gehörte, war Nordbayern Teil der Germania magna. Der obergermanische Limes berührt nur im westlichsten Unterfranken das heutige Staatsgebiet (Abb. 6).

Die historische Ethnographie in caesarisch-augusteischer Zeit kann sich nur auf wenige, teils verwirrende Quellen stützen.[10] Als gesichert darf eine svebisch-markomannische Besiedlung angenommen werden, die dem römischen Offensivdruck in den Jahren vor der Zeitwende nach Osten auswich. Im Zusammenhang mit der strategischen Situation und den Germanenkriegen des Augustus ist auch das jüngst entdeckte Legionslager am Maindreieck bei Marktbreit zu sehen.[11] Nach dem Abzug der Markomannen Marbods scheinen die Mainlande nicht mehr Basis eines bedeutenden Stammes gewesen zu sein. Die römische Besetzung beschränkte sich auf das Untermaingebiet und die Wetterau, die als Teil der Germania superior bis in die Zeit um 260 n. Chr. beim Imperium blieben.

Obwohl das heutige Mainfranken in den Quellen der römischen Kaiserzeit kaum Erwähnung findet, kann archäologisch eine relativ dichte germanische Besiedlung nachgewiesen werden, in deren Frühphase zahlreiche Kontakte mit einer spätlatènezeitlichen keltischen Vorbevölkerung bestanden.[12] Welche germanischen Völker nördlich der oberen Donau im 1. Jahrhundert n. Chr. siedelten, ist nicht mit letzter Sicherheit zu klären. Wahrscheinlich waren darunter die Hermunduren. Denn zum einen schreibt Cassius Dio (55, 10a, 2–3), Domitius Ahenobarbus habe um 5 v. Chr. landlose Hermunduren in den von den Markomannen verlassenen Gebieten angesiedelt, und zum anderen vermeldet Tacitus (Germania c. 41) für die Zeit um 100 n. Chr.: »Deshalb haben sie (die Hermunduren) allein unter den Germanen mit uns Handelsverkehr nicht nur am Ufer (wohl der Donau), sondern tief bis ins Innere und besonders in der so prächtigen Kolonie der Provinz Raetien (es kann nur Augsburg gemeint sein). Überall und ohne Aufsicht überschreiten sie die Grenze. Während wir den übrigen Völkern nur unsere Waffen und Lager weisen, haben wir diesen unsere Häuser und Landgüter geöffnet, ohne daß sie Verlangen danach zeigen.«

Von der germanischen Überlagerung wurden seit der zweiten Hälfte des 1. Jahrhunderts v. Chr. das ganze Maintal vom Staffelberg bei Staffelstein über das Regnitzmündungsgebiet bei Bamberg, das Würzburger Becken, das

Abb. 7 Die Verbreitung frühgermanischer Funde vom Typ Großromstedt im Thüringer Becken und in Mainfranken (nach D. Rosenstock).

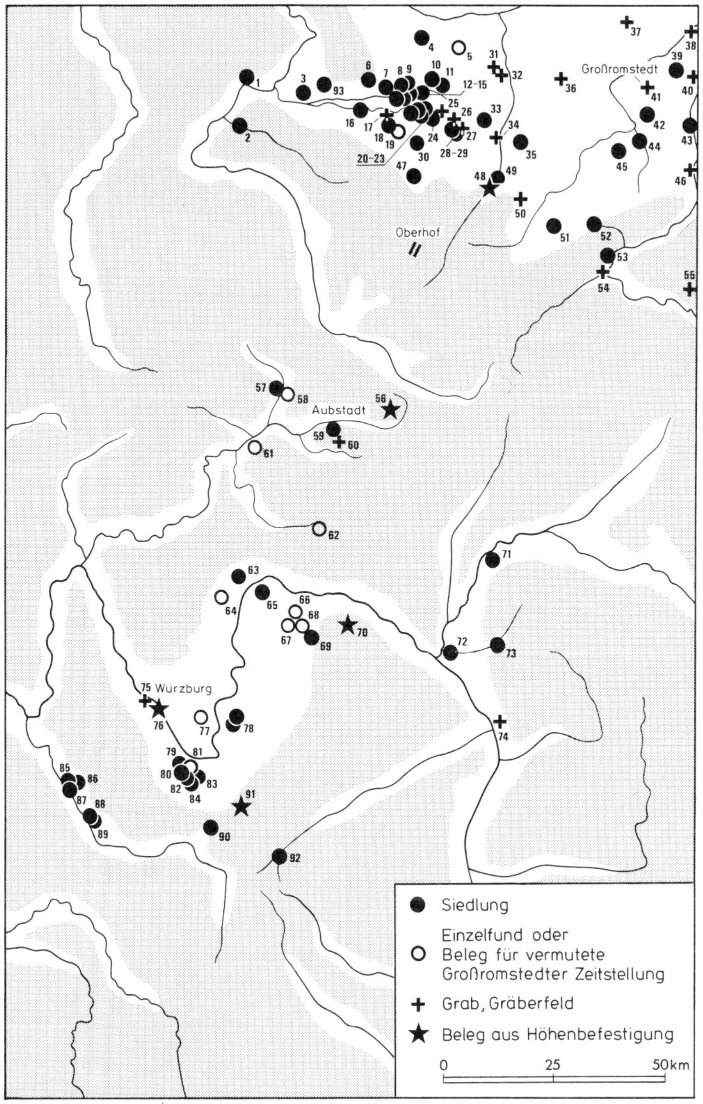

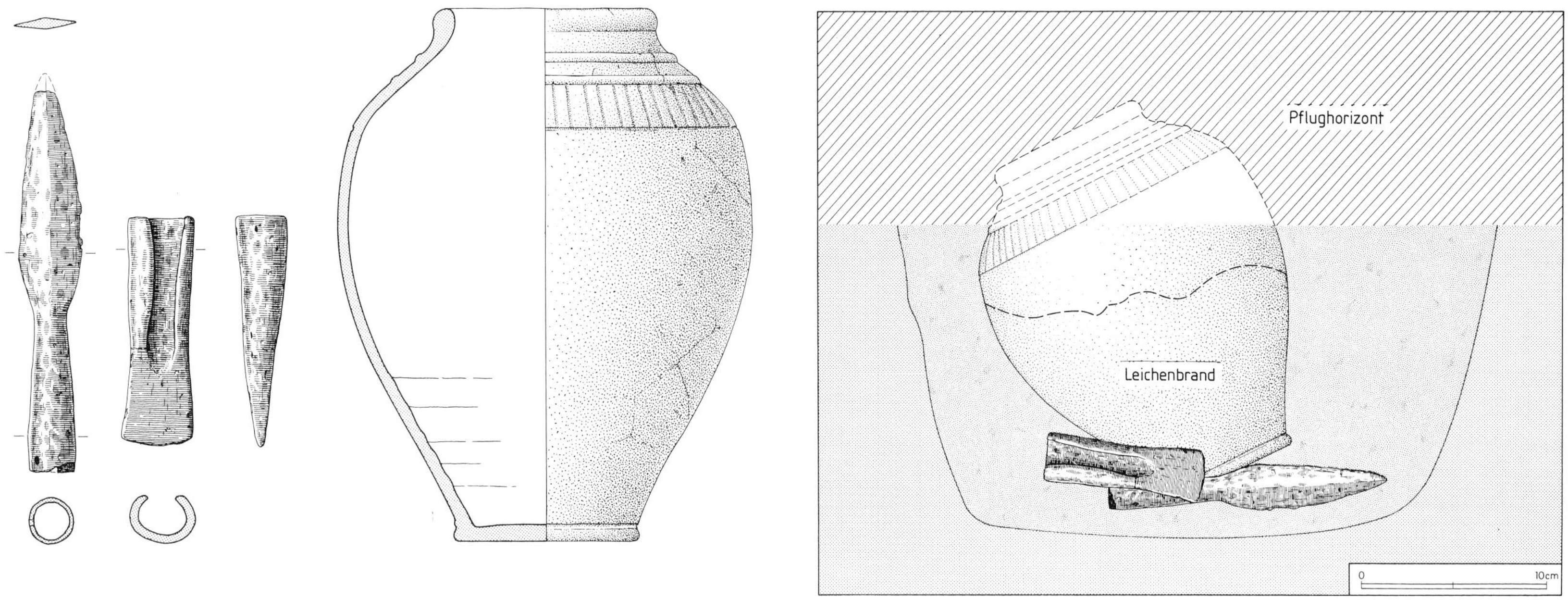

Abb. 8 Aubstadt, Lkr. Rhön-Grabfeld, Grab 1. Links: Waffenbeigaben und Drehscheibengefäß. Rechts: Befundplan (nach D. Rosenstock).

untere Taubertal, das Steigerwaldvorland und die Täler der nördlichen Nebenflüsse bis hinauf ins Rhönvorland erfaßt (Abb. 7)[13]. Die antiquarische Analyse und die vergleichende Altertumskunde machen deutlich, daß es sich bei den endlatènezeitlichen Funden im Maingebiet um die archäologischen Relikte »elbgermanischer« Einwanderer handelt.[14] Bestattungsritus – Urnen- und Brandschüttungsgräber –, Keramik- und Schmuckformen entsprechen denen in Mitteldeutschland und in Böhmen (Abb. 8), wobei auf die relativ- und absolut-chronologischen Divergenzen in der Forschung hier nicht eingegangen werden muß. Wichtig aber ist, daß an verschiedenen Plätzen, so etwa in Brandgräberfriedhöfen von Altendorf bei Bamberg und von Kleinlangheim, Lkr. Kitzingen, eine kontinuierliche Belegung der Nekropolen und damit eine dauerhafte Siedlung vom 1. Jahrhundert v. Chr. bis in die Zeit um 400 n. Chr. wahrscheinlich gemacht werden kann.

Der kulturmorphologische Vergleich zwischen Nord- und Südbayern in den ersten Jahrhunderten n. Chr. macht grundsätzliche Unterschiede deutlich, die ursächlich auf die großpolitischen Umwälzungen im 1. vorchristlichen Jahrhundert zurückzuführen sind. Das späte Keltentum, kulturhistorisch mit dem Begriff »Oppidazivilisation« umschrieben, war seit den Zügen der Kimbern und Teutonen im späten 3. Jahrhundert v. Chr. zunehmend dem Druck der germanischen Expansion ausgesetzt. Ihre Auswirkungen und ihre Eindämmung sind in Cäsars »Gallischem Krieg« beschrieben. In die Zeit vor oder um 50 v. Chr. dürfte auch der Untergang der großen keltischen Städte – so der Oppida bei Manching, auf dem Staffelberg bei Staffelstein (Oberfranken), auf dem Michelsberg bei Kelheim[15] – und offenen Siedlungen, wie Berching-Pollanten[16], datieren. Dem Vordringen der Germanen machten die Römer mit der Rhein- und Donaugrenze ein Ende und schufen einen Status quo, der mehr oder weniger 400 Jahre Bestand hatte.

Die Mainlande wurden germanisiert, wobei die archäologischen Befunde ein Weiterleben der autochthonen keltischen (?) Bevölkerung wahrscheinlich macht, verblieben damit in einem bäuerlich prähistorischen Kulturzustand und waren seit dem Abzug der Markomannen Mar-

bods in den letzten Jahren v. Chr. politisch so bedeutungslos, daß sie bis ins 3. Jahrhundert keine Erwähnung mehr in der antiken Historiographie fanden.
Das südliche Bayern hingegen wurde Teil des Römischen Reiches mit allen Segnungen der mediterranen Kultur. Der Anteil der keltisch-vindelikischen Vorbevölkerung dürfte infolge der Ereignisse des 1. vorchristlichen Jahrhunderts nicht allzugroß gewesen sein, die Provinz wurde mit Landfremden aufgebaut. Städte mit Steinarchitektur, Kastelle mit *vici* (Lagerdörfer), in denen Handwerk und Gewerbe blühten, Gutshöfe mit fortschrittlicher Agrarwirtschaft, Manufakturen und nahezu industrielle Betriebe entstanden, die im Verbund mit einer durchorganisierten Verwaltung, der Geldwirtschaft und einem gut ausgebauten Kunststraßennetz die strukturellen Grundlagen einer soliden Prosperität bildeten.[17]
Wirtschaft, Kult, Kunst und Bildung sowie die Schriftlichkeit der provinzialrömischen Zivilisation standen in krassem Gegensatz zur bäuerlichen Kultur in den Mainlanden, dem bayerischen Teil der Germania magna.

Germanen am Limes

Nach den Germanenkriegen unter Augustus und Tiberius entwickelte sich an Rhein- und Donaugrenze ein relativ friedliches Verhältnis zwischen Römern und Germanen. Die römische Verwaltung ging zur linearen Grenzverteidigung über. Südwestdeutschland, die *agri decumates* und die Wetterau wurden besetzt. Zugleich fand in Rätien eine Vorverlagerung der Grenze nördlich der Donau statt. Die Grenzlinie vom Taunus über den Odenwald, am Neckar entlang und von dort nach Osten abbiegend bis hin zur Donau bei Eining wurde von in Holz-Erde-Kastellen stationierten Garnisonen gesichert. Unter dem Schutz der Truppen breiteten sich römische Zivilisation und Kultur, Handel und Wirtschaft aus. Zum Schutz der prosperierenden Provinzen wurde die Grenze im 2. Jahrhundert zum »obergermanisch-rätischen Limes« ausgebaut. Die gesamte Strecke war mit einer Palisade und später noch mit einem Flechtwerkzaun gesichert. Holztürme in genormten Abständen und kleinere Truppenunterkünfte dienten der Überwachung des Grenzverkehrs. Die Kastelle im Hinterland waren alle nach einem einheitlichen Schema angelegt (Abb. 9). Die Abmessungen richteten sich nach der Größe der Garnison. Wesentliches Kennzeichen sind die stark abgerundeten Ecken der rechtwinkligen Umwehrung, vier Tore und das Zentralgebäude, die Principia. Zu einem derartigen Lager, in dem ausschließlich Auxiliartruppen kaserniert waren, gehörten ein Kastellbad und das Lagerdorf, der *vicus*, in dem Handwerker und Händler und zum Teil auch die Angehörigen der Soldaten lebten.

Unter Antoninus Pius (138–161) wurde die Grenzverteidigung nochmals verstärkt, was sich vor allem im Ausbau der Kastelle in Stein und in der Vorverlegung des Limes auf die Linie Wörth–Miltenberg–Lorch und Schirenhof–Aalen–Buch–Ruffenhofen zeigt (Abb. 6). Damit war die größte Ausdehnung des Imperiums im Alpenvorland erreicht. Gleichzeitig hat der

Abb. 9 Kastell Eining im Luftbild. Deutlich ist in der linken unteren Ecke der mittelkaiserzeitlichen Anlage das spätrömische Kastell zu erkennen. Links: Rekonstruktion eines hölzernen Limeswachtturms (nach D. Baatz).

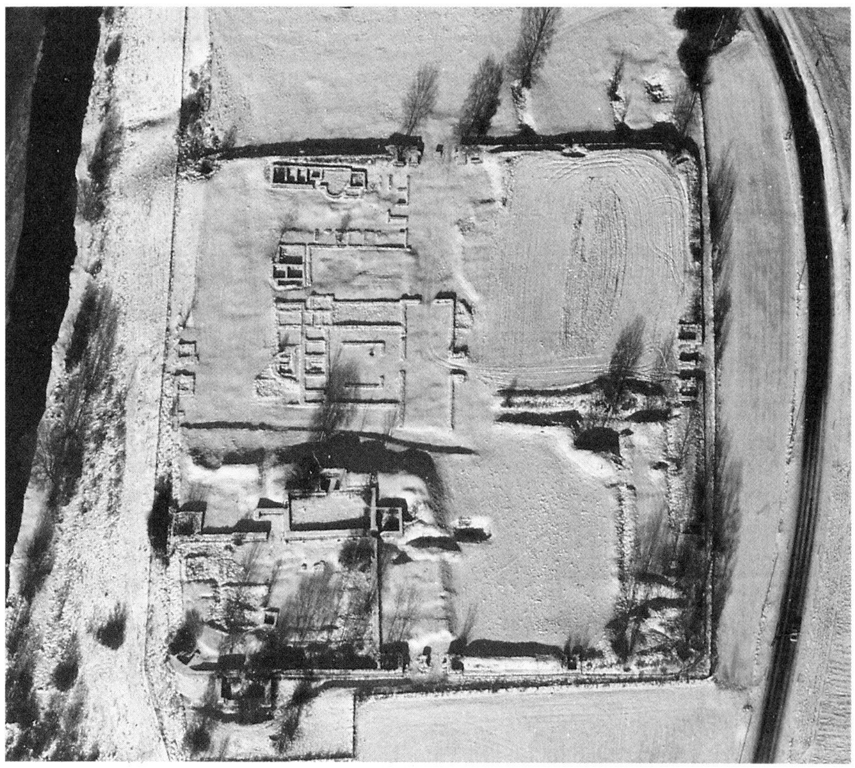

rätische Limes seine endgültigen Garnisonen erhalten, deren Namen und Standorte von Bauinschriften, Ziegelstempeln und Militärdiplomen bekannt sind. Bei dem Bronzetäfelchen (Abb. 10) handelt es sich um einen Teil der Entlassungsurkunde eines Auxiliarsoldaten, dem nach 25jähriger Dienstzeit das römische Bürgerrecht erblich verliehen wurde.

Abb. 10 Das vollständig erhaltene Militärdiplom aus Weißenburg – hier ein Ausschnitt – wurde am 30. Juni 107 n. Chr. für den Boier Mogetissa ausgestellt.

Markomannen

Die krisenreiche Zeit der Markomannenkriege ist ein markanter Einschnitt innerhalb der römischen Geschichte. In der Regierungszeit des Kaisers Mark Aurel (161–180) tritt deutlich der Übergang von der *pax romana*, dem römischen Reichsfrieden, zu den instabilen Verhältnissen der Spätantike in Erscheinung. Ebenso einschneidend ist diese Zeitwende für die geschichtliche, soziale und kulturelle Entwicklung im freien Germanien.
Ursache des Krieges, der die Nordgrenze des Römerreichs von Obergermanien bis zur unteren Donau betraf, war der Bevölkerungsdruck im Inneren Germaniens. Klientelstämme des Imperiums, die über Generationen eine Pufferzone gebildet hatten, wurden in die langwieri-

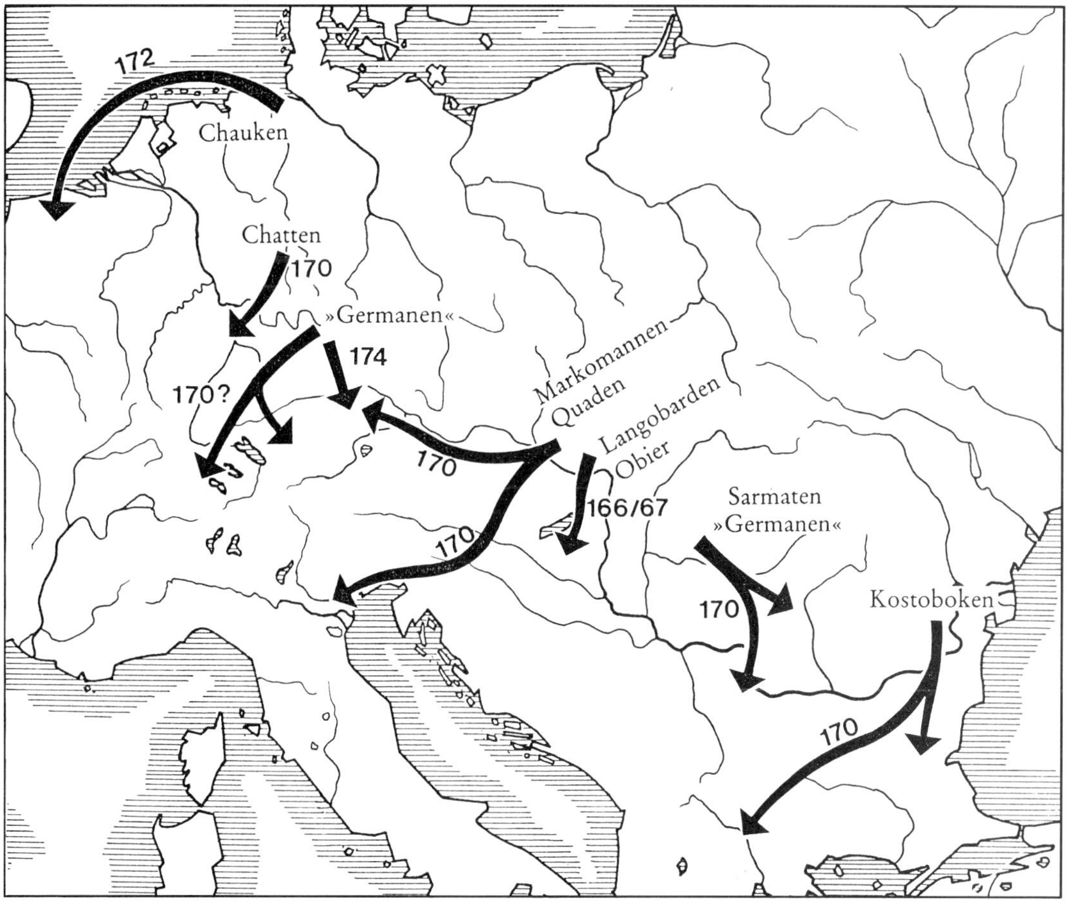

Abb. 11 Die Markomannenkriege, von denen in den Jahren 170 und 174 auch Rätien betroffen war (nach H. W. Böhme).

gen kriegerischen Auseinandersetzungen verwickelt (Abb. 11)[18]. Germanische Stammesgruppen aus dem Inneren Germaniens verlangten unter Gewaltandrohung Landzuweisungen in den römischen Provinzen. Sie wurden durch hinhaltende Verhandlungen so lange von ihrem Vorhaben abgebracht, bis 165/66 der Partherkrieg im Osten des Reiches für Rom erfolgreich abgeschlossen war.

Um die Grenze zu sichern und einen Präventivschlag zu führen, hob Mark Aurel (Abb. 12) zwei neue Legionen in Italien aus, von denen eine, die 3. Italische Legion, 170/71 in Rätien stationiert wurde. Bevor die langwierigen Kriegsvorbereitungen abgeschlossen waren, drangen im Jahr 166/167 etwa 6000 Langobarden und Obier aus dem Markomannengebiet über die Donau vor. Sie konnten von einem Reiterregiment und der Infanterie zurückgeschlagen werden. Im Jahr 169 begab sich Mark Aurel selbst an die Donaufront, um die Offensive einzuleiten. Ein Jahr später erlitt das römische Heer jedoch eine schwere Niederlage. Markomannen und Quaden stießen durch Pannonien über die Julischen Alpen bis nach Oberitalien vor. Aquileia wurde belagert, Opitergium zerstört. Die römische Welt geriet in Panik. Seit

Abb. 12 Das Reiterstandbild Mark Aurels aus vergoldeter Bronze von 164/66 n. Chr. steht – jüngst restauriert – im Kapitolinischen Museum in Rom.

den Kimbern und Teutonen war Italien erstmals wieder direkt von Barbaren aus dem Norden bedroht. Dieses unglaubliche Ereignis brachte die Völkerschaften entlang der gesamten Nordgrenze des Reiches in Bewegung. An der unteren Donau entwickelten sich Kämpfe mit Germanen und Sarmaten. Markomannen, Quaden und andere Stämme stießen donauaufwärts bis nach Norikum und Rätien vor.[19] Die Situation konnte im Jahr 171 militärisch bereinigt werden. Nachdem Mark Aurel in Carnuntum (bei Wien) einen Sonderfrieden mit den Quaden geschlossen hatte, begann 172 der Krieg gegen die Markomannen, in den auch bald wieder die Quaden verwickelt waren. Im Jahr 175 war der 1. Markomannenkrieg beendet; den besiegten Germanen wurden harte Friedensbedingungen diktiert. Neben den spannenden Schilderungen des Cassius Dio und den Angaben der Scriptores Historiae Augustae ist die Mark-Aurels-Säule auf der Piazza Colonna in Rom beredtes Zeugnis dieses Krieges. Auf dem 42 Meter hohen Monument sind in einem fortlaufenden Spiralband die wichtigsten Kriegsereignisse in plastischen Bildern und Szenen festgehalten (Abb. 13).

Abb. 13 Die Mark-Aurels-Säule, vollendet 193 n. Chr., auf der Piazza Colonna in Rom zeigt auf einem Reliefband die Kriege Roms gegen die Quaden, Markomannen und Jazygen. Hier eine Szene aus den Markomannenkriegen: Vertragsbrüchige Germanen werden auf Veranlassung der Römer von den eigenen Stammesgenossen enthauptet.

Der Friede mit den Markomannen war nur von kurzer Dauer. Im Jahr 177 brachen neue Kämpfe aus. Mark Aurel und sein Sohn und Mitkaiser Commodus begaben sich auf den Kriegsschauplatz. Der Verlauf der Kampfhandlungen ist nur fragmentarisch überliefert. Jedenfalls überwinterten 40 000 römische Soldaten tief im Feindesland, irgendwo im Grantal in der heutigen Westslowakei. Das Ende des Krieges erlebte Mark Aurel nicht mehr. Commodus schloß einen Frieden zwischen den Römern und Markomannen, der von langer Dauer war.

Auch Rätien war 170 und 174 von den Markomannenkriegen betroffen. Archäologische Spuren fanden sich in den Brand- und Zerstörungsschichten der Kastelle Munningen, Böhming, Pfünz und Regensburg-Kumpfmühl, wahrscheinlich auch in Dambach, Weißenburg und Eining. Daneben vermitteln Schatzfunde von Kelheim, der Gelben Bürg, Augsburg, Mindzell und Kempten sowie Brandschichten in einzelnen Siedlungen des Binnenlandes einen Eindruck vom Ausmaß der Verwüstungen.[20] Die Drangsal der Provinzialen wurde überdies durch eine aus Syrien eingeschleppte Seuche verschlimmert, die erst 189 erlosch und auch epigraphisch auf einem Grabstein aus Eggstätt im Chiemgau (Norikum) bezeugt ist: Ein Victorinus beklagt den Verlust von Eltern, Gattin und Tochter, die 182 der Seuche zum Opfer fielen.[21]

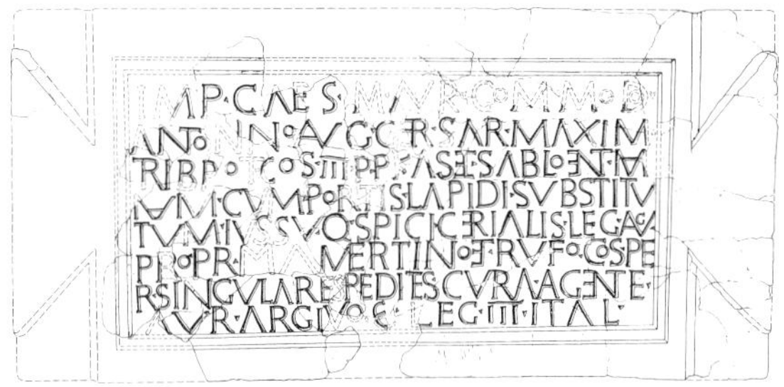

Abb. 14 Bauinschrift des Kastells Ellingen (182 n. Chr.), das nach den Markomannenkriegen von einer Spezialeinheit der 3. Italischen Legion instand gesetzt wurde.

Die Schäden auf dem Nebenkriegsschauplatz Süddeutschland wurden noch während der Regierungszeit des Kaisers Commodus (178–192) behoben. Unter dem Schutz der 3. Italischen Legion, die seit 179 in Regensburg (Castra Regina) stationiert war, konnten die Kastelle am Limes wieder instand gesetzt werden, wie dies aus Bauinschriften in Böhming, Eining, Ellingen und Pfünz hervorgeht (Abb. 14). Für das römische Südbayern wirkte sich die erstmalige Anwesenheit einer Legion vorteilhaft aus. 6000 Soldaten – Offiziere, Unteroffiziere und Mannschaften, z. T. mit ihren Familien und dem Troß –, allesamt römische Bürger, bezogen 179 n. Chr. das repräsentative Legionslager an der Donau gegenüber der Regenmündung (Abb. 15).[22] Sie verstärkten die Auxiliareinheiten – allein am rätischen Grenzabschnitt zwischen Lorch und Passau versahen schätzungsweise 10 000 bis 11 000 Soldaten in vier Alen (Reiterregimenter) und 13 oder 14 Kohorten (Infanteriebataillone) ihren Dienst – und mußten aus dem Land versorgt werden. Vor allem im Regensburger Umland hatte die Stationierung der Legion – ihr Kommandeur (*legatus legionis*) war zugleich Statthalter (*legatus Augusti pro praetore provinciae Raetiae*), residierte in Augsburg und war Oberbefehlshaber des gesamten rätischen Heeres – einen wirtschaftlichen Aufschwung zur Folge. Die rege Bautätigkeit im militärischen und zivilen Bereich bewirkte eine maßgebliche Verbesserung der Infrastruktur.

Es mußten Ziegeleien eingerichtet, Steinbrüche angelegt und Straßen gebaut werden. Private und öffentliche Gebäude, Tempel, Altäre und Grabmäler wurden errichtet, Kriegsschäden beseitigt. Zur Versorgung der Truppe wurde das Hinterland wirtschaftlich ausgebaut, wie die Vermehrung der *villae rusticae* – spezialisierte Gutshöfe – um Regensburg deutlich macht.[23] »Staatsbäder, so in Bad Gögging[24], und Tempelbezirke, wie in Faimingen[25], mit prächtigen Tempel- und Thermenanlagen dienten als Erholungszentren für Militär- und Zivilpersonen (Abb. 16).

Unter Septimius Severus (193–211) wurden die Fernstraßen in Obergermanien rechts des Rheins und in Rätien erneuert und durch Posten der Benifiziarier, eine Art Straßenpolizei, gesichert. Handel und Wandel im Hinterland des Limes blühten nochmals auf. Die Wirtschaft stand in totaler Abhängigkeit vom Militär. Der Sold und die Bedürfnisse der Soldaten sowie der Grenzverteidigung waren ihr Motor, Zivilsiedlungen waren meist Anhängsel der Militärlager. In den *canabae* mit Markthallen, Tempeln, Thermen und anderen öffentlichen Gebäuden lebten die Familien der Soldaten; Handwerker und Händler betrieben ihr Gewerbe. An den Ausfallstraßen lagen die Friedhöfe mit Grabmälern und Mausoleen, in denen die Asche der Toten, häufig mit reichen Beigaben versehen, in Ton- und Glasurnen beigesetzt

Abb. 15 Die Porta Praetoria, das monumentale Nordtor des Legionslagers Castra Regina, in Regensburg.

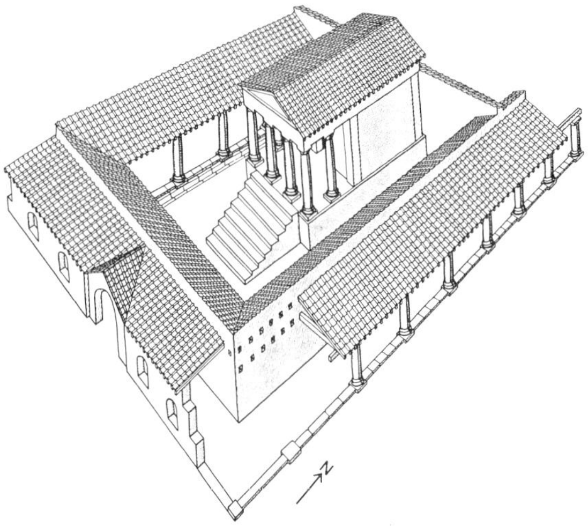

Abb. 16 Rekonstruktion des Apollo Grannus-Heiligtums in Faimingen, Lkr. Dillingen a. d. Donau (nach J. Eingartner).

Abb. 17 Weißenburg. Luftaufnahme der Großen Thermenanlage am Nordwestrand des Vicusgeländes von Kastell Biricianis. Das noch meterhoch aufgehend erhaltene Mauerwerk mit Hypokausten, Steinfliesen und farbigem Wandputz des mehrfach umgebauten Bades wurde aufwendig konserviert und als Museum der Öffentlichkeit zugänglich gemacht.

Abb. 18 Rekonstruktionszeichnung eines Mithräums mit Mithrasrelief an der Stirnwand.

war.[26] Diese »Lagerdörfer« hatten oft beträchtliche Ausmaße und manchmal, wie beim Regensburger Legionslager, städtischen Charakter. Sie besaßen jedoch kein Stadtrecht, sondern unterstanden der Militärverwaltung. Auch die *villae rusticae,* Gutshöfe unterschiedlicher Größe und Ausstattung, dienten hauptsächlich der Versorgung des Militärs. Entweder von diesem selbst oder von Veteranen betrieben, zeigen die Herrenhäuser dieser mauerumwehrten Einzelgehöfte mit Wirtschaftsgebäuden, Speichern und Ställen einen Wohlstand, der in Hypokaustheizungen, Wandmalereien und Glasfenstern sowie kleinen Thermen zum Ausdruck kommt (Abb. 17).[27]
Die Romanisierung der Provinzialen machte gerade in dieser Zeit große Fortschritte, so daß Kaiser Caracalla (211–217) mit der Constitutio Antoniniana allgemein das römische Bürgerrecht gewährte. Mithraskult (Abb. 18) und Christentum drangen aus dem Osten in die nördlichen und westlichen Provinzen vor. Sie dokumentieren nicht nur ein neues religiöses Bewußtsein, sondern auch die Abkehr vom althergebrachten griechisch-römischen Pantheon und die Hinwendung zu den Heils- und Erlösungslehren des Ostens.

Alamannen

Im Jahr 213 werden – als Vorboten böser Zeiten – in den Quellen erstmals die Alamannen und der Aufenthalt eines römischen Kaisers in Rätien erwähnt.[28] Caracalla führte, nachdem er im Apollo Grannus-Heiligtum in Faimingen Heilung von seinen Leiden gesucht hatte, einen Feldzug gegen die Germanen nördlich des Limes, an dem das rätische Heer maßgeblich beteiligt war.[29] Nach dem erfolgreichen Abschluß, der auch einen Prestigegewinn brachte, ließ der Kaiser den rätischen Limes in Stein ausbauen und die Straßen erneuern, wovon zahlreiche Meilensteine in Rätien zeugen. Nochmals hielt der Friede für knapp eine Generation.
Über die folgenden, für die Provinz unheilvollen Ereignisse berichten die Quellen wenig. Jedenfalls war die Geschichte des Alpenvorlandes das ganze 3. Jahrhundert von Überfällen, Kriegs- und Raubzügen der Alamannen und Juthungen bestimmt[30], die wiederum – wie schon zur Zeit der Markomannenkriege – durch die allgemeine Krise des Imperiums ermöglicht wurden[31]. Allerdings war Rätien nicht mehr »Nebenkriegsschauplatz«, sondern ein Brennpunkt der Reichsverteidigung, die vom Niederrhein bis an die untere Donau von den neu formierten Stammesverbänden der »Franken«, »Alamannen«, »Juthungen«, der »Sveben« und »Goten« hart bedrängt wurde. Ab dem Jahr 233 wurde das Hinterland des obergermanisch-rätischen Limes über Jahrzehnte hinweg von den Alamannen verwüstet. Die Kastelle am rätischen Limes wurden zerstört, weit im Hinterland brach das Leben in vielen Siedlungen und Gutshöfen ab. Die Schlußmünzen von Münzschätzen zeigen, daß auch 242 und 245 germanische Einfälle in Rätien stattgefunden haben, bis schließlich 259/60 einer der schwersten Alamanneneinfälle die militärische und zivile Administration der nordalpinen Provinz endgültig vernichtete. Alamannische Scharen konnten über die Westschweiz, wo sie Aventicum-Avenches zerstörten, bis nach Mailand vorstoßen. Erst dort wurden sie von Kaiser Gallienus besiegt. *Sub principe Gallieno . . . amissa Raetia . . . Noricum Pannoniaeque vastate* (Unter Kaiser Gallienus wurde Rätien verloren . . . Norikum und Pannonien verwüstet), schreibt ein späterer Panegyriker über die Jahre, zu denen ansonsten nur wenige historische Quellen existieren. Auch die folgende Zeit blieb nach Ausweis der Münzschätze unruhig. 268

schlug Kaiser Claudius II. am Gardasee Alamannen, die über den Brenner eingefallen waren; 271 vernichtete Kaiser Aurelian alamannische und juthungische Scharen am Ticino bei Pavia. Die Bedrohung war so groß, daß Rom befestigt wurde.
Nach der Ermordung Aurelians erfolgten neue Angriffe der Germanen. 258 schon hatten die Franken, ein ebenfalls neuer Stammesverband, den Rhein überschritten und Gallien verwüstet. 260 fiel der nördliche Teil des niedergermanischen Limes, und 275 zerstörten Franken und Alamannen gemeinsam angeblich 70 gallische Städte. Erst unter Probus (276–282) und seinen Nachfolgern gelang eine einigermaßen dauerhafte Stabilisierung der Verhältnisse durch systematische Feldzüge. Alamannen und Franken wurden aus Gallien vertrieben; kurz darauf stießen römische Truppen ins ehemalige Dekumatland vor. Die Germanen konnten aus Rätien zurückgeschlagen und die Rheingrenze wiederhergestellt werden. Eine Ehreninschrift von 281 aus Augsburg nennt den Kaiser Probus einen *restitutor provinciarum et operum publicorum providentissimus ac super omnes retro principes fortissimus imperator* (weitblickender Erneuerer der Provinzen und Festungswerke sowie als tapferster Feldherr alle früheren Kaiser übertreffend), eine andere Inschrift aus dem Jahr 290 feiert Diokletian als *fundator pacis aeternae.*[32] Das Dekumatland und die nördlich der Donau gelegenen Teile Rätiens waren aber endgültig verloren, die Grenzen wurden an den Rhein, Bodensee, Iller und Donau zurückverlegt.

Die spätrömische Zeit

Die spätestens seit den Markomannenkriegen erkennbaren Strukturkrisen des Imperiums versuchten die Kaiser Diokletian (284–305) und Maximian (286–305) durch umfassende Reformen zu beheben. Die Verwaltung wurde völlig neu organisiert, wobei die Trennung von ziviler und militärischer Gewalt sowie die Normierung, Vereinfachung und Dezentralisierung oberste Maxime waren. Zugleich wurden mit der Einführung der Tetrarchie die Regierungsgeschäfte auf zwei Augusti und zwei Caesari übertragen (Abb. 19). Das Reich wurde in vier Präfekturen (Oriens, Illyricum, Italia, Galliae) und zwölf (später 17), jeweils aus mehreren Provinzen bestehende Diözesen gegliedert. Einige Provinzen wurden zweigeteilt, so auch Rätien, das jetzt zur italischen Diözese gehörte: in Raetia I mit der Hauptstadt Chur und Raetia II mit dem Präsidialsitz Augsburg. Die Regierung im Osten des Reiches übernahm Diokletian, im Westen Maximian. Später erfolgte noch eine weitere Machtteilung, indem den beiden Caesaren Galerius und Constantius die nördlichen Gebiete zur Verwaltung übertragen wurden (Abb. 20).[33]

Die Tetrarchie hatte offensichtlich den Zweck, die Verwaltung möglichst effektiv zu gestalten. Die Verkleinerung der Verwaltungseinheiten bewirkte aber auch einen aufgeblähten, streng hierarchischen Beamtenapparat mit steuerlichem Zwangssystem. Die Bürger wurden zu Untertanen, Ehrenämter zur Last. Ratsherren, die grundsätzlich vermögend zu sein hatten, hafteten persönlich für das Steueraufkommen ihrer Gemeinde. Handwerker und Kaufleute waren erblich an ihre Berufsverbände (*collegia*) gebunden, Pachtbauern (*colonii*), egal ob Freie oder Sklaven, an die Scholle. Folge waren eine allgemeine Staatsunlust, die Verarmung breiter Bevölkerungsschichten, die Verödung ganzer Landstriche und ein erschreckendes

Abb. 19 Das Tetrarchenstandbild aus rotem Poryphyr mit den Augusti und Caesares Diokletian, Maximinian, Galerius und Constantius I. Chlorus. Um 300 n. Chr., Venedig, San Marco. Das Standbild war ursprünglich in Konstantinopel aufgestellt.

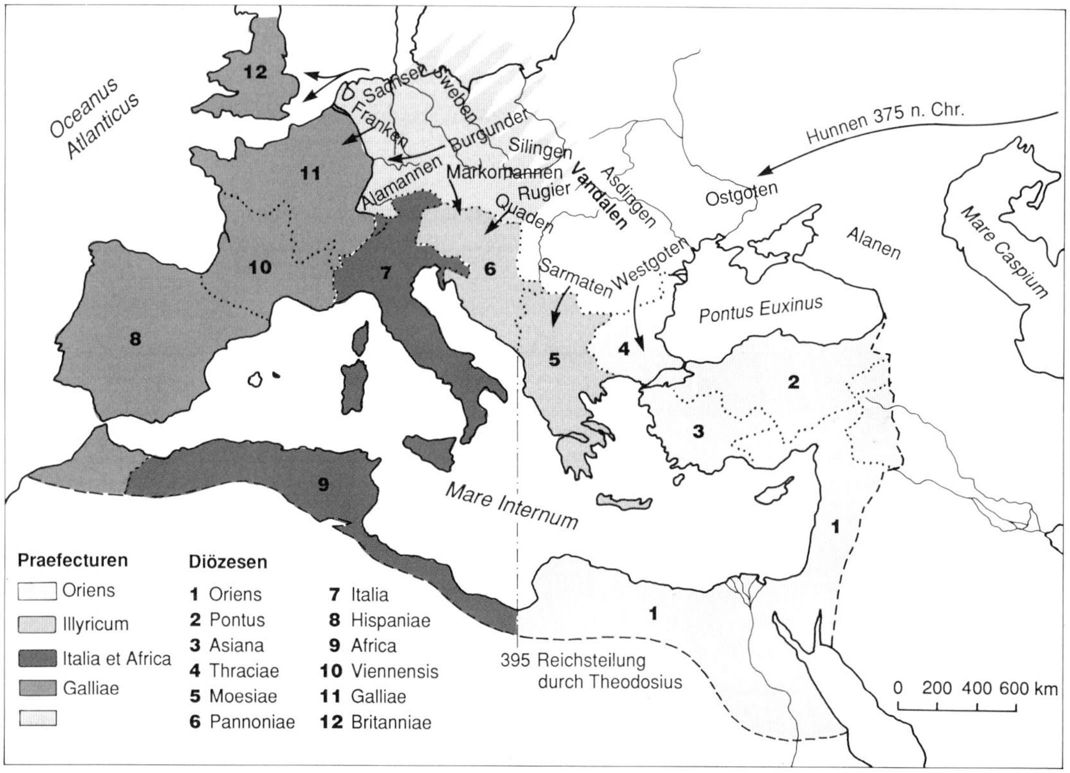

Abb. 20 Das Imperium Romanum im 4. Jahrhundert n. Chr. (nach Ph. Filtzinger).

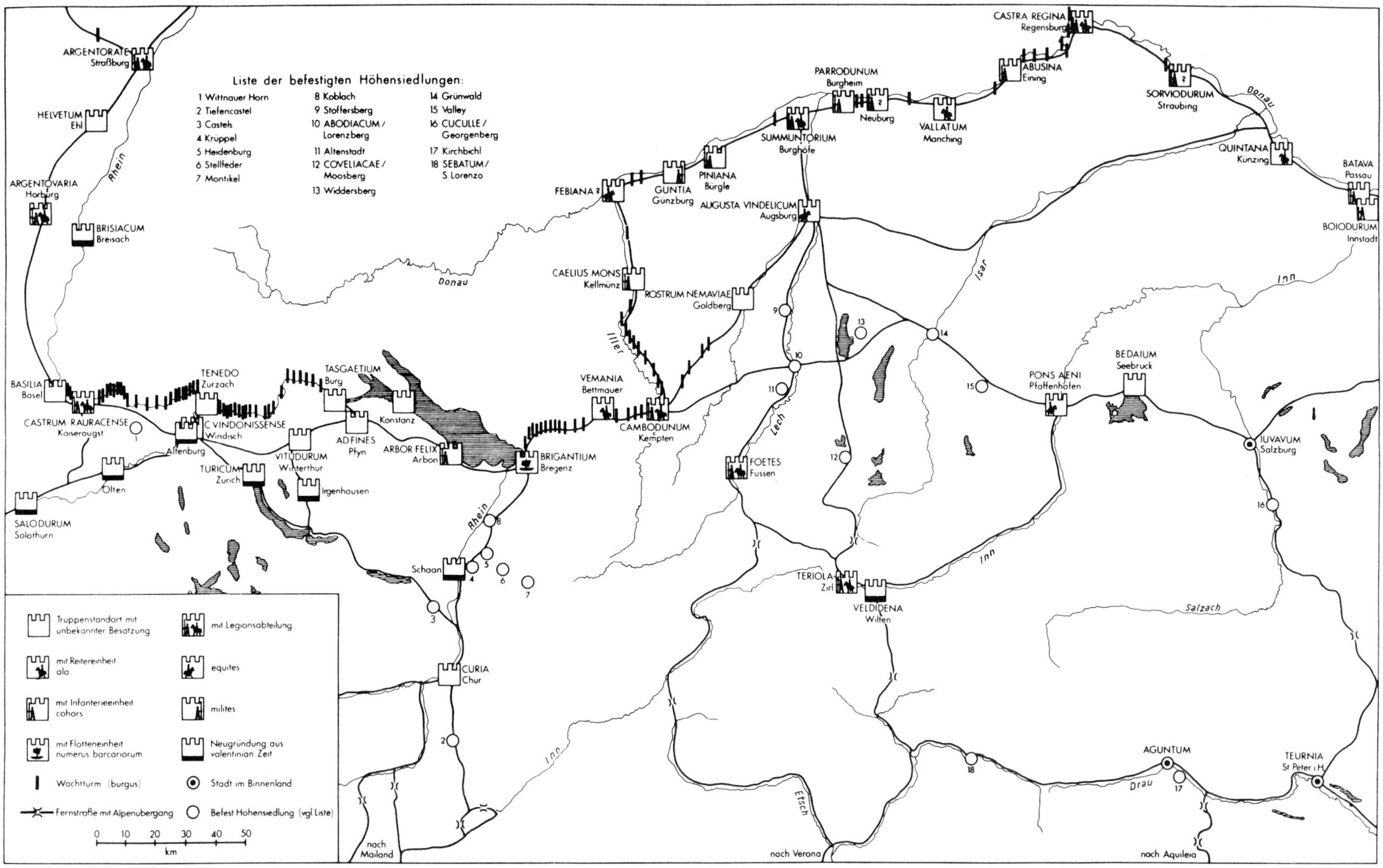

Abb. 21 Der spätrömische Rhein-Iller-Donau-Limes mit Fernstraßennetz und Befestigungen im Hinterland zur Zeit Valentinians I. Mitte des 4. Jahrhunderts (nach J. Garbsch).

Räuberunwesen. Das System war dem Staat nützlich, aber despotisch. Das Volk wurde zu einer Art »Staatssklaven«, die sich den Kaisern nach orientalischem Vorbild in der Proskynese (Fußfall) unterwarfen.

Das Heer wurde durch zahlreiche neu aufgestellte Einheiten verstärkt, das Wirtschaftsleben durch eine Münzreform auf eine neue Grundlage gestellt. Der bereits unter Probus angelegte spätrömische Rhein-Iller-Donau-Limes, der aus einer Kette von kleinen Kastellen am Oberrhein, in Oberschwaben, an der Iller und an der Donau bestand, wurde weiter ausgebaut (Abb. 21).[34] Dieser spätrömische Limes war kein lineares Verteidigungssystem, sondern stellt sich in seiner endgültigen Ausbauphase in valentinianischer Zeit als ein mehrfach in die Tiefe gestaffeltes System dar, das aus einer Kastellinie mit dazwischen liegenden Wachttürmen an der Grenze, Binnenkastellen an wichtigen Straßenkreuzungen und Furten, Nachschubstationen im inneralpinen Bereich sowie befestigten Höhensiedlungen für die Zivilbevölkerung bestand (Abb. 22).[35]

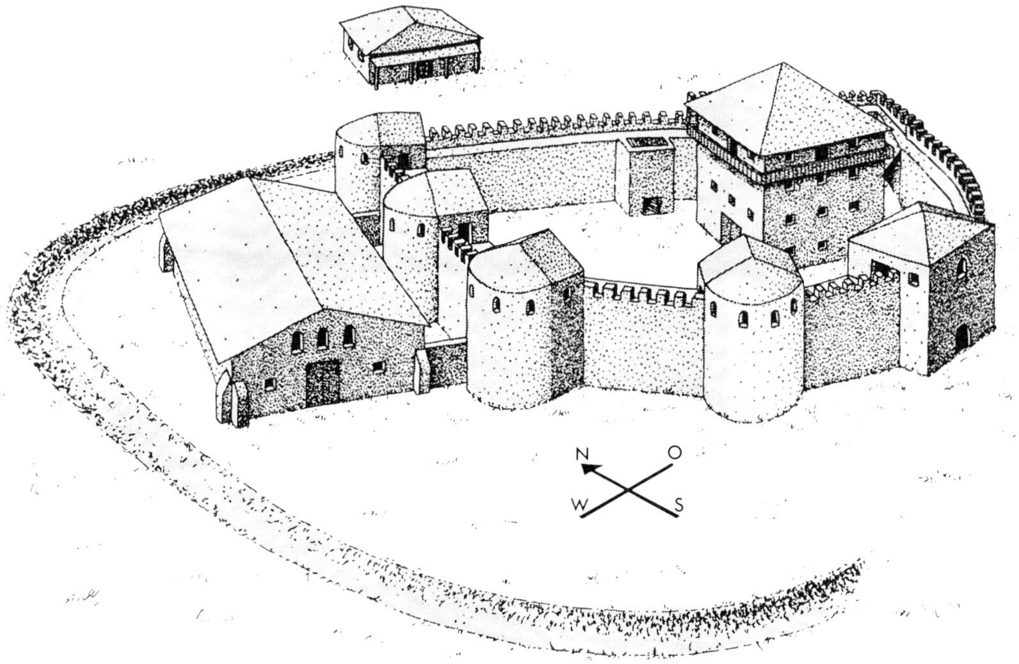

Abb. 22 Goldberg bei Türkheim, Lkr. Unterallgäu. Rekonstruktionszeichnung des Kastells in valentianischer Zeit (nach H. Bender).

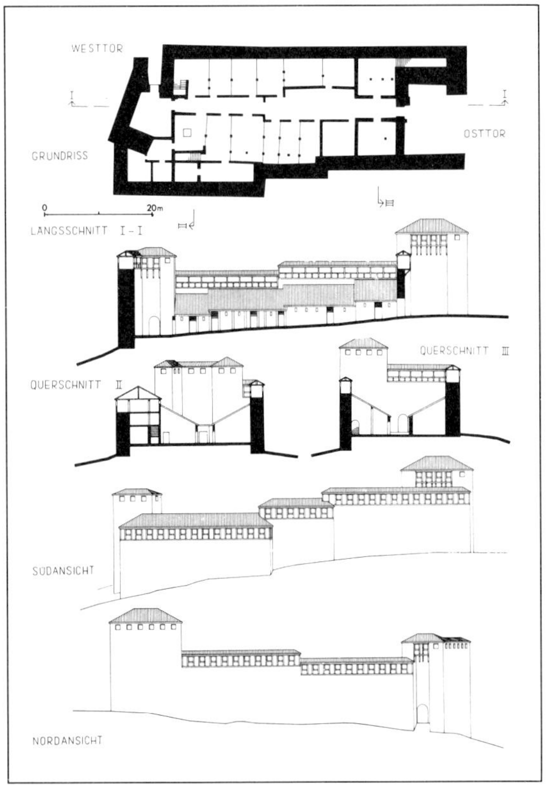

Abb. 23 Bürgle bei Gundremmingen, Lkr. Günzburg. Plan und Rekonstruktion des Kastells in valentinianischer Zeit (nach A. Gerster und G. Bersu).

Die 480 km lange Grenze war mit 20 Kastellen und ca. 100 bis 120 zueinander in Sichtweite stehenden Wachttürmen besetzt. Stationiert waren Grenztruppen (*limitanei*) als Alarmeinheiten zur Sicherung der Provinz, die insgesamt durch das Feldheer (*comitatenses*) geschützt wurde. Die Garnisonen sind in der Notitia dignitatum per occidentem, einem letztmals wohl zu Beginn des 5. Jahrhunderts redigierten Staatshandbuch, überliefert, doch bleibt vieles – so auch die Chronologie der Anlage – im dunkeln.[36]

Die Kastelle sind nicht nach dem einheitlichen Schema der mittelkaiserzeitlichen Truppenlager gebaut, waren viel kleiner und richtiggehende Festungen (Abb. 23)[37]. Sie brauchten nicht die ganze Garnison aufzunehmen, da ein Teil der Truppe stets die zu den jeweiligen Grenzabschnitten gehörigen quadratischen, mehrgeschossigen Wachttürme mit 15 bis 20 Mann besetzt halten mußte.[38] Normalerweise gehörten zu den spätantiken Kastellen keine Zivilsiedlungen, nur in Eining und Regensburg, wo die Festungen jeweils in eine Ecke des mittelkaiserzeitlichen Kastells integriert waren, fand die Zivilbevölkerung Schutz hinter den instand gesetzten Mauern (Abb. 24).[39] Von historischer Bedeutung ist der Umstand, daß im Bereich des Donau-Iller-Rhein-Limes die Verwaltungsgebiete dreier Tetrarchen aneinander grenzten: östlich des Inns die zu Illyrikum gehörenden norischen Provinzen des Kaisers Galerius, im Westen die zur gallischen Präfektur zählende Provinz Sequania des Caesar Constantius mit Trier als Hauptstadt und die beiden Rätien zwischen Bodensee und Inn, die zu Italien mit der Residenz Mailand gehörten. Insgesamt war den Reformen Erfolg beschieden. Zwar kam es immer wieder zu Kämpfen mit Franken und Alamannen in Gallien und Rätien, von denen spärliche historische Nachrichten und archäologische Befunde zeugen, doch im großen und ganzen herrschte bis in die Mitte des Jahrhunderts Ruhe.

Um 330 n. Chr. – in diesem Jahr verlegte Kaiser Konstantin die Hauptstadt von Rom nach Konstantinopel – wurde das römische Heer nochmals verstärkt und neu organisiert. Die Limitanei oder Riparienses waren, so auch in Rätien, an feste Standorte gebunden und taktisch

Abb. 24 Regensburg. Im Luftbild ist die Lage des karreeförmigen Legionslagers Castra Regina an der mittelalterlichen Straßenführung deutlich abzulesen.

in Legionen, Alen und Kohorten gegliedert. Das militärische Oberkommando lag nicht mehr beim Statthalter der Provinz, sondern beim ranghöchsten Soldaten der Präfektur. Ihm war auch der *dux limites* unterstellt, in Rätien der *dux provinciae Raetiae primae et secundae*. Dieser befehligte drei Gardeschwadronen, *equites stablesianii*, drei Alen, sieben Kohorten sowie einen Numerus Bodenseemarine, ein Kontingent nicht sicher bekannter *milites Ursarienses* und die 3. Italische Legion. Die Legion war in sechs Abteilungen gegliedert, von denen fünf in Rätien stationiert waren: in Regensburg, Burghöfe, Kempten, Füssen und Zirl (vgl. Abb. 21). Die sechste Abteilung war dem illyrischen Feldheer eingegliedert. Von den mittelkaiserzeitlichen Auxiliartruppen hatten die Stürme des 3. Jahrhunderts nur die Ala und die Kohorte aus Eining bzw. Künzing überstanden, die übrigen wurden zur Zeit der ersten Tetrarchie neu aufgestellt, worauf die Zusatzbezeichnung »Valeria« bzw. »Herculius« hinweisen.

Das mobile Feldheer gliederte sich in Gardetruppen (*palatinii*), Linienregimenter (*comitatenses*), Kavallerieregimenter zu 500 Mann (*vexillationes*), Legionen zu 1000 Mann (*legiones*) und Hilfstruppen zu 500 Mann (*auxilia*) sowie *pseudo comitatenses*, die nicht an zentralen Verkehrsknotenpunkten im Reichsinnern, sondern an der Grenze stationiert waren. Sie wurden kommandiert vom *magister peditum praesentalis* bzw. *magister equitum praesentalis*. Welchem Kommandobereich das sich ständig in Rätien aufhaltende Bewegungsheer angehörte, ist nicht bekannt, doch kommen nur Italien oder Illyrikum in Frage. Über die Ausrüstung und Stärke dieser Truppen wissen wir im Vergleich zur älteren und mittleren Kaiserzeit wenig. Militärgürtel, Zwiebelknopffibeln als Rangabzeichen und Offiziershelme von Eliteeinheiten (Tafel 1) sowie Pferdegeschirre lassen das Bild einer schlagkräftigen Truppe in spätrömischer Zeit aufkommen, deren Waffen aus Fabriken in Italien (sechs), Gallien (neun) und Illyrikum (fünf) geliefert wurden.

Doch trotz der starken militärischen Bedekkung der Provinz, die nicht nur wegen der Bedrohung Italiens durch die germanischen Reichsfeinde, sondern auch wegen ihrer Lage zwischen zwei Präfekturen nördlich der Alpenpässe nach Italien notwendig war – im 4. Jahrhundert wurde die Provinz mehrmals von den Auswirkungen innerrömischer Zwistigkeiten betroffen –, fielen 350 erneut Alamannen und 357 Juthungen in Rätien ein. Spätestens 378, nach einem nochmaligen Angriff der Alamannen, zog sich die Zivilbevölkerung in Militärposten oder befestigte Plätze zurück. Die Besiedlung des offenen Landes dünnte aus, zerstörte *villae rusticae* wurden nur noch vereinzelt instand gesetzt und möglicherweise vom Militär verwaltet.[40] In anderen Landstrichen, so in der Gegend von Regensburg, bestanden nach dem Juthungeneinfall 357 überhaupt keine Landgüter mehr (Abb. 25).[41] Die bescheidene Landwirtschaft wurde von der Festungsstadt aus betrieben, so wie es Eugippius für das 5. Jahrhundert in Norikum beschrieben hat.

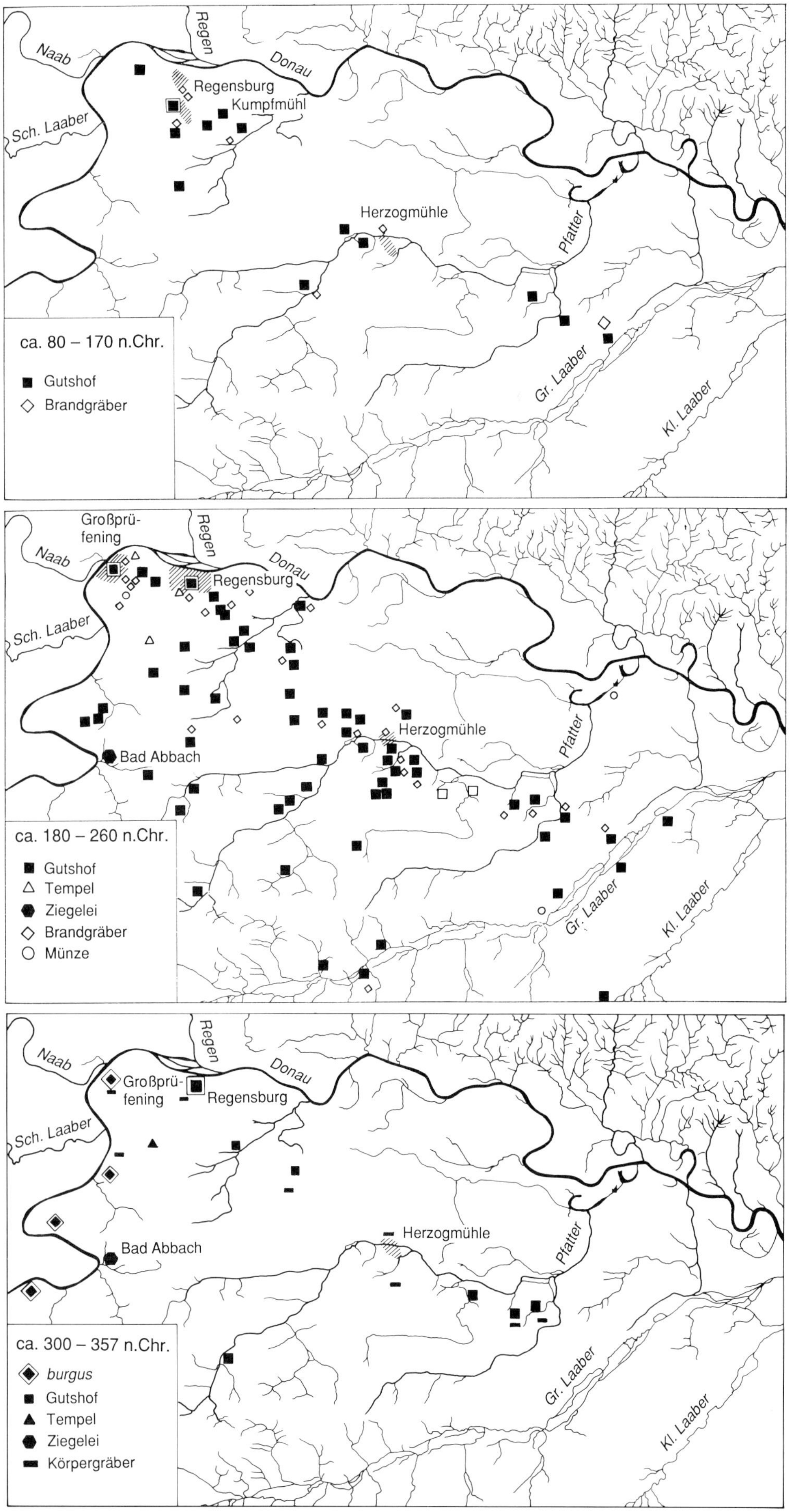

Abb. 25 Ländliche Besiedlung um Regensburg. Oben: zwischen ca. 80 und 170 n. Chr. Mitte: zwischen ca. 180 und 260. Unten: Zwischen 300 und 357 (nach Th. Fischer).

Das Ende der Römerherrschaft

Abb. 26 Missorium des Kaisers Theodosius, 388 n. Chr. Der Kaiser mit seinen beiden Söhnen Honorius und Arcadius, dahinter die germanische Leibwache. Silber. Akademie Madrid.

Der kraftvolle Kaiser Valentinian (364–375) ging erfolgreich gegen die Alamannen und Franken im Westen vor. Strafexpeditionen führten ihn weit ins feindliche Hinterland. Rechtsrheinisch wurden Brückenköpfe errichtet, Provinzialrömer aus germanischer Gefangenschaft befreit und Germanen in die römische Gefangenschaft abgeführt. Über die Geschehnisse der folgenden Zeit, über das Hin und Her der Kämpfe, über Intrigen am Hof und über die römischen Feldherren berichtet authentisch der vornehme Offizier Ammianus Marcellinus.[42]
Im letzten Viertel des 4. Jahrhunderts machte sich auch in den westlichen Teilen des Reiches die beginnende große germanische Völkerwanderung bemerkbar. Kaiser Valens fiel 378 in der Schlacht bei Adrianopel gegen die vor den Hunnen geflohenen Goten. Das Entsatzheer seines Mitkaisers Gratian (375–383) kam zu spät an die untere Donau, zugleich aber waren die Provinzen im Westen vom Feldheer entblößt. Es kam zu erneuten Einfällen der Alamannen in Rätien, wie überhaupt die Katastrophe von Adrianopel das Reich abermals in Bedrängnis brachte.
Erst Kaiser Theodosius I. (379–395) konnte die Verhältnisse wieder stabilisieren. 382 gestand er den Westgoten die Ansiedlung auf römischem Reichsgebiet zu. 392 machte er das Christentum zur Staatsreligion, und schließlich teilte er das Imperium in eine West- und eine Osthälfte, die er seinen Söhnen Honorius (395–423) und Arcadius (395–408) hinterließ (Abb. 26).[43] Für den minderjährigen Honorius übernahm Stilicho, väterlicherseits Vandale, Schwiegersohn des Theodosius, Heermeister und Reichsverweser des Westens, die Vormundschaft (Abb. 27). In den Jahren 396 und 398 erneuerte er Verträge mit den Alamannen, deren Inhalt uns leider nicht bekannt ist.
Um 400 – so Claudian in einem Preisgedicht auf die Gotenkriege Stilichos – ging das italische Feldheer im Verein mit den Limitantruppen in Rätien gegen Vandalen vor. 401 fiel Alarich I., wohl im Auftrag des Kaisers Arcadius, in Italien ein. Der Westgotenkönig und vormalige Heermeister der illyrischen Präfektur belagerte Aquileia und schließlich den Kaiserhof in Mailand. Trotz der prekären Situation eilte Stilicho im Winter (!) über den Splügen, um Rätien zu entsetzen. Er hatte es offensichtlich nicht mehr nur mit Vandalen zu tun, sondern auch andere Barbaren, so die Alamannen, scheinen sich vertragswidrig in den Besitz »vindelikischer Landstriche und norischer Gebiete« gebracht zu haben. Stilicho bereinigte die Lage in den nördlichen Grenzprovinzen, zog Militär zusammen und kehrte mit dem Feldheer über den Brenner zurück nach Italien, wo er 402 und 403 Alarich bei Pollentia bzw. Verona schlug und zum Abzug aus Italien zwang.
Diese nur von Claudian überlieferten Ereignisse wurden und werden in der Forschung immer wieder als das Ende der römischen Herrschaft in Rätien und Norikum gewertet. Obwohl bei Claudian nichts davon steht, wird interpretiert, Stilicho hätte die rätischen Truppen und damit auch die Provinzverwaltung abgezogen, um sein Heer gegen Alarich zu stärken. Selbst wenn dem so gewesen wäre, spräche alles dafür, daß die rätischen Truppenkontingente nach dem Sieg bei Verona wieder in ihre angestammten Garnisonen zurückgekehrt sind, denn 409 befahl Honorius einem Strategos (Befehlshaber), alle Völker Dalmatiens anzuführen, und ernannte ihn zugleich zum Befehlshaber über »die (Völker oder Truppen?), welche Pannonia superior, Noricum und Raetien bis an die Alpen bewachten«. Auch die Notitia dignitatum ist, bei allen Vorbehalten, für ein Fortbestehen der Provinz bis mindestens

Abb. 27 Stilicho, der weströmische Heermeister, als Konsul im Jahr 400 n. Chr. auf dem Elfenbeindiptychon von Monza. Der Mantel des mit Schwert, Lanze und Schild dargestellten Magister militum wird auf der Schulter von einer Zwiebelknopffibel zusammengehalten. Am linken Fuß ist ein Sporn zu erkennen.

430, dem vermutlich letzten Redaktionsdatum, zu verwenden. Schließlich wird von Aetius, dem *magister militum utriusque militiae* des Westreichs, berichtet, er habe zwischen 429 und 431 in Rätien und Norikum mehrmals gegen Juthungen gekämpft, und zugleich wird von einem Aufstand der Vindeliker und Noriker berichtet.[44]

Für das Ende der Römerherrschaft um 401 wird auch die Numismatik ins Feld geführt, da nach der Fundstatistik der Geldumlauf in den nördlichen Grenzprovinzen zusammenbrach. Doch scheint ». . . das Fehlen von Kleingeld in den nördlichen Provinzen . . . auf (dem) Zusammenbruch eines geordneten Handels- und Wirtschaftssystems zu beruhen«. Ursache wird die Flucht der wohlhabenderen Bevölkerungsschichten in sicherere Reichsteile (etwa Italien) gewesen sein.[45]

Demnach kann davon ausgegangen werden, daß Rätien faktisch bis in die fünfziger Jahre des 5. Jahrhunderts, mindestens solange Aetius († 454) Heermeister war, zum Reich gehörte. Die römischen Rechtstitel wurden sicher auch nicht mit der Absetzung des letzten weströmischen Kaisers Romulus Augustulus im Jahr 476 aufgegeben, auch wenn das Alpenvorland von den Alamannen Gibulds beherrscht wurde, wobei leider nicht bekannt ist, auf welche möglichen Vertragstexte – vielleicht noch aus der Zeit Stilichos – sich dieser König berufen konnte. Auch Odoaker, der skirische Usurpator in Italien, wußte seine Ansprüche durchzusetzen, als er 487 und 488 das Rugierreich (nördlich der Donau bei Krems im heutigen Niederösterreich) zerschlug und die Romanen, nämlich seine Untertanen und damit Steuerpflichtige, aus dem gefährdeten Ufernorikum nach Italien umsiedelte. Unter diesen Romanen befanden sich viele Räter und Vindeliker, die der hl. Severin von den Alamannen freigekauft oder aus den rätischen Orten und Kastellen (Quintanis, Batavis) nach Lorch (Lauriacum) und Mautern (Favianis) evakuiert hatte (s. S. 70). Spätestens zu dieser Zeit war Flachlandrätien faktisch nicht mehr Teil der Römischen Reiches, wiewohl Theoderich der Große Anspruch auf Rätien und Norikum erhob, bis diese Gebiete schließlich 536 vom Ostgotenkönig Wittigis an die Franken abgetreten wurden.

Die Archäologie des 4. und 5. Jahrhunderts in Südbayern

Das spätrömische Rätien ist nur in Rudimenten mit der blühenden Provinz der mittleren Kaiserzeit zu vergleichen. Obwohl seine strategische Bedeutung für das Imperium nach den diokletianischen Reformen eher zugenommen hatte, erreichte es nie mehr den Zivilisationsstand der Zeit vor den Katastrophen des 3. Jahrhunderts. Die Gebiete nördlich der Donau und westlich der Iller waren verloren, die Städte und das offene Hinterland durch die ständigen Kriegshandlungen verwüstet und die Bevölkerung stark dezimiert.

Laeten und Foederaten

Der Entvölkerung, die zugleich eine bedrohliche wirtschaftliche Schwächung bedeutete, begegnete die spätrömische Verwaltung in den gallischen und germanischen Provinzen mit einschneidenden Zwangsmaßnahmen. Germanen wurden an den Grenzen und im Inneren der Provinzen als eine Art »Wehrbauern« angesiedelt. Ab Beginn des 4. Jahrhunderts berichten die Quellen immer wieder von Laeten, gefangenen Germanen und anderen fremdstämmigen Gruppen, die in den verwüsteten Provinzen die Kriegsschäden zu beseitigen hatten, in isolierten Siedlungen als Bauern arbeiteten und vor allem der Aushebung und dem strengen römischen Militärdienst unterworfen waren. In der Notitia dignitatum werden in Nordgallien, Belgien und Niedergermanien, von der Normandie bis zur Maas und von der Kanalküste bis zur Loire, zwölf Laetenpräfekturen aufgezählt. Der Dienst der halbfreien, in Militärsiedlungen lebenden Laeten war eine der wichtigsten Ressourcen spätrömischer Reichsverteidigung. Die Siedlungen samt ihrem landwirtschaftlichen Ertrag waren Staatsdomänen oder gallischen Städten zugeordnet. Sie besaßen vermutlich eine begrenzte Selbstverwaltung nach heimischem Recht, zugleich aber war das Nutzungsrecht der *terrae laeticae* mit der persönlichen, erblichen und kollektiven Wehrpflicht verbunden. Diese barbarischen Gemeinwesen, die aufgrund von Heiratsverboten mit den provinzialrömischen Bevölkerungsgruppen ihr Volkstum wohl lange bewahren konnten, unterstanden militärischen Präfekten, die wiederum dem *magister militum*, dem römischen Heermeister und Oberkommandierenden des Reiches, unterstellt waren.[46]

Aber nicht nur die Ansiedlung der halbfreien Laeten bewirkte die »Barbarisierung« der spätrömischen Provinzen. Seit den Kaisern Julian und Valentinian I. sind mit einzelnen fränkischen und anderen germanischen Stammesgruppen Verträge geschlossen worden, die diesen eine geschlossene Ansiedlung auf römischem Boden erlaubten. Vor allem der Raum zwischen Schelde, Maas und Niederrhein wurde ab der Mitte des 4. Jahrhunderts von derartigen Maßnahmen betroffen. Als »Föderaten« übernahmen Franken in diesem Bereich die Grenzverteidigung gegen ihre Landsleute am jenseitigen Rheinufer, so daß die römischen Limitantruppen ins Feldheer übernommen werden konnten. Daneben wurden aber auch germanische Gefolgschaften aus den Gebieten rechts des Rheins für den römischen Kriegsdienst angeworben und vertraglich gebunden. Nur so ist verständlich, daß unter Valentinian I., Gratian und Valentinian II. römische Offiziere germanischer Abkunft in der Militärhierarchie zu den höchsten Ämtern im Westreich gelangen konnten.

Die Verhältnisse in Südbayern, der spätantiken Provinz Raetia II, können nach den historischen Quellen weniger deutlich als die in den Rheinprovinzen und Gallien nachgezeichnet werden. Vor dem allgemeingeschichtlichen Hintergrund aber ergibt sich aus dem archäolo-

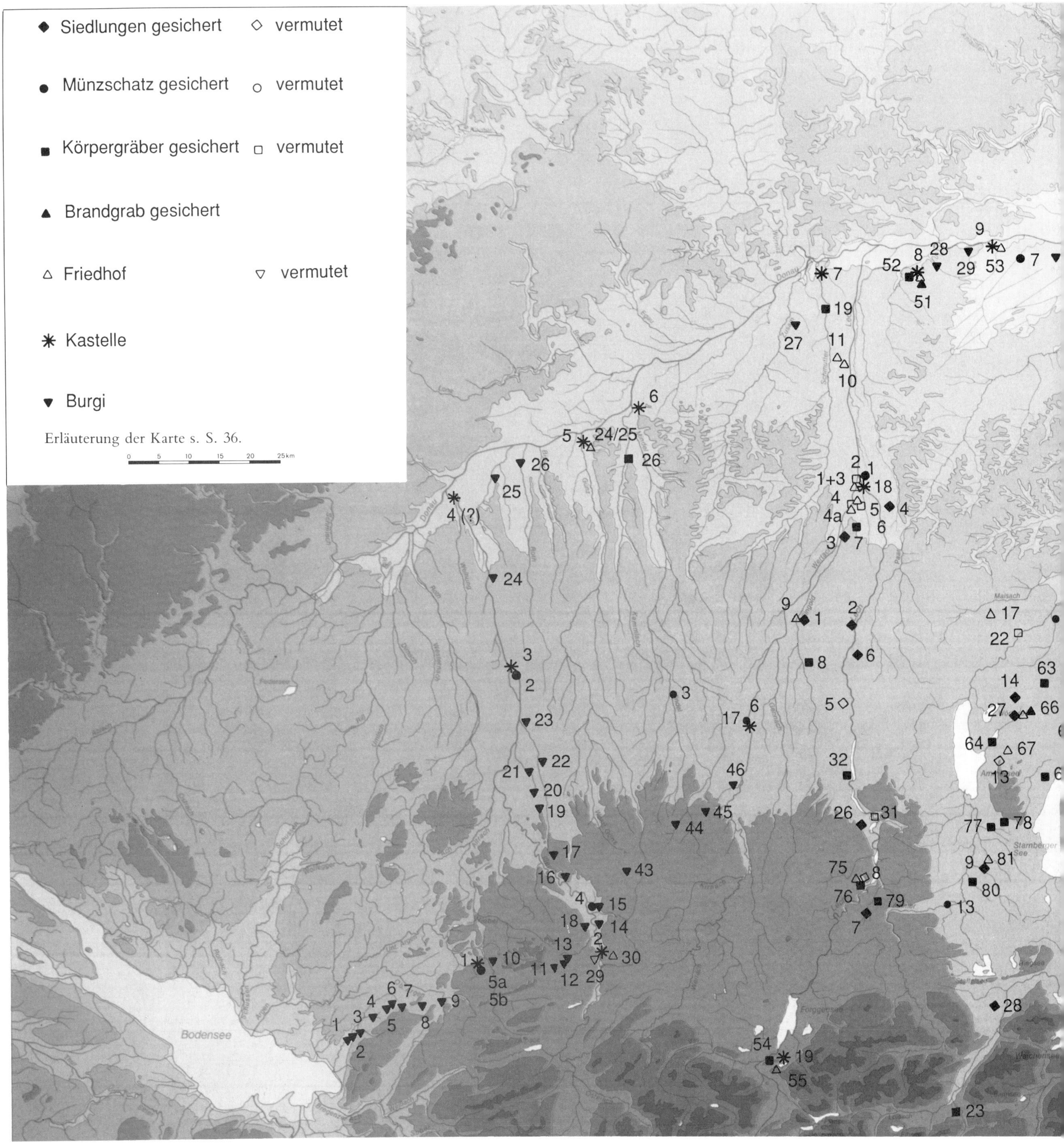
Siedlungen gesichert
vermutet
Münzschatz gesichert
vermutet
Körpergräber gesichert
vermutet
Brandgrab gesichert
Friedhof
vermutet
Kastelle
Burgi
Erläuterung der Karte s. S. 36.
0 5 10 15 20 25km
Bodensee

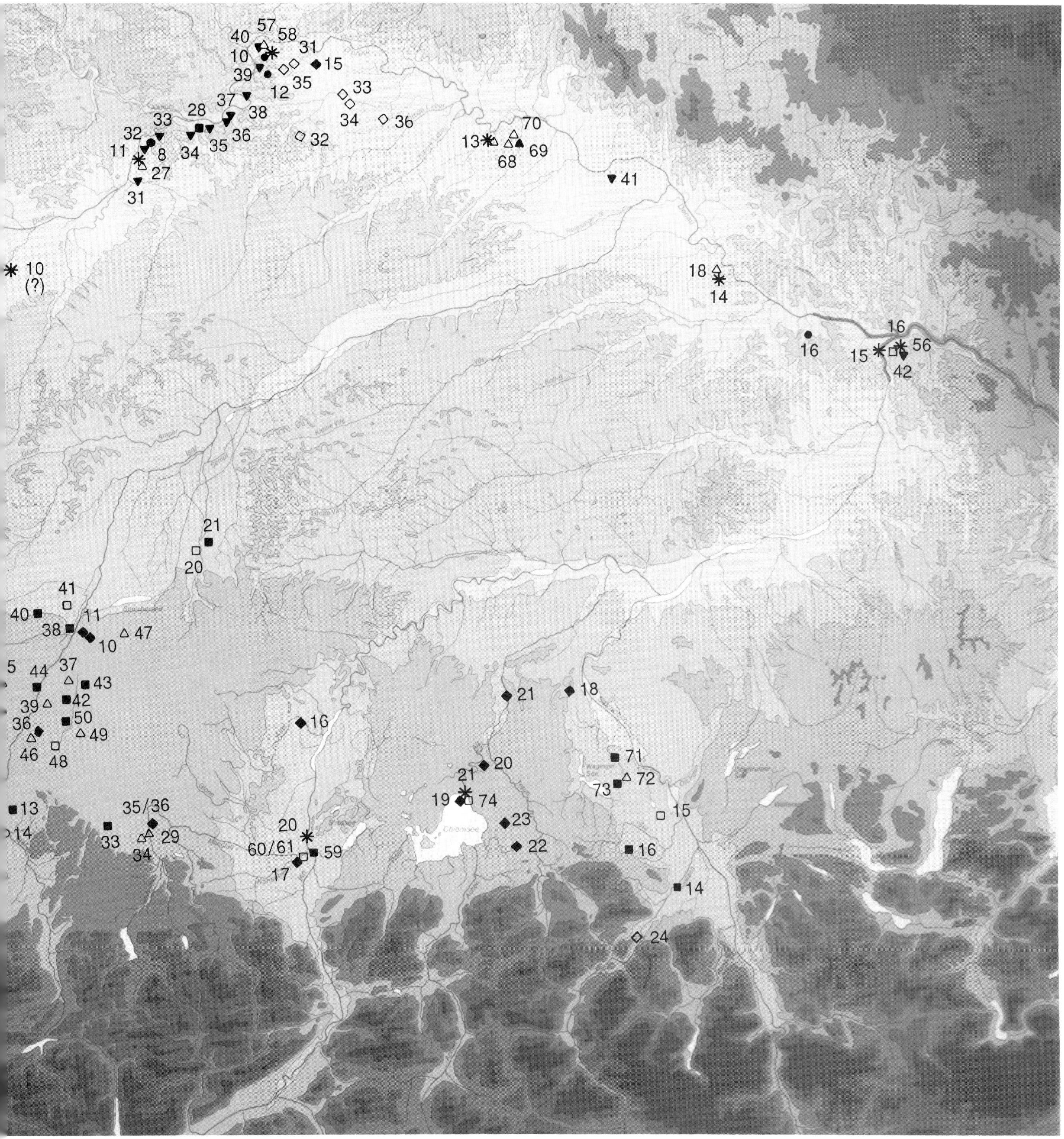

57
58
40
10
31
15
39
12
35
33
34
36
37
38
28
33
32
36
35
34
11
8
27
31
32
70
13
69
68
41
10
(?)
18
14
16
16
15
56
42
21
20
41
40
11
38
10
47
5
44
37
43
39
42
50
36
49
46
48
16
21
18
20
71
21
72
73
19
74
15
23
13
35/36
14
33
29
34
20
60/61
59
17
22
16
14
24
Donau
Isar
Amper
Speichersee
Chiemsee

◁ **Abb. 28** Spätrömische Fundplätze in der Raetia II und in Noricum zwischen Inn und Salzach.

Siedlungen
1 Schwabmünchen (Rapis), Lkr. Augsburg, Siedlung (= S.); 2 Königsbrunn, Lkr. Augsburg, villa rustica (= v. r.); 3 Stadtbergen, Lkr. Augsburg, villa suburbana (= v. s.); 4 Friedberg, Lkr. Aichach-Friedberg, v. s.; 5 Stoffersberg, Gde. Igling, Lkr. Landsberg, S.; 6 Haltenberg, Gde. Scheuring, Lkr. Landsberg, v. r.; 7 Peiting, Lkr. Weilheim-Schongau, v. r.; 8 Altenstadt, Lkr. Weilheim-Schongau, S.; 9 Wielenbach, Lkr. Weilheim-Schongau, v. r.; 10 Denning, Stadt München, v. r. oder weilerartige S.; 11 Potzham, Gde. Taufkirchen, Lkr. München, S.; 12 Gauting (Bratananio), Lkr. Starnberg, vicus (= v.); 13 Widdersberg, Gde. Herrsching a. Ammersee, Lkr. Starnberg, S.; 14 Gilching, Stadt Starnberg, S.; 15 Harting, Stadt Regensburg, v. r.; 16 Unterübermoos, Gde. Pfaffing, Lkr. Rosenheim, S.; 17 Westerndorf-St. Peter, Lkr. Rosenheim, S.; 18 Mühlham, Stadt Tittmoning, Lkr. Traunstein, v. r.; 19 Seebruck (Bedaium), Gde. Seeon-Seebruck, Lkr. Traunstein, v. in kl. Befestigung; 20 Tittmoning, Lkr. Traunstein, v. r.; 21 Lohen, Gde. Tacherting, Lkr. Traunstein, S.; 22 Erlstätt, Gde. Grabenstätt, Lkr. Traunstein, S. (v. r.?); 23 Eglsee, Gde. Chieming, Lkr. Traunstein, v. r.; 24 Bad Reichenhall, Lkr. Berchtesgadener Land, S.; 25 Gräfelfing, Lkr. München, S.; 26 Lorenzberg bei Epfach (Abodiacum), Gde. Denklingen, Lkr. Landsberg, befestigte S.; 27 Weßling, Lkr. Starnberg, befestigte S.; 28 Hechendorf, Gde. Murnau, Lkr. Garmisch-Partenkirchen, befestigte S.; 29 Valley, Lkr. Miesbach, befestigte S.; 30 Grünwald, Lkr. München, befestigte S.; 31 Burgweinting, Stadt Regensburg, v. r.; 32 Luckenpaint, Gde. Thalmassing, Lkr. Regensburg, v. r.; 33 Mangolding, Gde. Mintraching, Lkr. Regensburg, v. r.; 34 Mintraching, Lkr. Regensburg, v. r.; 35 Oberisling/Unterisling, Stadt Regensburg, v. r.; 35 Taimering, Gde. Riekofen, Lkr. Regensburg, v. r.

Münzschätze
1 Augsburg/Springergäßchen; 2 Kellmünz, Lkr. Neu-Ulm; 3 Mindelheim, Lkr. Unterallgäu; 4 Stielings, Gde. Lauben, Lkr. Unterallgäu; 5 Bettmauer, Stadt Isny, Lkr. Ravensburg; 6 Goldberg bei Türkheim, Lkr. Unterallgäu; 7 Bruck, Stadt Neuburg a. d. Donau, Lkr. Neuburg-Schrobenhausen; 8 Eining, Stadt Neustadt a. d. Donau, Lkr. Kelheim; 9 Großberg, Gde. Pentling, Lkr. Regensburg; 10 Regensburg; 11 Olching, Lkr. Fürstenfeldbruck; 12 Lochhausen, Stadt München; 13 Peißenberg, Lkr. Weilheim-Schongau; 14 Puppling, Gde. Egling, Lkr. Bad Tölz-Wolfratshausen; 15 Frauensattling, Stadt Vilsbiburg, Lkr. Landshut; 16 Sandbach, Stadt Vilshofen, Lkr. Passau.

Grabfunde
1 Augsburg/Fröhlichstraße; 2 Augsburg/»Am Pfannenstiel«; 3 Augsburg/St. Ulrich und Afra; 4, 4a, 5 Göggingen, Lkr. Augsburg; 6 Inningen, Stadt Augsburg; 7 Königsbrunn, Lkr. Augsburg; 8 Langerringen, Lkr. Augsburg; 9 Schwabmünchen, Lkr. Augsburg; 10/11 Westendorf, Lkr. Augsburg; 12 Degerndorf, Gde. Münsing, Lkr. Bad Tölz-Wolfratshausen; 13 Deining, Gde. Egling, Lkr. Bad Tölz-Wolfratshausen; 14 Ainring, Lkr. Berchtesgadener Land; 15 Heining, Stadt Laufen, Lkr. Berchtesgadener Land; 16 Weildorf, Gde. Teisendorf, Lkr. Berchtesgadener Land; 17 Pfaffenhofen a. d. Glonn, Lkr. Dachau; 18 Künzing, Lkr. Deggendorf; 19 Mertingen, Lkr. Donau-Ries; 20 Altenerding, Stadt Erding, Lkr. Erding; 21 Langengeisling, Stadt Erding, Lkr. Erding; 22 Fürstenfeldbruck; 23 Garmisch-Partenkirchen; 24 Günzburg/Ulmer Straße; 25 Günzburg/Oberstadt; 26 Unterknöringen, Stadt Burgau, Lkr. Günzburg; 27 Eining, Stadt Neustadt a. d. Donau, Lkr. Kelheim; 28 Affecking, Stadt Kelheim; 29 Kempten/Altstadt; 30 Kempten/»Auf der Keckwiese«; 31 Reichling, Lkr. Landsberg; 32 Seestall, Gde. Fuchsthal, Lkr. Landsberg; 33 Otterfing, Lkr. Miesbach; 34–36 Valley, Lkr. Miesbach; 37 München-Berg am Laim; 38 München-Freimann; 39 München-Harlaching; 40 München-Moosach; 41 München-Neufreimann; 42 München-Perlach; 43 München-Straßtrudering; 44 München-Thalkirchen; 45 Gräfelfing, Lkr. München; 46 Grünwald, Lkr. München; 47 Kirchheim, Lkr. München; 48 Oberhaching, Lkr. München; 49 Taufkirchen, Lkr. München; 50 Unterhaching, Lkr. München; 51/52 Burgheim, Lkr. Neuburg-Schrobenhausen; 53 Neuburg a. d. Donau, Lkr. Neuburg-Schrobenhausen; 54/55 Bad Faulenbach, Stadt Füssen, Lkr. Ostallgäu; 56 Passau-Innstadt/Severinskirche; 57 Regensburg/Kumpfmühler Straße; 58 Regensburg/Ostengasse; 59 Stephanskirchen, Lkr. Rosenheim; 60 Westerndorf-St. Peter, Lkr. Rosenheim; 61 Pfaffenhofen, Lkr. Rosenheim; 62 Gauting, Lkr. Starnberg; 63 Gilching, Lkr. Starnberg; 64 Hechendorf a. Pilsensee, Gde. Seefeld, Lkr. Starnberg; 65 Maising, Gde. Pöcking, Lkr. Starnberg; 66 Weßling, Lkr. Starnberg; 67 Widdersberg, Gde. Herrsching a. Ammersee; 68 Straubing/Altstadt; 69 Straubing/Azlburg I; 70 Straubing/Azlburg II; 71/72 Fridolfing, Lkr. Traunstein; 73 Kirchanschöring, Lkr. Traunstein; 74 Seebruck, Gde. Seeon-Seebruck, Lkr. Traunstein; 75/76 Altenstadt, Lkr. Weilheim-Schongau; 77/78 Pähl, Lkr. Weilheim-Schongau; 79 Peiting, Lkr. Weilheim-Schongau; 80 Weilheim i. Oberb., Lkr. Weilheim-Schongau; 81 Wielenbach, Lkr. Weilheim-Schongau.

Kastelle
1 Vemania – Isny, Lkr. Ravensburg; 2 Cambodunum – Kempten; 3 Caelio Monte – Kellmünz, Lkr. Neu-Ulm; 4 Piniana/Phebiana – Illermündung (?); 5 Guntia – Günzburg; 6 Phebiana/Piniana – Gundremmingen, Lkr. Günzburg; 7 Summuntorium – Burghöfe, Gde. Mertingen, Lkr. Donau-Ries; 8 Parrodunum – Burgheim, Lkr. Neuburg-Schrobenhausen; 9 Venaxamodurum– Neuburg a. d. Donau, Lkr. Neuburg-Schrobenhausen; 10 Vallatum – Manching, Lkr. Pfaffenhofen a. d. Ilm; 11 Abusina – Eining, Stadt Neustadt a. d. Donau, Lkr. Kelheim; 12 Castra Regina – Regensburg; 13 Sorviodurum – Straubing; 14 Quintanis – Künzing, Lkr. Deggendorf; 15 Batavis – Passau; 16 Boiodurum – Passau-Innstadt; 17 Rostrum Nemaviae – Goldberg b. Türkheim, Lkr. Unterallgäu; 18 Augusta Vindelicum – Augsburg; 19 Foetes – Füssen, Lkr. Ostallgäu; 20 Pons Aeni – Pfaffenhofen a. Inn, Gde. Schechen, Lkr. Rosenheim; 21 Bedaium – Seebruck, Gde. Seeon-Seebruck, Lkr. Traunstein.

Burgi
1 Burgstall, Gde. Sigmarszell, Lkr. Lindau; 2 Waldburg, Gde. Sigmarszell, Lkr. Lindau; 3 Umgangs, Gde. Sigmarszell, Lkr. Lindau; 4 Opfenbach, Lkr. Lindau; 5 Mellatz, Gde. Opfenbach, Lkr. Lindau; 6 Meckatz, Gde. Heimenkirch, Lkr. Lindau; 7 Heimenkirch, Lkr. Lindau; 8 Dreiheiligen, Gde. Heimenkirch, Lkr. Lindau; 9 Oberhäuser, Gde. Röthenbach, Lkr. Lindau; 10 Nellenbruck, Gde. Weitnau, Lkr. Oberallgäu; 11 Wenk, Gde. Buchenberg, Lkr. Oberallgäu; 12 Buchenberg, Lkr. Oberallgäu; 13 Ahegg, Gde. Buchenberg, Lkr. Oberallgäu; 14 Stielings, Gde. Lauben, Lkr. Oberallgäu; 15 Heising, Gde. Lauben, Lkr. Oberallgäu; 16 Oberried, Gde. Dietmannsried, Lkr. Oberallgäu; 17 Hörensberg, Gde. Dietmannsried, Lkr. Oberallgäu; 18 Waldegg, Gde. Wiggensbach, Lkr. Oberallgäu; 19 Raupolz, Gde. Grönenbach, Lkr. Unterallgäu; 20 Woringen, Lkr. Unterallgäu; 21 Dickenreis, Stadt Memmingen; 22 Memmingen; 23 Sennhof, Gde. Heimertingen, Lkr. Unterallgäu; 24 Bellenberg, Lkr. Neu-Ulm; 25 Finningen, Stadt Neu-Ulm; 26 Straß, Gde. Nersingen, Lkr. Neu-Ulm; 27 Lauterbach, Gde. Buttenwiesen, Lkr. Dillingen; 28 Mühlhart, Gde. Burgheim, Lkr. Neuburg-Schrobenhausen; 29 Kreut, Gde. Oberhausen, Lkr. Neuburg-Schrobenhausen; 30 Weichering, Lkr. Neuburg-Schrobenhausen; 31 Bad Gögging, Stadt Neustadt a. d. Donau, Lkr. Kelheim; 32 Eining, Stadt Neustadt a. d. Donau, Lkr. Kelheim; 33 Weltenburg, Stadt Kelheim, Lkr. Kelheim, 34 Thaldorf, Stadt Kelheim, Lkr. Kelheim; 35 Untersaal, Gde. Saal a. d. Donau, Lkr. Kelheim; 36 Alkofen, Gde. Bad Abbach, Lkr. Kelheim; 37 Alkofen-Eiermühle, Gde. Bad Abbach, Lkr. Kelheim; 38 Oberndorf, Gde. Bad Abbach, Lkr. Kelheim; 39 Unterirading, Gde. Pentling, Lkr. Regensburg; 40 Regensburg-Großprüfening; 41 Steinkirchen, Gde. Stephansposching, Lkr. Deggendorf; 42 Haibach, Stadt Passau; 43 Waizenried, Gde. Untrasried, Lkr. Ostallgäu; 44 Blöcktach, Gde. Friesenried, Lkr. Ostallgäu; 45 Baisweil, Lkr. Ostallgäu; 46 Schlingen, Stadt Bad Wörishofen, Lkr. Unterallgäu.
Mit Kurzbeschreibungen und Literatur zusammengestellt vom Seminar des Lehrstuhls für Vor- und Frühgeschichte an der Universität Regensburg im Wintersemester 1989/90.

gischen Gesamtbefund für die Zeit nach den Alamannenstürmen eine dreiphasige Siedlungsentwicklung im Schutz des Iller-Donau-Limes (Abb. 21).[47]

Der provinzialrömische Fundstoff

Grundlagen der Erörterungen zur Bevölkerungsgeschichte, Sozialstruktur und Sachkultur sind die nach Siedlungs-, Schatz- und Einzelfunden sowie Grabfunden zu gliedernden archäologischen Zeugnisse, wobei den Bestattungen eine wesentliche Bedeutung zur Klärung chronologischer und siedlungsgeschichtlicher Zusammenhänge zukommt.
Die spätrömischen Grabfunde in Südbayern sind nicht sehr zahlreich, und größere Friedhöfe konnten erst in jüngster Zeit ausgegraben und altertumskundlich analysiert werden. Der archäologische Nachweis von Gräbern und Friedhöfen ist von den Fundbedingungen abhängig. Die Häufung von Gräbern im Lechtal, auf der Südterrasse der Donau, in der Region München und in einem schmalen Gürtel zwischen Ammersee, Starnberger See, Chiemsee

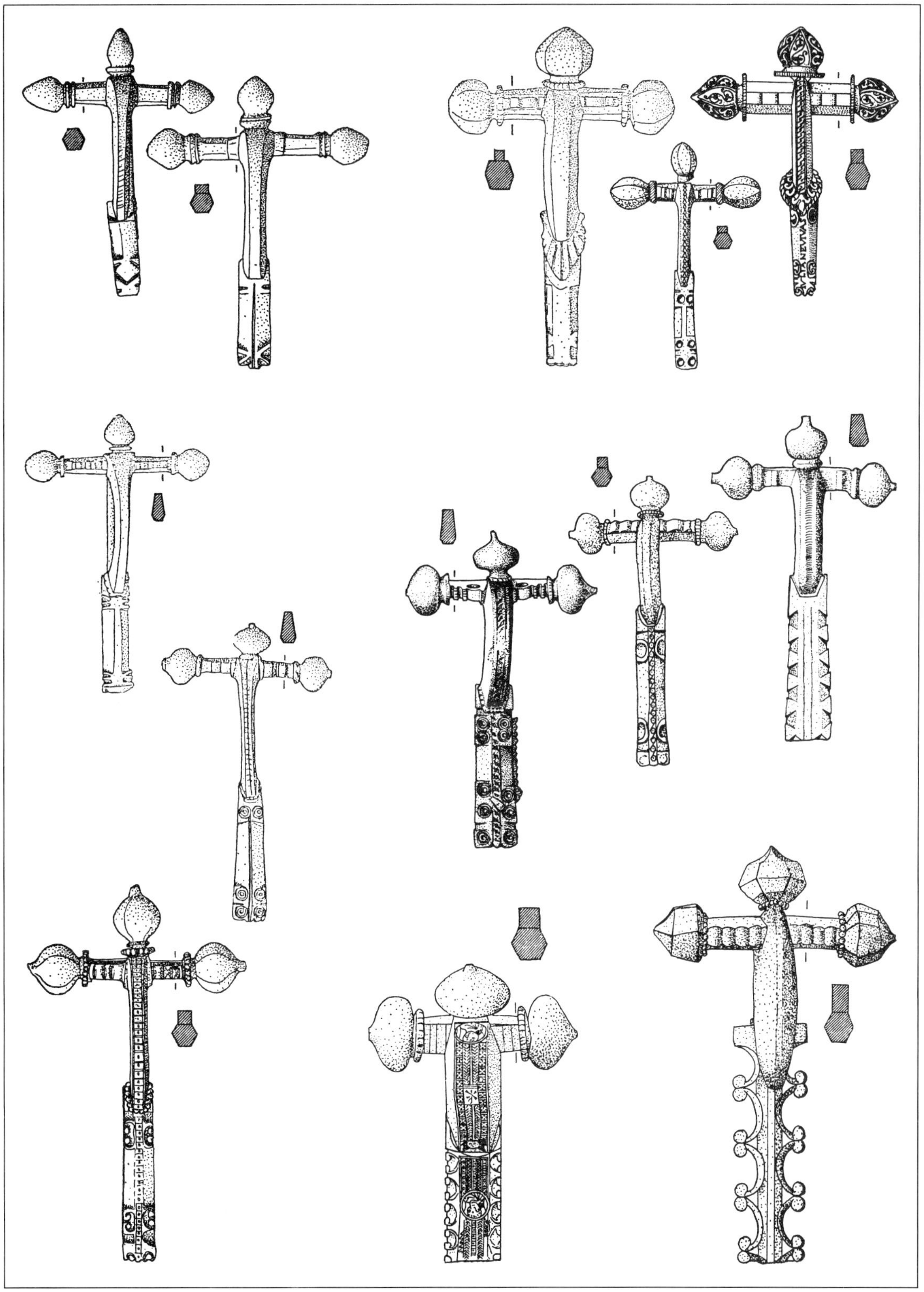

Abb. 29 Typen spätrömischer Zwiebelknopffibeln (nach E. Keller).

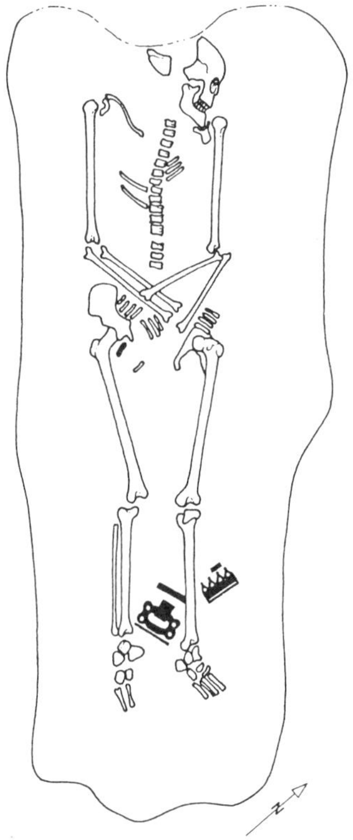

Abb. 30 Straubing. Spätrömisches Gräberfeld Azlburg I. Plan des Grabes 79 mit den Bronzebeschlägen eines über die Beine des Toten gelegten Militärgürtels (nach J. Prammer).

Abb. 31 Verzierte Bronzeschnalle von einem Militärgürtel des 4. Jahrhunderts aus Gauting, Lkr. Starnberg.

und Salzach ist durch die Intensität moderner Bodennutzung in diesen Räumen bestimmt, während das unmittelbare Alpenvorland, das tertiäre Hügelland und große Teile Schwabens scheinbar fundleer sind. Die Fundverbreitung spiegelt also nur eingeschränkt die Siedlungsverhältnisse in spätrömischer Zeit wider (Abb. 28).[48]

Die Topographie der Friedhöfe ist regelhaft. Bevorzugt wurden sie auf Flußterrassen, leicht geneigten Talhängen, auf Geländezungen und an Ausfallstraßen größerer Siedlungen, so in Augsburg und Regensburg, angelegt. Die zugehörigen Wohnplätze sind bis auf wenige Ausnahmen, etwa Weßling, Lkr. Starnberg, nicht gesichert, doch ist offenkundig, daß zu jedem bekannten Friedhof mindestens eine Siedlung und umgekehrt zu jeder archäologisch nachgewiesenen Siedlung ein Begräbnisplatz gehört haben muß.

Im Bestattungsbrauch ist Körperbestattung die Regel. Brandgräber, wie in der frühen und mittleren Kaiserzeit üblich, sind die Ausnahme. Meist handelt es sich um einfache Erdgräber ohne Stein- und Holzeinbauten, in denen die Toten in gestreckter Rückenlage mit angelegten oder im Becken überkreuzten Armen in Holzsärgen beigesetzt waren. Vereinzelt kommen auch seitliche Hocklagen vor. Die Anlage der Gräber innerhalb der Friedhöfe geschah in Reihen oder gruppenweise, wobei keine regelhafte Orientierung der Bestattungen gegeben ist. Die Grabrichtungen schwanken von W–O bis O–W und von S–N bis N–S. Die Grabtiefen variieren von einem halben bis zu zwei Meter.

Allgemein kann festgestellt werden, daß die Beigabenausstattung der spätrömischen Gräber Südbayerns relativ spärlich ist und in nachprüfbaren Zusammenhängen statistisch 70 Prozent der Gräber überhaupt beigabenlos sind, was naturgemäß die Identifizierung »spätrömischer Gräber« erschwert, falls nicht andere Indizien eine Bestimmung erlauben.

Die Funde reichen zur Rekonstruktion der Tracht nicht aus, doch ermöglicht die Fundstatistik eine chronologische Schichtung des Materials, eine Normierung der Grabbräuche und damit die soziale Differenzierung der Bestatteten sowie die realienkundliche Interpretation der überlieferten Sachgüter. Neben den geschlechtsindifferenten Beigaben – Gefäße, Speisen und Münzen – sind die häufigsten Funde in Männergräbern Zwiebelknopffibeln (Tafel 7) und Gürtelzubehör. Gerade diese zur Amtstracht gehörigen Fibeln – auch in den Gräbern häufig im Bereich der rechten Schulter gefunden – sind, dank der mit Münzdatierungen abgesicherten kombinationsstatistischen Untersuchung von E. Keller, wichtiger chronologischer Indikator (Abb. 29).[49] Die in sechs zeitlich divergierenden Formengruppen zusammenfaßbaren Fibeln sind vom frühen 4. bis in das mittlere 5. Jahrhundert an der Peripherie des Römischen Reiches nachzuweisen und finden bildliche Belege im Stilicho-Diptychon (Abb. 27) und sogar noch in den 547 entstandenen Mosaiken von San Vitale in Ravenna. Ring- und Omegafibeln als Mantelschließen treten dagegen in den Hintergrund.

Variantenreicher als die Zwiebelknopffibel ist das Gürtelzubehör. Es handelt sich um eiserne und bronzene Schnallen mit und ohne Beschläg sowie um Bronzebesätze des ledernen Leibriemens, der den Männern nicht umgegürtet, sondern offen quer über die unteren Extremitäten gelegt beigegeben wurde (Abb. 30). Der Formenvorrat des Gürtelzubehörs aus rätischen Fundzusammenhängen entspricht dem in den nördlichen Provinzen des Römerreichs üblichen: Schnallen mit rundem Beschläg stehen solchen mit rechteckigem Blechbeschläg und facettierten Bügeln gegenüber. Daneben gibt es gegossene Schnallen mit Doppeldorn und durchbrochenem Beschläg (Abb. 31). Die Riemenenden können herz- und amphorenförmig bzw. zungenförmig sein. Als Besätze treten propellerförmige und durchbrochene Beschläge, geschlitzte Röhrenhülsen und durchbrochene Rechteckmonturen auf. Zu besonders breiten Gürteln gehörten die sog. Kerbschnittgarnituren mit kurvolinearem Dekor und halbplasti-

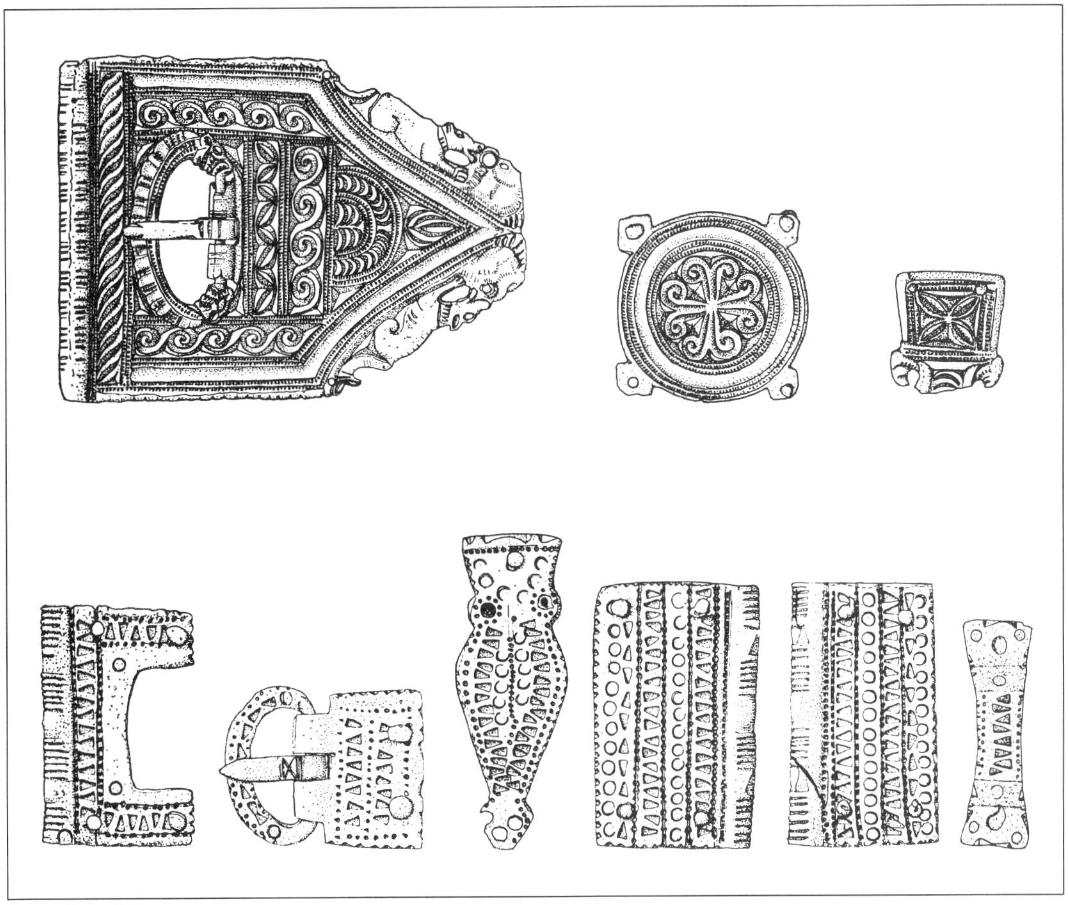

Abb. 32 Kerbschnitt- und stempelverzierte bronzene Gürtelgarnituren aus spätrömischen Gräbern in Weßling, Lkr. Starnberg (Grab 23 und 14; nach E. Keller).

Abb. 33 Spätrömischer Soldat mit Helm, Schild, eisernem Kettenhemd, metallbeschlagenem Gürtel, Schwert und Mantel (nach Th. Fischer).

schen Randtieren (Abb. 32) sowie stempel- und punzverzierte Gürtelgarnituren (Tafel 13), die wie die anderen Beschlagtypen auch als Bestandteile spätrömischer Militärgürtel und damit als uniforme Waffenkoppel anzusprechen sind (Abb. 33). Wie ihre weite Verbreitung und jeweils gleichartige Formgebung zeigen, wurden die einander zeitlich entsprechenden Besatzgarnituren in Serie speziell für das Militär hergestellt, was auch für die Zwiebelknopffibeln gelten dürfte. Trotz dieser eindeutig militärischen Accessoires sind Waffen in den spätrömischen Gräbern Südbayerns bisher nicht bekannt. Messer und der Inhalt von Gürteltaschen (Pfrieme, Feuersteine) ergänzen die insgesamt spärliche geschlechtsspezifische Ausstattung der Männergräber.

Ohne anthropologische Bestimmung sind Frauengräber nur über die Beigabe von Schmuck und Gerät zu definieren. Eigentliches Trachtzubehör wie Fibeln und Gürtelschnallen kommt nicht vor. Gängig sind Haarnadeln aus Bein, Bronze und Silber mit unterschiedlich geformtem Kopf. Seltener finden sich Ohrringe, die nach gut dokumentierten Befunden stets einzeln am rechten Ohr getragen wurden. Sie können aus Golddraht, Silber und Bronze bestehen und mit Münzanhängern bzw. aufgeschobenen Glasperlen verziert sein. Der häufigste Schmuck sind Perlenschnüre, die als Hals- und Armketten in die Gräber der Frauen und Mädchen gelangten. Bis auf wenige Ausnahmen bestehen die Perlen überwiegend aus grünem

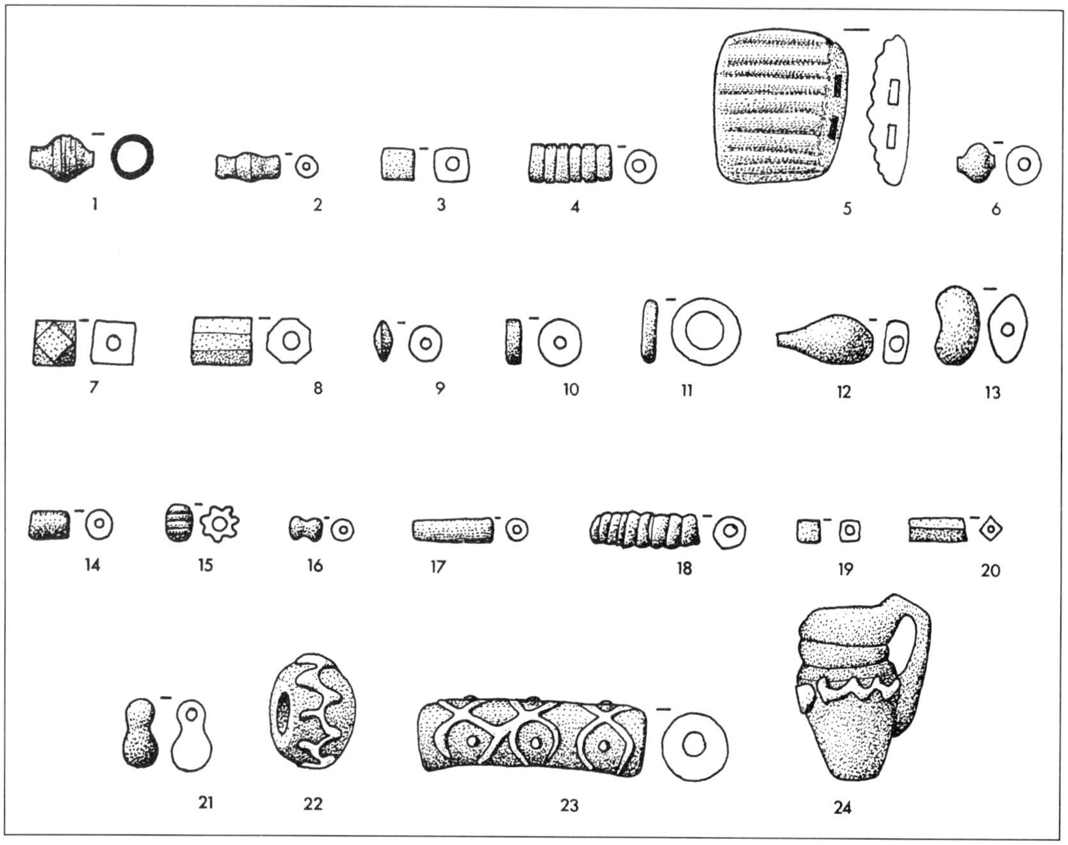

Abb. 34 Spätrömische Perlen aus südbayerischen Gräbern. 1 Gold, 2 Silber, 3 Bronze, 4–5 Gagat, 6–24 Glas (nach E. Keller).

und gelbem Glas, sind relativ klein und scheiben-, ring- bzw. prismen- und polyderförmig. Als Material kommen auch Gold, Silber, Bronze und Elfenbein sowie Gagat in verschiedener Ausformung vor (Abb. 34).

Dominanter Schmuck sind Armringe bzw. dünne Armreife aus Bronze, Gagat, Lignit, Bein und Glas, die in regelhafter Anordnung an beiden Unterarmen getragen wurden. Dabei scheint die Norm ein einzelner Ring am rechten Handgelenk und ein Satz Ringe am linken Unterarm gewesen zu sein, wobei sich Beinringe und andere Armreife aus zerbrechlichem Material ebenfalls nur links fanden (Abb. 35; Tafel 9).

Ausschließlich in Frauengräbern kommen Fingerringe aus Silber, Bronze oder Eisen vor, deren Zierplatten, falls vorhanden, mit Glas oder Email eingelegt sind. An Gebrauchs- und Toilettegerät treten kleine Handspiegel, Beinkämme, Nähnadeln und Spinnwirtel auf, die manchmal in bronze- oder eisenbeschlagenen Holzkästchen verwahrt wurden. Gleicherweise in Männer- und Frauengräbern finden sich Gefäße aus Ton, Speckstein und Glas, Reste von Speisebeigaben, Münzen, Pinzetten, kleine Bronze- und Eisenringe sowie genagelte Schuhe.

Bei der Tonware bilden einhenkelige Krüge die zahlenmäßig größte Gruppe. Becher, Schalen, Terrinen, Töpfe, Tassen und zweihenkelige Gefäße ergänzen das Formenspektrum. Häufig handelt es sich um Terra-sigillata-Gefäße oder deren Nachahmung. Manchmal sind sie mit dem Rollrädchen verziert oder weisen Barbotine-Auflage auf. Gelegentlich wurden

schwarze Firnisware und Terra-nigra-Gefäße beigegeben, wobei die spätrömischen Spruchbecher besonders ins Auge fallen. Typisch spätrömische Produkte sind auch streifig rotbemalte Krüge und Flaschen sowie tongrundiges Geschirr und vereinzelt auftretende grüne oder bräunliche Innenglasur bei weitmündigen Krügen und Reibschalen. Neben diesen scheibengedrehten Gefäßen kommt im 4. Jahrhundert auch handgeformte Irdenware vor. Die im spätrömischen Südbayern gefundene Sigillata-Ware dürfte zum größten Teil aus den Argonnen-Töpfereien stammen, wie auch das übrige rottonige Geschirr vermutlich aus linksrheinischen Gebieten eingeführt wurde. Die Masse des Tongeschirrs scheint jedoch in heimischen Töpfereien hergestellt worden zu sein, wobei der handgeformten Ware eine besondere Stellung zukommt (Tafel 8).
Importe aus dem inneralpinen Raum (Tessin) sind die Specksteingeschirre. Die Eimerchen,

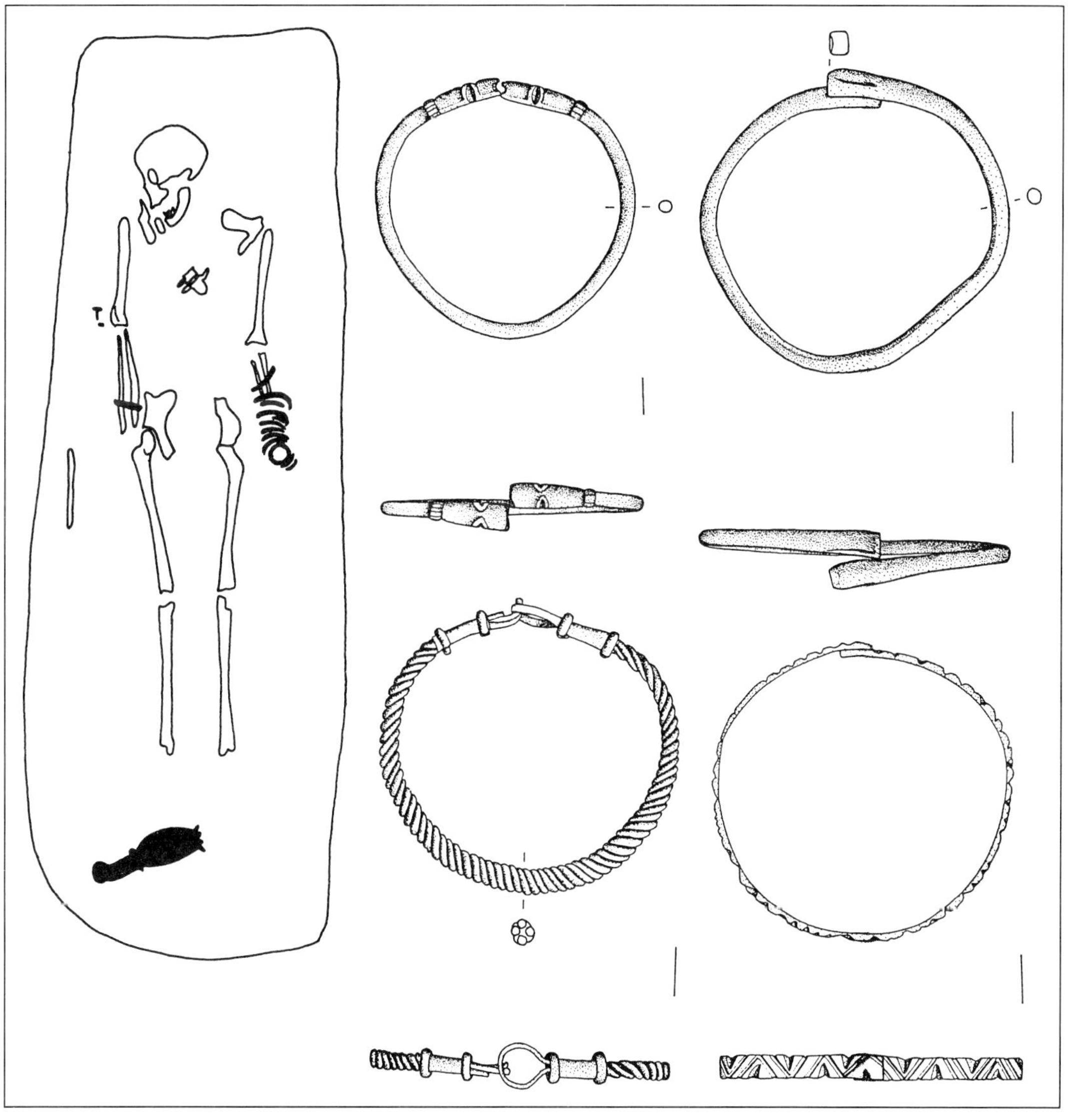

Abb. 35 Straubing. Spätrömisches Gräberfeld Azlburg II. Plan des Grabes 11 und am linken Arm der Toten gefundene Armringe (nach J. Prammer).

Abb. 36 Specksteingefäße aus spätrömischen Gräbern in Südbayern. Verschiedene Fundorte. Importe des 4. Jahrhunderts aus dem Tessin.

Abb. 37 Specksteingefäße mit Bronzeeimer von verschiedenen Fundorten Südbayerns. 4. Jahrhundert.

Teller und Becher aus Lavez sind aus dem Stein herausgedreht und manchmal mit Bronze- oder Eisenbändern gefaßt. Soweit beobachtet, wurden die Specksteingefäße stets einzeln zu Füßen der Toten deponiert (Abb. 36–37).
Eine weitere geschlechtsindifferente Beigabe sind Gläser. Es gibt keine Indizien dafür, daß in spätrömischer Zeit in Rätien Glashütten in Betrieb waren. So muß angenommen werden, daß die Flaschen, Becher und Zweihenkelgefäße aus meist hellgrünem Glas aus Produktionszentren im Rheinland oder in Pannonien stammen (Tafel 11).
Charakteristisch für weibliche Bestattungen ist die Beigabe von Trinkservicen, meist in der Kombination von Krug bzw. Flasche und Becher, Flasche bzw. Krug und Teller sowie Becher und Schüssel, wobei das Material – Ton, Glas, Lavez – keine Rolle spielt.
Neben den Behältnissen für Speise und Trank finden sich in vielen Gräbern auch Reste von Fleischbeigaben in Form von Knochen, die ursprünglich wohl auf Holztellern niedergelegt waren. Geflügelknochen dominieren. Von besonderer Bedeutung ist die Münzbeigabe. Für chronologische Zwecke reicht die Zahl der bisher in der Raetia II gefundenen Münzen nicht aus, doch fällt auf, daß in mehreren sicheren Fällen Münzen als echte Oboli verwendet wurden, da sie im Mund oder im Schädelbereich der Bestatteten lagen.

Die germanische Komponente

Bei der Analyse des Fundstoffs lassen sich Sachgruppen und Einzelobjekte bestimmen, die nicht in provinzialrömische Zusammenhänge gehören, sondern unmittelbare Parallelen und Vorformen im alamannischen und elbgermanischen Siedlungsgebiet haben. Sie kommen in den Gräbern immer zusammen mit provinzialrömischem Formengut vor, wodurch eine eindeutige ethnische Definition unmöglich wird. In bezug auf die Ausstattung der Gräber, Tracht- und Bestattungssitten ergeben sich keine direkten Vergleichsmöglichkeiten mit dem germanischen Raum, weil dort im 4. Jahrhundert Brandbestattung vorherrscht und die wenigen Körpergräber relativ spät und zudem einer höheren sozialen Schicht zuzuweisen sind. Realienkundlich ist das »germanische Element« im spätrömischen Rätien durch Bügelknopffibeln (Abb. 38)[51], eiserne Armbrust- und Ringfibeln, Doppelrahmen- und Tierknopfschnallen, langovale Eisenschnallen, Dreilagenkämme mit halbrunder, dreieckiger bzw. glockenförmiger Griffplatte, Feuerstähle mit Ringöse und handgeformte bzw. schrägkannelierte Irdenware sowie die Beigabe von Pinzette, Spinnwirtel und bronzenen Stollenarmringen gekennzeichnet.

Was für das offene Land nur vorsichtig zu erschließen ist, wird bei der Analyse des Fundguts aus den Grenzkastellen und den zugehörigen Friedhöfen zur Gewißheit: Auch die rätischen Truppen waren stark mit germanischen Söldnern durchsetzt, wenn nicht überhaupt einige Garnisonen gänzlich von germanischen Truppenkontingenten besetzt waren. Beispielhaft kann das Gräberfeld von Neuburg an der Donau vorgeführt werden.[52] Das Gräberfeld am Fuß des Neuburger Stadtbergs umfaßte 134 Gräber in drei »archäologisch eigenständigen Zonen«, die nach den Ergebnissen der anthropologischen Untersuchungen ethnisch verschiedene Bevölkerungsgruppen mit auffallend hohem Männerüberschuß aufgenommen haben sollen (Abb. 39).[53]

In Zone 1 des Militärfriedhofs, die von E. Keller in die Zeit zwischen 330 und 360 datiert wird, dominiert das elbgermanisch-alamannische Element nach der oben gegebenen Sachdefinition mit handgemachten grau-schwarzen Tongefäßen und ovalen Eisenschnallen. Ansonsten sind die Bestattungen und das Beigabenspektrum provinzialrömisch geprägt. Es kommen weder (germanische) Brandgräber noch Waffenbeigaben vor.

Zone 2 ist vom älteren Belegungshorizont deutlich abgesetzt und durch das Überwiegen provinzialrömischen Formenguts mit einzelnen germanischen Einsprengseln gekennzeichnet,

Abb. 38 Das germanische Element im spätrömischen Fundstoff. Links: Bügelknopffibeln mit doppelkonischem Kopf vom Typ Leutkirch aus Niedermodern und Königsbrunn. Rechts: Verbreitung der Bügelknopffibeln vom Typ Leutkirch. Punktkreise: die Fundstellen Niedermodern, Leutkirch und Königsbrunn (nach R. Koch).

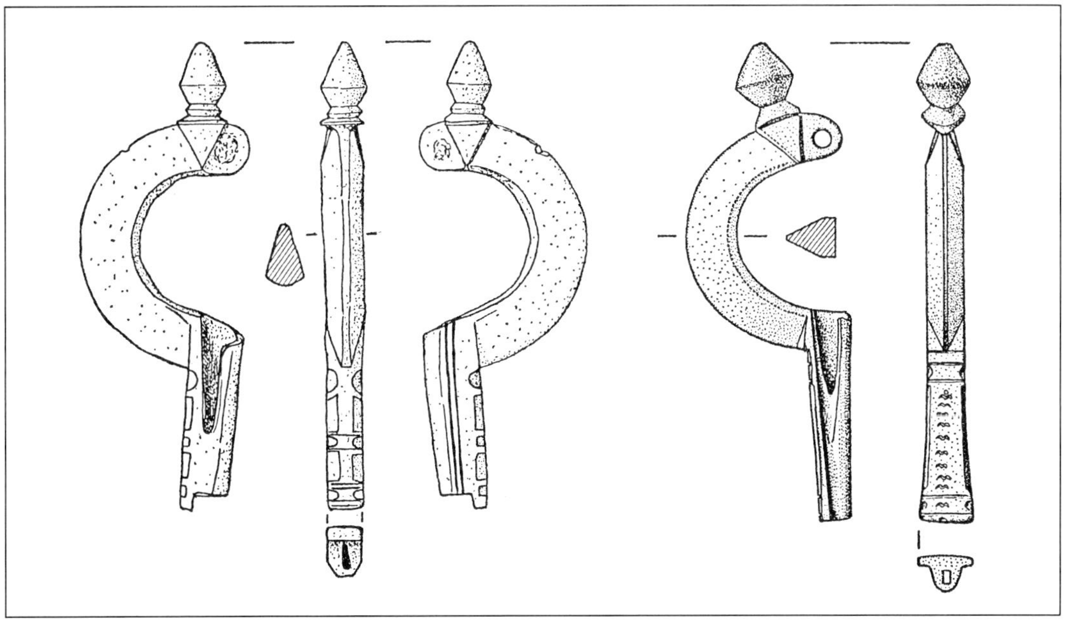

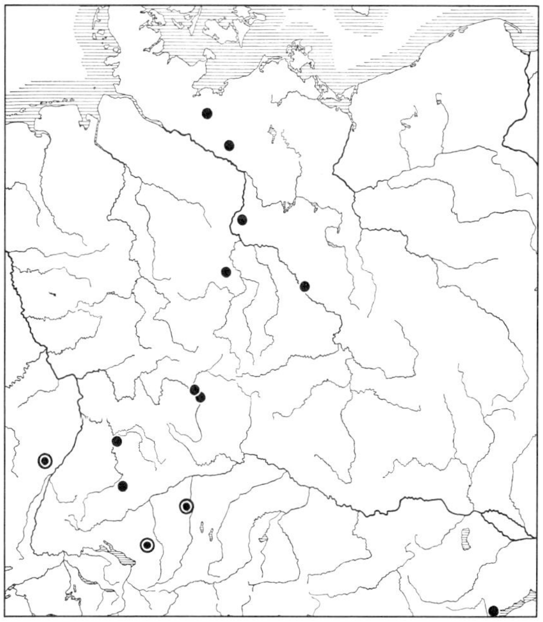

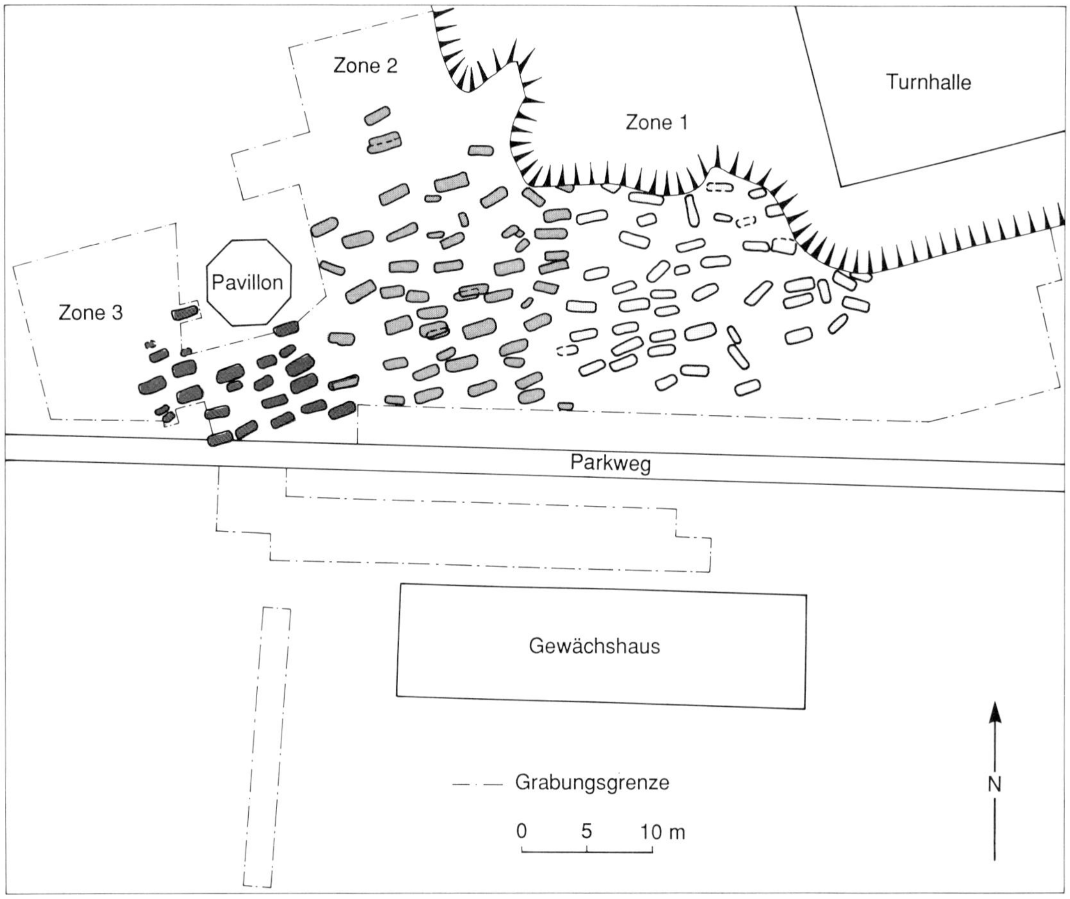

Abb. 39 Das spätrömische Gräberfeld von Neuburg a. d. Donau mit graphisch kenntlich gemachter Belegungsabfolge in drei Zonen (nach E. Keller).

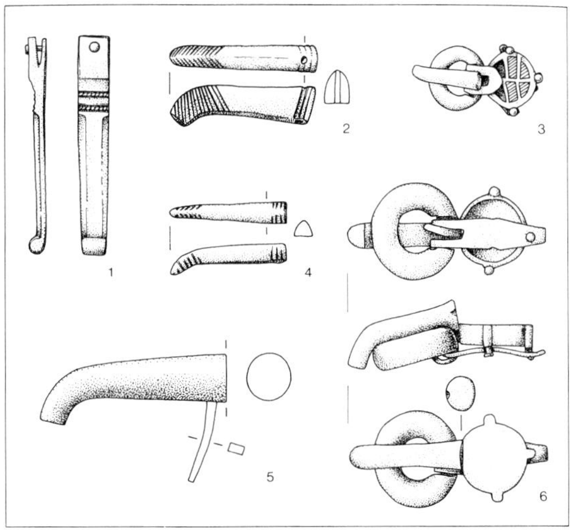

Abb. 40 Metallfunde des 5. Jahrhunderts aus rätischen Grenz- und Binnenlandbefestigungen. 1 Mertingen-Burghöfe, Lkr. Donau-Ries; 2 Frauenberg bei Weltenburg, Lkr. Kelheim; 3 Stadt Regensburg oder Umgebung; 4 Regensburg; 5 Lorenzberg bei Denklingen-Epfach, Lkr. Landsberg a. Lech; 6 Bürgle bei Gundremmingen, Lkr. Günzburg (nach E. Keller).

was entweder auf eine stärkere Romanisierung der Kastellbesatzung oder auf einen Truppenaustausch seit der Zeit um 360 hinweist.

Zone 3 war nach Keller von der Zeit um 390 bis zum endgültigen Abzug der römischen Verwaltung von gotischen Truppen belegt, die nach der Niederschlagung der Usurpation des Maximinus 388 in Rätien eingerückt sein sollen. Daß es sich um »Goten« handelt, schließt Keller aus dem völligen Fehlen von Beigaben in den Männergräbern, eine Erscheinung, die vom 4. Jahrhundert an kennzeichnend für die gotischen Friedhöfe an der unteren Donau und in Transsylvanien ist.[54] Der Aufenthalt ostgermanischer Truppen in Rätien in der ersten Hälfte des 5. Jahrhunderts zeigt sich in einigen Funden donauländischer Formtradition von befestigten Plätzen wie Burghöfe, Frauenberg bei Weltenburg, Regensburg, Lorenzberg bei Epfach und Bürgle bei Gundremmingen (Abb. 40)[55] sowie in einem vereinzelten Frauengrab der Zeit um 400 in Bruckmühl-Götting, Lkr. Rosenheim (Abb. 41)[56]. Ob allerdings das sog. Fürstengrab von Fridolfing-Fürst, Lkr. Traunstein, als die Bestattung eines hohen ostgermanischen Offiziers in römischen Diensten oder die eines germanischen Fürsten des hunnischen Großreichs anzusehen ist, bleibt dahingestellt (Tafel 17).[57] Jedenfalls kann die historisch überlieferte Anwesenheit von Ostgermanen in Rätien zu Beginn des 5. Jahrhunderts auch archäologisch bestätigt werden.

Ähnliche ethnische Verhältnisse wie in Neuburg a. d. Donau sind auch in den bisher nur in Vorberichten publizierten Kastellfriedhöfen von Straubing nachzuweisen.[58] Nach der Zerstörung des mittelkaiserzeitlichen Kastells Sorviodurum wurde die spätrömische Festung auf einen natürlichen Geländesporn, den heutigen Kirchhügel von St. Peter, verlegt. Bis jetzt hat man drei Friedhöfe festgestellt, in denen die Kastellbesatzung und ihre Angehörigen begraben wurden. Modern untersucht sind die jenseits des Allachbachs gelegenen Nekropolen von Azlburg I und II, während ein weiterer Friedhof im Altstadtbereich von Straubing schon 1877 – wenig sachgemäß – ausgegraben wurde (Abb. 42).
Der 1981 fast vollständig ausgegrabene Bestattungsplatz Azlburg I umfaßte auf einer Fläche von 18 x 36 m 109 Bestattungen in 107 durchgehend west-ost-orientierten Gräbern. Nach den Beigaben können 22 als Frauen- und fünf als Männerbestattungen definiert werden. Die Belegung beginnt in der Zeit um 300 und reicht mit den jüngsten Gräbern in das frühe 5. Jahrhundert. Das »elbgermanische Element im Fundstoff« ist vor allem im älteren Belegungsabschnitt stark vertreten. In der jüngeren Phase ist die germanische Komponente nicht mehr ausgeprägt, doch hat man mindestens zwei Männergräber eindeutig als barbarisch bestimmen können. In der jüngsten Periode hingegen sind nur noch germanische Gräber auszuscheiden. In Grab 79 fanden sich am linken Unterschenkel des Toten die Bronzebeschläge einer Militärgürtelimitation, und Grab 60 enthielt als einzige Beigabe eine ovalfacettierte Schale vom Typ Friedenhain-Přešt'ovice der ersten Hälfte des 5. Jahrhunderts[59].
Zur selben Zeit wie dieser Friedhof bestand 200 Meter nördlich die Nekropole Azlburg II. Bisher konnten 46 Bestattungen in 44 unterschiedlich orientierten Körpergräbern freigelegt werden, wobei der mit 60 Prozent sehr hohe Anteil beigabenführender Bestattungen auffällt. Die Belegung dieses Friedhofs setzt im Westen mit Gräbern des frühen 4. Jahrhunderts in lokkerer Streuung ein. Der Fundstoff ist überwiegend »spätrömisch«. Die germanische Komponente fällt erst in der jüngeren Phase ins Gewicht und ist in den randlich gelegenen nord-süd- bzw. süd-nord-orientierten Gräbern besonders deutlich. Aus Grab 41 stammt unter anderem

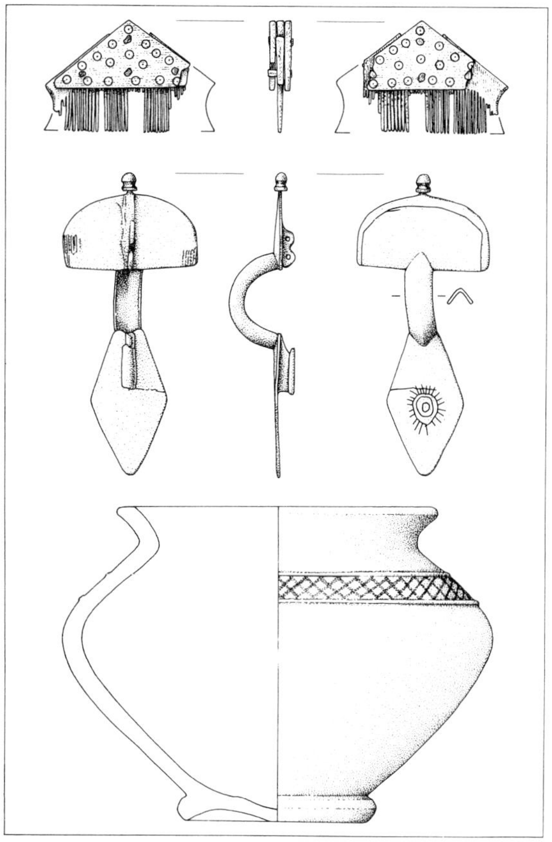

Abb. 41 Bruckmühl-Götting, Lkr. Rosenheim. Inventar des Frauengrabs mit Silberblechfibel, Beinkamm mit dreieckiger Griffplatte und scheibengedrehtem, einglättverziertem Tongefäß. Um 400 (nach E. Keller).

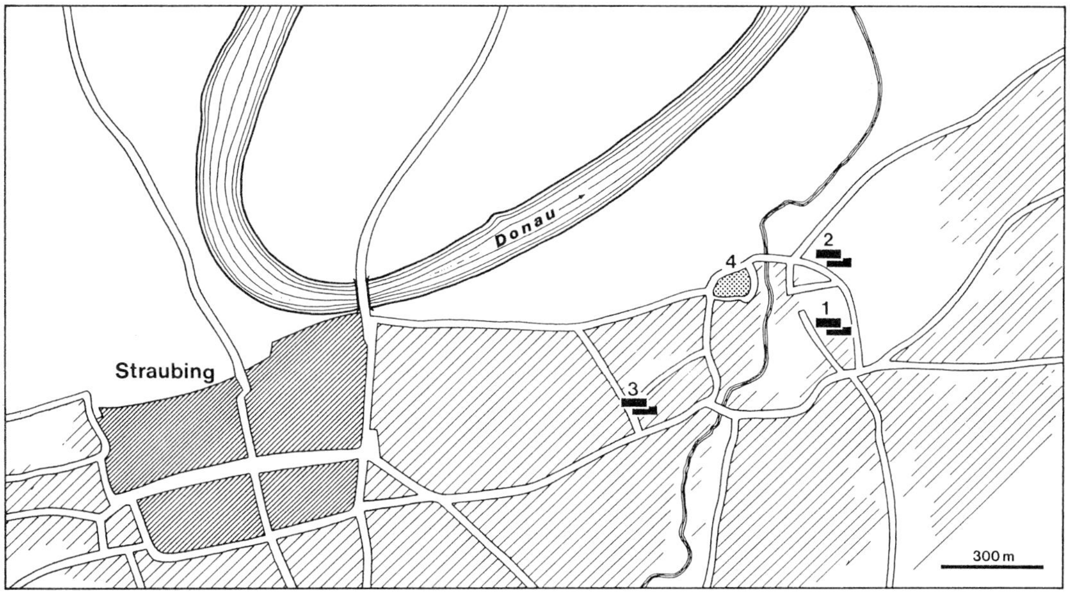

Abb. 42 Straubing. Lage der spätrömischen Fundstellen im Stadtgebiet. 1 Gräberfeld Azlburg I; 2 Gräberfeld Azlburg II; 3 Gräberfeld in der Altstadt; 4 vermutete Lage des Kastells (nach Th. Fischer).

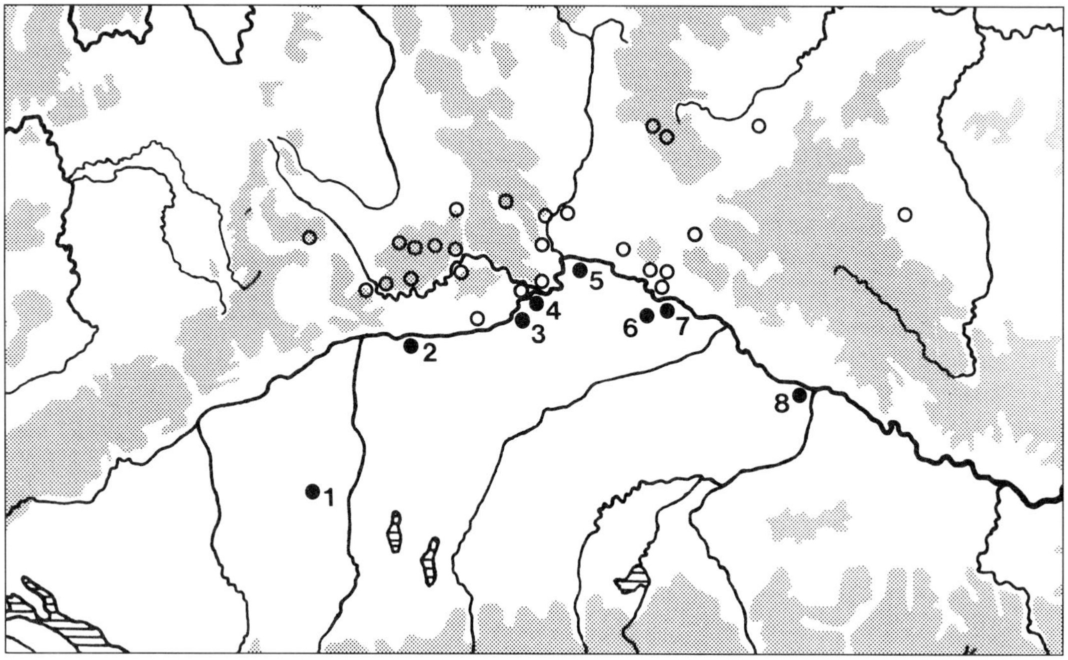

Abb. 43 Verbreitung der Funde vom Typ Friedenhain-Přešt'ovice mit Hervorhebung spätrömischer Befestigungen. 1 Goldberg bei Türkheim, Lkr. Unterallgäu; 2 Neuburg a. d. Donau; 3 Neustadt a. d. Donau-Eining, Lkr. Kelheim; 4 Weltenburg, Lkr. Kelheim; 5 Regensburg; 6 Straubing-Alburg; 7 Straubing-Azlburg I; 8 Passau (nach E. Keller).

eine handgemachte Tonflasche mit Ritzverzierung (Tafel 8). Grab 11 mit Glasflasche und üppigem Armringschmuck kann ebenfalls als germanisch angesprochen werden (Tafel 9; 11). Eines der jüngsten Gräber ist das mit der bronzenen Tierkopfschnalle (Tafel 10).
Vergleicht man den Kastellfriedhof von Neuburg mit den beiden Friedhöfen von Straubing-Azlburg, so fällt auf, daß bei letzteren der Anteil der Frauenbestattungen ungleich höher ist. Ebenso auffallend ist der Beigabenreichtum, wobei die zahlreichen Zwiebelknopffibeln eindeutig den militärisch-administrativen Aspekt der Kastellbesatzungen belegen (Tafel 7). Gemeinsam ist allen drei Friedhöfen der offensichtlich hohe Anteil an elbgermanischem Fundstoff im 4. Jahrhundert. Während aber für Neuburg in der letzten Belegungsphase im frühen 5. Jahrhundert eine »ostgermanische« Besatzung festzustellen ist, finden sich in jüngsten Gräbern in Azlburg elbgermanische Keramiken in der spezifischen Ausprägung des Typs Friedenhain-Přešt'ovice (Tafel 16), wie sie auch sonst vom oberen Altmühltal bis Passau nördlich des Limes und in den Kastellen vom Goldberg bei Türkheim, von Neuburg, Eining, Weltenburg, Regensburg, Straubing-Azlburg I, Straubing-Bajuwarenstraße und Passau vorkommen (Abb. 43).[60]

Siedlungsgeschichte

Aus der antiquarischen Analyse der Gräberfelder und der Interpretation militärhistorischer Befunde ergibt sich für die Raetia II in spätrömischer Zeit eine dreiperiodige Entwicklung.[61] Die erste Phase umfaßt den Zeitraum vom Fall des Limes bis zur Konsolidierung der Verhältnisse durch Probus und Diokletian. Archäologisch ist sie durch die Verlagerung der offenen

Siedlungen auf leicht zu verteidigende Höhen gekennzeichnet, ein Vorgang, der durch Münzreihen auf dem Goldberg bei Türkheim (Lkr. Unterallgäu), auf dem Lorenzberg bei Epfach (Lkr. Landsberg/Lech) und auf dem Moosberg bei Murnau (Lkr. Garmisch-Partenkirchen) abgesichert ist.

Die zweite Siedlungsphase reicht von der diokletianischen Zeit bis in die zweite Hälfte des 4. Jahrhunderts, ist von einer gewissen Prosperität bestimmt und soll mit dem Juthungeneinfall von 357 (!) ein Ende gefunden haben. Die Gräber weisen vergleichsweise reiche Beigaben auf, die Bevölkerung lebte in offenen wie befestigten Siedlungen. In diesen Zeitraum fällt nach dem archäologischen Bild auch die Ansiedlung germanischer Elemente auf dem flachen Land und ihre Rekrutierung in das Grenzheer.

Der Beginn der letzten spätrömischen Siedlungsphase wird durch offensichtlich umwälzende Ereignisse in der Mitte des 4. Jahrhunderts ausgelöst. Die Gräberfelder bei offenen Siedlungsplätzen brechen ab. Nur noch die Friedhöfe bei befestigten Orten werden bis in den Beginn des 5. Jahrhunderts weiter belegt. Ob der Juthungeneinfall von 357 Anlaß des Strukturwandels war, ist ungewiß, doch kann davon ausgegangen werden, daß in der Mitte des 4. Jahrhunderts ein Bevölkerungswandel stattgefunden hat, der von einer starken germanischen Zuwanderung ins Grenzgebiet bestimmt war. Die Verteidigung erfolgte wahrscheinlich nicht mehr überall durch reguläre Truppen, sondern durch Föderaten, die mit ihrem Troß in die Limeskastelle einzogen.[62] Dies könnte sowohl für Regensburg als auch für Straubing zutreffen. Denn beide Plätze werden in der letztmals um 430 redigierten Notitia dignitatum nicht mehr genannt, während für Eining die 3. Britannierkohorte, für Vallatum (nicht genau lokalisiert) eine Abteilung der 3. Italischen Legion, für Quintanis-Künzing die 1. Flavische Kavallerie, für Passau-Batavis die 9. Bataverinfanterie und für das norische Boiotro (Passau-Innstadt) eine nicht näher benannte Truppe erwähnt wird.[63]

Die andere Seite: »Römische Kaiserzeit«

Die Bevölkerungs- und Siedlungsgeschichte im Raum zwischen Donau und Mittelgebirgen ist nur mit archäologischen Mitteln zu rekonstruieren. Direkt auf diese Gebiete beziehbare Schriftquellen und epigraphische Zeugnisse fehlen. Zudem schränken die Fundbedingungen und der allgemeine Forschungsstand die Möglichkeiten der Altertumskunde ein. Hauptquellen sind Grab- und Siedlungsfunde, die mit den gleichen Methoden zu analysieren und zu interpretieren sind wie in den übrigen Gebieten des freien Germanien (Abb. 44).
»Römische Kaiserzeit« ist ein leicht mißverständlicher chronologischer Terminus technicus in der vor- und frühgeschichtlichen Fachsprache, der im allgemeinen die historischen Perioden vom 1. bis 4. Jahrhundert n. Chr. auch im freien – also gerade im nicht von Rom besetzten – Germanien umschreibt. Es ist zugleich die Zeit, in der die germanischen Völkerschaften mehr oder weniger intensiv in das Licht der Geschichte und damit in ein »frühgeschichtliches« Stadium eintreten, wie das Jahrhunderte vorher bereits bei den Kelten der Fall war. Zwar besteht keine eigene schriftliche Überlieferung, doch berichten lateinische und griechische Quellen verstärkt über Kulturzustände und politische Ereignisse in diesen Räumen, die im übrigen weiter in einem prähistorischen Milieu erscheinen.
Wenngleich mißverständlich, ist die Periodenbezeichnung nicht abwegig. Denn die kulturelle, politische und soziale Entwicklung in Germanien war durch Impulse und Einflüsse aus dem Römerreich geprägt. In der Breitenwirkung nicht zu unterschätzen ist der Umstand, daß viele Germanen gepreßt oder freiwillig in römischen Auxilien (Hilfstruppen) dienten. Während der langen Dienstzeit bekamen die Söldner zwangsläufig Einblick in die römische Taktik, aber auch in das Leben der römischen Grenzprovinzen.
Auch wirtschaftlich haben die Kontakte ihren Niederschlag in den historischen und archäologischen Quellen gefunden. Über die Grenzen hinweg herrschte ein reger Handel. Römisches Geld war in Germanien im Umlauf. Wesentlich war nicht der Nominal-, sondern der Metallwert. Die Intensität des Handels und des Imports römischer Gebrauchs- und Luxuswaren nach Germanien – Beute aus Kriegszügen, Tribute und Ehrengeschenke sind hier im »Import« mit eingeschlossen – zeigt sich eindringlich in den Bodenfunden des 1.–4. nachchristlichen Jahrhunderts.
Bei der relativen Fülle des Materials ist aber immer zu bedenken, daß nur ein geringer Teil des ehemals vorhandenen Sachbesitzes als Grabbeigaben, Weihe- oder Schatzfunde in den Boden gelangte und daß hiervon wiederum nur ein Bruchteil bekannt ist. Gerade die römischen Importgegenstände in den Gräbern aber sind es, welche die chronologische Untergliederung des Fundmaterials ermöglichen, so daß unter diesem Aspekt die Bezeichnung »römische Kaiserzeit im freien Germanien« ihre Rechtfertigung findet.[64]

Siedlungen und Gräber

Das Fundmaterial der römischen Kaiserzeit in Nordbayern ist in den letzten Jahrzehnten durch eine intensivierte Bodendenkmalpflege stark angewachsen, wobei Siedlungs- und Einzelfunde die Zahl der Gräber unverhältnismäßig übersteigen. Gräberfelder konnten bisher überhaupt nur in Altendorf, Lkr. Bamberg, und in Kleinlangheim, Lkr. Kitzingen, ausgegraben werden, von anderen Nekropolen sind nur Ausschnitte bzw. einzelne Gräber bekannt. Die Ursachen für das Mißverhältnis liegen in den Fundbedingungen, da Brandgräber, beson-

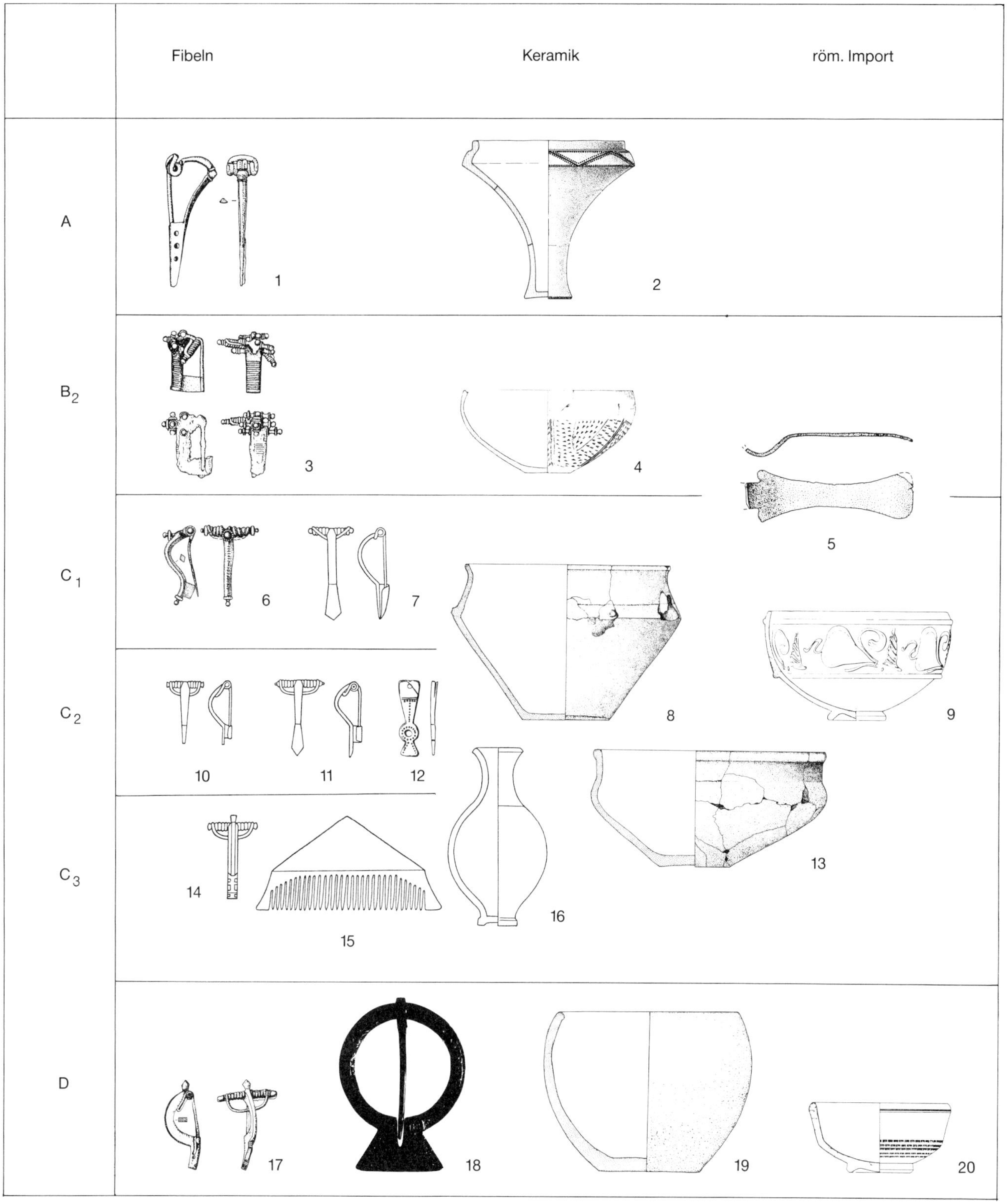

Abb. 44 Chronologieschema für die römische Kaiserzeit im bayerischen Teil des freien Germanien.
1 Fibel vom Mittellatèneschema; 2 Großromstedter Tonsitula; 3 Kniefibeln Almgren 144; 4 Schale mit eingezogenem Rand; 5 Kasserollengriff, röm. Eggers Form 161; 6 Armbrustfibel, ähnelt Almgren 212; 7 Armbrustfibel, zweigliedrig mit dreieckigem Fußzuschnitt und Nadelscheide; 8 Dreiknuppentopf; 9 Terra-sigillata-Schüssel mit Barbotine-Auflage; 10 Armbrustfibel, zweigliedrig mit spitzem oder sich verjüngendem Fuß und offenem Nadelhalter; 11 Armbrustfibel, zweigliedrig mit dreieckigem Fußzuschnitt und offenem Nadelhalter; 12 Riemenzunge; 13 Schalentopf; 14 Bügelknopffibel; 15 Knochenkamm mit dreieckiger Griffplatte; 16 Terra-nigra-Krug; 17 Bügelknopffibel; 18 Ringfibel; 19 Kumpf; 20 Terra-sigillata-Schüssel, Draggendorff 37.
Stufe A: endet laut H. J. Eggers um das Jahr 0. Stufe B 1: von 0 bis Mitte 1. Jahrhundert. Stufe B 2: Mitte 1. Jahrhundert – Mitte 2. Jahrhundert. Stufe C 1: zweite Hälfte 2. Jahrhundert – Anfang zweite Hälfte 3. Jahrhundert. Stufe C 2: zweite Hälfte 3. Jahrhundert – Anfang 4. Jahrhundert. Stufe C 3: erste Hälfte und beginnende zweite Hälfte 4. Jahrhundert. Stufe D: zweite Hälfte 4. Jahrhundert und erste Jahrzehnte 5. Jahrhundert (Entwurf Seminar des Lehrstuhls für Vor- und Frühgeschichte der Universität Regensburg).

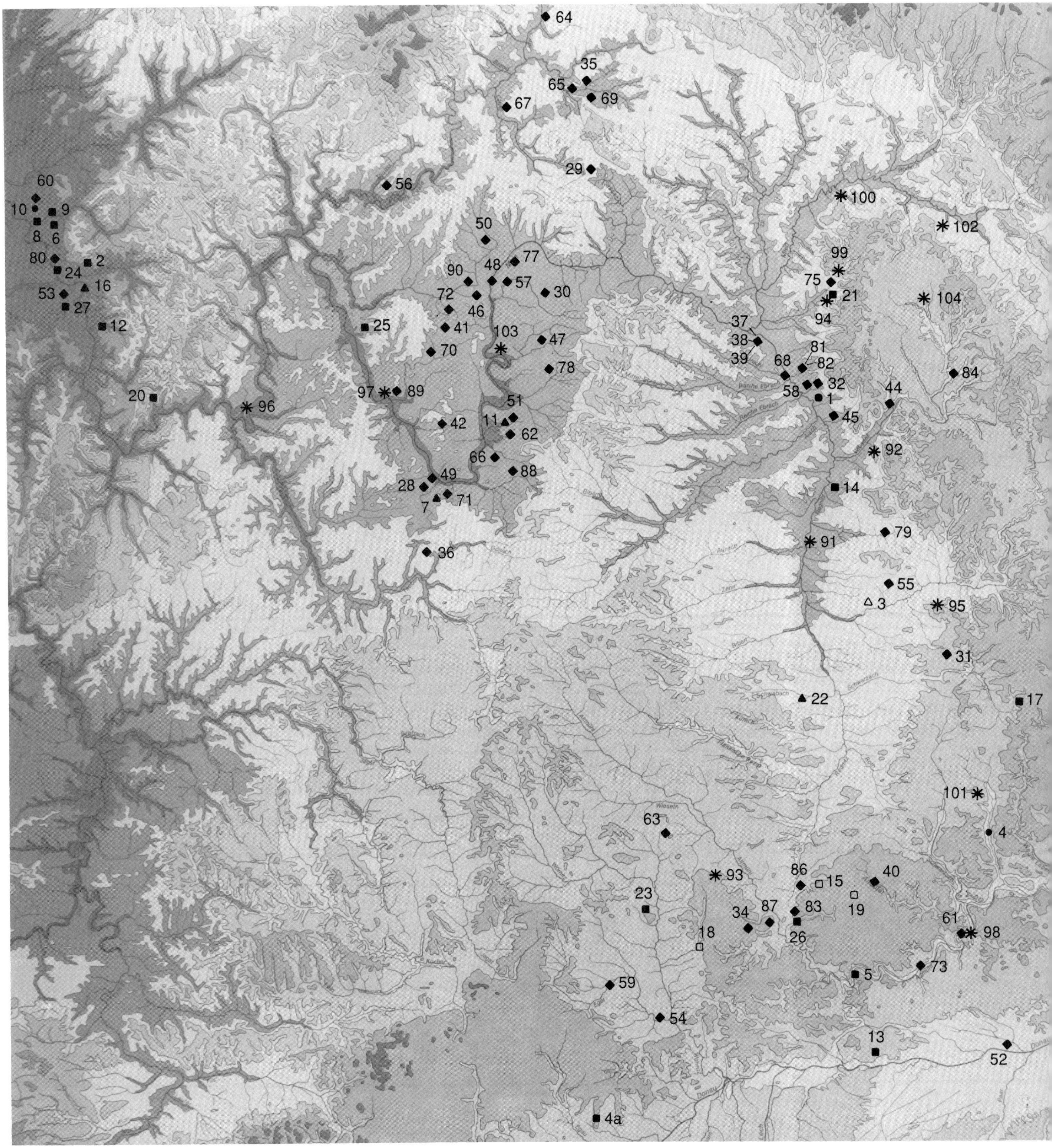

64
35
65
69
67
29
56
60
10
9
8
6
80
2
24
16
53
27
12
100
102
50
77
48
90
57
30
72
46
41
25
103
47
70
78
99
75
21
94
104
37
38
39
81
68
82
32
58
1
84
44
45
20
96
97
89
51
11
42
62
66
88
92
49
28
71
7
14
79
91
36
55
3
95
31
22
17
101
4
63
93
86
15
40
19
23
87
83
34
26
18
61
98
73
5
59
54
13
52
4a
Wieseth
Kocher
Donau

Erläuterung der Karte s. S. 52.

Abb. 45 Die germanischen Fundplätze der jüngeren und späten Kaiserzeit im bayerischen Teil der Germania magna.

Grabfunde
1 Altendorf, Lkr. Bamberg; 2 Aschaffenburg; 3 Behringersdorf, Gde. Schwaig, Lkr. Nürnberger Land; 4 Berching-Pollanten, Lkr. Neumarkt i. d. Oberpfalz; 4a Bergheim, Gde. Mödingen, Lkr. Dillingen; 5 Breitenfurt, Gde. Dollnstein, Lkr. Eichstätt; 6 Dettingen, Gde. Karlstein a. Main, Lkr. Aschaffenburg; 7 Eichelsee, Gde. Gaukönigshofen, Lkr. Würzburg; 8 Großwelzheim; Gde. Karlstein a. Main, Lkr. Aschaffenburg; 9 Hörstein, Gde. Alzenau, Lkr. Aschaffenburg; 10 Kahl a. Main, Lkr. Aschaffenburg; 11 Kleinlangheim, Lkr. Kitzingen; 12 Kleinwallstadt, Lkr. Miltenberg; 13 Laisacker, Stadt Neuburg a. d. Donau, Lkr. Neuburg-Schrobenhausen; 14 Langensendelbach, Lkr. Forchheim; 15 Oberhochstatt, Stadt Weißenburg i. Bay., Lkr. Weißenburg-Gunzenhausen; 16 Obernau, Stadt Aschaffenburg; 17 Pfeffertshofen, Gde. Pilsach, Lkr. Neumarkt i. d. Oberpfalz; 18 Polsingen, Lkr. Weißenburg-Gunzenhausen; 19 Raitenbuch, Lkr. Weißenburg-Gunzenhausen; 20 Reistenhausen, Gde. Collenberg, Lkr. Miltenberg; 21 Scheßlitz, Lkr. Bamberg; 22 Schwabach; 23 Spielberg bei Erlbach, Lkr. Donau-Ries; 24 Stockstadt a. Main, Lkr. Aschaffenburg; 25 Thüngersheim, Lkr. Würzburg; 26 Treuchtlingen-Schambach, Lkr. Weißenburg-Gunzenhausen; 27 Wenigumstadt, Gde. Großostheim, Lkr. Aschaffenburg.

Siedlungen
28 Acholshausen, Gde. Gaukönigshofen, Lkr. Würzburg; 29 Aidhausen, Lkr. Haßberge; 30 Alitzheim, Gde. Sulzheim, Lkr. Schweinfurt; 31 Altdorf (Schleifmühle), Lkr. Nürnberger Land; 32 Altendorf, Lkr. Bamberg; 33 Altenmarkt, Lkr. Cham; 34 Auernheim, Stadt Treuchtlingen, Lkr. Weißenburg-Gunzenhausen; 35 Bad Königshofen i. Grabfeld, Lkr. Rhön-Grabfeld; 36 Baldersheim, Stadt Aub, Lkr. Würzburg; 37 Bamberg (Domberg); 38 Bamberg (Regnitz); 39 Bamberg-Gaustadt; 40 Bechthal, Gde. Raitenbuch, Lkr. Weißenburg-Gunzenhausen; 41 Bergtheim, Lkr. Würzburg; 42 Biebelried-Westheim, Lkr. Kitzingen; 43 Burglengenfeld (Vorstadt Wieden), Lkr. Schwandorf; 44 Ebermannstadt, Lkr. Forchheim; 45 Eggolsheim, Lkr. Forchheim; 46 Eßleben, Gde. Werneck, Lkr. Schweinfurt; 47 Frankenwinheim, Lkr. Schweinfurt; 48 Garstadt, Gde. Bergrheinfeld, Lkr. Schweinfurt; 49 Ochsenfurt-Tückelhausen, Lkr. Würzburg; 50 Geldersheim, Lkr. Schweinfurt; 51 Großlangheim, Lkr. Kitzingen; 52 Großmehring, Lkr. Eichstätt; 53 Großostheim, Lkr. Aschaffenburg; 54 Großsorheim, Stadt Harburg/Schw., Lkr. Donau-Ries; 55 Günthersbühl-Nuschelberg, Stadt Lauf a. d. Pegnitz, Lkr. Nürnberger Land; 56 Hammelburg, Lkr. Bad Kissingen; 57 Herlheim, Gde. Kolitzheim, Lkr. Schweinfurt; 58 Hirschaid, Lkr. Bamberg; 59 Holheim, Lkr. Donau-Ries; 60 Kahl a. Main, Lkr. Aschaffenburg; 61 Kipfenberg, Lkr. Eichstätt; 62 Kleinlangheim, Lkr. Kitzingen; 63 Kleinlellenfeld, Gde. Arberg, Lkr. Ansbach; 64 Mellrichstadt, Lkr. Rhön-Grabfeld; 65 Merkershausen, Stadt Bad Königshofen i. Grabfeld, Lkr. Rhön-Grabfeld; 66 Michelfeld, Stadt Marktsteft, Lkr. Kitzingen; 67 Münnerstadt, Lkr. Bad Kissingen; 68 Neuhaus, Gde. Pettstadt, Lkr. Bamberg; 69 Obereßfeld, Gde. Sulzdorf a. d. Lederhecke, Lkr. Rhön-Grabfeld; 70 Oberpleichfeld/Unterpleichfeld, Lkr. Würzburg; 71 Ochsenfurt-Hopferstadt, Lkr. Würzburg; 72 Opferbaum, Gde. Bergtheim, Lkr. Würzburg; 73 Pfünz, Gde. Walting, Lkr. Eichstätt; 74 Sandhof, Gde. Wenzenbach, Lkr. Regensburg; 75 Scheßlitz, Lkr. Bamberg; 76 Schwarzhofen, Lkr. Schwandorf; 77 Schwebheim, Lkr. Schweinfurt; 78 Stadelschwarzach, Stadt Prichsenstadt, Lkr. Kitzingen; 79 Stöckach, Gde. Igensdorf, Lkr. Forchheim; 80 Stockstadt, Lkr. Aschaffenburg; 81/82 Strullendorf, Lkr. Bamberg; 83 Treuchtlingen-Schambach, Lkr. Weißenburg-Gunzenhausen; 84 Waischenfeld, Lkr. Bayreuth; 85 Weichseldorf, Gde. Duggendorf, Lkr. Regensburg; 86 Weißenburg i. Bay., Lkr. Weißenburg-Gunzenhausen; 87 Wettelsheim, Stadt Treuchtlingen, Lkr. Weißenburg-Gunzenhausen; 88 Willanzheim, Lkr. Kitzingen; 89 Würzburg; 90 Zeuzleben, Gde. Werneck, Lkr. Schweinfurt.

Höhensiedlungen
91 Burgberg b. Erlangen, Stadtkr. Erlangen; 92 Ehrenbürg, Schlaifhausen, Gde. Wiesenthau, Lkr. Forchheim; 93 Gelbe Bürg, Gde. Dittenheim, Lkr. Weißenburg-Gunzenhausen; 94 Giechburg, Zekkendorf, Stadt Scheßlitz, Lkr. Bamberg; 95 Houbirg, Gde. Happurg, Lkr. Nürnberger Land; 96 Wettenburg bei Urphar, Markt Kreuzwertheim, Lkr. Main-Spessart; 97 Marienberg, Stadt Würzburg; 98 Michelsberg, Gde. Kipfenberg, Lkr. Eichstätt; 99 Reißberg, Burgellern, Stadt Scheßlitz, Lkr. Bamberg; 100 Staffelberg, Romansthal, Stadt Staffelstein, Lkr. Lichtenfels; 101 Sulzbürg, Gde. Mühlhausen, Lkr. Neumarkt i. d. Oberpfalz; 102 Turmberg, Gde. Kasendorf, Lkr. Kulmbach; 103 Vogelsburg, Escherndorf, Stadt Volkach, Lkr. Kitzingen; 104 Wiesentfels, Stadt Hollfeld, Lkr. Kitzingen.
Zusammengestellt vom Seminar des Lehrstuhls für Vor- und Frühgeschichte der Universität Regensburg (s. Abb. 28).

ders wenn es einfache Brandschüttungen sind, sich leicht der Beobachtung entziehen. Dennoch zeigt die Verbreitung der germanischen Fundstellen in den Mainlanden eine relative Dichte, die vor allem über Siedlungsplätze nachzuweisen ist (Abb. 45).
Nach dem allgemeinen archäologischen Befund vollzog sich im 1. Jahrhundert v. Chr. in den Mainlanden ein tiefgreifender kultureller und damit wohl ethnischer Umbruch. In einem vordem latènezeitlich-keltisch geprägten Umfeld treten Formen und Grabsitten auf, deren nächste Vergleiche jenseits des Thüringer Waldes in großer Zahl nachzuweisen sind (vgl. Abb. 6). Auffällig ist eine qualitätvolle Feinkeramik in Situlen- und Terrinenform mit feinen Punz- und Strichmustern, die neben anderen kennzeichnend für die sog. mitteldeutsche Großromstedter Kultur ist.[65] Grabfunde dieser als »elbgermanisch« zu klassifizierenden »Kultur« sind selten, wobei eine Besonderheit in der Waffenbeigabe liegt (Abb. 46).[66] Die »Germanisierung« Mainfrankens scheint friedlich vonstatten gegangen zu sein. Funde des Großromstedter Typus kommen in den altbekannten germanischen Siedlungen in Gaukönigshofen-Acholshausen und Aub-Baldersheim (beide Lkr. Würzburg) zusammen mit spätlatènezeitlich-keltischen Kulturrelikten vor, und neuerdings konnten »geschweifte Fibeln« und Großromstedter Keramik sogar auf den großen mainfränkischen Höhenbefestigungen Großer Knetzberg, Lkr. Haßberge, und Bullenheimer Berg, Lkr. Neustadt a. d. Aisch-Bad Windsheim, nachgewiesen werden. Siedlungsplätze der frühgermanischen Zeit mehren sich dank der intensivierten Feldforschung stetig, wobei ihre Kartierung Schwerpunkte in den Gäulandschaften ergibt und der geographische Bezug nach Mitteldeutschland offensichtlich ist. Zugleich bestätigt die Fundverbreitung (Abb. 45) das von der historischen Forschung wegen der nicht eindeutigen Quellenlage zu Unrecht relativierte Geschichtsbild: Mainfranken war in caesarisch-augusteischer Zeit keineswegs ein bedeutungsloses Randgebiet der Germania magna, sondern eben doch eine der Landschaften, welche die Operationsbasis für Ariovist und seine Sveben und später für König Marbod bildeten. Hierauf weist schließlich auch

das jüngst entdeckte römische Legionslager von Marktbreit am Maindreieck hin, das mitten im germanischen Siedlungsgebiet angelegt wurde (s. S. 15).
Der historisch überlieferte Abzug der Markomannen und die Ansiedlung der Hermunduren in deren ehemaligen Wohnsitzen (s. S. 15) können archäologisch bisher nicht nachgewiesen werden. An vielen Siedelstellen ist eine durch Kleinfunde belegte Kontinuität von der frührömischen in die spätrömische Zeit festzustellen. Allerdings zeichnet sich seit der älteren römischen Kaiserzeit eine Siedlungsverdichtung ab, die mit einem allmählichen Wandel in der Sachkultur einhergeht. In der zweiten Hälfte des 1. Jahrhunderts n. Chr. gehört das Maingebiet kulturmorphologisch nicht mehr zum elbgermanischen, sondern zum sog. rhein-wesergermanischen Kulturkreis (Abb. 44). Daß auch hier die Übergänge fließend waren, zeigen u. a. die beiden einzigen vollständig ergrabenen Friedhöfe von Altendorf, Lkr. Bamberg, und Kleinlangheim, Lkr. Kitzingen.
Beide Friedhöfe wurden auf sandigem Boden angelegt und setzen noch in der Zeit vor Christi Geburt ein. In Altendorf[67] konnten insgesamt 160 Gräber geborgen werden. Vorherrschende Grabform sind Brandgruben, in denen der Leichenbrand zusammen mit Resten des Scheiterhaufens sehr flach in maximal bis zu 80 cm großen Gruben vergraben wurde. Manchmal konnten Leichenbrandpakete nachgewiesen werden, die auf Behältnisse aus organischem Material schließen lassen. Außerdem wurden drei »Brandschüttungsgräber« festgestellt, bei denen die Reste des Scheiterhaufens über der Urne mit dem ausgelesenen Leichenbrand in der Grabgrube geborgen waren. Urnengräber mit ausgelesenem Leichenbrand und verbrannten Beigaben sind in 31 Fällen nachgewiesen. Zwei südwest-nordost- bzw. nordost-südwest-orientierte Körpergräber gehören ganz an das Ende der Belegungszeit des Friedhofs (Tafel 12). In Kleinlangheim wurden überhaupt nur Brandgrubengräber und ein nord-süd-orientiertes Körpergrab festgestellt.[68]
Der Brandritus – bei den Germanen seit der vorrömischen Eisenzeit die übliche Bestattungsform – bedingt naturgemäß eine qualitative und quantitative Verminderung des archäologischen Fundmaterials. Die Leichen wurden in ihrer Tracht und mit Beigaben versehen auf dem Scheiterhaufen verbrannt; was übrigblieb – verschmolzener Schmuck, Gerätschaften und zerscherbte Keramik – wurde aufgelesen und in den Gräbern geborgen. Wenngleich unansehnlich, zeigen die Reste der Trachtbestandteile doch dieselben Ausstattungsmuster, wie sie in Körpergräbern begegnen (Abb. 47).[69]
Außerdem wirkt der Brandbestattungsritus, vor allem wegen der schwierigen Erkennbarkeit der Gräber im Boden, fundbildverzerrend. Nur so ist das Überwiegen der nachgewiesenen Siedlungen gegenüber den Gräbern zu erklären. Man wird sogar davon ausgehen können, daß zu einigen der »einzeln« gefundenen jüngerkaiserzeitlichen und spätrömischen germanischen Körpergräber Brandgräberfriedhöfe gehören. Dies zeigen nicht nur die Befunde in Altendorf und Kleinlangheim, sondern neuerdings auch in Berching-Pollanten, Lkr. Neumarkt i. d. Oberpfalz (Tafel 3), und in Kahl am Main (Lkr. Aschaffenburg), wo ein nord-süd-orientiertes Körpergrab der Zeit um 400 (Tafel 13) und einige weitere west-ost-orientierte Körpergräber noch jüngerer Zeitstellung in ein und demselben Brandgräberfeld gefunden wurden.
In den Grab- und Siedlungsfunden Nordbayerns zeichnen sich durch zahlreiche Importfunde rege Kontakte zur römischen Welt ab, die auch durch die Ereignisse der Markomannenkriege und die Katastrophen des 3. Jahrhunderts nicht unterbrochen wurden. Im Gegenteil, römisches Fundmaterial der jüngeren und späten Kaiserzeit ist zahlreicher nachzuweisen als in den früheren Perioden. Leider ist keine der jüngerkaiserzeitlichen Siedlungen planmäßig untersucht, so daß über ihre jeweilige Struktur und Größe nichts ausgesagt werden kann. Verein-

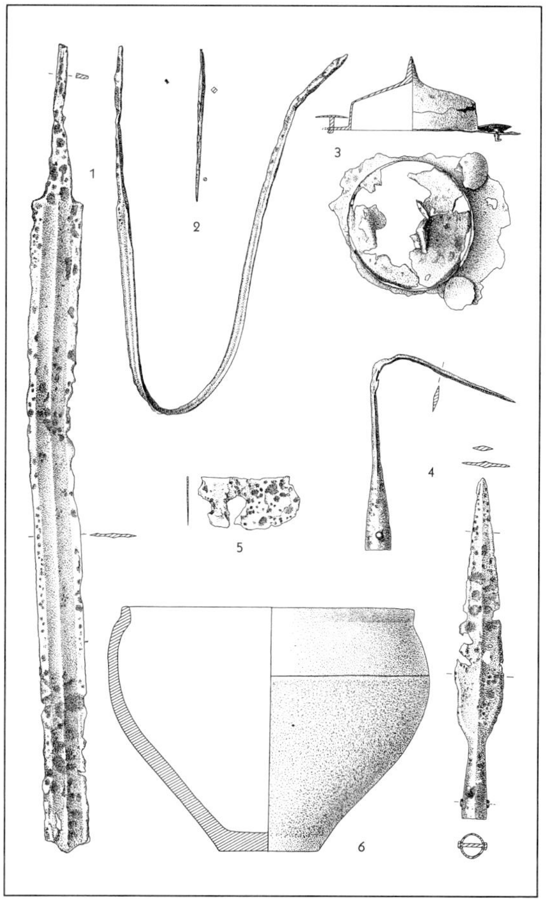

Abb. 46 Grabfunde der Großromstedter Kultur aus Würzburg. 1–5 Waffenbeigaben aus Eisen; 6 Ton (nach Chr. Pescheck).

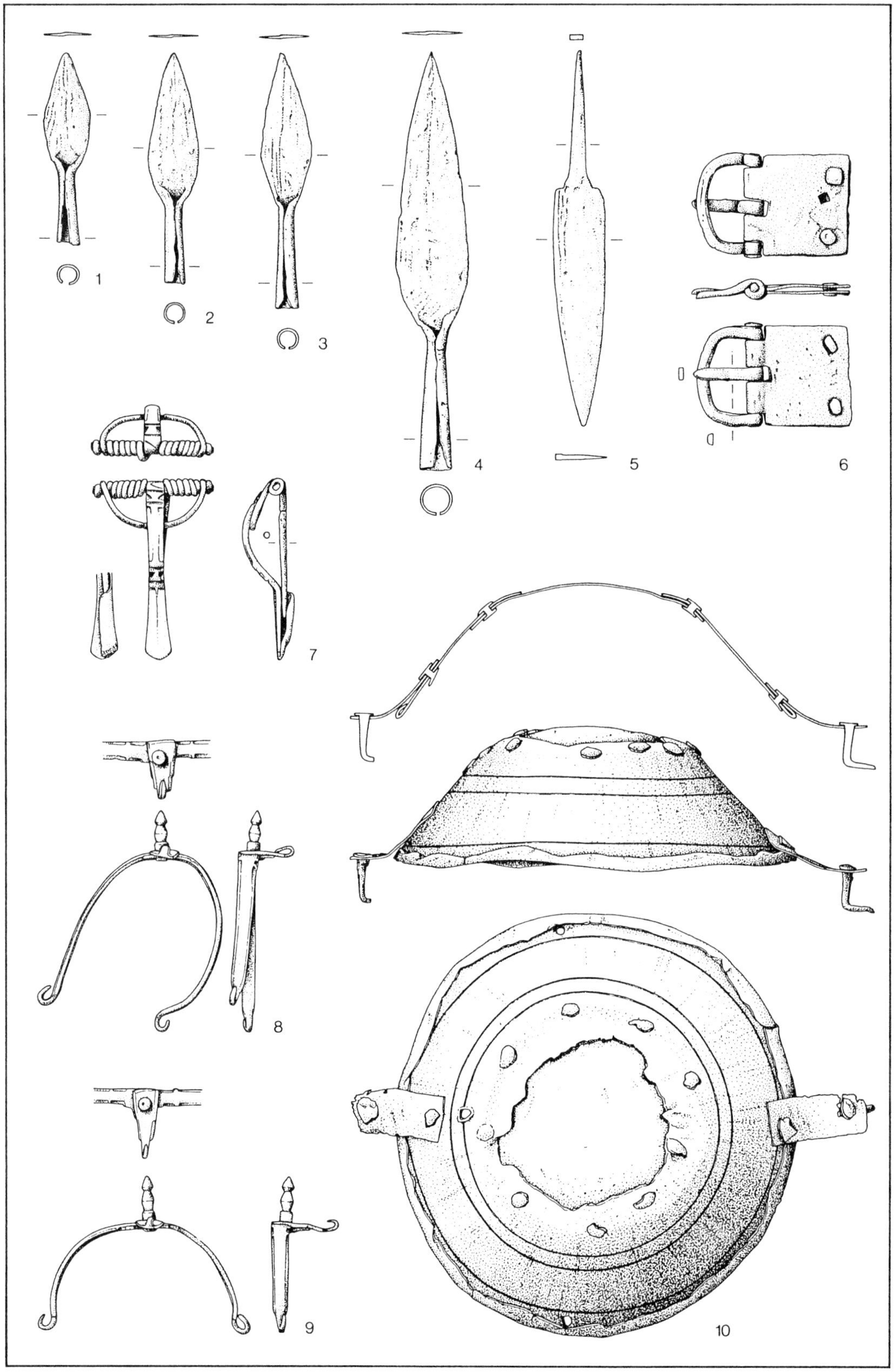

Abb. 47 Berching-Pollanten, Lkr. Neumarkt i. d. Oberpfalz. Beigaben aus Männergrab 4 des germanischen Gräberfelds der jüngeren Kaiserzeit. 1–3 Pfeilspitzen; 4 Modell einer Lanzenspitze; 5 Miniaturmesser; 6 bronzene Schnalle mit beweglichem D-förmigem Schnallenbügel; 7 bronzene Armbrustfibel mit dreieckigem Fußzuschnitt und Nadelscheide; 8–9 Sporenpaar; 10 Schildbuckel (nach Th. Fischer).

zelte Funde von Gußformen, von gesammeltem Altmaterial und von Halbfabrikaten zeigen aber eindeutig, daß manche dieser Siedlungen eine über das Agrarische hinausgehende Bedeutung hatten (Abb. 48).[70]
In welchem Umfang die Germanen am Main in die Markomannenkriege und später in die Kämpfe um Rätien im 3. Jahrhundert verwickelt waren, ist nicht zu klären, selbst wenn man davon ausgeht, daß die germanische Siedlung in Nordbayern mit den Hermunduren zu identifizieren ist. In der jüngeren Kaiserzeit – der Periode nach den Markomannenkriegen – müssen umwälzende Ereignisse im Inneren Germaniens stattgefunden haben, die zur Bildung neuer Stammesverbände wie denen der Sachsen, Franken, Alamannen und Juthungen führten.
Archäologisch ist wiederum kein Bruch in den Siedlungen und Gräberfeldern festzustellen. Altendorf und Kleinlangheim werden weiter belegt, zugleich aber kommt es in der Zeit um 300 zu einer Siedlungsausdehnung in die von Rom aufgegebenen Limesgebiete. Ob diese Landnahme von den »Main-Germanen« oder aber von innergermanischen Gruppen getragen wurde, läßt sich vorläufig nicht entscheiden. Sicher ist nur, daß die Inventare der wenigen bekannten Gräber – so von Bittenbrunn-Laisacker (Tafel 6), Bergheim (Tafel 4) und vom Spielberg bei Erlbach im Ries (Tafel 5) – ebenso wie die sicher alamannischen Gräber in Südwestdeutschland eindeutige Bezüge nach Mitteldeutschland aufweisen.

Abb. 48 Jüngerkaiserzeitliche Bronzeplastik aus Hirschaid, Lkr. Bamberg.

Gauburgen

Nach dem Fall des obergermanisch-rätischen Limes um die Mitte des 3. Jahrhunderts und der Konsolidierung der Reichsgrenze an Rhein, Bodensee, Iller und Donau (vgl. S. 27) war das vormals römische Land offen für eine Neubesiedlung. Begünstigt durch die naturräumlichen Gegebenheiten und die in Rudimenten fortbestehende Infrastruktur des ehemaligen Limeshinterlandes ist spätestens ab Beginn des 4. Jahrhunderts mit germanischer Ansiedlung im Untermaingebiet, im Ries und im Vorland des Donaulimes zu rechnen. Daß diese Landnahme planmäßig und herrschaftlich organisiert war, verdeutlichen unter anderem die Befunde von der Gelben Bürg bei Dittenheim, Lkr. Weißenburg-Gunzenhausen, in Mittelfranken (Tafel 18).
Der steil über dem Urstromtal der Altmühl aufragende »Gelbe Berg« besteht aus zwei übereinanderliegenden, fast ebenen Plateaus mit annähernd dreieckigem Grundriß, deren Ränder von verstürzten Wällen begrenzt sind. Nach Westen, Norden und Süden fallen die Hänge abrupt ab, nur im Südwesten und im Osten besteht eine flache Verbindung mit den Ausläufern des Hahnenkamms. Von dem durch Steinbrüche zerklüfteten oberen Plateau sind seit der Mitte des vorigen Jahrhunderts neben vorgeschichtlichen immer wieder frühgeschichtliche Funde bekanntgeworden.[71]
Das Fundspektrum ist bestimmt durch eiserne, bronzene und silbervergoldete Fibeln und Nadeln, durch bronzene Ösenhalsringe, Finger- und Armringe sowie Perlen und Anhänger. Relativ zahlreich sind Beschlagteile von bronzenen, kerbschnittverzierten sog. spätrömischen Militärgürteln und einfaches Gürtelzubehör vertreten. Daneben fanden sich Waffen und Geräte aus Eisen, wenige Keramikscherben, Glasbecherfragmente und ein Bronzekessel sowie mehrere Beinkämme. Chronologisch gehört die Masse der Funde dem 4. und 5. Jahrhundert an, nur weniges stammt aus jüngeren Perioden.[72]

Auch ohne planmäßige Untersuchung des oberen, 30 m überhöhten Plateaus zeigen allein die Lesefunde, daß auf der Gelben Bürg eine Siedlung von zumindest regionaler Bedeutung bestanden hat, wobei die Qualität der Funde Rückschlüsse auf eine wohlhabende Bevölkerung zuläßt. Dieser Eindruck wird durch die im Gelände mehr oder weniger gut sichtbaren, zu Wällen verstürzten Wehranlagen bestätigt, die sowohl das untere als auch das obere Plateau des Gelben Bergs sicherten.

Nach älteren Untersuchungen soll der Berg in verschiedenen Perioden, so der Urnenfelderzeit (10.–8. Jahrhundert v. Chr.) und späten Hallstattzeit (6. Jahrhundert v. Chr.), befestigt gewesen sein.[73] Sicher aus germanischer Zeit stammen die Umwehrungen des unteren Plateaus, wie Ausgrabungen am Südwall ergaben. Der Wall zeigte zwei Bauphasen von Wehrmauern unterschiedlicher Konstruktion. Die ältere bestand aus einem 13,3 m (!) breiten Mauerzug, der durch zwei jeweils 2 m breite Frontmauern aus Steinen mit zwischenliegender Erdaufschüttung gebildet war. Auf dem Mauersockel darf man ein Holzbalkenwerk annehmen, das die Umwehrung überhöhte. Datiert wird diese Bauphase durch ein Glasschälchen des späten 4. Jahrhunderts, das in der Erdauffüllung zwischen den beiden Frontmauern gefunden wurde. Von einer jüngeren Befestigung waren nur die 5 m breiten Fundamente einer in die ältere Mauer eingetieften Steinkonstruktion erhalten, zu deren Zeitstellung keine näheren Angaben gemacht werden können.[74]

In der exponierten Topographie, den Befestigungsanlagen und dem Fundspektrum entspricht die Gelbe Bürg einer Reihe anderer Plätze, die Joachim Werner als »alamannische Gauburgen des 4. und 5. Jahrhunderts« angesprochen hat.[75] Diese Höhensiedlungen stellen die germanischen Pendants zu den befestigten römischen Städten in den grenznahen Provinzen dar, in denen sich die Bevölkerung seit dem 3. Jahrhundert unter militärischer Bedeckung gegen die Barbareneinfälle und sonstige Übergriffe schützte.[76] »Andererseits haben im Jahrhundert zwischen 278 und 378 (von Probus bis Gratian) zahlreiche Vorstöße römischer Heere in das an die Alamannen und andere germanische Stämme verlorengegangene Gebiet am unteren Main und in Südwestdeutschland geführt, die in ihren Auswirkungen auf die dort ansässig gewordenen Germanen ebenso schwerwiegend waren, wie deren Einfälle in die römischen Provinzen.«[77]

Der ständigen Bedrohung konnten die in viele Kleinstämme aufgegliederten germanischen Völkerschaften in Süddeutschland nur durch befestigte Stützpunkte begegnen, in denen die Bevölkerung des flachen Landes Zuflucht und Verteidigungsmöglichkeiten fand. Es werden dies Höhensiedlungen der Art wie die Gelbe Bürg gewesen sein, worauf sich auch die Berichte des Ammianus Marcellinus aus dem 4. Jahrhundert beziehen dürften: »Da sie (die Alamannen) keine andere Möglichkeit sahen, ihr Leben zu schützen . . . hatten sie in einmütiger Entschlossenheit einen hohen Berg besetzt, der außerdem mit zerklüfteten Höhen auf allen Seiten steil und unzugänglich war, mit Ausnahme der Nordseite, wo er einen leichten und sanften Abhang besaß« (27,10.9). Und »da sie (die alamannischen Lentienser) . . . keinen Widerstand leisten konnten, eilten sie . . . zu den von unwegsamen Klippen geschützten Bergen. Hier blieben sie auf den im Umkreis abschüssigen Felsen stehen und wollten ihre Habe und Familien, die sie mit sich geführt hatten, mit aller Macht verteidigen« (31,10.12). In beiden Fällen blieben die römischen Heere unter den Kaisern Valerian und Gratian siegreich, doch wird ausdrücklich darauf hingewiesen, daß die Berghöhen äußerst schwierig einzunehmen waren.[78]

Außer der Gelben Bürg sind in Süddeutschland folgende germanische Höhensiedlungen durch Kleinfunde nachgewiesen: der Turmberg bei Kasendorf (Lkr. Kulmbach), der Staffelberg bei Staffelstein (Lkr. Lichtenfels), der Reißberg bei Scheßlitz-Burgellern (Lkr. Bamberg), die Ehrenbürg bei Forchheim, die Houbirg bei Happurg (Lkr. Nürnberger Land), die Sulzbürg bei Neumarkt i. d. Oberpfalz, der Michelsberg bei Kipfenberg (Lkr. Eichstätt), der Runde Berg bei Urach (Lkr. Reutlingen) und der Lochenstein bei Balingen (Zollernalbkreis).[79] Auf dem Staffelberg und dem Reißberg konnten in jüngster Zeit germanische Befestigungsanlagen durch Grabungen nachgewiesen werden (Tafel 19).[80] Die gesicherten Höhenfestungen reihen sich wie ein Kranz vom Obermaintal den Jura- und Albrand entlang bis tief nach Südwestdeutschland hinein, so als ob ihre Anlage strategisch geplant worden wäre (Abb. 49).

Auch in Mainfranken sind derartige Höhenburgen zu vermuten bzw. nachgewiesen. Vom Marienberg bei Würzburg und von der Vogelsburg bei Escherndorf (Lkr. Kitzingen) sind zeitspezifische Funde bekannt. Eine besondere Bedeutung für die Archäologie und Geschichte des Maingebiets dürfte die Wettenburg in der Mainschleife bei Urphar, Markt Kreuzwertheim (Lkr. Main-Spessart) in Unterfranken haben, auf der bei Grabungen zahlreiche Bronzebeschläge von Militärgürteln, Schnallen ostgermanischen Typs sowie Werkzeuge und Gerät gefunden wurden. Das gesamte zungenförmige Plateau mit seinen steil zum Main abfallenden Hängen war durch einen Randwall geschützt (Abb. 50).[81] Von Bedeutung ist auch ein »Münzschatz« von 137 Bronzemünzen aus dem Beginn des 5. Jahrhunderts, der hinter der verstürzten Balkenschlitzmauer mit Gefachen und Schalwänden von 6,10 m Mächtigkeit gefunden wurde.[82] Das Fundmaterial mit seinen ausgeprägten ostgermanischen Bezügen nährt – auch vor der Auswertung der Grabungsfunde – den Verdacht, daß es sich bei der Wettenburg um eine »burgundische« Befestigung gehandelt haben könnte, was aufgrund der historischen Ethnographie durchaus erwägenswert ist (vgl. S. 63).

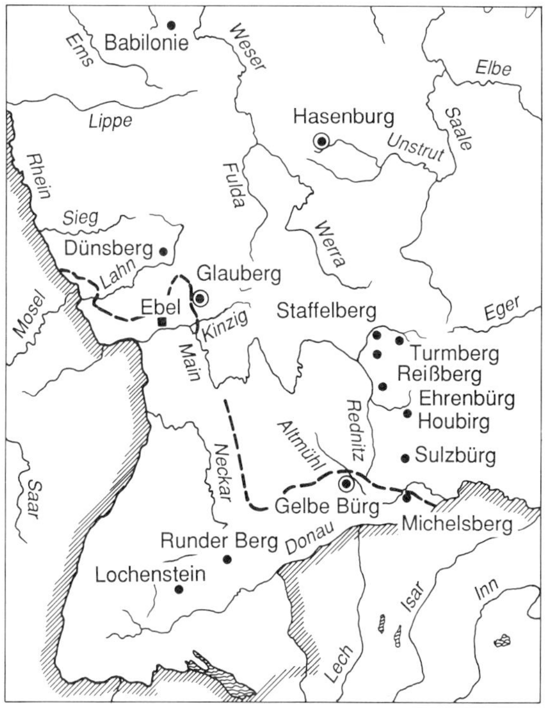

Abb. 49 Lage der Höhenburgen des 4. und 5. Jahrhunderts (nach J. Werner mit Ergänzung).

Abb. 50 Blick auf die Wettenburg in der Mainschleife bei Urphar.

Abb. 51 Der Runde Berg bei Urach.

Außer auf dem Glauberg bei Büdingen (Wetteraukreis) und dem Runden Berg bei Urach haben auf keiner Höhenburg großflächige Untersuchungen stattgefunden. Während die Unterlagen der Grabungen auf dem Glauberg aus den Jahren zwischen 1933 und 1939 bei Kriegsende verbrannt sind und die Befunde auf der großen, die Fernstraße Mainz–Fulda–Thüringen sperrenden Festung vor dem Wetteraulimes nur aus einem Vorbericht und den erhaltenen Originalfunden rekonstruiert werden können[83], wurde der Runde Berg bei Urach zwischen 1967 und 1981 planmäßig ausgegraben mit dem Ziel . . . »eine frühe alamannische Siedlung vollständig freizulegen und ihre soziale Funktion zu erforschen«[84]. Nach den in zahlreichen Vor- und Teilpublikationen veröffentlichten Grabungsergebnissen stellen sich die Siedlungsperioden auf dem relativ kleinen Plateau des Runden Bergs vergleichsweise kompliziert dar.[85] Funde der ausgehenden Jungsteinzeit, der Bronze- und besonders der Urnenfelderzeit zeigen, daß der an einem wichtigen Albaufstieg verkehrsgünstig gelegene Platz auch in vorgeschichtlicher Zeit große Bedeutung hatte. Während der Berg in der Hallstatt- und Latènezeit unbesiedelt blieb und nur wenige Funde der römischen Zeit zuzuweisen sind, setzt die frühalamannische Besiedlung auf der umwehrten Bergkuppe in der Zeit um 300 ein und reicht bis in den Beginn des 6. Jahrhunderts (Abb. 51).
Obwohl die Bodenverhältnisse keine Fundstratigraphie erlaubten, zeigt die Verteilung bzw. der Anteil der jeweiligen Objektgruppen am Gesamtmaterial, daß die Siedlung nicht bäuerlicher Struktur war. Halbfabrikate von Schmuck- und Gebrauchsgegenständen belegen das Vorhandensein von Werkstätten; Importgegenstände, Edelmetallschmuck und Teile von Prunkwaffen weisen den Platz zudem als Sitz einer gesellschaftlich hervorgehobenen Bevöl-

kerungsschicht mit militärischer Funktion aus.[86] Die statistische Analyse der Kleinfunde zeigt, daß die »Gauburg« zwei Katastrophen erlebte. Eine in der Zeit um 400 und eine endgültige zu Beginn des 6. Jahrhunderts, die vor allem durch zahlreiche Depotfunde im Hang des Berges angedeutet wird und in deren Folge der Platz über 100 Jahre wüst blieb, bis in spätmerowingischer Zeit eine erneute Siedeltätigkeit belegt ist.

Die befestigte Höhensiedlung – nach den Befunden ein Zentralort von regionaler Bedeutung und Mittelpunkt eines alamannischen Teilstammes – fand also um 500 ihr gewaltsames Ende, ähnlich wie dies nach dem Fundspektrum auch für die Siedlung auf der Gelben Bürg anzunehmen ist. Denn auch hier datieren die bisher jüngsten Funde mit einem Bügelfibelpaar in die Zeit um 500 n. Chr. (Abb. 52). Räumlich weit voneinander entfernt und etwa zur selben Zeit widerfuhr beiden Höhensiedlungen das gleiche Schicksal. Während man den Runden Berg ohne weitere Diskussion als alamannische Höhenburg ansprechen kann, ist die Frage der ethnischen Definition der Bewohner der Gelben Bürg und ihres Umlandes durchaus offen. Denn das Enddatum »um 400« scheint nicht für alle Höhensiedlungen in Nordbayern verbindlich. Die Wallschnitte auf dem Staffelberg und auf dem Reißberg haben trotz relativ großen Fundanfalls an Fibeln, Gürtelzubehör und römischem Import nichts erbracht, was jünger als das beginnende 5. Jahrhundert wäre. Die spätesten Funde sind kerbschnittverzierte Gürtelgarnituren und Bügelknopffibeln. Die Stützarmfibel vom Turmberg bei Kasendorf kann als Einzelfund außer Betracht bleiben, doch zeigt die intensive Begehung der Ehrenbürg bei Forchheim (Abb. 53)[87], wo im Lauf der Jahrzehnte Unmengen von Metallfunden gemacht wurden, dasselbe spätgermanische Fundspektrum wie der Staffelberg und der Reißberg. Die anderen Höhenplätze, wie die Sulzbürg in der Oberpfalz und der Michelsberg bei Kipfen-

Abb. 52 Bügelfibelpaar von der Gelben Bürg, um 500.

Abb. 53 Spätrömische Gürtelgarnitur von der Ehrenbürg.

berg, können vorläufig chronologisch nicht beurteilt werden. Das Ende der Besiedlung auf der Wettenburg in der Mainschleife bei Urphar zu Beginn des 5. Jahrhunderts ist in anderen Zusammenhängen zu sehen (s. S. 57).
Bei allen Unzulänglichkeiten der Fundstatistik – keine der genannten Gauburgen wurde großflächig untersucht – hat das angenommene Ende dieser germanischen Höhensiedlungen seine Entsprechung im Abbrechen der seit der frührömischen Kaiserzeit kontinuierlich belegten Gräberfelder von Altendorf und Kleinlangheim. Die jüngsten Bestattungen – die Körpergräber – sind ebenfalls in die Zeit um 400 zu datieren, und nur unwesentlich später dürfte das Waffengrab von Scheßlitz angelegt worden sein. Wahrscheinlich zeichnet sich in diesem archäologischen Befund ein historisch nicht überliefertes Ereignis ab, das als »Katastrophe um 400« auf dem Runden Berg bei Urach und auch sonst im Fundbild des alamannischen Südwestdeutschland seinen Niederschlag gefunden hat.[88]

Das 5. Jahrhundert

Abb. 54 Inventar und Befundplan eines Grabes in Kleinwallstadt, Lkr. Miltenberg, dokumentieren den Übergang von der spätrömischen Kaiserzeit in das völkerwanderungszeitliche 5. Jahrhundert.

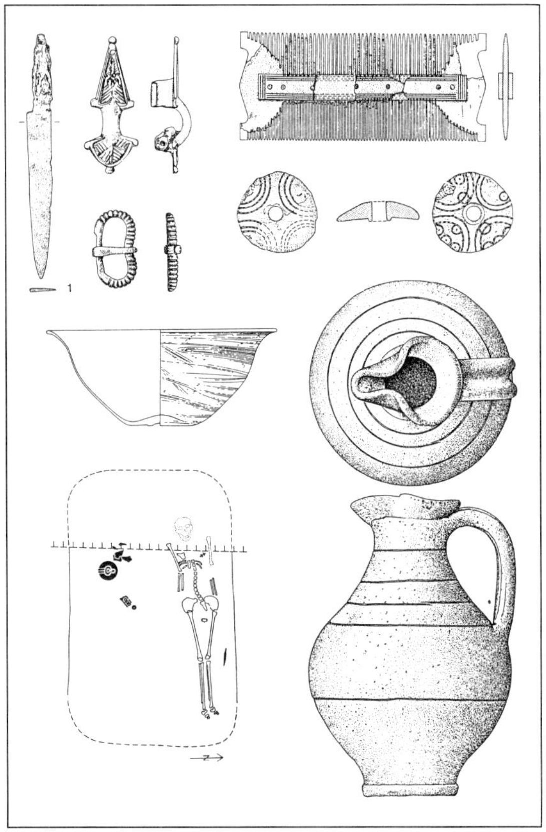

Wie in diesen Zusammenhängen das Mittel- und Untermaingebiet zu beurteilen ist, bleibt vorläufig offen. Im Gegensatz zum Obermain- und Regnitzgebiet sind in Stockstadt [89], Dettingen (beide Lkr. Aschaffenburg)[90], Thüngersheim, Lkr. Würzburg (Tafel 14), und vor allem Kleinwallstadt, Lkr. Miltenberg (Abb 54)[91], Körpergräber überliefert, die den Übergang von der spätrömischen Kaiserzeit in das völkerwanderungszeitliche 5. Jahrhundert markieren[92]. Diese Kontinuität wird sich wohl nachdrücklich bei der Auswertung des erst jüngst ergrabenen »gemischt belegten« Friedhofs von Kahl am Main, Lkr. Aschaffenburg, zeigen, wo, wie in Kleinwallstadt, der Übergang von Brandschüttungsgräbern über das süd-nord-orientierte spätrömische Grab zu west-ost-orientierten Gräbern mit Schmuckbeigaben festgestellt wurde. Ihre Fortsetzung findet diese offensichtlich ungebrochene Entwicklung dann im großen Reihengräberfeld von Großostheim-Wenigumstadt, Lkr. Aschaffenburg (Tafel 15), das durchgehend von der ersten Hälfte des 5. bis in das späte 7. Jahrhundert belegt wurde. Das Untermaingebiet tendiert jedoch zum Mittelrhein; die Verhältnisse dort entsprechen im 5. Jahrhundert nicht denen im übrigen nordbayerischen Raum.
Festzuhalten bleibt, daß es von der Zeit um 400 an im Obermaingebiet und im Regnitztal kaum mehr Grabfunde gibt und auf den genannten Höhenplätzen kein jüngerer Siedlungsniederschlag als »spätrömisch« festzustellen ist. Wie es um die Siedlungen im offenen Land steht, kann beim derzeitigen Forschungsstand nicht beurteilt werden. Im Gegensatz dazu überdauerte die Siedlung auf der Gelben Bürg (s. o.) bis in die Zeit um 500, und mindestens ebensolange bestanden die zugehörigen Siedlungen im offenen Land.
Wohl hauptsächlich forschungsgeschichtlich bedingt, ist die germanische Besiedlung des ehemaligen Limeshinterlandes im südlichen Mittelfranken und im nördlichen Oberbayern nur spärlich nachgewiesen. Ausschnitte einer Siedlung konnten bei Treuchtlingen-Schambach, Lkr. Weißenburg-Gunzenhausen, planmäßig untersucht werden.[93] Der Befundplan deutet eine relativ dichte, offensichtlich mehrphasige Bebauung an, wobei sich die Rekonstruktion der Haus- und Hüttengrundrisse aufgrund der verwirrenden Vielzahl von Pfostenlöchern, Vorrats- und Abfallgruben sowie eines 66 m langen, mehrfach unterbrochenen Palisadengrabens schwierig gestaltet. Eine 3 m breite Schotterung aus größeren Steinen und

Steinplatten, die parallel zur heutigen Bundesstraße 2 über einen großen Teil der Grabungsfläche zu beobachten war, wird als Instandsetzung der alten Römerstraße Weißenburg–Augsburg in germanischer Zeit interpretiert.[94] Das hauptsächlich aus den Gruben geborgene Fundmaterial setzt sich aus einer großen Anzahl von Scherben hand- und scheibengeformter, z. T. verzierter Tonware, Hüttenlehm, Spinnwirtel und Tierknochen von Rind, Schwein, Schaf, Ziege, Pferd und Hund zusammen. Neben diversen Eisengegenständen[95] und vier Messern fällt die beträchtliche Menge von Eisenschlacken auf, die auf örtliche Verhüttung verweist. Chronologisch relevante Funde sind wenige blaue und weiße Glasperlen, eine Knochennadel und ein Kamm mit dreieckiger Griffplatte sowie ein Paar bronzener Armbrustfibeln. Sie datieren die Siedlung, die offensichtlich nur in einem kleinen, aber immerhin 1900 m² umfassenden Ausschnitt untersucht ist, in die zweite Hälfte des 4. und in das 5. Jahrhundert.[96]

Mit dieser strategisch günstig an der Öffnung des Schambachtals zum Treuchtlinger Becken und an der alten Hauptverbindung vom Limes nach Augsburg gelegenen dorfartigen Siedlung sind zwei nord-süd-orientierte Körpergräber aus der Mitte des 5. Jahrhunderts in Verbindung zu bringen, die bei Ausgrabungen im westlichen Bereich einer hallstattzeitlichen Hügelgräbernekropole, 90 m östlich der Bundesstraße 2, angetroffen wurden. Beim Skelett eines an die 1,90 m großen männlichen Individuums fanden sich Eisenmesser, ein Feuerstahl und eine eiserne Gürtelschnalle mit querprofiliertem, eingezogenem Bügel und eine bronzene Doppelöse, die als Taschenverschlußknebel diente. Dem Kind im anderen Grab war ein kleiner schwarztoniger Krug mit sog. Einglättmuster beigegeben (Abb. 55). Die Klärung der Frage, ob die beiden Bestattungen den Nachweis eines zur Siedlung gehörigen Friedhofs darstellen, bleibt weiteren Untersuchungen im Ausgrabungsbereich vorbehalten. Es wäre die erste spätkaiserzeitlich-völkerwanderungszeitliche Nekropole im nördlichen Albvorland.

Im Raum Weißenburg-Gunzenhausen ist eine sicherlich auf die Aktivität der örtlichen Heimatpfleger zurückgehende Konzentrierung von germanischen Fundstellen festzustellen, bei der vermutlich auch die verkehrsgeographischen und naturräumlichen Gegebenheiten eine Rolle spielen. Das Fundmaterial ist nicht umfangreich. Wesentlich aber ist, daß sowohl von der Gelben Bürg wie aus Treuchtlingen-Schambach und den meisten anderen südmittelfränkischen Fundplätzen, aus der südlichen Oberpfalz und dem nördlichen Oberbayern Keramik des Typs Friedenhain-Přešt'ovice stammt. Nicht unwichtig scheint auch, daß derartige Keramikscherben auf der Sulzbürg und dem Michelsberg bei Kipfenberg ebenso nachgewiesen sind wie in den spätrömischen Kastellen zwischen Neuburg a. d. Donau und Passau (vgl. Abb. 43). Zudem ist neuerdings bei Freystadt-Forchheim, Lkr. Neumarkt i. d. Oberpfalz, ein Brandgräberfriedhof mit Urnen vom Typ Friedenhain-Přešt'ovice festgestellt worden (Tafel 16).

Die kennzeichnende Keramik, benannt nach zwei Brandgräberfeldern nördlich der Donau bei Straubing und in Südböhmen, ist dunkeltonig, handgemacht, meistens gut geglättet und graphitiert. Kennzeichnend sind schräge Kanneluren und ovale Facetten auf dem Gefäßumbruch. Die Schalen oder flachen Schüsseln kommen im Fundverband mit anders geformter Irdenware vor. Das Auftreten dieses Keramiktyps ist zeitlich nicht enger einzugrenzen, da datierende Beifunde in den beiden Brandgräberfriedhöfen fehlen.[97] Allgemein wird ein Zeitansatz für das späte 4. und das 5. Jahrhundert angenommen, der seine Bestätigung im Vorkommen von ovalfacettierten bzw. schrägkannelierten Gefäßen in Grab 60 des spätrömischen Friedhofs von Straubing-Azlburg II bzw. in reihengräberzeitlichem Zusammenhang in Straubing-Bajuwarenstraße, Gräber 73 und 84, findet (Abb. 56).

Abb. 55 Treuchtlingen-Schambach, Lkr. Weißenburg-Gunzenhausen. Oben: Schwarztoniger Krug mit sog. Einglättmuster aus Grab 2. Unten: Bronzene Doppelöse aus Grab 1

Die mitteldeutsche Forschung weist nach, daß die schrägkannelierte und ovalfacettierte Keramik dort bis in die Mitte des 6. Jahrhunderts gebräuchlich blieb.[98] Die Kartierung der Vorkommen dieser Zierelemente zeigt jedenfalls eine im wesentlichen »elbgermanische« Verbreitung bis hin nach Mähren und Ungarn (Abb. 57)[99], wobei für die Gebiete nördlich des spätrömischen Rhein-Iller-Donau-Limes eine wohl forschungsintentionell bedingte Massierung der Fundpunkte im Bereich von Altmühl und Naab festzustellen ist[100]. Auffallenderweise fehlen derartige Gefäßtypen westlich der oberen Altmühl und im gesamten alamannischen Südwestdeutschland überhaupt[101], so daß einige spekulative Überlegungen zur historischen Ethnographie des 4. bis 6. Jahrhunderts im Untersuchungsraum angebracht scheinen.

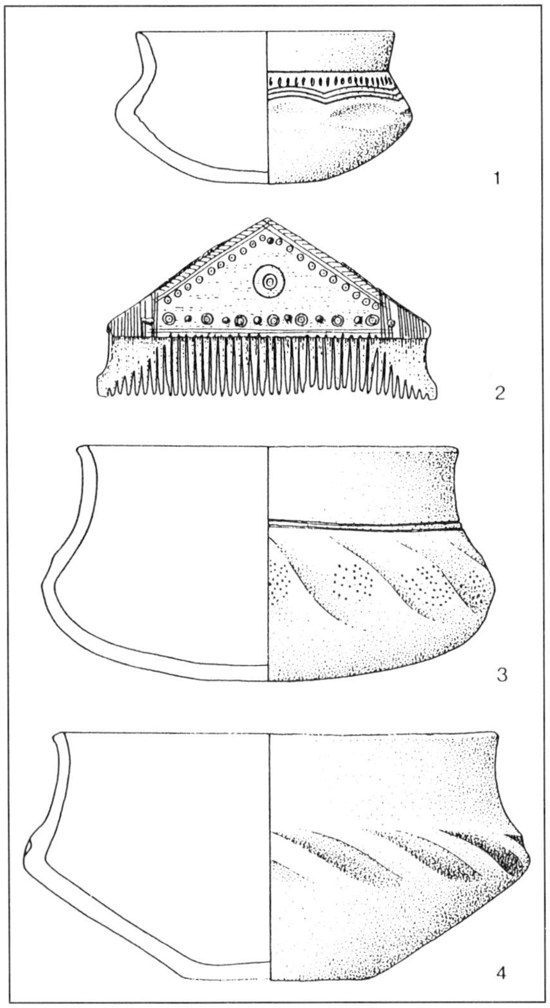

Abb. 56 Funde des 5. Jahrhunderts aus Straubing. 1 Ovalfacettiertes Gefäß aus Azlburg I, Grab 60; 2–3 Beinkamm mit dreieckiger Griffplatte und schrägkanneliertes Gefäß aus Alburg, Grab 84; 4 schrägkanneliertes Gefäß aus Alburg, Grab 73 (nach E. Keller).

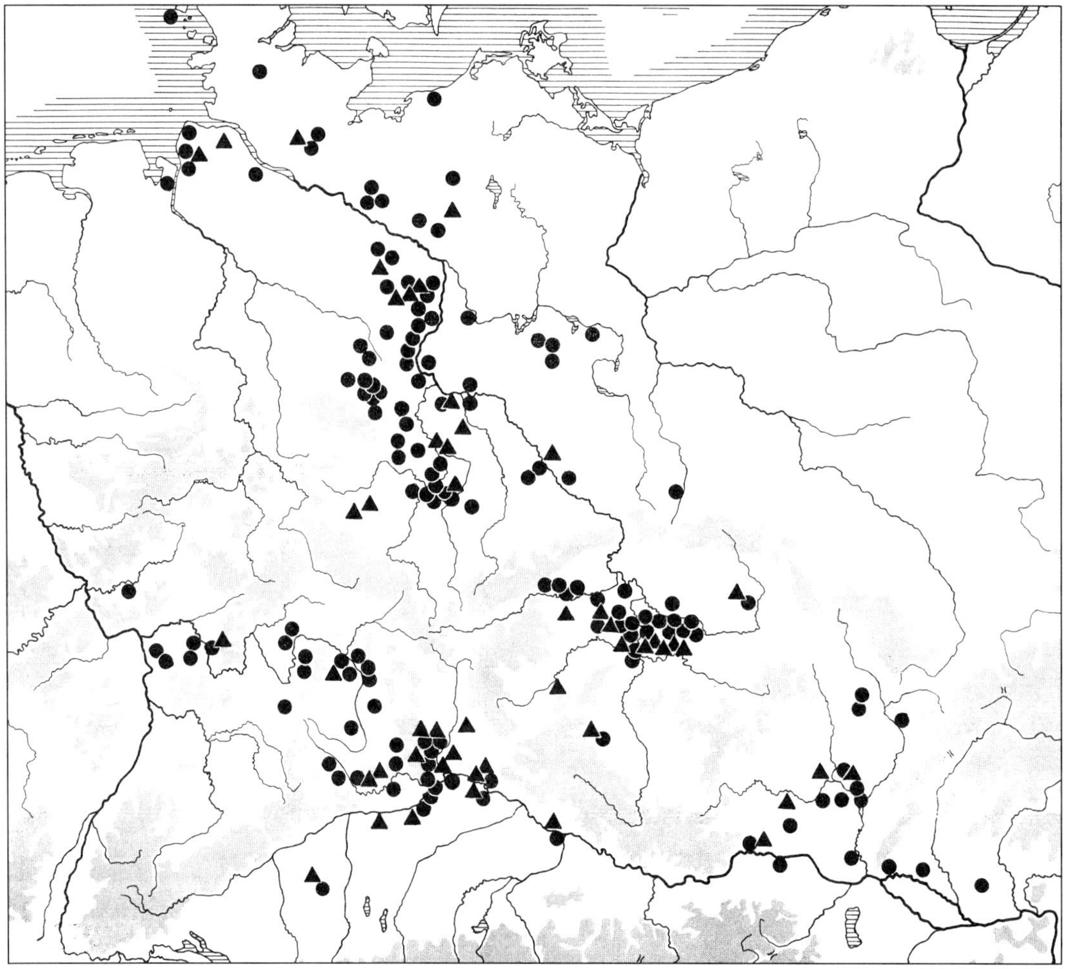

Abb. 57 Verbreitung der schrägkannelierten (Kreis) und ovalfacettierten (Dreieck) Keramik vom Typ Friedenhain-Přešťovice (nach T. Springer).

Archäologische Ethnographie

Nach dem archäologischen Befund tendieren die Funde aus den germanischen Siedlungen des späten 4. und des 5. Jahrhunderts im Hinterland des ehemaligen rätischen Limes nach Osten ins Altmühl-Naab-Gebiet und nach Norden ins Main-Regnitz-Gebiet und damit in mitteldeutsch-elbgermanische Zusammenhänge. Dieselben archäo-kulturellen Verbindungen konstatierte H. Dannheimer auch schon bei der Analyse der Funde von der Gelben Bürg[102], dem mutmaßlichen Zentralort der Region. Wie weit dieser Machtbereich nach Norden und vor allem nach Südwesten ausgriff und inwieweit die Sulzbürg und der Michelsberg in dieser Zeit eventuell noch eine Mittelpunktsfunktion hatten, muß vorläufig offen bleiben. Für das Ries, den Pagus Retiensis karolingischer Zeit, deuten relativ wenige Funde auf eine germanische Besiedlung nach dem Limesfall hin.[103] Trotz der Spärlichkeit der archäologischen Hinterlassenschaft – spektakulärste Belege bilden zwei Frauengräber des 4. Jahrhunderts vom Spielberg bei Erlbach (Tafel 5) und von Forheim[104] (beide Lkr. Donau-Ries) – dürfte die Siedlungsdichte in der fruchtbaren Landschaft dort relativ groß gewesen sein, worauf nicht zuletzt die Nennung von »Raetobarii« als Auxiliartruppe in der zwischen 395 und 430 n. Chr. letztmals redigierten Notitia dignitatum deutet. Die Ergebnisse einer ungedruckten Münchner Dissertation[105] belegen aber das Fehlen von Keramik des Typs Friedenhain-Přešt'ovice im Ries, das eindeutig zum alamannischen Südwestdeutschland gehörte.

Die spätantike Historiographie hilft in Fragen zur ethnographischen Bestimmung archäologischer Fundprovinzen nur bedingt weiter. Bezüglich des Raums zwischen Donau und Main erfahren wir für das 1. Jahrhundert n. Chr., daß die Hermunduren, ein von Domitius Ahenobarbus um 5 v. Chr. in der ehemaligen »Marcomannia« angesiedeltes Volk, friedlichen Handel in Augsburg trieb.[106] Wo aber die Marcomannia zu lokalisieren ist und ob etwa die archäologischen Funde im Main-Regnitz-Gebiet den »Südhermunduren« zuzuweisen sind, bleibt offen. Im nördlichen Albvorland, das im 2. und 3. Jahrhundert zum römischen Reichsgebiet gehörte, sind bisher überhaupt keine älter- und mittelkaiserzeitlichen germanischen Funde nachgewiesen, so als ob diese Landschaften vor der römischen Okkupation siedlungsleer gewesen wären.[107] Zu Beginn des 3. Jahrhunderts werden im Vorfeld des obergermanisch-rätischen Limes erstmals die Alamannen erwähnt.[108] Kaiser Caracalla besiegte sie 213, wobei die Operationsbasis die Provinz Rätien war. 233 und 259/60 n. Chr. durchbrachen die Alamannen, ein aus verschiedenen elbgermanischen Völkerschaften entstandener Neustamm, den Limes, verwüsteten die Grenzprovinzen und nahmen schließlich das Dekumatland und Rätien nördlich der Donau in Besitz.

Außer den Alamannen werden in den römischen Quellen zum 3. und 4. Jahrhundert für den süddeutschen Raum noch Burgunder und Juthungen erwähnt. Erstere, die ursprünglich an der Neiße ansässig gewesen sein sollen, siedelten seit der Mitte des 3. Jahrhunderts vermutlich im Mittel- oder Untermaingebiet, führten Kriege gegen Römer und Alamannen, bis sie schließlich 406 den Rhein überschritten und das Reich von Worms gründeten.[109] In diesen burgundischen Zusammenhängen sind möglicherweise die Befestigung in der Mainschleife bei Urphar und wahrscheinlich auch vereinzelte Grabfunde am Untermain zu sehen.

Die Juthungen hatten ihren großen Auftritt in den Jahren 270/271, als sie plündernd bis nach Italien vorstießen und letztendlich eine schwere Niederlage erlitten, von der sie sich anscheinend nicht mehr erholten. Jedenfalls wird dieser Stamm, dessen Wohnsitz nördlich der oberen Donau und östlich der Alamannen anzunehmen ist, nur noch spärlich in den Quellen ge-

nannt: 357 anläßlich eines Germaneneinfalls in Rätien als Teilstamm der Alamannen und letztmals 430[110]; danach verschwindet er aus der Geschichte.
Aufgrund der geographisch-historischen Interpretation wären die Juthungen die Völkerschaft, die als Nachfahren oder Nachfolger der »Südhermunduren« in Nordbayern siedelten und nach 260 auch das Limeshinterland bis zur Donau besetzten. Im Westen grenzte das Gebiet an den Ostrand des Rieses und an die Wörnitzmündung und damit an die Alamannia an, in deren Stammesgefüge die Juthungen allmählich aufgegangen sein sollen[111].
Infolge der Schwäche Roms zu Beginn des 5. Jahrhunderts scheinen sich die politischen Verhältnisse in Nordbayern nochmals gewandelt zu haben, was seinen Ausdruck in der Auflassung der kaiserzeitlichen Friedhöfe und befestigten Höhensiedlungen im Main-Regnitz-Gebiet findet. Die Thüringer, als »Thoringi« in der römischen Geschichtsschreibung seit Theodosius I. bekannt[112], weiteten ihre Einflußsphäre von Mitteldeutschland bis an die Donau aus. Nach der »Vita St. Severini« plünderten Thüringer um 470 Passau[113], und im 7. Jahrhundert vermeldet der Geograph von Ravenna in seiner Kosmographie, daß die Flüsse Bac (Naab) und Reganus (Regen) im Land der Thüringer in die Donau fließen[114].
Die historische Quellenlage ist zu dürftig, als daß allein hieraus weitere Schlüsse auf die Ethnographie Nordbayerns im 5. Jahrhundert gezogen werden könnten, und die Bearbeitung des archäologischen Materials steckt noch in den Anfängen. Es scheint sich aber doch schon abzuzeichnen, daß Nordbayern in dieser Periode einem verstärkten mitteldeutsch-elbgermanisch-thüringischen Einfluß ausgesetzt war, der sich vorläufig nur über die Keramik vom Typ Friedenhain-Přešt'ovice dokumentieren läßt, der das eigentliche alamannische Siedlungsgebiet nicht mehr erreichte.[115] Daraus könnte aber gefolgert werden, daß die Juthungen nicht im alamannischen Stammesverband aufgegangen sind, sondern vielmehr den Thüringern angeschlossen wurden, die wie sie aus den früh- und jüngerkaiserzeitlichen Hermunduren hervorgegangen waren. Auffällig ist, daß die spezifisch elbgermanische Keramik fast ausschließlich aus Siedlungskomplexen stammt, wobei Grabfunde insgesamt beinahe völlig fehlen. Selbst über lange Zeiträume belegte Friedhöfe brechen zu Beginn des 5. Jahrhunderts ab, wobei die jüngsten Gräber vereinzelte süd-nord-orientierte Körpergräber sind, die wiederum dem Typ Friedenhain-Přešt'ovice nahestehende Tonwaren enthalten (vgl. Abb. 49).
Bezogen auf die Verhältnisse im Main-Regnitz-Gebiet liegt der Schluß nahe, die Aufgabe der Friedhöfe mit einem Siedlungsabbruch zu erklären, wie das für andere Regionen in derselben Zeit auch konstatiert wird.[116] Daß dem aber nicht so sein muß, zeigen vereinzelte Körpergräber der Mitte bis zweiten Hälfte des 5. Jahrhunderts von Staffelstein, Staffelstein-Schwabthal, Lkr. Lichtenfels, und Hirschaid, Lkr. Bamberg[117], deren Keramikbeigaben wiederum eindeutige Bezüge nach Mitteldeutschland aufweisen, weil sie in der Tradition der Irdenware des Typs Friedenhain-Přešt'ovice stehen.
Im Albvorland bezeugen die Befunde von der Gelben Bürg eine kontinuierliche Besiedlung des Platzes bis in den Beginn des 6. Jahrhunderts, als der Zentralort wahrscheinlich im Zuge der fränkischen Eroberungspolitik ein wohl gewaltsames Ende fand. Mindestens ebensolange dürften auch die unbefestigten Siedlungen des Umlandes Bestand gehabt haben, wofür der archäologische Beweis nur deshalb vorläufig nicht erbracht werden kann, weil Datierungskriterien für die chronologische Ordnung des fast zur Gänze aus Scherben bestehenden Fundmaterials noch ausstehen. Das weitgehende Fehlen von Gräbern ist jedenfalls kein Indiz für Siedlungsleere, denn auch im südwestdeutsch-alamannischen Raum steht die Zahl der Gräber des 3. bis 5. Jahrhunderts in krassem Mißverhältnis zu der aus den historischen Quellen erschließbaren Siedlungsdichte.[118]

Am Ende der Spätantike

Vergleicht man abschließend die archäologischen Verhältnisse zwischen der römischen Provinz Raetia II und den nordbayerischen Germanengebieten in der jüngeren und späten Kaiserzeit, so ist eine stetig fortschreitende Angleichung des Kultur- und Zivilisationsstandes festzustellen, wobei die Siedlungsdichte in Nordbayern ansteigt, während sie in Rätien ab dem 3. Jahrhundert sinkt. Im 4. Jahrhundert bestehen hier wie dort befestigte Plätze, in denen die jeweilige Bevölkerung vor den Übergriffen der anderen Zuflucht suchen konnte, bis schließlich aufgrund der spätrömischen Verteidigungspolitik ein ethnischer Ausgleich geschaffen wurde: Innerhalb der römischen Reichsgrenze sind Germanen, zumindest nach den Grabfunden, in den Kastellfriedhöfen häufiger nachzuweisen als in den Grenzgebieten des freien Germanien. Werden diese Germanen im 4. Jahrhundert aber noch romanisiert, so scheint sich im 5. Jahrhundert der Vorgang endgültig umzukehren. Flachlandrätien wird barbarisiert, was wohl nicht zuletzt durch die Infiltration der elbgermanischen Gruppen bewirkt wurde, die auch Umwälzungen in Nordbayern ausgelöst haben und archäologisch vielleicht durch die Keramiken vom Typ Friedenhain-Přešt'ovice zu identifizieren sind.
Obwohl der staatsrechtliche Anspruch Roms auf die Provinz Raetia II noch bis ins 6. Jahrhundert aufrechterhalten wurde, war das Alpenvorland genauso germanisiert wie die Landschaften zwischen Donau und Mittelgebirgen. Der Boden für neue Entwicklungen war geschaffen, wobei im 5. Jahrhundert Thüringer und Alamannen den Raum dominierten.

Bayern in der Völkerwanderungszeit

Der Vorstoß des Westgotenkönigs Alarich I. nach Italien zwang Stilicho, den Heermeister des Weströmischen Reiches, 401/2 zumindest vorübergehend die nordalpinen Grenzprovinzen von Truppen zu entblößen (s. S. 31). Der Kriegszug war letztlich die Folge umwälzender Ereignisse, die eine Generation früher weit im Osten stattgefunden hatten. Geschichtsbestimmender Faktor waren die Hunnen, ein Reitervolk aus Innerasien, das die chinesischen Quellen schon vor der Zeitenwende als »Hiung-nu« und als Bedrohung der Großen Mauer in der südlichen Mongolei erwähnen.[119] In den Gesichtskreis der europäischen Historiographie[120] traten die von Anfang an verteufelten Hunnen, als sie um 350 die iranischen Alanen am Kaspischen Meer unterwarfen und dann im Verein mit diesen das gotische Großreich zwischen Don und Dnjestr angriffen. Nach vergeblichem Widerstand beging der Greutungenkönig Ermanarich im Jahr 375 Selbstmord. Ein nicht unterworfener Teil der Ostgoten zog sich unter den Führern Alatheus und Safrax zuerst an den Dnjestr zurück, von wo aus sie schließlich auf römischem Reichsboden in Pannonien angesiedelt wurden.[121] Die West- oder besser Wisigoten bzw. Terwingen gaben ihre Territorien zwischen Dnjestr und unterer Donau unter dem hunnischen Druck ebenfalls auf. Ein Teil des Volkes zog nach »Caucaland«, die Masse der Westgoten aber floh 376 über die Donau und suchte im Römerreich Schutz.

Die große germanische Völkerwanderung hatte begonnen. Zwar blieb nach den Quellen ein großer Teil des Gotenvolks unter hunnischer Herrschaft; über ihre Geschichte bis zum Tode Attilas weiß man wenig: Die drei Ostgotenkönige Thiudimir, Walamir und Widimir »regierten so, daß sie Attila, dem Hunnenkönig, untertan waren«[122]. Dagegen wurden die zersprengten Terwingen-Goten nach der Schlacht bei Adrianopel, in der 378 Kaiser Velans Sieg und Leben verlor, eine stete Bedrohung der Provinzen an der unteren Donau, bis Kaiser Theodosius I. 382 eine neue Gotenpolitik einleitete und die Kriegerscharen sozusagen unter Vertrag nahm.[123] Dennoch kam es zu keiner ständigen Ansiedlung in den Donauprovinzen, sondern es begann eine fast vierzigjährige Wanderzeit – zweimal wurde unter Alarich I. Italien heimgesucht –, bis die Wisigoten 418 schließlich das Reich von Tolosa (Toulouse) gründeten. Zwischen 395 und 405 erfolgten hunnische Einfälle nach Dalmatien, Thrakien, Armenien und Kappadokien (!). Zugleich aber warb Byzanz »hunnische« Krieger für den Kampf gegen Goten und sonstige Reichsfeinde an.

Bis zu diesem Zeitpunkt lag das Zentrum hunnischer Macht in Südrußland und an der unteren Donau. 405/6 scheint dann der entscheidende Vorstoß nach Westen bis ins Karpatenbekken erfolgt zu sein. Folge der Machtexpansion, die auch archäologisch nachzuvollziehen ist, war, daß die an der mittleren Donau ansässigen Vandalen, Sveben, Sarmaten und alanische sowie gotische Gruppen nach Westen abgedrängt wurden (Abb. 58).[124] Im Jahr 406 überschritt ein großes Barbarenheer den Rhein bei Mainz und zog plündernd und brandschatzend durch Gallien auf die Iberische Halbinsel, wo Vandalen und Sveben ihre ersten Reiche auf römischem Boden gründeten. Daß dieser Zug von weit mehr als hunderttausend Menschen auch Süddeutschland berührte, darf allein aufgrund der verkehrsgeographischen Gegebenheiten als gesichert gelten.

Seine Auswirkungen auf Norikum und Rätien bzw. auf den Raum zwischen Donau und Mittelgebirgen haben keinen eindeutigen Niederschlag in den historischen und archäologischen Quellen gefunden, will man nicht die auf dem Runden Berg bei Urach konstatierte »Katastrophe um 400« (s. S. 59) bzw. das Abbrechen lange Zeit kontinuierlich belegter Friedhöfe im Main-Regnitz-Gebiet und den möglichen Untergang von »Gauburgen« in diesen Räumen »um 400« mit diesen Geschehnissen in Zusammenhang bringen (s. S. 60).

Die Anwesenheit von »Ostgermanen« in den spätrömischen Kastellen am Donaulimes ist

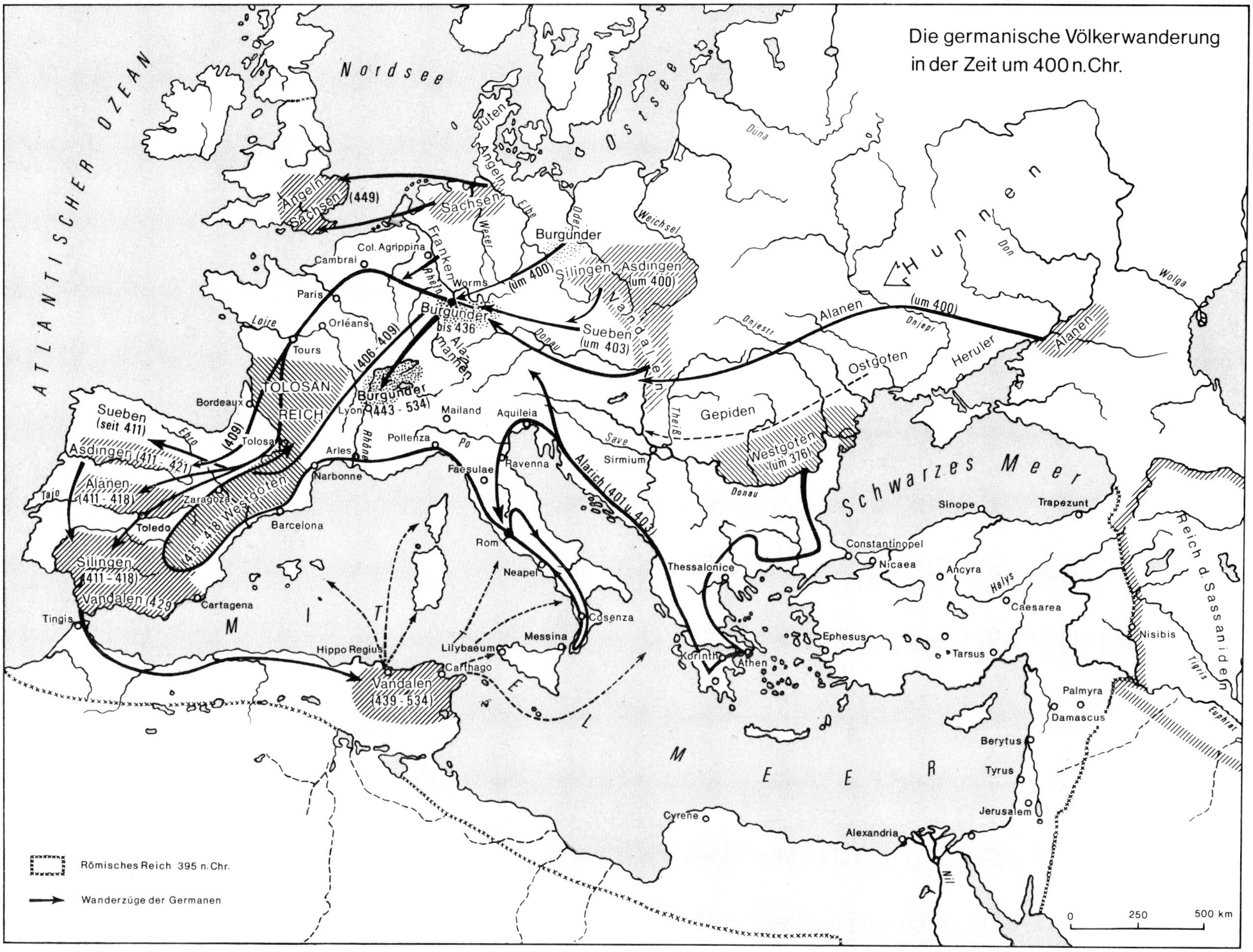

Abb. 58 Die Züge der germanischen Völkerschaften im 4. und 5. Jahrhundert nach den historischen Quellen (nach W. Menghin).

durch Funde belegt (s. S. 44 f.), und als Denkmal der frühen Völkerwanderungszeit in der Raetia II kann das 1940 im Mangfalltal bei Bruckmühl-Götting, Lkr. Rosenheim, beim Kiesabbau zerstörte Einzelgrab einer sicher landfremden Frau angesehen werden (Abb. 41). Von der ursprünglich wohl reichen Beigabenausstattung blieben ein Beinkamm mit dreieckiger Griffplatte, ein scheibengedrehtes, einglättverziertes Tongefäß donauländischer Form und eine Bügelfibel aus Silberblech erhalten, die ostgermanisch-gotischer Provenienz ist und in die Zeit »um 400« datiert.[125]

Zwischen 408 und 425 bestanden enge Beziehungen zwischen der weströmischen Regierung in Ravenna und einem hunnischen Fürsten namens Uldin, der vermutlich seine Residenz (Aul) irgendwo in der großen ungarischen Tiefebene hatte. Ein wichtiges Datum ist das Jahr 433. Der weströmische Feldherr und spätere Patricius Aetius, in seiner Jugend Geisel am hunnischen Hof, trat Pannonien an die Hunnen ab. Die Stammesföderation der Hunnen, oder zumindest der Teil des Volkes, der im Gesichtskreis der Römer agierte, wurde nach Uldins Tod von drei Brüdern namens Rua, Munziuch und Octar beherrscht. 434 wurde der Sohn des Munziuch, Attila, zuerst zusammen mit seinem Bruder Bleda, dann allein, Herrscher über alle Hunnen und die von ihnen unterworfenen Völker.

Auf dem Zenit seiner Macht reichte Attilas Großreich – ein Staatsgebilde besonderer Prägung – vom Rhein im Westen bis zur Wolga und zum Tien-shan im Osten und von der Donau im Süden bis zum Baltischen Meer.[126] In die Regierungszeit Attilas – von seinen Untertanen wie ein Gott verehrt und in den römischen und griechischen Quellen als »Geißel Gottes« apostrophiert – fällt die Zerstörung des Burgunderreichs von Worms (436), zu der wohl Aetius angestiftet hatte. Von 441 bis 447 wurden die Balkanprovinzen und Griechenland geplündert. Ostrom erkaufte sich den Frieden durch ungeheure jährliche Subsidienzahlungen, worauf sich der hunnische Expansionsdrang nach Westen richtete.

451 konnten Aetius und seine westgotischen und fränkischen Alliierten die Gefahr in der Schlacht auf den Katalaunischen Feldern bei Troyes abwenden. Aber schon im Jahr darauf fiel Attila in Italien ein und zerstörte Aquileia. Papst Leo gelang es schließlich, ihn zum Rückzug zu überreden.

Seit der Schlacht auf den Katalaunischen Feldern galten die Hunnen nicht mehr als unbesiegbar. Konstantinopel verweigerte die Tributzahlungen, Hunnen wurden an der unteren Donau auf eigenem Boden von einem byzantinischen Heer besiegt. Nach dem Tode Attilas 453 bildete sich eine Koalition germanischer Satrapen gegen seine zahlreichen Söhne, die 456 in der Schlacht am Nedao – einem Fluß irgendwo im Karpatenbecken – vernichtend geschlagen und an die untere Donau und nach Südrußland zurückgedrängt wurden. Hunnen spielten fortan in der Geschichte keine tragende Rolle mehr, obwohl sie als Föderaten und Söldner – vornehmlich im oströmischen Heer – bis weit in das 6. Jahrhundert Erwähnung finden[127].

Fast einhundert Jahre stellten die Hunnen eine Existenzbedrohung nicht nur für das barbarische Europa, sondern auch für das römische Reich in seiner Gesamtheit dar. Ihr Vordringen ins Abendland löste eine Kettenreaktion von Völkerbewegungen nach Westen aus: Vandalen, Westgoten und Sveben errichteten selbständige Herrschaften auf römischem Reichsboden. Im Donauraum wurden gewachsene Strukturen zerstört, und die verbliebene Bevölkerung war in weiten Teilen Ost- und Südosteuropas innerasiatisch-steppennomadischen Einflüssen ausgesetzt, die modifiziert Eingang in Gesellschaft, Wirtschaft, Tracht und Kunstgewerbe fanden.

Inwieweit Norikum und Rätien – hier bekämpfte Aetius noch in den dreißiger Jahren des 5. Jahrhunderts Juthungen (s. S. 33) – in den Machtbereich Attilas gehörten, ist unklar. Aber die Hunnenzüge an den Rhein und nach Gallien mit der Operationsbasis Pannonien müssen auch Südbayern berührt haben. Den einsamen archäologischen Nachweis bildet das »Fürstengrab« von Fridolfing-Fürst, Lkr. Traunstein (Tafel 17), das bereits 1843 entdeckt wurde und dessen Inventar sicher nicht vollständig ist. Die goldene Gürtelschließe und die Schuhschnalle entsprechen genau dem Bild, das Priskos in einem Bericht über eine oströmische Gesandtschaftsreise im Jahre 448 von der Tracht der Vornehmen am Hofe Attilas zeichnet.

Der Zerfall des hunnischen Großreichs nach der Schlacht am Nedao löste aber einen zweiten

Schub von germanischen Wanderbewegungen und Reichsbildungen aus, die von den Ostgoten, Skiren, Rugiern, Herulern, Gepiden und schließlich Langobarden getragen wurden.[128] Sie bestimmten nicht nur die Geschichte des östlichen Mitteleuropa und Italiens, sondern direkt und indirekt auch die Süddeutschlands bis weit in das 6. Jahrhundert hinein.

Der hl. Severin und die Donaugrenze

Für die zweite Hälfte des 5. Jahrhunderts haben wir mit der 511 von Eugippius verfaßten »Vita Sancti Severini« eine unschätzbare historische Quelle für Norikum und Rätien. »Zur Zeit, als Attila, der Hunnenkönig, gestorben war, befanden sich beide Teile Pannoniens und alle übrigen Donauländer (confinia Danuvii) infolge der ungeklärten Lage in einem dauernden Zustand der Verwirrung«, leitet der Abt des Severin-Gedächtnisklosters in Lucullanum bei Neapel, in dem die Gebeine des 482 in Ufernorikum (Noricum ripense) verstorbenen, 488 beim Abzug der Romanen exhumierten und nach Süditalien überführten Heiligen als kostbare Reliquien ruhten, seine Gedenkschrift ein.[129]
Obwohl primär hagiographischer Natur, stellt die Lebensbeschreibung Severins die aktiven und vor allem die passiven Akteure des Zeitgeschehens ebenso wie die allgemeinen Zustände in den beiden Grenzprovinzen zwischen ca. 456 und 488 plastisch vor. Der »Mönch und

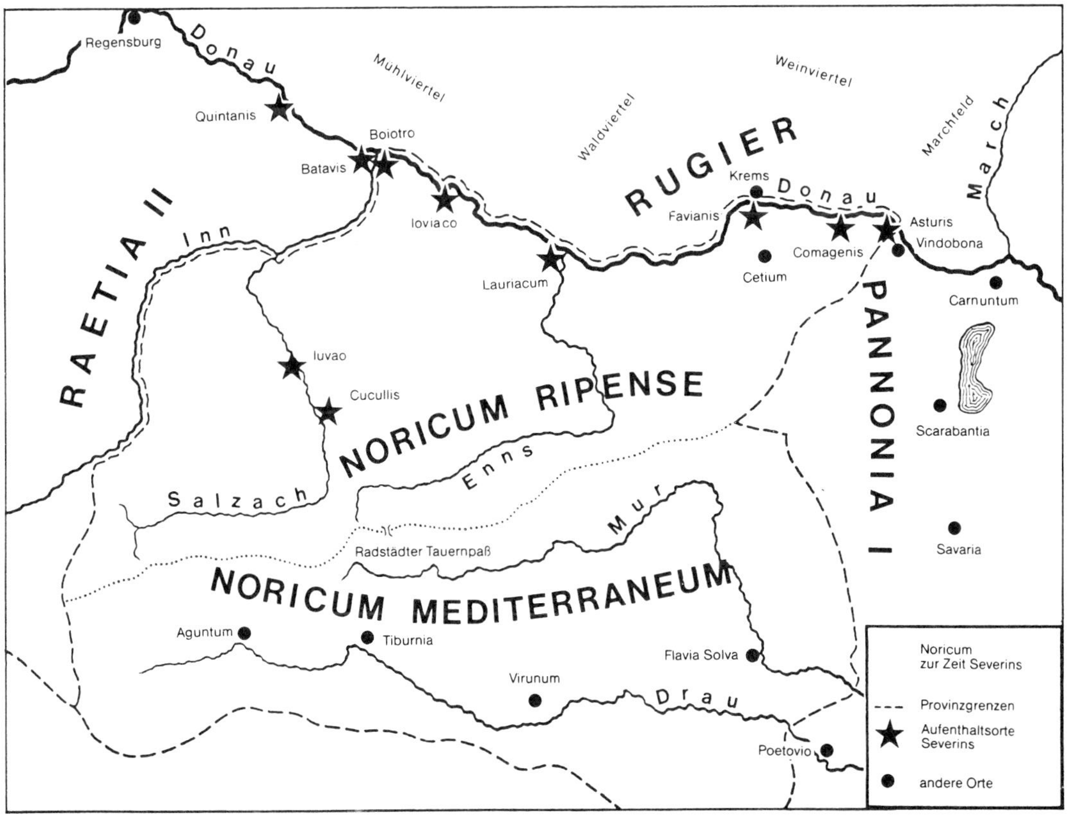

Abb. 59 Rätien und Ufernorikum zur Zeit des hl. Severin (nach W. Menghin).

Staatsmann« Severinus kam bald nach dem Tod Attilas aus dem Osten über Pannonien nach Noricum ripense. Allem Anschein nach entstammte er einer vornehmen italischen Familie. Welche Funktionen Severin vor seiner Tätigkeit in Norikum ausübte, verschweigen die Quellen. Unbekannt ist auch, warum er Mönch wurde. Auf eine frühere Karriere in hohen Staatsämtern deuten jedenfalls die diplomatischen und persönlichen Beziehungen hin, die er einerseits zu Orestes, dem ehemaligen Sekretär Attilas, späteren Patricius des Weströmischen Reiches und Vater des letzten Kaisers Romulus Augustulus, andererseits zu dessen Gegner Odoaker und den Rugierkönigen Flaccitheus und Fewa unterhielt. Gerade sie ermöglichten ihm offensichtlich, bestimmte Ereignisse »vorauszusehen« und die entsprechenden Vorkehrungen für die bedrängte romanische Bevölkerung an der Donaugrenze zwischen Quintanis (Künzing) und Asturis (Zeiselmauer, Niederösterreich) zu treffen (Abb. 59).

Die Verhältnisse, die Severin bei seiner Ankunft in den beiden Grenzprovinzen vorfand, waren chaotisch und zugleich symptomatisch für die allgemeinen Lebensumstände an der Donau. Die katholische romanische Bevölkerung war nur in den befestigten Städten, meist kümmerlichen Siedlungen in den Arealen mittelkaiserzeitlicher Kohorten- oder Legionskastelle, einigermaßen sicher. Das offene Land durchstreiften Räuberbanden, und die Städte, besonders an der oberen Donau, wurden häufig von germanischen Plündererhaufen – Alamannen, Thüringern, Herulern und Sveben – angegriffen. An dem im 4. Jahrhundert stark verteidigten Donaulimes traf Severin nur noch wenig reguläres Militär an, und punktuell lag die Verteidigung in Händen unzuverlässiger germanischer Föderaten oder unzureichend ausgebildeter und schlecht ausgerüsteter Milizen. Eine staatliche Zentralgewalt bestand nicht mehr, die Bürgerschaft war großenteils verarmt und mußte aus der noch florierenden Provinz Binnennorikum bzw. aus Italien mit Kleidung und Lebensmitteln versorgt werden.

Stabilisierender Faktor für die Städte zwischen Enns und pannonischer Grenze am Donauknie bei Kornneuburg war die Herrschaft der ostgermanischen Rugier. Sie übten eine Art Protektorat über die Romanen in diesem Donauabschnitt aus und schützten sie so vor den Übergriffen anderer germanischer Verbände.

Für die Römerstädte an der oberen Donau gab es solch friedliche Koexistenz nicht. Spätestens in den siebziger Jahren begann Severin diese Städte zu evakuieren. Die Bevölkerung wurde, soweit sie seiner Aufforderung folgte, nach Lauriacum (Lorch) und dann weiter bis ins Machtgebiet der Rugier evakuiert, wo sie vor den Übergriffen der feindlichen Barbaren sicher waren.

Die elf in der Severin-Vita erwähnten Orte sind sicher nur ein Teil der zu jener Zeit in Ufernorikum bewohnten Siedlungen. Die Raetia II ist überhaupt nur mit Quintanis (Künzing) und Batavis (Passau) vertreten. Stromaufwärts liegende Orte wie Sorviodurum (Straubing), Castra Regina (Regensburg), Abusina (Eining) und selbst die Provinzhauptstadt Augsburg werden in der Vita nicht erwähnt, obwohl sich Severin mehrmals in Quintanis und vor allem Batavis und dem norischen Boiotro (Passau-Innstadt) für längere Zeit aufgehalten hat. Offensichtlich waren diese Städte samt ihrem Hinterland noch vor der Ankunft Severins an die germanischen Barbaren verlorengegangen.

Namentlich erwähnt wird der Alamannenkönig Gibuld, der Severin »die größte Ehrerbietung entgegenbrachte«[130]. Severin trat dem König vor Passau entgegen und bekam – aus welchen Gründen auch immer – einen Wunsch freigestellt. Er verlangte daraufhin, daß Gibuld »zu seinem eigenen Vorteil sein Volk von der Verwüstung romanischen Gebietes abhalten und die Gefangenen (Romanen), die seine Leute besäßen, freudig freilassen« solle.[131] Der König willigte ein, und der Diakon Amantius wurde als Emissär an den Hof Gibulds geschickt.

Nach einigem Hin und Her und dem Austausch von Schreiben – auch Gibuld hatte offensichtlich eine Kanzlei – führte Amantius 70 Gefangene zurück in die Obhut Severins und überbrachte zudem das »Versprechen des Königs, demzufolge sich dieser verpflichtete, nach gründlicher Bereisung der Provinz (es kann eigentlich nur die Raetia II gemeint sein, d. Vf.) sämtliche dort vorgefundenen Gefangenengruppen zu entlassen«. Den Auftrag übernahm der Presbyter Lucillus – vordem unter dem rätischen Bischof Valentin tätig und Nachfolger Severins in der Abtswürde – »der eine beträchtliche Zahl dieser Unglücklichen aus der Gefangenschaft zurückholte«[132].
Diese Episode kann nicht anders gedeutet werden, als daß zur Zeit Severins weite Teile Rätiens von Alamannen beherrscht wurden, die schließlich auch die Bewohner von Quintanis nach Batavis und letztlich über Lauriacum nach Favianis (Mautern) abdrängten. Den Untergang von Passau führten schließlich die »Thüringer« herbei, nachdem ein Großteil der Bevölkerung donauabwärts gezogen war. Um welche »Thüringer« es sich dabei handelte, ob um Leute aus Mitteldeutschland oder um eine nördlich von Regensburg ansässige Gruppe – der Geograph von Ravenna vermeldet, daß die Flüsse Naab und Regen im Land der Thüringer in die Donau münden[133] –, ist nach der dürftigen Quellenlage nicht zu entscheiden und bleibt späteren archäologischen Spekulationen vorbehalten.

Byzanz, Ostgoten und Franken

Für mehr als zwei Generationen schweigen die direkten Quellen zur Raetia II und zum westlichen Noricum ripense. Die Geschichte des Alpenvorlandes ist nur im großpolitischen Rahmen zu umschreiben.
Nach dem Tode Severins 482 bahnten sich in ganz Europa neue Entwicklungen an, die von Byzanz, den Ostgoten und den Franken bestimmt wurden und das frühe Mittelalter einleiteten. Das Rugierreich an der Donau wurde in zwei Feldzügen von Odoaker, dem »Rex Herulorum« und römischen Patricius, zerschlagen. Wohl um den Rugiern und anderen nachdrängenden Germanen die Existenzgrundlage ihrer parasitären Wirtschaft zu entziehen, erfolgte 488 die Zwangsumsiedlung der Romanen nach Italien, ein Vorgang, der in der historischen Literatur als Beleg für den De-facto-Verzicht Odoakers auf die nordalpinen Provinzen gewertet wird.[134] Aber schon 489 besetzten dann die Langobarden das siedlungsleere »Rugiland«.[135]
Inzwischen waren die Ostgoten unter ihrem König Theoderich im Auftrag des oströmischen Kaisers Zeno aufgebrochen, um Italien von der Usurpation Odoakers zu befreien, der 476 den unmündigen Kaiser Romulus Augustulus abgesetzt und so das staatsrechtliche Ende des Weströmischen Reiches herbeigeführt hatte. Die Kämpfe dauerten von 489 bis 493. Odoaker wurde erschlagen, und der »Dietrich von Bern« der germanischen Heldensage reorganisierte in seiner langen Regierungszeit als »Rex Gothorum et Patricius Romanorum« Italien und die zugehörigen Provinzen.
Im Westen begann mit Chlodwig I. (482–511) der Aufstieg der merowingischen Dynastie. 486 zerschlug der Frankenkönig die letzten Reste des römischen Reiches in Gallien. 496/97 besiegte er die Alamannen in der Schlacht bei Zülpich. 506 brachte er den Alamannen eine weitere vernichtende Niederlage bei, die den Ostgotenkönig Theoderich veranlaßte, zugunsten der Alamannen bei Chlodwig zu intervenieren, wobei er sich sowohl für die von den Franken unterworfenen Alamannen als auch für die Alamannen einsetzte, die sich in seinem

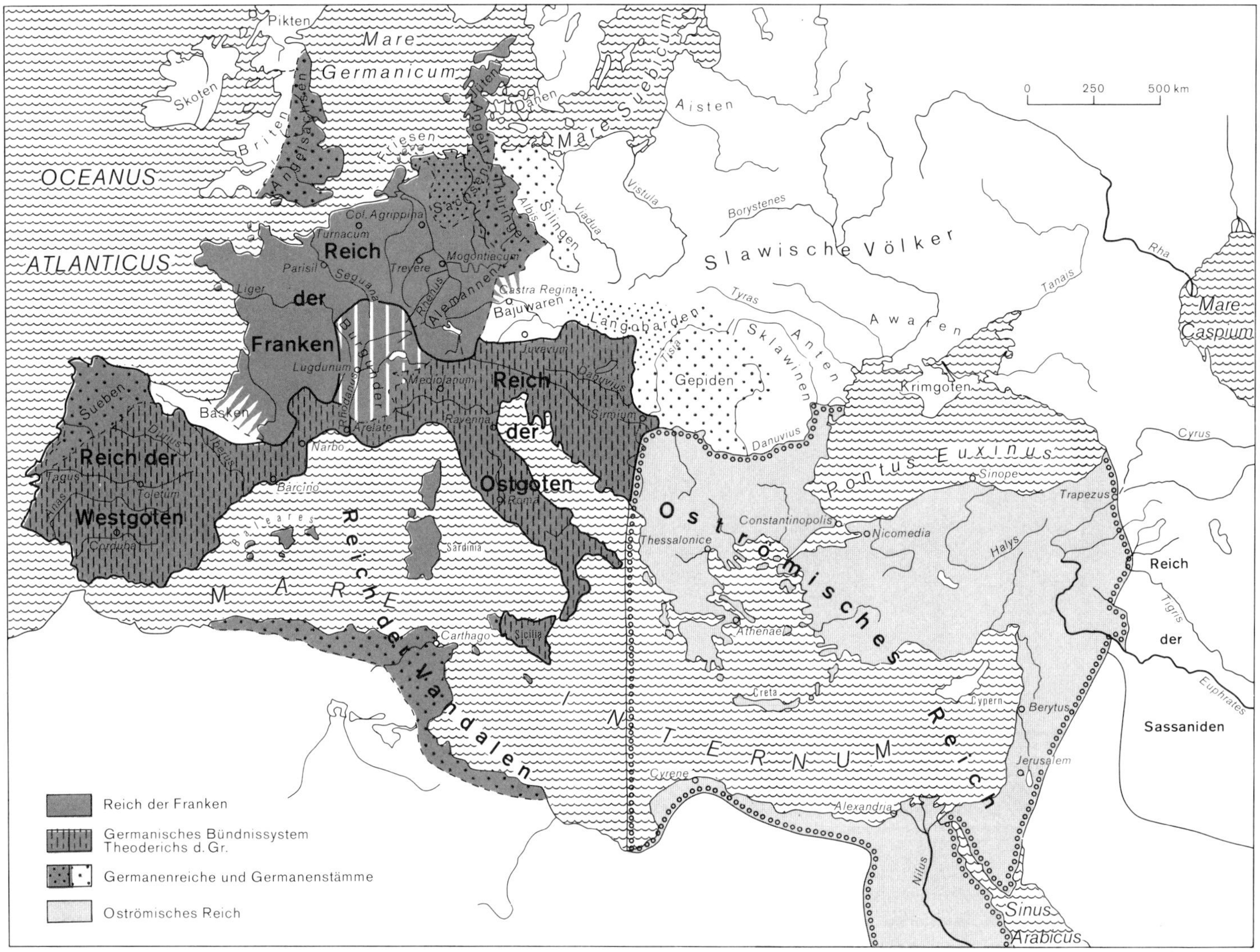

Abb. 60 Europa im Todesjahr Theoderichs des Großen, 526 (nach W. Menghin).

Machtbereich aufhielten[136]. Den Provinzialen von Norikum befahl er, durchziehende Alamannen mit Vieh zu versorgen.[137] 507 schließlich vertrieben die Franken die Westgoten aus ihrem Reich von Tolosa, das seit 418 bestanden hatte; die arianischen Westgoten errichteten in Spanien ein neues Reich, das erst im 8. Jahrhundert unter den Angriffen der Mauren zugrunde ging.

Der expansiven Kraft des Frankenreiches begegnete Theoderich durch eine ausgeklügelte Bündnis- und Heiratspolitik, in die er fast alle germanischen Herrscherhäuser einbezog. Es sind Briefe Theoderichs an die Könige der Heruler, Warnen und Thüringer erhalten.[138] Den König der Heruler[139], Rodulf, machte er zu seinem Waffensohn[140], und 510 heiratete eine Nichte Theoderichs den Thüringerkönig Herminafried[141]. Außerdem versuchte er, die römischen Rechtstitel in den nordalpinen Provinzen und in Illyrikum de facto durchzusetzen. So wird überliefert, daß von Ravenna aus ein »dux Raetiarum Servatus« eingesetzt wurde[142], und der Nachfolger Theoderichs, Athalarich, bezeichnet die Donau als Nordgrenze des Reiches[143]. Das Ostgotenreich, de jure Teil des Römischen Reiches, umfaßte beim Tode Theoderichs 526 ganz Italien, die Provence, beide Rätien, Norikum, Süd- und Westpannonien sowie Dalmatien (Abb. 60).

Der von Theoderich geschaffene Status quo hatte nicht lange Bestand. Einerseits versuchte Justinian I. (527–565), das Imperium Romanum in seiner Gesamtheit wiederherzustellen, zum anderen waren die Söhne und Enkel Chlodwigs vom selben Eroberungsdrang beseelt wie ihr Vorfahr. 531–534 eroberten fränkische Heere in mehreren Feldzügen Thüringen und annektierten das Burgunderreich. Zur selben Zeit gingen die oströmischen Feldherren Belisar und Narses gegen das Vandalenreich in Afrika und gegen die Ostgoten in Italien vor. In seiner Bedrängnis rief der Ostgotenkönig Wittiges den Frankenkönig Theudebert I. zu Hilfe und trat diesem 536 dafür die nordalpinen Provinzen, so auch Rätien, ab, was sonderbarerweise von Justinian ausdrücklich bestätigt wurde[144]. Fränkische und alamannische Kriegerscharen trieben sich bis 565 in Italien und in Westnorikum herum, da ihnen der Ostgotenkönig Totila die venetischen Provinzen und damit die Landbrücke nach Illyrien überlassen hatte. Der Gotenkrieg dauerte 20 Jahre. Die Entscheidung fiel 553 in der Schlacht am Vesuv. Nutznießer dieser Geschehnisse waren die Langobarden, die ihr Reich an der mittleren Donau nach Pannonien und Westnorikum ausdehnen konnten[145], und die Franken, deren machtvoller König Theudebert I. (534–548) um 545 etwas prahlerisch an Justinian I. schrieb, ». . . daß er mit Gottes Hilfe sein Reich von den Gestaden des Ozeans bis an die Donau und die Grenze Pannoniens errichtet« habe[146]. Diese Nachricht wird von Agathias bestätigt, der berichtet, daß Theudebert die Alamannen und »gewisse benachbarte Stämme« unterworfen habe.[147]

Spätestens zu diesem Zeitpunkt dürfte ganz Süddeutschland der Herrschaft Theudeberts I. unterworfen gewesen sein.[148] Wie die fränkische Herrschaft strukturiert war, welche Machtinstrumente zur Verfügung standen und welche Völkerschaften überhaupt unterworfen waren, ist nur allgemein zu beantworten. 537 fiel Theudebert mit einem fränkisch-alamannischen Heer in Oberitalien ein. Venetien wurde besetzt, und die alamannischen Herzöge Leuthari und Butilin verstrickten sich in den Untergang der Ostgoten. Die Unterworfenen mußten also Heeresfolge leisten; die Herzöge (duces) setzte der fränkische König ein[149].

Die Bewohner des heutigen Nordbayern werden zu diesem Zeitpunkt ebensowenig namentlich genannt wie die Bajuwaren. Deren älteste nachweisbare Erwähnung findet sich bei Jordanes, der die verlorene Gotengeschichte Cassiodors, des Sekretärs Theoderichs des Großen, 551 abgeschrieben hat: ». . . nam regio illa Svavorum ab oriente Baibaros [Baiobaros, Baioarios] habet . . .«[150] Diese Nachricht wird wenig später (zwischen 565 und 571) von dem italischen Dichter und späteren Bischof von Poitiers, Venantius Fortunatus, an zwei Textstellen präzisiert. Den Weg von Tours kommend, wo er das Grab des hl. Martin aufgesucht hatte, beschreibt er: »Du kommst nach Augsburg, wo Wertach und Lech zusammenfließen. Dort verehrst du die Gebeine der heiligen Märtyrerin Afra. Wenn dann der Weg frei ist und dir nicht der Baier (Baiovarius) entgegentritt . . . so ziehe über die Alpen . . .«[151] Und in der Vorbemerkung zu seiner Gedichtedition schreibt der Weitgereiste, er habe sie verfaßt, ». . . die Drau in Noricum, den Inn im Land der Breonen, den Lech in Baiern (Baiuraria) . . . überquerend«[152]. Zur selben Zeit, 555, wird im Zusammenhang mit der Hochzeit der langobardischen Prinzessin Walderade – verwitwete bzw. geschiedene Gattin der Frankenkönige Theudebald und Chlothar I. – mit Garibald, der als »einer der ihren« (Merowinger) bezeichnet wird, erstmals ein baierischer Herzog (Dux) erwähnt.[153]

Herkunft, Herrschafts- und Stammesgeschichte der Baiern

»Erneut ist seit wenigen Jahren die Bayernfrage Gegenstand des Streits, nachdem man schon glauben konnte, daß mit der besonnenen, alle Umstände abwägenden Behandlung des Problems durch Kurt Reindel im Handbuch der Bayerischen Geschichte von Max Spindler[154] die Diskussion endlich zur Ruhe gekommen sei. Das war jedoch zuviel erwartet. Seit Jahrhunderten stand, bis in unsere Gegenwart hinein[155], Meinung gegen Meinung, jede Lösung war umkämpft, warum sollte es jetzt anders sein. Immer noch vermittelt der verfügbare Bestand an unmittelbar einsichtigen Zeugnissen der Vergangenheit wie an Überresten, die erst durch mühsame Interpretation auswertbar sind, keine zwingende Evidenz. Trotzdem stehen wir längst in einem neuen Stadium.«[156]

Baiern, das, wie Paulus Diaconus im späten 8. Jahrhundert schreibt, »gegen Morgen an Pannonien, gegen Abend an Schwaben, gegen Mittag an Italien, gegen Mitternacht an die Donau« grenzt[157], lag seit dem späten 5. Jahrhundert wieder im Spannungsfeld der Großpolitik, wobei auffällt, daß die germanischen Bewohner der ehemaligen römischen Provinzen Raetia II und Noricum ripense erstmals Mitte des 6. Jahrhunderts namentlich in den Quellen als »Baiovarii« erwähnt werden.

In der spärlichen Überlieferung des 5. Jahrhunderts werden anfänglich Juthungen und später, stets im Zusammenhang mit kriegerischen Ereignissen, Alamannen und Thüringer erwähnt. Die »Vita Sancti Severini« nennt für die Zeit um 470/80 den Alamannenkönig Gibuld in Rätien. Die Geschichtsforschung ging daher lange Zeit davon aus, daß die Bajuwaren überhaupt erst in der Zeit um 530 in die Landschaften zwischen Donau und Alpen eingewandert seien. Namenkundlich bot sich als Herkunftsland »Böhmen« an. Die in den ältesten lateinischen Quellen überlieferte Namensform Baiovarii mit diversen Variationen läßt auf eine vorliterarische Form Baiwari/Bai(a)warioz schließen.

Die Deutung dieses Namens ist kompliziert. Die Forschung sieht eine Verbindung mit dem Namen der keltischen Boier (Boii), wonach die Bajuwaren als Bewohner eines einst von Boiern besiedelten Landes bzw. als Nachkommen der in Böhmen wohnenden Völker gelten. Die germanische Form des Völkernamens, die althochdeutsch Behaima (»die Böhmischen«) fordert, lautet Baihaimoz. Diese Wortform macht es möglich, den Namen der Bajuwaren über Bai(a)warioz auf Bai(a)-heimwarioz und schließlich auf Baiuvarii zurückzuführen.[158] Vor diesem Hintergrund ist es verständlich, daß die Etymologie des Baiernnamens immer noch in der akademischen Diskussion ist.[159]

Abb. 61 Künstlich deformierter Schädel aus Feuersbrunn bei Grafenegg, Niederösterreich.

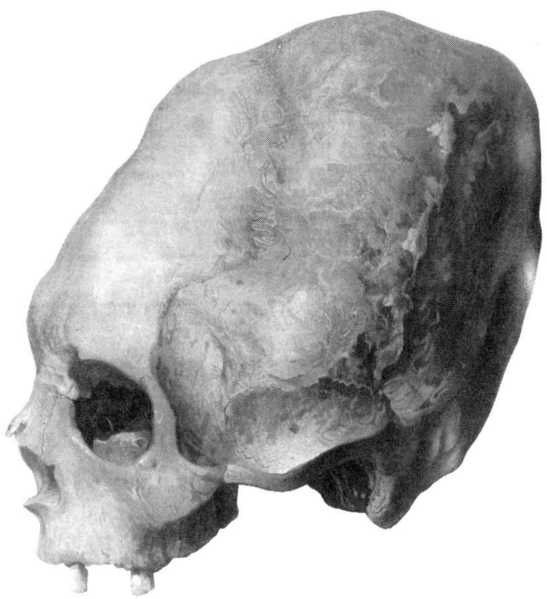

In der Tat waren bis vor wenigen Jahren in Bayern keine Reihengräberfriedhöfe bekannt, deren Fundmaterialien bis in die Zeit vor 520/30 zurückreichen. Ältere Grabfunde erklärte man mit alamannischer oder thüringischer Besiedlung – historische Hinweise finden sich vereinzelt[160] –, ohne zu bedenken, daß in diesen Fällen immer nur kleine Friedhofsareale untersucht worden waren (Tafel 21).[161] Man ging sogar so weit, für das bayerische Alpenvorland von der Iller bis hin zur Enns eine weitgehende Siedlungsleere während des 5. Jahrhunderts anzunehmen.

Inzwischen haben die archäologischen Untersuchungen an mehreren großen Gräberfeldern die Gewißheit erbracht, daß in einzelnen Siedlungskammern, so im Sempttal nordöstlich von München, nördlich von Neuburg a. d. Donau und im Umland von Straubing, die Bevölkerung von der Mitte des 5. bis ins 7. Jahrhundert in denselben Friedhöfen bestattete.[162] Zugleich haben Ausgrabungen an vielen Stellen des rätischen Donaulimes den Nachweis erbracht, daß diese römischen Stationen, wie überall an der Nordgrenze des Imperiums, ab dem 4. Jahrhundert mit germanischen Bevölkerungselementen aufgesiedelt wurden, deren Verbleib am Ort bis in den älteren Abschnitt des 5. Jahrhunderts archäologisch belegbar ist (vgl. S. 44 f.).[163]

Die alte Theorie, vor allem aber auch die populäre Vorstellung von der Einwanderung der Bajuwaren als sozusagen geschlossene Volksgruppe, kann nach den Ergebnissen der jüngsten Forschung nicht mehr aufrechterhalten werden. Man muß vielmehr davon ausgehen, daß das Alpenvorland seit dem Rückzug der römischen Truppen im 5. Jahrhundert verstärkt von germanischen und anderen Volksgruppen infiltriert wurde, was insbesondere die archäologische und anthropologische Analyse des Friedhofs von Erding-Altenerding, Lkr. Erding, zeigt.[164].

Der Bestattungsplatz umfaßte ursprünglich mehr als 2000 Gräber mit zum Teil überdurchschnittlich qualitätvollen Inventaren und wurde ohne Unterbrechung von der Mitte des 5. bis in das 7. Jahrhundert belegt. In der ersten Belegungsphase überwiegt in den west-ost-orientierten Körpergräbern das Beigabengut thüringisch-böhmischer, ostgotischer und früher langobardischer Provenienz (Tafel 22). Weniger häufig sind Schmuck und Gerätformen westlich-alamannischer Herkunft festzustellen. Letztere werden in den Gräbern des 6. Jahrhunderts dominierend, wobei Verbindungen zum langobardischen Italien durch einzelne Fibeltypen belegt sind.

Bedeutsam ist der anthropologische Serienbefund an den gut erhaltenen Skeletten. Im Durchschnitt weichen etwa 14 Prozent aller untersuchten Individuen vom üblichen Typus der süddeutschen »Reihengräberbevölkerung« ab und zeigen grazile, wohl stärker »mediterrane« Züge. In einer Randzone des Friedhofs erhöht sich der Anteil der »mediterranen Leute« um das Doppelte. Interessanterweise sind gerade in diesem Bereich die frühesten Gräber angelegt, die trotz einzelner wertvoller und damit datierender Beigaben dem sonst gängigen Ausstattungsmuster nicht folgen. Sie weisen einen relativ hohen Besitz mitteldeutsch-böhmischen Charakters auf, und zudem gehören alle sechs weiblichen Individuen mit hunnisch beeinflußter künstlicher Schädeldeformation zu dieser anthropologischen Gruppe (Abb. 61)[165].

Es scheint sich hier eine ethnische Minderheit anzuzeigen, die Mitte des 5. Jahrhunderts bereits in Altenerding ansässig war oder kurz davor von irgendwoher aus dem hunnischen Machtbereich Transdanubiens (Westungarn) eingewandert ist. Die durch Rassenmerkmale und unterschiedlichen Sachbesitz gekennzeichnete Minderheit wurde noch im Verlauf der zweiten Hälfte des 5. Jahrhunderts kulturell und auch biologisch in die Gesamtbevölkerung vom »Reihengräbertypus«[166] integriert. Jedoch fallen immer wieder »fremde« Sachformen ins Auge, die durchaus mit erneuten Zuwanderungen aus Norden (Abb. 62)[167], Westen und Osten erklärt werden könnten. Die in der frühen Reihengräberzeit stattfindenden Akkulturationsprozesse, wie sie exemplarisch für die Gesamtentwicklung in Altenerding und neuerdings auch im Friedhof von Straubing-Bajuwarenstraße (früher Alburg) aufzuzeigen sind, mündeten in die Bildung des bajuwarischen Großstammes ein.[168]

Das Gräberfeld Straubing-Bajuwarenstraße wurde 1980 entdeckt, nachdem bereits etwa 30 Gräber durch Baumaßnahmen zerstört waren. Insgesamt konnten 819 Bestattungen des 5.–7. Jahrhunderts geborgen werden, von denen zwei Drittel schon in alter Zeit beraubt waren.[169] Die ältesten Bestattungen mit Schalen vom Typ Friedenhain-Přešt'ovice, Beinkamm mit dreieckiger Griffplatte (Tafel 16; 24) und nierenförmiger Schnalle mit Streifentauschierung (vgl. Tafel 22) sowie eisernen Fibeln datieren in die Mitte des 5. Jahrhunderts. Besonders viele und reiche Frauengräber, in deren Schmuckensembles westliche fränkisch-alamannische Formen ebenso vertreten sind wie nördliche, mitteldeutsch-thüringische und östliche, donauländisch-ostgotisch-italische[170], wurden in der Zeit um 500 angelegt und zeugen vom Wohlstand und von den weitreichenden Beziehungen der ansässigen Bevölkerung (Tafel 23).

Abb. 62 Der Bronzeschmuck aus Erding-Altenerding (Lkr. Erding), Grab 21 – massiv gegossene vergoldete Armbrustfibel, Blechfibel, zwei Pilzkopfnadeln und Halsreif – hat in Form und Kombination sowie in der Grablage Entsprechungen im südlichen Ostseeraum. Bei seiner im Alpenvorland gestorbenen Besitzerin hat es sich wohl um eine Frau aus diesen Gebieten gehandelt.

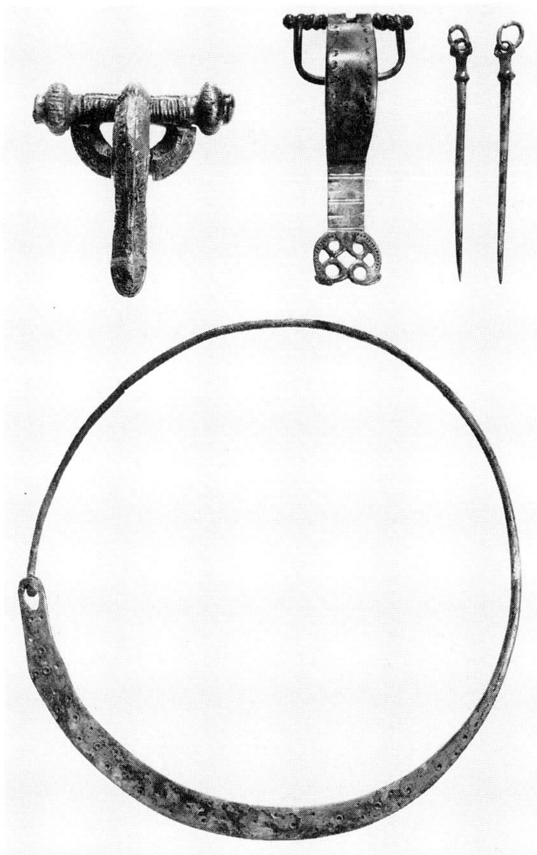

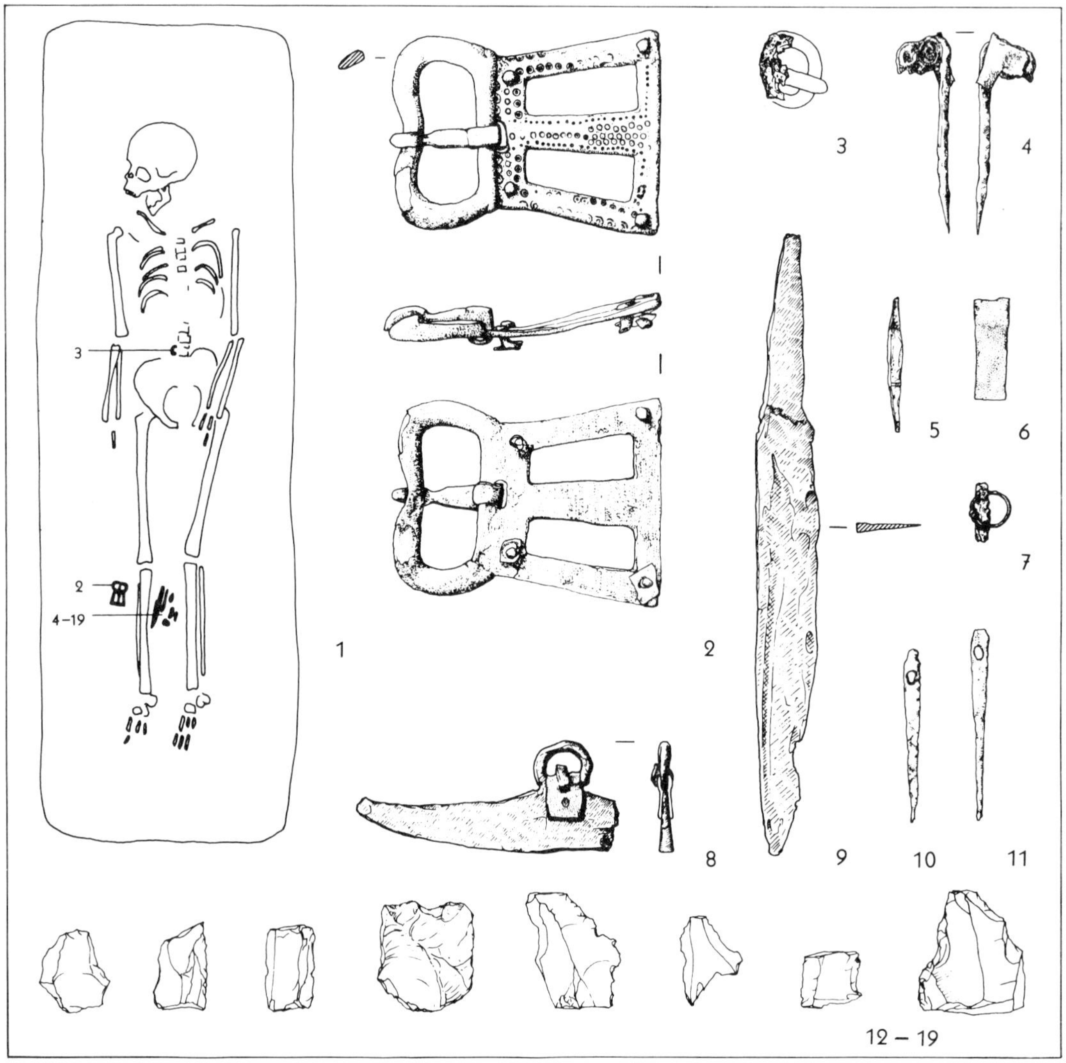

Abb. 63 Neuburg a. d. Donau-Bittenbrunn. Befundplan und Inventar von Grab 19 (nach R. Christlein).

Wie im Friedhof von Altenerding fällt auch hier die hohe Zahl von zehn künstlich deformierten Frauenschädeln in der älteren Belegungsphase auf.[171]

Etwas anders liegen die Verhältnisse in Bittenbrunn gegenüber Neuburg a. d. Donau.[172] Die ältesten Bestattungen des kleinen, ebenfalls bis ins 7. Jahrhundert belegten Friedhofs datieren in die Mitte des 5. Jahrhunderts. Im ältesten Grab war ein Mann bestattet, dessen Militärgürtel – mit Beschlägen, die aus dem Mittelrheingebiet bekannt sind[173] – nach spätrömischer Sitte über den Unterschenkeln niedergelegt war (Abb. 63). In dieselbe Richtung weisen die messingtauschierte Schnalle und der Feuerstahl (Tafel 20). Daneben fallen auch Trachtbestandteile und Beigaben elbgermanischer Provenienz ins Auge.[174] Während bei Altenerding und Straubing-Bajuwarenstraße mit größeren Ansiedlungen zu rechnen ist, scheint bei Bittenbrunn die Überlegung nicht abwegig, daß es sich bei der zugehörigen Siedlung um eine Station militärischen Charakters an dem wichtigen Donauübergang bei Neuburg gehandelt hat[175].

Obwohl bei allen drei Gräberfeldern die eigentliche wissenschaftliche Bearbeitung und landesgeschichtliche Auswertung noch aussteht, ist archäologisch doch eindeutig nachgewiesen, daß in den Zeiten, als Alamannen und Thüringer in den Quellen erwähnt werden und die Raetia II zum Ostgotenreich gehörte, ebendort eine offensichtlich teils wohlhabende Bevölkerung ansässig war. Ob sich diese Leute aber schon als Bajuwaren fühlten, ist völlig offen. Denn wenn »Baiovarii« wirklich die »Männer aus Böhmen« heißen sollte (s. S. 74), dürfte es sich kaum um eine Eigen-, sondern viel eher um eine Fremdbezeichnung handeln, wobei es völlig unerheblich ist, ob »Bai« wirklich mit »Boii«, also »Böhmen«, in irgendeiner Weise zusammenhängt. Den »Namengebern«, seien es die Alamannen oder, wahrscheinlicher, die Franken gewesen, kam es wohl darauf an, das östlich des Lechs ansässige Ethnikum zu benennen. Die Notwendigkeit dazu ergab sich allem Anschein nach erst in der Regierungszeit Theudeberts (534–548!), denn nach Agathias unterwarf er die »Alamannen und gewisse benachbarte Völker«, und erst danach taucht der Bajuwarenname auf. Die leidige Diskussion um die Herkunft der Bajuwaren, die gerade in jüngster Zeit von archäologischer Seite neu entfacht wurde, führt sich selbst ad absurdum, wenn das Axiom von der »böhmischen Herkunft« der Bayern nicht greift.[176]

Eine politisch bedeutende und damit in der frühmittelalterlichen Historiographie erwähnenswerte eigenständige Rolle im Kräftespiel der Mächte übernahmen diese inhomogenen Volkssplitter, Kleinstämme, Sippen und Siedlungsgemeinschaften, oder was immer sie gewesen sein mögen – die im 8. Jahrhundert niedergeschriebenen Volksrechte zählen noch fünf alte Familien auf, denen ein doppelt so hohes Wergeld wie den gewöhnlichen Freien zustand[177] –, erst in der Mitte des 6. Jahrhunderts, als sie durch eine überregionale Herrschaftsbildung zu »Bajuwaren« zusammengewachsen waren.

Garibald, der erste namentlich erwähnte Herzog, wird bei Paulus Diaconus anläßlich der Heirat mit Walderade und in bezug auf die Merowinger ausdrücklich als »einer von ihnen« bezeichnet.[178] Und schon 539/40 schrieb Theudebert an Justinian I., daß sein Reich bis an die Donau und die Grenzen Italiens und Pannoniens reiche.[179] Entgegen allen »national-baierischen« Argumentationen heißt das aber, daß Garibald I. oder ein namentlich nicht bekannter Vorgänger von den Frankenkönigen (Theudebert I. ?) als Amtsherzog über die Bajuwaren eingesetzt wurde. Sonst wäre kaum erklärlich, daß auf fränkischen Druck um 590 Garibald durch Tassilo I. abgelöst und Tassilo III. 788 aufgrund unterlassener Lehenspflicht vom fränkischen König seines Amtes enthoben und samt seiner Familie ins Kloster geschickt wurde. Der De-jure-Abhängigkeit des baierischen Herzogsgeschlechts widerspricht auch nicht der Artikel in der Lex Baiuvariorum, nach dem die Herzogswürde erblich und an die Agilolfinger gebunden war.[180] Die unabhängige Stellung des baierischen Herzogtums im 7. und 8. Jahrhundert resultierte aus der Schwäche des merowingischen Königtums; erst die Karolinger verschafften den alten Rechtstiteln aus dem 6. Jahrhundert wieder Geltung.

Über die Herkunft des Herzogsgeschlechts kann nur spekuliert werden, wobei auffällt, daß kein bajuwarischer Herrscher den Namen Agilolf führte, dafür aber ein langobardischer Herzog und späterer König, nämlich Agilulf, der noch dazu thüringischer Abstammung gewesen sein soll (Abb. 64).[181]

In welchen Beziehungen die Bajuwaren zu den Langobarden in deren voritalischer Phase standen, ist unbekannt. Die historischen Quellen der ersten Hälfte des 6. Jahrhunderts erwähnen nicht einmal ein Nachbarschaftsverhältnis. Das Fundmaterial in den frühbajuwarischen Friedhöfen weist jedoch darauf hin, daß relativ enge Verbindungen bestanden haben müssen, die vielleicht sogar so weit gingen, daß langobardische und donaugermanische Gruppen

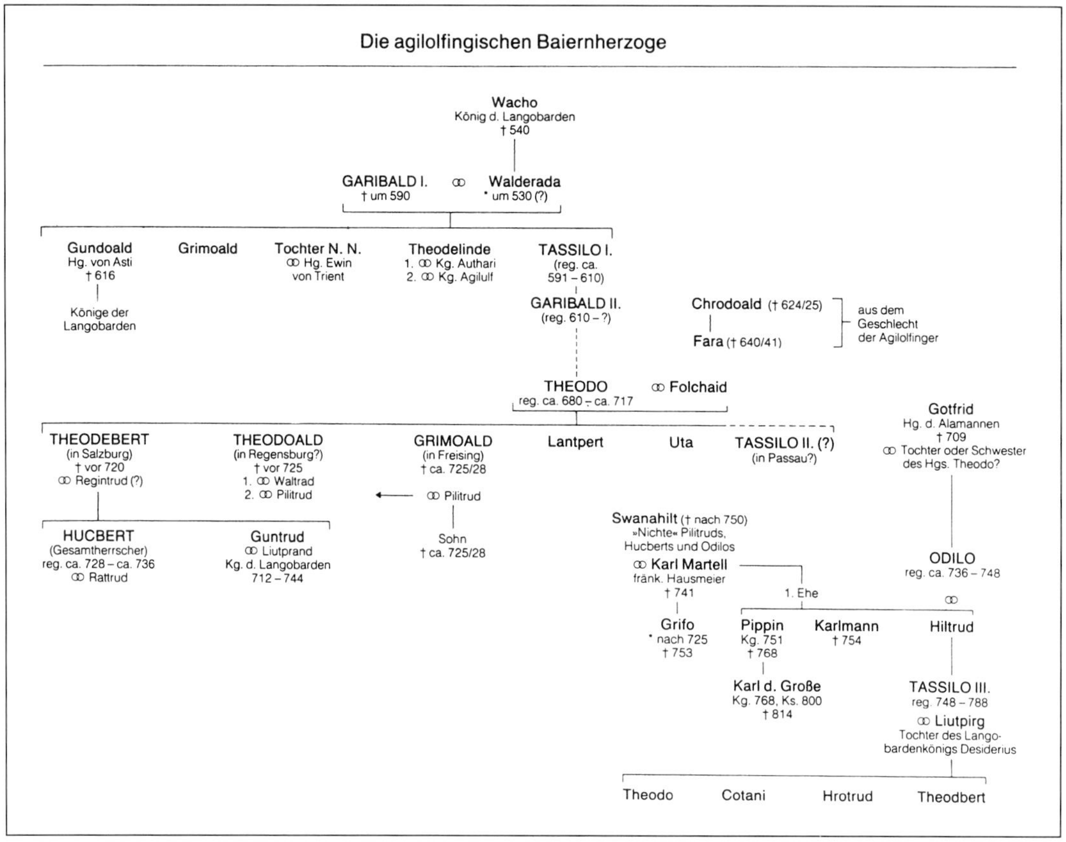

Abb. 64 Stammtafel der agilolfingischen Herzöge von Garibald I. bis Tassilo III., ca. 550–788 (nach W. Störmer).

stromaufwärts zogen und sich im bayerischen Alpenvorland niederließen. Andere Splittergruppen, Sippen und Gefolgschaften zogen vielleicht direkt aus dem mittleren Elbgebiet dorthin.[182] In den archäologisch rekonstruierbaren antiquarischen Verbindungen der Grabinventare zeichnet sich im Vorkommen von sog. thüringischen Zangenfibeln, S-Fibeln, gotischen und langobardischen Bügelfibeln und anderen Sachtypen jedenfalls ein Beziehungsfeld zwischen Mitteldeutschland, Böhmen, dem mittleren Donaugebiet sowie Italien und den ältesten Reihengräberfeldern des Alpenvorlandes ab. Vermutlich ergaben sich aus diesen Zusammenhängen die ethnischen Besonderheiten, durch die sich die Bevölkerung im Alpenvorland östlich des Lechs so stark von den Alamannen unterschied, daß sie als »Baiovarii« bezeichnet wurden. Diese Unterschiede anhand der archäologischen Quellen zu definieren sollte die Zukunftsaufgabe einer methodisch orientierten bajuwarischen Altertumskunde sein.[183]

Die »Frankisierung« Süddeutschlands und die Archäologie der Reihengräberzeit

Während im 6. Jahrhundert in der ehemaligen Provinz Raetia II die Bajuwaren ihren Weg in die Geschichte antraten, schweigen die Quellen für das Land zwischen Donau und Mittelgebirgen bis ins 8. Jahrhundert. Außer dem baierischen Nordgau – etwa die heutige südliche Oberpfalz – und dem alamannischen Ries sowie einigen Gebieten an der unteren Altmühl, war Nordbayern Teil der »Francia«. Seit der frühen Merowingerzeit unterstanden diese Gebiete – mit einer Unterbrechung von der Mitte des 7. bis in den Beginn des 8. Jahrhunderts, als ein relativ unabhängiges thüringisch-fränkisches Amtsherzogtum in Würzburg residierte – direkt dem fränkischen König. Wie diese »herrenlose Pufferzone zwischen Thüringern im Norden, Franken im Westen, Alamannen und Baiern im Süden« (Schmale) und schließlich Slawen im Osten unter fränkische Oberhoheit kam und wann die herrschaftliche Erfassung begann, ist nur aus der großpolitischen Lage in der ersten Hälfte des 6. Jahrhunderts zu erschließen. Es kann davon ausgegangen werden, daß zumindest Teile Nordbayerns, so das Grabfeld, das Mittel- und Obermaingebiet, bis 534 Teil des thüringischen Königreichs waren und das Untermaingebiet jenseits von Spessart und Odenwald bis ins späte 5. Jahrhundert zur Alamannia gehörte. Die Bevölkerung dürfte im wesentlichen dieselbe gewesen sein, wie sie für das 5. Jahrhundert mit spärlichen archäologischen Befunden nachgewiesen wurde. In der Merowingerzeit ist ihr Nachweis aufgrund veränderter Grabsitten einfacher möglich, wobei die Analyse der Friedhöfe wesentliche Beiträge zur vorliterarischen Landes- und Kulturgeschichte ermöglicht (Abb. 65).

Reihengräber und fränkische Landnahme

Das Aufkommen der »Reihengräbersitte« ist ein Kulturphänomen, dessen Entstehung komplexe Ursachen hat. Der Brauch, die Toten in sog. Reihengräbern zu bestatten, dürfte eine seiner Wurzeln vermutlich in den ethno-kulturellen Verhältnissen des 4. und 5. Jahrhunderts in Nordfrankreich und Belgien haben, wo föderierte oder angesiedelte Germanen in einer spätantik geprägten Umwelt von den einheimisch-christlichen Romanen die Körperbestattung übernahmen, jedoch ihren eigenen Glaubens- und Rechtsvorstellungen verhaftet blieben und den Verstorbenen das persönliche, vom Erbgang ausgeschlossene Eigentum und eine Wegzehrung für die Reise ins Jenseits mitgaben.[184] Diesem Brauch, der zunächst nur bei der Oberschicht üblich war, paßte sich in einem langwierigen Prozeß auch die Masse der Bevölkerung an, bis er spätestens im frühen 6. Jahrhundert, und dann meist unter fränkischem Einfluß, auch in Süddeutschland allgemein üblich wurde.[185]
Dieser Akkulturationsvorgang verlief sicher nicht so simpel, wie hier dargestellt. Denn auch in Mitteldeutschland ist ab der Zeit um 300 ein partieller Wandel im Grabbrauch festzustellen. Auch dort legten die führenden Familien ihre Toten abseits der Brandgräberfelder in aufwendig ausgestatteten Kammergräbern zur letzten Ruhe nieder[186], bis dann allmählich die Leichenbestattung das Totenritual beherrschte[187] und in die Reihengräberzeit oder »späte Völkerwanderungszeit« überführte. Waren die Gräber anfänglich nord-süd-orientiert, so machte sich seit dem 5. Jahrhundert zunehmend eine Tendenz zur West-Ost-Ausrichtung bemerkbar.[188]
In Abhängigkeit von der Entwicklung in Mitteldeutschland sind die kulturellen Verhältnisse in Böhmen zu sehen, wo im 5. Jahrhundert bei gleicher materieller Zivilisation neben Regio-

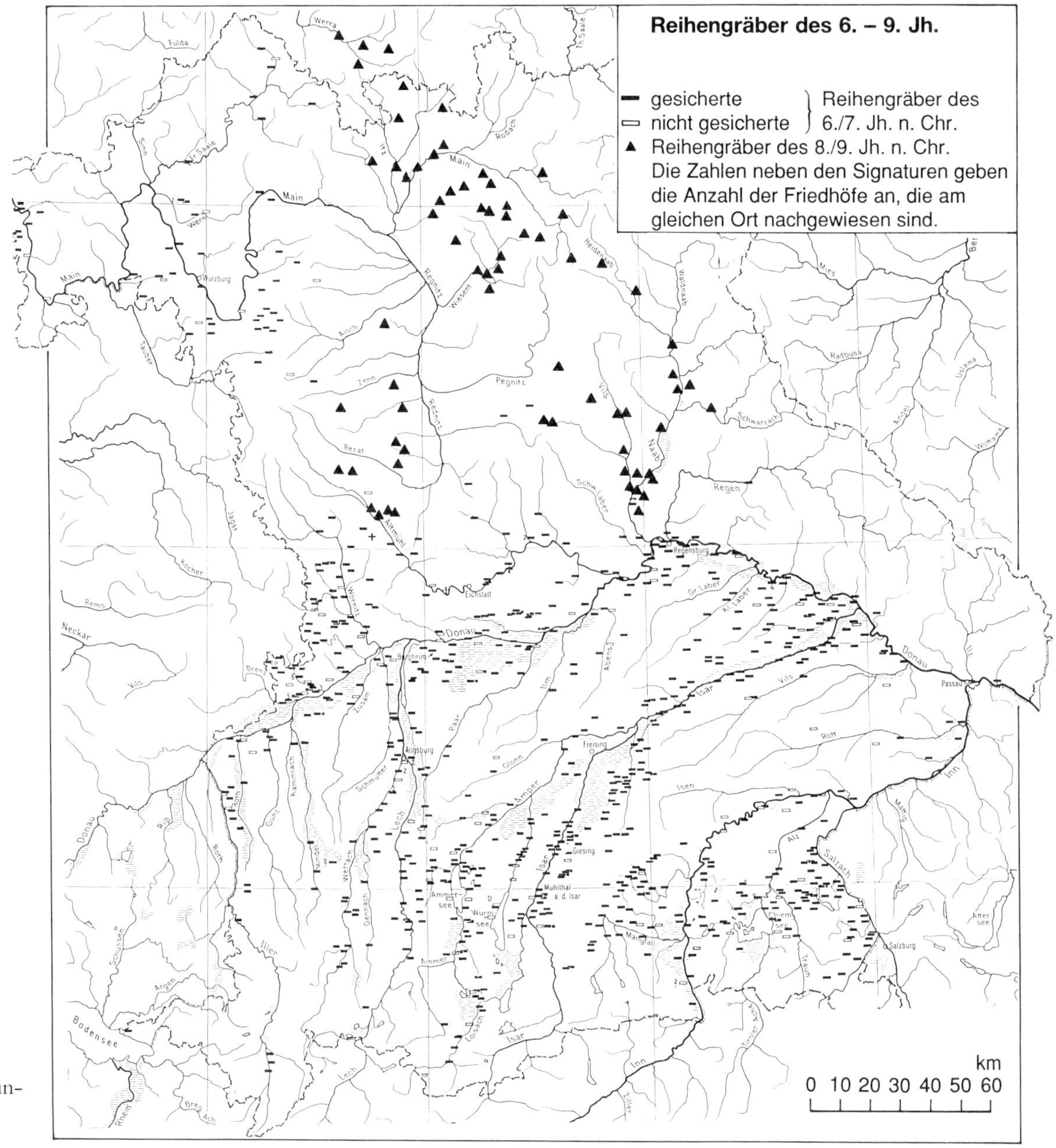

Abb. 65 Reihengräberfriedhöfe des 6.–9. Jahrhunderts in Bayern (nach Bayer. Geschichtsatlas, ergänzt).

nen mit Brandbestattung (Přešťovice, Plotiště) solche mit Körperbestattung (Vinařice) bestehen.[189] Aus denselben Wurzeln dürfte wohl auch der Grabbrauch bei den Langobarden abzuleiten sein, die bei ihrem Wiedereintritt in die Geschichte um 500 in Niederösterreich und Mähren durch west-ost-orientierte Reihengräber nachzuweisen sind.[190]

Obwohl die Grabsitten ähnlich sind, können die »vorlangobardischen« Germanen in Mähren und andere donauländisch-germanische Gruppen[191] sowie die seit dem 5. Jahrhundert an Theiß und Maros siedelnden Gepiden[192] kaum zum elbgermanischen »östlich-merowingi-

schen Reihengräberkreis«[193] gezählt werden. Mit Beigaben versehene, west-ost-orientierte Körpergräber sind aus ostgermanischen Entwicklungen zu erklären, an deren Anfang die Friedhöfe der »gotischen« Černjachov-Sîntana de Mureş-Kultur stehen[194].
Bedeutsam für die Gräberkunde Süddeutschlands im 6. Jahrhundert sind die Bestattungssitten bei den Alamannen. Etwa zur selben Zeit wie in Nordfrankreich, Belgien und Mitteldeutschland treten auch im gerade alamannisch gewordenen Dekumatland vereinzelte Körpergräber in einem von Brandbestattungen geprägten Milieu auf.[195] Die wenigen Beispiele im nordbayerischen Raum sind weiter oben besprochen (Tafel 3–6; 12–14). Allerdings ist nirgendwo eine Kontinuität dieser Friedhöfe bis in die Reihengräberzeit festzustellen.
Von der Kanalküste im Westen bis an die mittlere Donau setzt die Belegung der Reihengräberfelder in der Mitte des 5. Jahrhunderts ein. Lange bevor ein massiver fränkischer Einfluß auf den süddeutschen Raum wirksam werden konnte, verbreitete sich bei den »Alamannen und anderen benachbarten Völkern« die Reihengräbersitte, wie in Bayern die Friedhöfe von Altenerding (Tafel 22), Straubing-Bajuwarenstraße (Tafel 23) und Bittenbrunn (Tafel 20) zeigen. Was das Aufkommen der neuen Bestattungssitte bewirkte – das Beispiel der provinzialrömischen Bevölkerung oder ein Wandel der Glaubensvorstellungen –, bleibt offen. Festzuhalten ist jedenfalls, daß die frühen südbayerischen Gräberfelder in Zusammenhang mit dem im wesentlichen elbgermanisch bestimmten »östlichen Reihengräberkreis« zu sehen sind, eine Annahme, die durch die Fundanalyse erhärtet wird. Deutlich zeigt sich aber auch, daß die Übernahme der neuen Bestattungssitte, die schließlich zur Herausbildung der sog. »Reihengräberzivilisation«[196] führte, nicht überall gleichzeitig geschah und daß weite Teile der germanischenWelt des 6. und 7. Jahrhunderts davon überhaupt nicht erfaßt wurden[197].
Die scheinbare Gleichförmigkeit der archäologischen Quellen – des Fundstoffs aus den von England über Nordfrankreich, das Rheinland, Mittel- und Süddeutschland bis hin nach Ungarn und Italien verbreiteten Friedhöfen mit west-ost-orientierten Gräbern – verleitet zur Generalisierung und Vereinfachung der antiquarischen, historischen, ethnographischen und landesgeschichtlichen Fragestellungen sowie zur Überinterpretation ihrer Lösungsmöglichkeiten. So wird beispielsweise das früheste Auftreten von Reihengräbern häufig ohne weiteres Nachdenken oder zwingende Gründe als Indikator für den Beginn einer merowingerzeitlichen Landnahme bzw. Siedlungsneugründung angesehen[198], obwohl der Befund primär nur das Aufkommen oder die Übernahme eines spezifischen Totenbrauchtums durch eine vermutlich bereits ansässige Siedelgemeinschaft belegt. Denn sonst müßte mit gewaltigen Völkerverschiebungen oder einer ungeheuren Bevölkerungsexplosion in den ersten Jahrzehnten des 6. Jahrhunderts gerechnet werden. Diese Überlegungen schließen natürlich eine Umstrukturierung der Siedlung und auch die Zuwanderung einzelner Volksgruppen in menschenarme und damit wirtschaftlich schwache Räume nicht aus, wobei die organisierte herrschaftliche Erfassung eine wesentliche Rolle gespielt haben wird.

Franken in Franken

Die fränkischen Landesteile sind die einzigen in Bayern, für die zusammenfassende Bearbeitungen des archäologischen Fundstoffs der Merowingerzeit vorliegen.[199] Obwohl die Fundpunkte seit Erscheinen dieser Publikationen vor nunmehr über 20 Jahren trotz einer intensivierten Bodendenkmalpflege nur unwesentlich vermehrt und zudem neuere Ausgrabungen in ihren Ergebnissen überhaupt nicht oder bestenfalls in Vorberichten bekannt gemacht wurden, ermöglicht der allgemeine Fortschritt in der Frühgeschichtsforschung differenziertere Betrachtungsweisen und eröffnet neue Aspekte zur Landesgeschichte, wobei für ihre Rekonstruktion das südliche Mittelfranken, die Räume um Würzburg und Aschaffenburg sowie das Obermaingebiet (vgl. Abb. 2) von besonderer Bedeutung sind.[200]

Im nördlichen Albvorland um Weißenburg in Bayern, dem ab dem späten 3. Jahrhundert germanisch besiedelten Limeshinterland, sind an die 15 Reihengräberfriedhöfe nachgewiesen, wobei anzunehmen ist, daß zu jedem der alten -heim- und -ingen-Orte ein oder mehrere Bestattungsplätze gehörten.[201] Der Bedeutung des Ortes entsprechend liegt das wahrscheinlich größte Reihengräberfeld der Region in Weißenburg an der ehemaligen Römerstraße nach Pfünz.[202] Die Männer, Frauen und Kinder waren in voller Tracht mit ihren Waffen bzw. Schmuck und Tongefäßen in gestreckter Rückenlage in Holzsärgen und kleinen Holzkammern beigesetzt. Die Gräber müssen obertägig kenntlich und manchmal sogar überhügelt gewesen sein. Vom Grabraub, einer im frühen Mittelalter weitverbreiteten und in den Volksgesetzen streng geahndeten Unsitte[203], waren drei Viertel aller Bestattungen betroffen, ein Indiz gleichzeitig für die relative Wohlhabenheit der Bevölkerung und den Verfall germanischer Rechts- und Glaubensnormen schon im späten 6. und im 7. Jahrhundert. Die bisher aufgedeckten Gräber haben einen relativ hohen Anteil an Keramik und Speisebeigaben, wobei das klassifizierbare Fundmaterial nur westliche Beziehungen aufweist und das Importgut aus den fränkischen Rheinlanden gerade im 7. Jahrhundert besonders stark vertreten ist.[204] Obwohl der Friedhof nur in einem Vorbericht veröffentlicht ist, macht das bisher Bekannte doch den Eindruck, als hätten die Bewohner der zugehörigen Siedlung im Stadtbereich des mittelalterlichen Weißenburg, der »villa regia Uuizinburc« von 867, eine besondere Stellung im Grenzgebiet zum baierischen Nordgau gehabt.[205]

Während die übrigen Gräberfelder im südlichen Mittelfranken, wie Weißenburg, nur in Ausschnitten archäologisch untersucht wurden, sind die beiden frühmittelalterlichen Friedhöfe von Dittenheim und Westheim vollständig ausgegraben und damit relevant für eine archäologisch-historische Analyse. Allerdings steht in beiden Fällen die Veröffentlichung der wissenschaftlichen Ergebnisse noch aus[206], so daß bei der Darstellung von Zusammenhängen auf Vorberichte zurückgegriffen werden muß.

Das Reihengräberfeld von Dittenheim, am Ostrand des Ortes in der Flur »Bühl« gelegen, konnte zwischen 1968 und 1972 in vier Kampagnen untersucht werden.[207] Die vorläufigen Ergebnisse faßt H. Dannheimer zusammen: »Die nachweisbare Gesamtbelegung des Gräberfeldes beläuft sich auf rund 250 Bestattungen. Darunter befinden sich einige Brandgräber, die teilweise durch Beigaben datiert werden können. Ferner fanden wir zwei Einzelgräber und ein Doppelgrab mit Pferdebestattungen. Die Zahl der verbrannt beigesetzten Toten mag ursprünglich erheblich höher gewesen sein, da die nachgewiesenen Brandgräber – im Vergleich zu den Körpergräbern nur relativ schwach eingetieft – teilweise bereits vom Pflug beeinträchtigt waren. Die Belegung des Friedhofes setzte im [späten] 6. Jahrhundert ein und reichte bis in das beginnende 8. Jahrhundert. Beziehungen zu der völkerwanderungszeitlichen germanischen Höhensiedlung auf dem nahegelegenen ›Gelben Berg‹ [vgl. S. 55 f.; Tafel 18] waren nicht nachzuweisen.

Die systematische Ausgrabung läßt bestimmte Eigentümlichkeiten im Bestattungsbrauch besser erkennen, als dies nach der nicht immer genügenden Dokumentation der früheren Funde und Befunde jener Gegend möglich war. So zeigt sich, daß die Breite der Grabschächte

sehr oft nicht durch die Breite des Sarges bestimmt, sondern wesentlich größer bemessen war. In diesen Fällen lag dann der Tote in der nördlichen Hälfte des Grabes, während die Südhälfte ausschließlich zur Aufnahme der Speisebeigaben (verschiedene Fleischteile, Geflügel, Gefäße mit flüssigen Speisen) und – bei Männergräbern [Tafel 54] – eines Teiles der Waffen (Schild und Lanze, u. U. Pfeil und Bogen) bestimmt war. Alle übrigen Beigaben (u. a. auch die Trinkgefäße) lagen dagegen – ebenso wie natürlich das Trachtzubehör [Tafel 41] – unmittelbar beim Toten. In allen diesen Fällen müssen in den Schächten regelrechte Grabkammern aus Holz eingebaut gewesen sein, doch waren deren Spuren kaum einmal deutlich zu erkennen. Diese Eigentümlichkeit der Grabgestaltung verbindet das südwestliche Mittelfranken u. a. mit den mainfränkischen Reihengräbergebieten, wo bei neueren Untersuchungen des Landesamts für Denkmalpflege ähnliche Beobachtungen möglich waren: . . . Nicht selten waren zu Füßen des Toten ein einfacher handgearbeiteter Trinkbecher aus Ton niedergestellt und zusätzlich in Beckenhöhe noch ein größeres, vielfach verziertes Tongefäß für Speisebeigaben. Auch formal trägt die Dittenheimer Keramik häufig die bereits früher herausgestellten, in jener Gegend geläufigen Eigentümlichkeiten« (Tafel 33).[208]
Das Reihengräberfeld in der Flur »Mehlbuck« ist einer von mindestens drei frühmittelalterlichen Bestattungsplätzen in der Gemarkung des Kirchdorfs Westheim.[209] Der an einem sanft zum Bruckbach hin abfallenden Hang, ca. 450 m nordwestlich der Pfarrkirche gelegene Friedhof war seit 1902 bekannt und wurde zwischen 1979 und 1984 vollständig ausgegraben.[210] Die ursprünglich mehr als 250 Gräber stehen sicher nicht im Zusammenhang mit dem heutigen Dorf, sondern mit einer Siedlung, die im Bereich der Hochterrasse am Schnittpunkt der Römerstraßen Gunzenhausen–Nördlingen und Geilsheim–Hüssingen oberhalb der Niederung mit dem Flußübergang zu suchen ist (Abb. 66).

Abb. 66 Westheim, Lkr. Weißenburg-Gunzenhausen. Das Grabungsgelände in der Flur »Mehlbuck«.

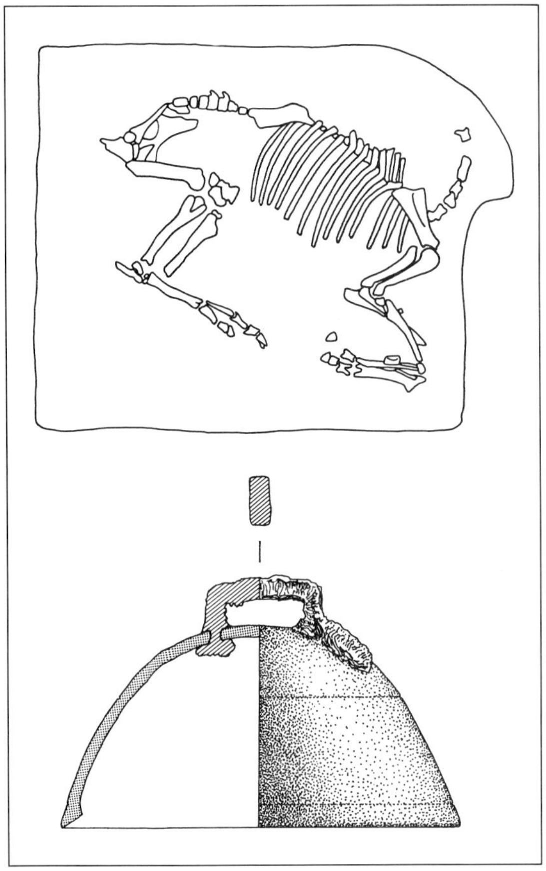

Abb. 67 Westheim. Oben: Pferdeskelett mit abgetrenntem Kopf und Schweif aus Grab 73. Unten: Bronzeglocke mit eisernem Bügel, Klöppel und Eisenkette aus Grab 100, in dem sich vom Pferdeskelett nur einige Zähne erhalten hatten.

Das Friedhofsareal ist relativ dicht belegt. Im Mittelteil konzentrieren sich die Gräber des 6. Jahrhunderts. Im Westen, Norden und Osten sind randlich die Bestattungen des 7. Jahrhunderts in klar erkennbarer Reihung angelegt. An der Nordgrenze fanden sich Pfostenlöcher, die nach ihrer Stellung zu einer Totenmemoria oder einer kleinen Kirche ergänzt werden könnten.[211] Wie die Inventare der unmittelbar auf die Pfostenverfärbungen Bezug nehmenden Gräber zeigen, dürfte das Bauwerk in der Zeit um 600 entstanden sein. Anders als in Dittenheim sind Brandgräber nicht nachgewiesen.

Im Friedhof sind Männer, Frauen und Kinder begraben. Zwei Pferdebestattungen – die eine ohne Schädel und Schwanz, die andere, von der nur noch einige Zähne erhalten waren, mit einer Bronzeglocke an einer eisernen Kette (Abb. 67) – und ein Hundegrab fallen nicht aus dem Rahmen; eher schon zwei Gräber mit in liegender Hockstellung Bestatteten und merowingerzeitlichem Inventar, die, falls die Grabungsberichte von 1903 zutreffen, als Sonderbestattungen bezeichnet werden müßten.[212] Zwei Drittel der aufgedeckten Bestattungen gehören dem 6. Jahrhundert an, wobei ungefähr 70 Prozent beraubt oder durch jüngere Gräber ganz bzw. teilweise zerstört sind. Die Beobachtungen zur Grabarchitektur entsprechen weitgehend den in Dittenheim gemachten. Vereinzelt hatten die Gräber – vor allem solche des frühen 7. Jahrhunderts mit qualitätvollen Beigaben wie Goldscheibenfibeln und aufwendigen Strumpfbandgarnituren (Tafel 43) – auch Steineinbauten. Sie waren unterschiedlich tief, wobei sich ein regelhafter Bezug zwischen dem Wert der Beigaben und der Ausschachtung feststellen ließ.

Die Belegung des Friedhofs setzte im frühen 6. Jahrhundert, spätestens in der Zeit um 520/30, ein.[213] Wesentlich für die Interpretation des Friedhofs ist die Tatsache, daß die Gräber des 6. Jahrhunderts gegenüber denen der Zeit um 600 oder des 7. Jahrhunderts weit überrepräsentiert sind, als hätte die Einwohnerschaft der zugehörigen Siedlung von der Gründung an abgenommen, ein Vorgang, der allgemein umgekehrt zu erwarten wäre. Die nachweisbar jüngsten Gräber sind Männerbestattungen mit eisernen vielteiligen Gürtelgarnituren der zweiten Hälfte des 7. Jahrhunderts.[214] Danach wurde, mindestens eine Generation vor der allgemeinen Aufgabe der Beigabensitte in Süddeutschland, der Friedhof aufgelassen, und die zugehörige Siedlung fiel vermutlich wüst.

Trotz des hohen Anteils zerstörter Gräber ist das Beigabenspektrum aufschlußreich. Frauen- und Männergräber sind zu gleichen Teilen vertreten, wobei das weitgehende Fehlen von überdurchschnittlich reichen Bestattungen auffällt. Nur zwei Gräber des 6. Jahrhunderts enthielten Bügelfibeln; üblich waren dagegen almandinverzierte Broschen fränkischer Großproduktion (Tafel 41). Hervorzuheben sind ein Glasbecher, Goldbrakteaten und silberne Riemenschnallen aus verschiedenen Gräbern, die ebensowenig einen örtlichen »Adel« dokumentieren wie die verzinnten rechteckigen Schwertgurtbeschläge aus einem Männergrab der Zeit um 600 (Abb. 68). Als sozial herausragende Bestattung könnte eher ein Frauengrab am Ostrand des Gräberfeldes interpretiert werden, das eine Goldblechscheibenfibel lokaler Produktion enthielt (Tafel 41).

Bei den Männergräbern fällt nicht nur der hohe Anteil an Waffen auf, sondern mehr noch deren Kombination. Die 20 Spathen, 45 Lanzenspitzen unterschiedlicher Form, 39 Kurz- und Breitsaxe allein wären nicht ungewöhnlich. Wie die 24 Schildbuckel sind sie ihrer Form nach chronologisch differenzierbar und bestätigen die hohe Belegungsfrequenz des Friedhofs im 6. Jahrhundert. Aus dem Rahmen fallen im rechtsrheinischen Gebiet aber rein numerisch fünf Franzisken, drei Äxte und zwei Angonen, Waffenformen, die sowohl nach den historischen Quellen als auch nach der Fundstatistik »fränkisch« sind.[215]

Abb. 68 Westheim. Bronzeverzinnte und punzverzierte Beschläge eines Schwertgurts des frühen 7. Jahrhunderts aus Grab 75. Das Schwert war geraubt (nach W. Menghin).

In dieselbe Richtung weist auch die absolut hohe Zahl von neun Münzgräbern. Drei Denare der ersten Hälfte des 3. Jahrhunderts fanden sich als Oboli im Mund der Bestatteten, ebenso dürfte es sich bei den fünf ostgotischen Halbsiliquen von Athalarich, Wittigis und Totila um Charonspfennige gehandelt haben (Abb. 69).

Ähnliche Besonderheiten weist auch das Keramikspektrum auf. Neben der in ganz Süddeutschland verbreiteten stempelverzierten Ware, handgemachten Kümpfen und bauchigen Töpfen kommen in Westheim hartgebrannte Gefäße vor, die wohl in spätrömischer Tradition westlich des Rheins hergestellt wurden (Tafel 30–32).

In der Zusammenschau der Fakten zeigen sich die Eigentümlichkeiten des Friedhofs von Westheim. Dies betrifft vor allem die ältere Belegungsphase, während die Inventare der Gräber des 7. Jahrhunderts lokales Gepräge haben, in ihren Sachformen durchaus dem Spektrum der Gräberfelder von Dittenheim und Weißenburg entsprechen und der allgemeine Bezug zum Maingebiet und zum Mittelrhein offensichtlich ist. Aus dem Rahmen fallen die älteren Gräber des 6. Jahrhunderts aufgrund der Schmuckausstattung, der Waffenkombination, der Münzbeigaben und des Keramikspektrums, die Parallelen in den linksrheinischen und ostfränkischen Friedhöfen derselben Zeit, aber nicht in den großen Gräberfeldern des ostalamannischen Raums und schon gar nicht in den frühbajuwarischen Bestattungsplätzen südlich der Donau haben (vgl. Tafel 26).

Hypothetisch möchte man folgern, daß zu Beginn des 6. Jahrhunderts bei Westheim eine Gruppe von Bewaffneten mit ihren Familien angesiedelt wurde, wie das auch in Südwestdeutschland archäologisch erschlossen werden konnte[216]. Nach der antiquarischen Analyse des Fundmaterials scheint es sich tatsächlich um »Franken« gehandelt zu haben, die offenkun-

Abb. 69 Die ostgotische Halbsiliqua des Athalarich wurde einem Toten des Gräberfelds von Westheim wohl als Charonspfennig mitgegeben.

dig eine vornehmlich militärische Funktion – vielleicht seit der Zeit König Chlodwigs – hatten und den Übergang über den Bruckbach bzw. den Zugang zum alamannischen Ries dekken sollten. Ob der Bevölkerungsschwund und schließlich die Auflassung der Siedlung im 7. Jahrhundert ihre Ursachen in großpolitischen Umgewichtungen hatte, bleibt dahingestellt.

Abschließend ist zu fragen, in welchem »ethnischen Milieu« die Franken von Westheim angesiedelt wurden, wobei die übrigen Friedhöfe des Albvorlandes wegen ihres unzulänglichen Erforschungsstandes – bis auf den von Dittenheim ist keiner vollständig ausgegraben – unberücksichtigt bleiben müssen. Jedenfalls lag das Limeshinterland im Zwickel zwischen alamannischem Siedlungsgebiet im Westen und Südwesten, der Donau im Süden und dem baierischen Nordgau im Osten seit der älteren Merowingerzeit in der fränkischen Interessensphäre, worauf nicht zuletzt der prozentual hohe Anteil von -heim-Orten und das seit dem 8. Jahrhundert überlieferte fränkische Königsgut hinweisen.[217]

Die Franken drangen aber sicher nicht in siedlungsleeres Gebiet vor. Denn Siedlungen des 4. und zumindest des 5. Jahrhunderts sowie einzelne Körpergräber (s. S. 64) sind auch vom flachen Land und von der Höhenburg bei Dittenheim bekannt, die vermutlich bis in die Zeit um 500 bestand. Mit diesen Fundpunkten scheint in ersten groben Umrissen eine archäologische Provinz faßbar zu sein, die sich durch das weitgehende Fehlen von Grabfunden auszeichnet. Die Siedelspuren dokumentieren aber eine Bevölkerung, die dem elbgermanischen Kulturkreis angehörte, sich jedoch nicht als ein Teil des sog. östlichen Reihengräberkreises zu erkennen gibt. Als sie schließlich die Reihengräbersitte übernahm, stand sie bereits unter fränkischer Vorherrschaft, wobei wahrscheinlich ist, daß die elbgermanisch geprägten Gruppen im östlichen Süddeutschland nördlich der Donau den Grabbrauch unter direktem Einfluß der Franken übernommen haben. »Thüringer« saßen also längst da, als die Franken ins Land kamen, werden aber erst mit der Übernahme der Reihengräbersitte für eine kurze Zeit aufgrund ihrer andersartigen materiellen Kultur archäologisch faßbar.

Dieses »einheimische Element« findet sich auch im fränkischen Friedhof von Westheim und ist durch sog. Buckelkeramik vertreten (vgl. Tafel 31), die allgemein und einhellig von der Forschung in mitteldeutscher Tradition gesehen wird[218]. »Einheimische« waren auch die Krieger aus den Gräbern 1 und 106 von Westheim, zu deren Waffenausrüstung Parallelen nur aus Mitteldeutschland bekannt sind.

Abb. 70 Werneck-Zeuzleben, Lkr. Schweinfurt. Hauptgrab (Grab 25) des frühmittelalterlichen Friedhofs. Rekonstruktionsvorschlag der mehrgeschossigen Grabanlage (nach L. Wamser).

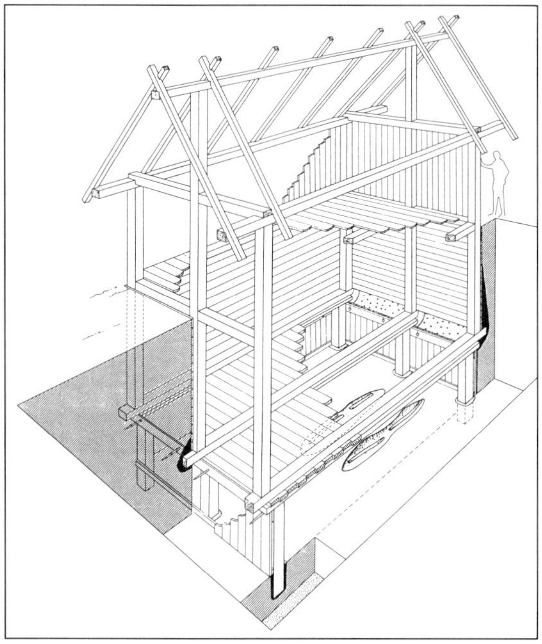

Mechanismen herrschaftlicher Erfassung

Besonders deutlich kann diese historische Situation an zwei Friedhöfen in Mainfranken dargestellt werden.

Am Südwestrand des Schweinfurter Beckens wurde im Tal der Wern, 250 m nordöstlich von Werneck-Zeuzleben, Lkr. Schweinfurt, zwischen 1983 und 1985 ein frühmittelalterlicher Friedhof ausgegraben, der für die Geschichte des nordmainischen Unterfranken bedeutsam ist. Das Reihengräberfeld umfaßte ursprünglich 80 bis 85 menschliche Bestattungen und zehn Tiergräber mit 15 Pferden und zwei Hunden. Obwohl zu 90 Prozent beraubt, dokumentieren die Beigaben, der Grabbau und die Tiergräber die Sonderstellung der Nekropole im Rahmen der süddeutschen Friedhofskunde des 6. Jahrhunderts, wobei zusätzlich der mit 35 Prozent

geringe Anteil an Frauenbestattungen auffällt. Alles weist darauf hin, daß der kleine Friedhof der Bestattungsplatz einer »adeligen« Sippe und ihrer Gefolgschaft war.[219]
Dies zeigt sich vor allem im Grabbau und in der Qualität der noch erhaltenen Zurüstung. Der Ausgräber unterscheidet sechs Kategorien von Gräbern, die sich um die zentrale Bestattung – eine dreistöckige Grabanlage mit obertägig sichtbarer Hauskonstruktion (Abb. 70)[220] – gruppieren. Bei einem Drittel der Gräber handelt es sich um einfache, wenig eingetiefte Schächte mit Sarg. Zwei dieser randlich liegenden Bestattungen waren unberaubt und enthielten die gängige Waffenkombination von Langschwert und Lanze sowie jeweils einen einzeln getragenen Reitsporn (Abb. 71).[221] Die zweite Kategorie umfaßt ca. 2 m eingetiefte Holzkammern mit massiven Eckpfosten[222] und die dritte entsprechende Kammern mit darüberliegender Pferdebestattung. Den im nördlichen Teil der Grabkammer niedergelegten Toten war außer der Waffenausrüstung das Reitzubehör – Zaumzeug und Sattel – beigegeben. Aus dem Rahmen fallen zwei Gräber mit getreppter Grabgrube und einem daneben begrabenen Pferd mit sonst gleichartiger Beigabenausstattung. Vier Männer- und zwei Frauengräber waren noch aufwendiger und räumlich von den anderen abgesondert angelegt. Es handelte sich um 3,3 x 2,5 m große, bis zu 3 m tiefe Grabkammern mit sechs Pfosten, qualitätvollen Beigaben und zugehörigen Tierbestattungen, in denen zwei oder drei Pferde, einmal mit Hund, lagen (Abb. 72)[223]. Im zentralen Grab 29, der mit 4 x 3 m Grundriß und 4,5 m Tiefe weitaus aufwendigsten Anlage, war eine Frau mit ihrem vierrädrigen Wagen und den darüberliegenden Zugpferden bestattet worden.[224]
Neben dem Grabbau und den Bestattungssitten bezeugen auch die erhaltenen Beigaben – so die handgeformten dunkeltonigen Gefäße mit vertikalen Rippen und Strichgruppen sowie Schrägkanneluren (Abb. 73)[225] – den engen Bezug nach Mitteldeutschland, wobei das wertvolle Importgut aus den Rheinlanden, wie Gläser (Tafel 36), bronzene Perlrandbecken, bronzebeschlagene Toilettekästchen und rottonige, hartgebrannte Keramik, auf mehr als nur fränkischen »Einfluß« hindeutet (Tafel 37).
Obwohl die wissenschaftliche Auswertung des Friedhofs noch nicht vorliegt, scheint sich doch abzuzeichnen, daß in Zeuzleben die Begräbnisstätte einer »adeligen« Familie und ihrer Gefolgschaft entdeckt worden ist, die zur Oberschicht der »Thüringer« im nordmainischen Unterfranken und besonders im Grabfeld gehörte. Der archäologische Befund unterstreicht die historische These von der Zugehörigkeit Mainfrankens zum Thüringerreich, die ortsnamenkundlich ihre Bestätigung im gehäuften Auftreten der alten Namen auf -leben, -ungen und -statt findet.[226] Wie allerdings die Adelsnekropole zu deuten ist – ob sie schon zur Zeit des unabhängigen Königreichs der Thüringer belegt oder ob die dort bestattende thüringische Gruppe erst von den Frankenkönigen angesiedelt wurde –, bleibt ebenso einer profunden Fundanalyse vorbehalten wie die Klärung der Frage, ab wann und in welchem Umfang sich die »Verfrankung« vollzog.
Ganz anderer Art sind der Friedhof von Arnstein-Müdesheim, Lkr. Main-Spessart, ebenfalls im Werntal, nur 10 km westlich von Zeuzleben entfernt[227], und der 30 km südöstlich gelegene Friedhof von Kleinlangheim, Lkr. Kitzingen[228]. Beide gehören zu den -heim-Orten mit Personennamen, weisen die konventionelle fränkische Grabbauweise auf und zeigen in den Waffenkombinationen, den Schmuckensembles und im Keramikspektrum die üblichen Affinitäten zum Mittelrheingebiet.
Das Gräberfeld von Kleinlangheim hat mit ca. 300 Gräbern den Umfang eines sog. Ortsgräberfeldes. Auffällig ist nur der relativ hohe Anteil an Brandgräbern und Tierbestattungen. Die west-ost-orientierten Körpergräber sind bis zu 2,45 m eingetieft, manchmal lagen in den

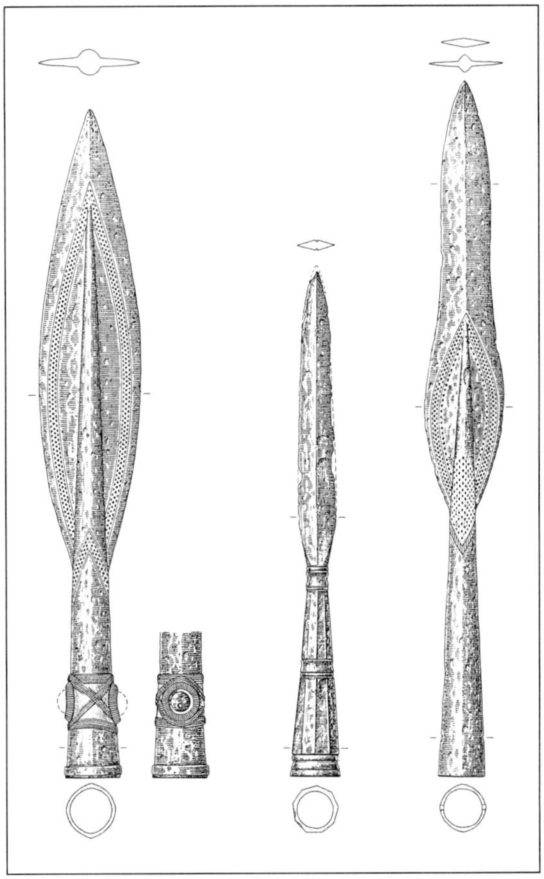

Abb. 71 Werneck-Zeuzleben. Eiserne Lanzenspitzen unterschiedlicher Form (nach L. Wamser).

Abb. 72 Werneck-Zeuzleben: Eine ungewöhnliche frühmittelalterliche Tierbestattung: Zwei Pferde mit abgeschlagenen Köpfen und Schweifen, zwischen ihnen ein Hund (nach L. Wamser).

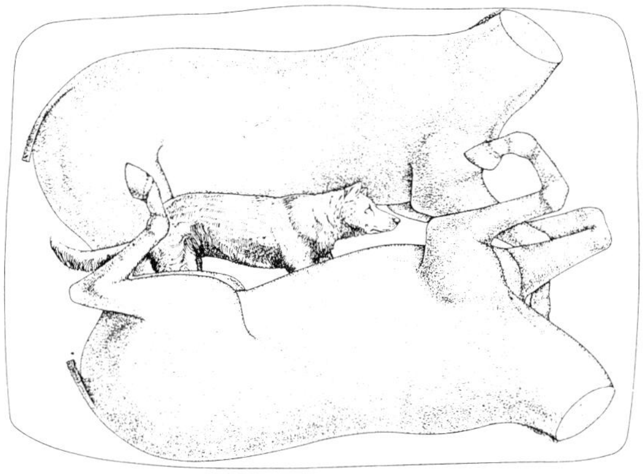

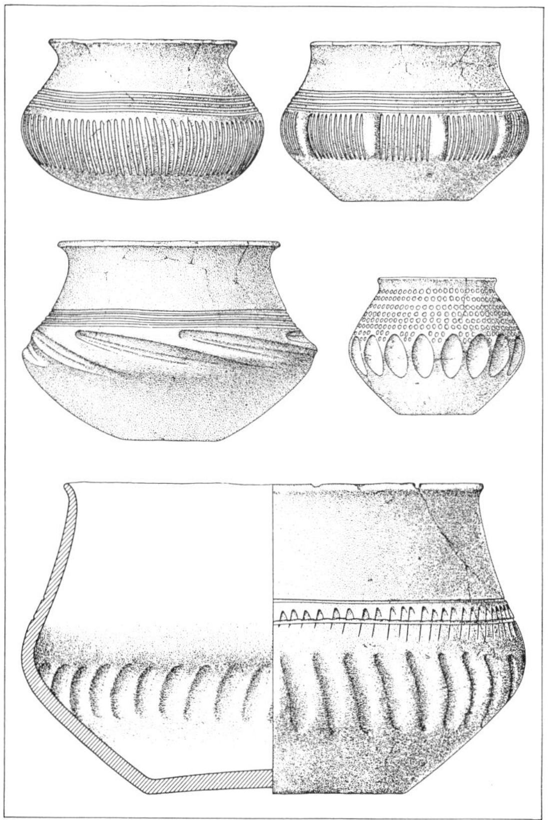

Abb. 73 Werneck-Zeuzleben. Eine Auswahl handgeformter thüringischer Gefäße mit vertikalen Rippen und Stichgruppen sowie Schrägkanneluren (nach L. Wamser).

Grabgruben mehrere Bestattungen übereinander. Bei sieben der 244 Körpergräber waren im harten Keuperlehm und im Felsboden Kammern mit Holzeinbauten nachzuweisen, in denen der Tote wie üblich im Nordteil lag, andere waren obertägig durch Steinsetzungen, Holzpfosten und Kreisgräben markiert. Nur wenige Gräber waren beraubt, der Beigabenkanon entspricht dem in Mainfranken üblichen, wobei die relativ hohe Zahl von sechs Kampfäxten auffällt.[229] Insgesamt erinnert dieser Bestattungsplatz an den Friedhof von Dittenheim im südlichen Mittelfranken (s. S. 82 f.) und macht einen »fränkischen« Eindruck. Daß die Mechanismen von Besiedlung und herrschaftlicher Erfassung auch in Nordbayern komplizierter sind, als eine oberflächliche Betrachtung der Fakten glauben machen will, zeigt der archäologische Befund in der Ortsflur von Kleinlangheim, das erstmals 816 als »Lancheim« in den Quellen Erwähnung fand.

In nächster Umgebung des Ortes sind nämlich drei Friedhöfe lokalisiert und ausgegraben (Abb. 74).[230] Der germanische Friedhof im Nordosten erbrachte 155 Brandgrubengräber des 1.–5. Jahrhunderts und ein nord-süd-orientiertes Waffengrab (vgl. S. 53). Das merowingerzeitliche Reihengräberfeld des 6. bis frühen 8. Jahrhunderts enthielt außer den 244 Körperbestattungen 49 Brandschüttungsgräber und ein Urnengrab (s. o.). Der christliche Friedhof des 8. und 9. Jahrhunderts wurde schließlich unter und bei der Kirche angetroffen.

Ohne allzugroße Zurückhaltung kann aus diesem Befund auf eine örtliche Siedlungskontinuität von der römischen Kaiserzeit bis ins hohe Mittelalter geschlossen werden. Das germanische Brandgräberfeld wurde, wie auch anderswo regelhaft beobachtet, zu Beginn des 5. Jahrhunderts aufgelassen. Nach einer »gräberlosen« Zeit wird in der ersten Hälfte des 6. Jahrhunderts an anderer Stelle der Reihengräberfriedhof angelegt. Der Wechsel des Bestattungsplatzes und das Aufkommen neuer Funeralsitten muß von äußeren Einflüssen bewirkt worden sein, die im Zusammenhang mit der fränkischen Machtausdehnung nach Osten zu sehen sein dürften. Ein Bevölkerungswechsel oder eine Neubesiedlung hat aller Wahrscheinlichkeit nicht stattgefunden, ebensowenig wie ein derartig einschneidender Vorgang in der Verlegung des Friedhofs vom Reihengräberfeld zur Ortskirche in der Zeit um 700 anzunehmen ist. Die Beigaben in den jüngsten Gräbern des merowingerzeitlichen Reihengräberfeldes und in den ältesten Bestattungen des Kirchfriedhofs sind austauschbar.[231]

Ungewöhnlich sind in Kleinlangheim die 50 nachgewiesenen Brandgräber, die 40 bis 70 cm – z. T. in die Grabschächte der Körperbestattungen – eingetieft waren. Nach dem Bericht des Ausgräbers wurden sie während der gesamten Belegungszeit des Friedhofs angelegt, ein Hinweis auf die Beibehaltung heidnischer Funeraltradition bis ins späte 7. Jahrhundert. Ob sich daraus eine Kontinuität autochthonen Brauchtums erschließen läßt, sei dahingestellt. Ähnliche Verhältnisse sind bisher nur in Dittenheim nachgewiesen, wo 240 Körpergräbern noch fünf Brandschüttungs- und fünf Urnengräber des späten 6. bis 7. Jahrhunderts gegenüberstehen.[232] Bis auf wenige Ausnahmen – so in Dillingen/Donau-Schretzheim und Tapfheim (Lkr. Donau-Ries)[233] – sind Brandgräber im merowingisch-fränkischen Kulturbereich Süddeutschlands eine ausgesprochene Rarität und als Phänomen nicht gedeutet: Handelt es sich bei den Brandbestatteten um heidnische Zuwanderer aus der nördlichen und östlichen Peripherie des Merowingerreichs, sind es »Sonderbestattungen«, oder spiegelt sich in der Brandbestattung eine heidnische Reaktion der »frankisierten« autochthonen Bevölkerung wider? Jedenfalls fällt auf, daß solche Brandgräber bis jetzt nur in den Randgebieten Ostfrankens angetroffen wurden, wo ältere Besiedlung seit der spätrömischen Zeit lediglich durch Siedlungsfunde nachgewiesen ist.

Anders stellen sich die Verhältnisse im Untermaingebiet östlich des Spessarts im ehemaligen

Hinterland des obergermanischen Limes dar. Dort sind beispielsweise mit Großostheim-Wenigumstadt, Lkr. Aschaffenburg (Tafel 15), Reihengräberfelder nachgewiesen, die von der Mitte des 5. bis ins 8. Jahrhundert durchgehend belegt sind und spätestens seit der Zeit um 500 ein mittelrheinisch-fränkisches Gepräge haben (Tafel 34). Nach allgemeinem Dafürhalten[234] ging der fränkische Akkulturierungsprozeß vom Mittelrhein aus und erfaßte noch im 6. Jahrhundert die Mainlande nach Norden bis zur Wern und nach Osten bis ins Steigerwaldvorland, was zum einen mit der Verbreitung der -heim-Orte mit Personennamen und zum anderen mit dem Auftreten der Reihengräberfelder begründet wird[235].

Die Territorialisierung des Raumes scheint im 7. Jahrhundert Gestalt angenommen zu haben. Zur Abwehr der ins Reich drängenden Slawen setzte König Dagobert I. einen »dux Radulf« († 641) als Herzog in Thüringen ein. Dieses Amtsherzogtum scheint bis 717 bestanden zu haben[236], wobei Würzburg Residenzort war, wie zumindest aus der »Passio minor Sancti Kiliani« hervorgeht[237]. Der irische Mönch kam im späten 7. Jahrhundert (um 668?) zum »Castellum, quod nominantur Wirciburc«, wo er 689 samt seinen Gefährten ermordet worden sein soll, weil er sich gegen die unkanonische Ehe des Herzogs Gozbert mit Gailana stellte. Würzburg war Verwaltungsmittelpunkt, wie aus den Quellen des frühen 8. Jahrhun-

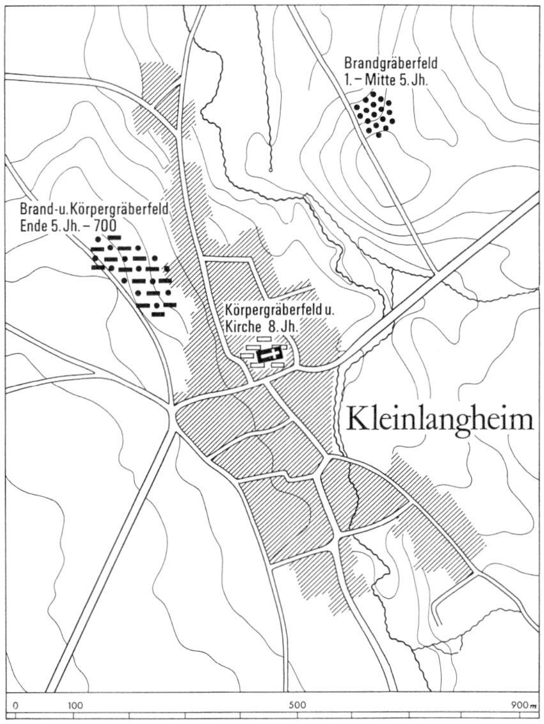

Abb. 74 Kleinlangheim, Lkr. Kitzingen. Historische Topographie (nach Chr. Pescheck).

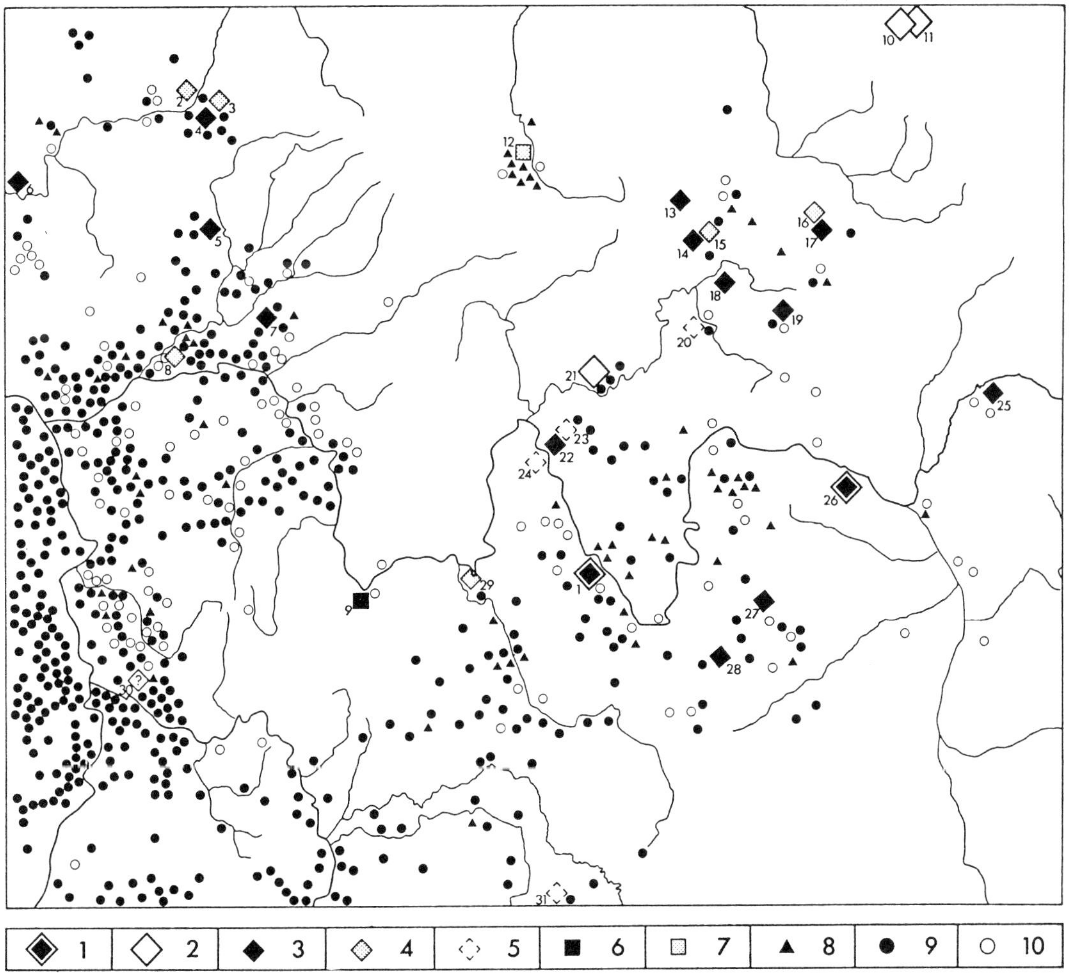

Abb. 75 Jüngermerowingerzeitliche Fundplätze zwischen Rhein und Thüringer Wald.

Signaturen: 1 Befestigte Bergstation bzw. Burganlage, urkundl. Erwähnung durch archäologische Funde bestätigt; 2 Burganlage, urkundl. erwähnt; 3 befestigte Bergstation bzw. Burganlage, durch archäologische Funde erschlossen; 4 befestigte Bergstation bzw. Burganlage, aufgrund archäologischer Funde vermutet; 5 Burganlage, aufgrund späterer urkundl. Erwähnung vermutet; 6 befestigte Talstation (Stützpunkt in römischem Kohortenkastell an wichtigem Fernweg), durch archäologischen Befund bestätigt; 7 befestigte curtis (?); 8 Siedlung; 9 Gräberfeld; 10 Einzelfund.
Befestigte Plätze: 1 Würzburg; 2 Königsberg (Dünsberg); 3 Krofdorf-Gleiberg (Battingsfeld/Altes Schloß); 4 Gießen (Schiffenberg); 5 Bad Nauheim (Johannisberg); 6 Limburg a. d. Lahn; 7 Büdingen (Glauberg); 8 Eschborn (Hünerburg); 9 Miltenberg (Ostecke des römischen Kohortenkastells Altstadt); 10 Mühlberg; 11 Erfurt; 12 Fulda; 13 Oberelsbach (Gangolfsberg); 14 Wechterswinkel (Schwedenschanze); 15 Mittelstreu (Eiersberg); 16–17 Römhild (Kleiner u. Großer Gleichberg); 18 Bad Neustadt (Salzburg); 19 Kleinbardorf (Judenhügel/Wartburg); 20 Münnerstadt (Grapfeldonoburg); 21 Hammelburg; 22 Gambach (Greinberg); 23 Homburg; 24 Karlstadt (Karloburg); 25 Staffelstein (Staffelberg); 26 Eltmann; 27 Rödelsee (Schwanberg); 28 Bullenheim-Seinsheim (Bullenheimer Berg); 29 Kreuzwertheim (Wettenburg/Urpharer Mainschleife); 30 Heidelberg (Heiligenberg); 31 Stöckenburg (nach L. Wamser).

derts hervorgeht, und auch nach dem Tod des letzten thüringischen Herzogs Heden II. (um 717/19) und der Neuorganisation der fränkischen Herrschaft in den Mainlanden unter Karl Martell scheint das »Castellum Virteburh« seine zentrale Funktion behalten zu haben, denn Bonifatius errichtete 741/42 »in castello, quod dicitur Wirzaburg« ein Bistum, das vom Hausmeier Karlmann mit Königsgut und 25 Eigenkirchen in den Mainlanden ausgestattet wurde.[238]

Die zentralörtliche Funktion Würzburgs von der Zeit des thüringischen Amtsherzogtums bis in die Karolingerzeit ist auch archäologisch nachzuweisen[239], wobei neuerdings merowingerzeitliche »Bergstationen« als Zentren regionaler Herrschaft in den Mainlanden das Interesse der Forschung wecken. Topographische Aufnahmen und Lesefunde machen wahrscheinlich, daß ab der Mitte des 7. Jahrhunderts in einer Art »früher Burgen« adelige Herrschaftsträger, wahrscheinlich linksrheinischer Herkunft, saßen, die das Land verwalteten und militärisch sicherten (Abb. 75).[240] Gerade dies mag aber ein Hinweis sein, daß das »nicht-fränkische Element« in der Bevölkerung überwog, und nicht umsonst werden die Bewohner des heutigen Franken 830/35 als »Franci occidentales et Australes« bezeichnet[241]. Eine – im frühmittelalterlichen Sinn – »fränkische Volkssiedlung«, d. h. die Aufsiedelung Nordbayerns mit Menschen aus dem Rhein-, Mosel- und Maasgebiet, hat nicht stattgefunden, was nicht zuletzt auch die Ergebnisse der Sprachforschung zeigen, nach denen der »ostfränkische Dialekt« dem Elbgermanisch-Oberdeutschen angehört[242].

Das alamannische Bayern

Nur vermeintlich eindeutiger als in den fränkischen Regierungsbezirken Bayerns stellen sich die archäo-kulturellen Verhältnisse in Schwaben vom 5. bis ins 7. Jahrhundert dar. Die östliche Peripherie des alamannischen Siedlungsraums, nämlich die Landschaften zwischen Iller und Lech sowie nördlich der Donau zwischen Brenz und Wörnitz einschließlich des Rieses, werden mit einem historischen Terminus als »Ostschwaben« bezeichnet. Es gehörte im frühen Mittelalter zum alamannischen, dann zum schwäbischen Herzogtum, bis es schließlich in eine Vielzahl von geistlichen und weltlichen Herrschaften zerfiel und endlich zu Beginn des 19. Jahrhunderts dem Königreich Bayern einverleibt wurde.[243]
Die historischen Quellen für die Spätantike und mehr noch für das frühe Mittelalter sind spärlich. Das Gebiet nördlich der Donau mit dem fruchtbaren Ries, in dessen Namen die Provinzbezeichnung »Raetia« erhalten blieb, ging bereits in der zweiten Hälfte des 3. Jahrhunderts an die Germanen verloren (s. S. 25). Ob mit den um 400 in der Notitia dignitatum genannten »Raetovarii« tatsächlich die Bewohner des Rieses oder allgemein Rätiens gemeint sind, bleibt offen, doch scheint es sich um einen Teilstamm der Alamannen gehandelt zu haben.[244]
Die Landschaften zwischen Iller, Donau, Lech und Alpen gehörten bis in die Mitte des 5. Jahrhunderts zur Raetia II, und ihre Geschichte verlief nicht anders als die des übrigen Flachlandrätien und des westlichen Norikum (s. S. 26 ff.). Allerdings zeigen die tradierten römischen Ortsbezeichnungen wie Kempten (Cambodunum), Kellmünz (Caelio Monte), Günzburg (Guntia), Augsburg (Augusta), Epfach (Abodiacum) und Füssen (Foetibus) sowie romanische Ortsnamen wie Pfersee, Pforzen usw. ein stärkeres Überleben der Romanitas als etwa im Gebiet zwischen Lech und Inn. Dies wird besonders in Augsburg, der ehemaligen Privinzhauptstadt, deutlich, wo Venantius Fortunatus noch in der zweiten Hälfte des 6. Jahrhunderts dem Kult der hl. Afra, einer Märtyrerin der diokletianischen Christenverfolgung, begegnete. Von demselben Gewährsmann wird nebenbei erwähnt, daß der Lech die Grenze zu den Baiern bildete (s. S. 73).
Wie in Altbaiern und in Franken sind auch in Schwaben die Reihengräberfriedhöfe die wesentliche Quelle archäologisch-historischer Erkenntnis zur Geschichte des 5. bis 7. Jahrhunderts. Der allgemeine Befund entspricht dem in Altbaiern vor der Entdeckung der großen, seit der Mitte des 5. Jahrhunderts durchgehend belegten Gräberfelder von Altenerding und Straubing-Bajuwarenstraße (s. S. 75 f.). Einige wenige Gräber vom Typus Irlmauth (vgl. Tafel 21), so in Schwabmünchen, Lkr. Augsburg, und Augsburg-Lechhausen, datieren in die Zeit um 500[245], während die großen Ortsgräberfelder erst ab dem 6. Jahrhundert belegt wurden.
Mit über 630 unberaubten Bestattungen ist der Friedhof von Dillingen/Donau-Schretzheim, an der Egau, einem nördlichen Zufluß der Donau, gelegen, einer der größten seiner Art in Schwaben. Bei der ausführlichen Analyse des reichhaltigen Fundmaterials kam die Bearbeiterin, Ursula Koch, zu einer Untergliederung der dort bestatteten Bevölkerung in sechs Generationen, die ihre Lebensgrundlage in der Bewirtschaftung von etwa zehn Höfen fand, aber auch militärische Funktionen zu erfüllen hatte (Abb. 76).[246] Wichtig in ihrer Argumentation ist die »Gründergeneration«, bestehend aus einer »fränkischen Familie« und acht weiteren Familien, die nach den Beigaben »thüringischer Herkunft« und um 530/40 von außerhalb zugezogen waren. »Die verhältnismäßig große Siedlung an der Donau wurde demnach durch thüringische Familien gegründet, ob unter dem Schutz des fränkischen Reiters oder durch Zwang, muß dahingestellt bleiben . . .«[247]
Die »thüringische Komponente«, die sich in mehreren Fibeltrachten, wellenverzierter Keramik und handgemachten Kümpfen in Kindergräbern sowie Rippengefäßen dokumentiert, ist

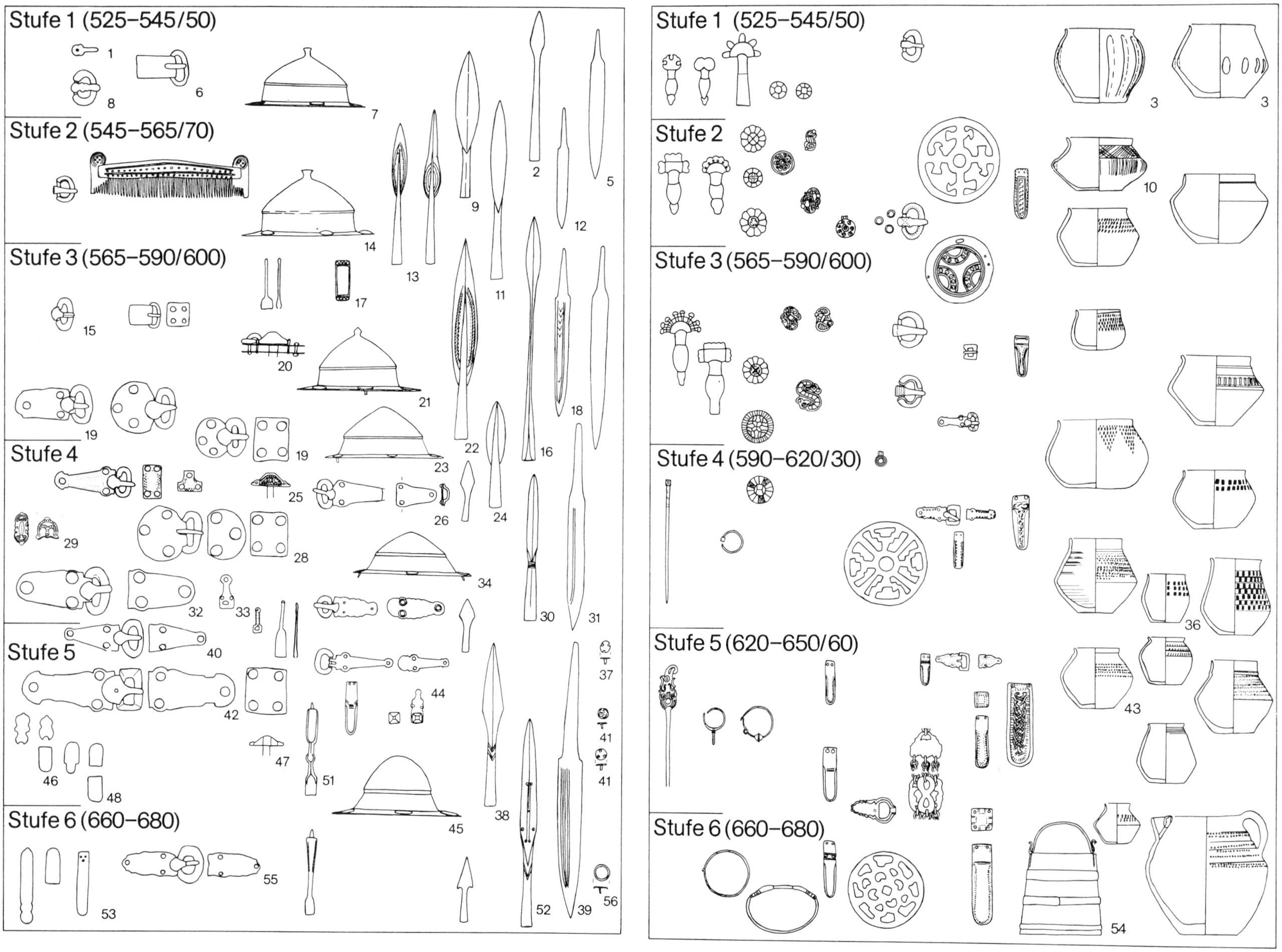

Abb. 76 Die chronologische Schichtung der Funde aus den Männergräbern (links) und den Frauengräbern (rechts) des Friedhofs von Dillingen-Schretzheim, Lkr. Dillingen a. d. Donau (nach U. Koch).

in der zweiten Siedlergeneration kaum noch spürbar. Dafür wird ein – immer nach Ursula Koch – verstärkter langobardischer Einfluß wirksam, wobei die Verbindung zum fränkischen Westen das ganze 6. Jahrhundert hindurch besteht: Genauso wie sich antiquarisch in den frühbajuwarischen Gräberfeldern nichts spezifisch Baierisches nachweisen läßt, ist auch in diesem ostschwäbischen Friedhof während der älteren Belegungsphase nichts ausschließlich Alamannisches zu erkennen.

Was aber bei der Analyse des Gräberfeldes von Schretzheim 1977 noch nicht in gebührendem Maße berücksichtigt werden konnte, sind die Tiergräber. Mit acht Pferden, zwei Hunden und einem Hirsch ähnelt der Befund dem von Kleinlangheim und in beschränkterem Maße dem von Zeuzleben (s. S. 86 f.). Der Bezug zum nordbayerischen und damit indirekt zum mitteldeutschen Raum wird noch deutlicher, wenn die Brandgräber entsprechende Berücksichtigung finden. In Schretzheim sind zwar nur drei eindeutig als solche bestimmt, doch ist mit einer großen Dunkelziffer zu rechnen. In den alten Ausgrabungsberichten ist »häufiger von Gruben, die mit stark humoser Erde, Kohle, Asche und Scherben angefüllt waren«, die Rede[248]; sie wurden damals (1890–1907 bzw. 1927–1934) von den Ausgräbern nicht als Brandgräber erkannt. Man darf davon ausgehen, daß ihr Anteil in Schretzheim ebenso hoch gewesen sein dürfte wie im mittelfränkischen Dittenheim (s. S. 82 f.) oder in Kleinlangheim. Ähnlich diesen Beispielen ist auch für Schretzheim ein »thüringisches«, seit langem ansässiges Bevölkerungselement anzunehmen, das spätestens mit der fränkischen Expansion in den frühen Reihengräbern antiquarisch und später vielleicht noch durch die altertümliche Sitte der Totenverbrennung archäologisch faßbar wird.

In den mit Schretzheim gleichzeitigen Gräberfeldern südlich der Donau stellen sich die Verhältnisse etwas anders dar. In Buttenwiesen-Unterthürheim, ebenfalls Lkr. Dillingen a. d. Donau, konnten 256 Gräber eines umfangreichen Friedhofs aufgedeckt werden. Hier waren zwei Drittel der Bestattungen in alter Zeit beraubt, Tiergräber sind mit einer Pferdebestattung belegt, während Brandgräber nachweislich überhaupt nicht vorkommen.[249] Bei den Gräbern handelt es sich um west-ost-orientierte, schmale lange Gruben, in denen die Toten im Westteil in einem Bretter- oder Baumsarg niedergelegt und die Speise- und sonstigen, nicht zur Tracht gehörigen Beigaben zu Füßen deponiert waren. »Fränkische« Kammergräber wurden, wie auch in Schretzheim, nicht nachgewiesen. In der Zusammensetzung des Frauenschmucks zeigt sich in der Frühphase das gewohnte inhomogene Bild der ersten Hälfte des 6. Jahrhunderts: Fibeln thüringischen, langobardischen, fränkischen und alamannischen Typs kommen gleicherweise vor (Tafel 29); eine Normierung der Frauentracht, in der dann ganz allgemein auch regionale Züge erkennbar sind, bildete sich erst in der zweiten Hälfte des 6. Jahrhunderts heraus (Tafel 28).

Der dritte große Friedhof in diesem Raum ist der von Nordendorf, Lkr. Augsburg, der bereits zwischen 1843 und 1855 aufgedeckt, jedoch bis heute nur unzureichend veröffentlicht wurde.[250] Das Beigabenspektrum entspricht weitgehend dem der Friedhöfe von Schretzheim und Unterthürheim, wobei ein gewisser Edelmetallreichtum auffällt, der noch im 7. Jahrhundert durch zahlreiche Goldbroschen dokumentiert wird (Tafel 42). Spätestens in dieser Zeit ist in den ostschwäbischen Gräberfeldern – ein früher Landesausbau, den Lech, die Wertach und die Mindel aufwärts, setzte bereits in der Mitte des 6. Jahrhunderts ein[251] – kein Unterschied mehr zu den Friedhöfen in den alamannischen Kernlanden festzustellen, eine Entwicklung, die in der Verbreitung der Ortsnamen auf -ingen und nicht zuletzt durch den schwäbisch-oberdeutschen Dialekt noch heute ihre Bestätigung findet.

Zur frühmittelalterlichen Ethnographie in Bayern

Zusammenfassend kann zu den frühmerowingerzeitlichen Verhältnissen in Bayern festgehalten werden, daß bis zur Mitte des 6. Jahrhunderts Umstrukturierungen im Gang gewesen sein müssen, deren Auswirkungen schemenhaft in der antiquarischen Analyse des Fundmaterials aufscheinen. Im Bereich der ehemaligen Provinz Raetia II kristallisieren sich bereits in der Mitte des 5. Jahrhunderts im Donau- und im Semptal archäologisch faßbare Siedelgemeinschaften heraus, deren Existenz in den Friedhöfen kontinuierlich bis weit ins 7. Jahrhundert zu verfolgen ist. Im Westteil der Provinz, zwischen Lech und Iller, fehlen bislang derartige frühe Gräberfelder, was aber wohl auf eine Forschungslücke zurückzuführen ist.

Der Materialhorizont des frühen 6. Jahrhunderts mit seiner inhomogenen Zusammensetzung von Fibeltypen thüringischer, alamannischer, fränkischer und langobardischer Formtradition ist an den Begräbnisplätzen Altbaierns wie Schwabens festzustellen. Eine Unterscheidung des (späteren) bajuwarischen Siedlungsgebiets östlich des Lechs vom alamannischen westlich des Grenzflusses ist mit gräberkundlichen Mitteln zu diesem Zeitpunkt noch nicht möglich. Dies ändert sich erst in der zweiten Hälfte des 6. Jahrhunderts, und zwar gerade in der Zeit, als erstmals die »Baiovarii« und der Lech als Grenzfluß erwähnt werden. Wenngleich die archäologische Argumentation auf wackeligen Beinen steht – die maßgeblichen Gräberfelder sind nicht hinreichend publiziert, und ein kulturhistorischer Vergleich in zeitlich-räumlichem Konnex wird noch lange ein Desiderat der Forschung sein –, scheint die Bodenforschung doch das von den Historikern gezeichnete Geschichtsbild zu bestätigen. Die durchgehende Uneinheitlichkeit des archäologischen Fundbildes, das Fehlen spezifischer Sachformen für das Alpenvorland, hängt ursächlich mit der Zugehörigkeit zum ostgotischen Italien bis 536 zusammen. Der mengenstatistische Nachweis fehlt, doch ist das gehäufte Auftreten von donauländischen, mitteldeutschen und ostgotischen Schmuckformen vor dem Hintergrund der geopolitischen Zusammenhänge, der Bündnispolitik Theoderichs und später der Franken sowie der Langobarden – 546/47 wurden die mit den Merowingern verbündeten Lethingerkönige gestürzt, was sicherlich zu einer Abwanderung langobardischer Gruppen nach Westen, ins bereits »fränkische« Alpenvorland führte – zu sehen. Unter fränkischer Oberherrschaft wurde dann das agilolfingische Herzogtum eingerichtet, wobei sonderbar bleibt, daß Garibald I. nicht die ganze Raetia II zugewiesen bekam, sondern nur das Land östlich des Lechs. Inwieweit dieser Fluß schon in ostgotischer Zeit eine Grenze war, bleibt ebenso offen wie die Frage, wann Schwaben »alamannisch« wurde.

Nördlich des spätrömischen Donaulimes ist die herrschaftliche Erfassung des Landes aufgrund andersartiger archäologischer Voraussetzungen besser zu erfassen. Während Südbayern nach den Bestattungssitten ab der zweiten Hälfte des 5. Jahrhunderts in den »östlich-merowingischen« Reihengräberkreis eingebunden war (s. S. 81), fehlen im nördlichen Bayern west-ost-orientierte Körpergräber fast ganz. Die seit der römischen Kaiserzeit dort ansässige germanische Bevölkerung zwischen Frankenalb und Mittelgebirgen ist – wenn überhaupt – nur durch Siedlungen und ganz vereinzelte Körpergräber nachzuweisen. Erst mit der fränkischen Expansion und der damit verbundenen Verbreitung der Reihengräbersitte wird sie – in ihrer materiellen Kultur frankisiert – wieder archäologisch faßbar, wobei autochthones Brauchtum wie die Brandbestattung stellenweise bis ins späte 7. Jahrhundert nachweisbar bleibt. Nordbayern wurde zu fränkischem Königsland mit vielfältigen Verbindungen zum Mittelrheingebiet, Schwaben Teil des alamannischen Herzogtums mit Schwergewicht in Südwestdeutschland. Das baierische Stammesherzogtum aber entwickelte sich unter den Agilolfingern zu einer von der fränkischen Zentralgewalt de facto unabhängigen, nach Süden und Osten expandierenden Herrschaft.

Insgesamt betrachtet, bildeten sich im 6. Jahrhundert die ethnischen Traditionskerne heraus, die Bayern bis heute prägen. Abgesehen von einem ersten Landesausbau im 7. bis 8. Jahrhundert, der in der zeitlich gestaffelten Anlage von Friedhöfen – bis zur Aufgabe der Beigabensitte – in Verbindung mit jüngeren Ortsnamentypen nachzuweisen ist[252], wurden in Nordostbayern und im unmittelbaren Alpenvorland sowie in den nördlichen Alpentälern ganze Volksgruppen in die jeweilige Herrschaft integriert und allmählich bajuwarisiert bzw. frankisiert.

Walchen

Außer den typisch baierischen Ortsnamen auf -ing und -ham (=heim) finden sich in ganz Südbayern Ortsnamen mit romanischer Wurzel (Abb. 77). Am auffälligsten sind die Walchen-Orte, die sich vornehmlich am Alpenrand mit einer Konzentration im ehemaligen westlichen Norikum finden. Sie stellen ein Indiz für alte Siedlungen mit vorwiegend romanischer Bevölkerung dar, die bereits in früher Zeit unter die Herrschaft des baierischen Herzogs kamen. Archäologisch können diese Romanen – die Walchen = Welschen – nicht nachgewiesen werden, da sie in Bayern die Reihengräbersitte nicht übernommen haben. In den Quellen des 7. und 8. Jahrhunderts werden sie immer noch als Romani tributales (Zinspflichtige) und Romani exercitales (zum Kriegsdienst verpflichtet) genannt. Sie waren persönlich frei, bewirtschafteten in der Regel herzogliches Fiskalland und sind nach den Quellen nicht von den baierischen Freien zu unterscheiden.[253]

Wenden

Nordostbayern – die Oberpfalz und Oberfranken – war nach Ausweis der Bodenfunde des 5. Jahrhunderts germanisch besiedelt. In der Merowingerzeit sind dort keine Reihengräber festzustellen. Die frühbaierische Siedlung erreichte gerade noch die Unterläufe von Naab und Regen, im fränkischen Landesteil sind die östlichsten Reihengräberfelder im Steigerwaldvorland lokalisiert (vgl. Abb. 65). Das Obermaingebiet und die Regnitzfurche, das Naabtal und die Cham-Further-Senke blieben im 6. und 7. Jahrhundert offensichtlich außerhalb der fränkischen bzw. baierischen Interessensphäre.
Nach der Abwanderung der germanischen Bevölkerung aus Böhmen und dem Niedergang des thüringischen Königreichs drangen slawische Siedler – so die Sorben entlang der Elbe und die Tschechen ins böhmische Becken – noch im 6. Jahrhundert in ehemals germanisch besiedelte Landschaften vor. 620 werden die Sorben erstmals in den Quellen erwähnt, 631/32 unterlag ein fränkisches Heer den Wenden, die der slawische Händler Samo zu einer reichsähnlichen Allianz zusammengeführt hatte, in der Schlacht bei Wogastisburg. Danach setzte König Dagobert I. Radulf als Herzog in Thüringen ein (s. S. 89). Ob die slawische Expansion zu diesem Zeitpunkt schon die Obermainlande und die südliche Oberpfalz erfaßt hatte, ist unbekannt.

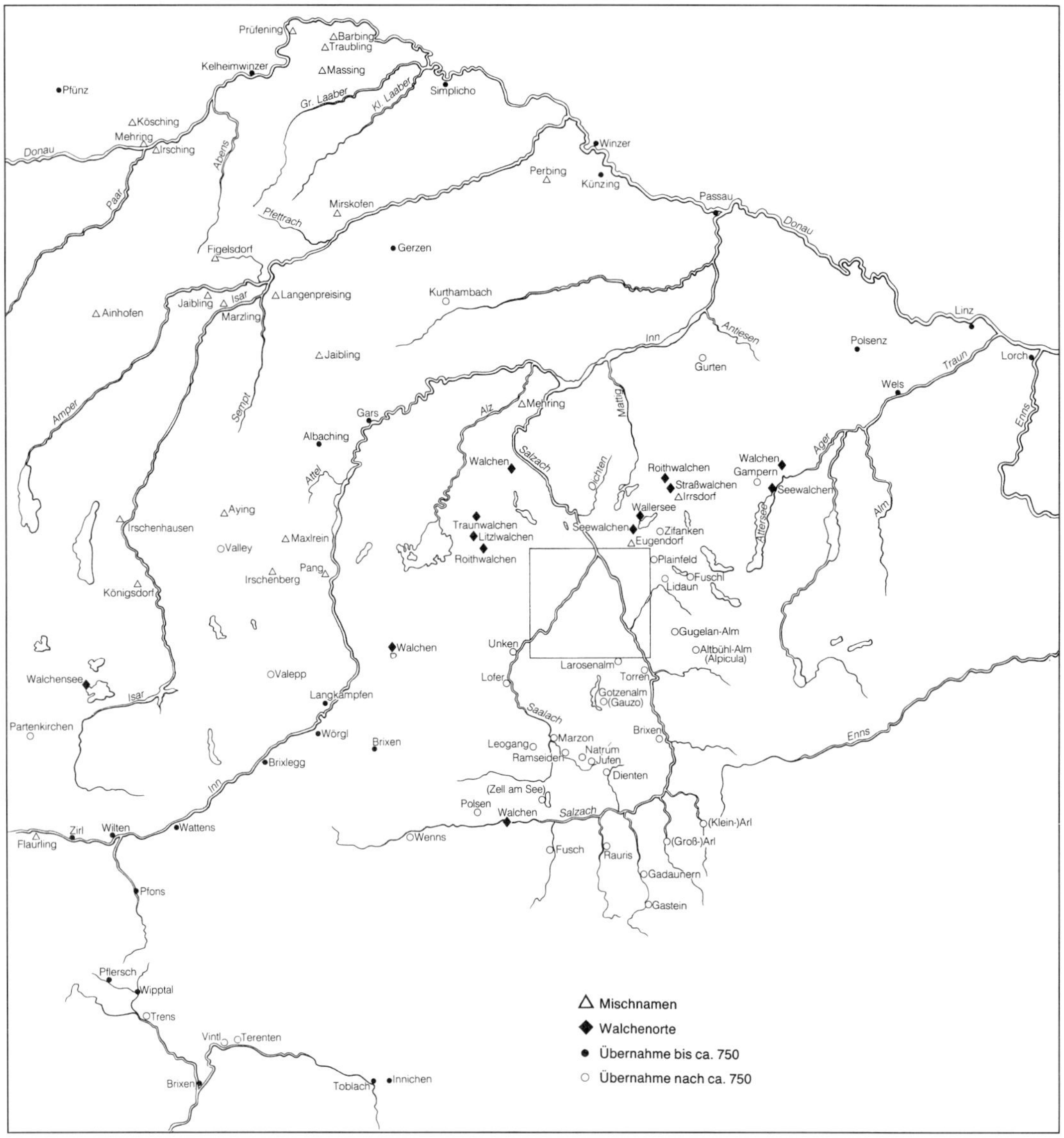

Abb. 77 Walchenorte und romanische Mischnamen in Bayern (nach E. Schwarz und W. Hölzl). Links: Romanische Ortsnamen im südlichen Salzburger Becken (nach W. Hölzl und H. Dopsch).

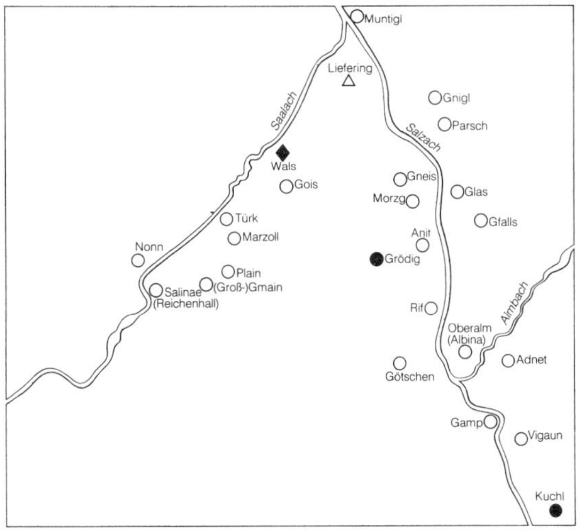

Für das 8. Jahrhundert wird aus den Quellen deutlich, daß östlich des Steigerwaldes mit einer slawischen Bevölkerung zu rechnen ist[254], denn die fränkischen Reichsannalen und der Chronist Fredegar berichten von Schenkungen an das Bistum Würzburg »de partibus orientalium Franchorum vel Sclavis«. Eine eindeutige geographische Lokalisierung der Main- und Regnitz-Wenden ergibt sich aus einer Anweisung Karls des Großen (noch vor 800) an den Würzburger Bischof, im Slawengebiet Kirchen zu bauen: ». . . in terra Sclavorum, qui sedent inter Moinum et Radantium fluvios qui vocant Moinvvinidi et Ratanzwinidi.« Zwischen 820 und 830 waren 14 Kirchen errichtet, und auch die Fuldaer Annalen bezeugen Schenkungen in der Terra Sclavorum, wobei die genannten Ortsnamen allerdings durchweg deutschen Ursprungs sind. Daß das Gebiet damals schon längst unter fränkisch-deutschem Einfluß stand,

beweist das Diedenhofener Kapitular Karls des Großen von 805, in dem Hallstadt bei Bamberg, Forchheim, Premberg bei Regensburg und Regensburg selbst als Kontrollstationen für den Handel mit den Slawen bestimmt wurden, wovon vor allem der Waffenexport betroffen war. Slawen werden noch anläßlich der Gründung des Bistums Bamberg im 11. Jahrhundert erwähnt.[255]
Die Slawen in Nordostbayern werden seit langem kontrovers diskutiert. Die historischen Quellen stehen außer Zweifel, und auch aus der Sprachforschung ergeben sich eindeutige Belege für eine intensive slawische Besiedlung[256]. Ortsnamen mit der Endung -winden (= Wenden = Slawen) sind bis in die Gegend von Ansbach, die Haßberge und den Steigerwald verbreitet und wohl im Zusammenhang mit einem von slawischen Siedlern getragenen, fränkisch-deutsch geleiteten späten Siedlungsausbau zu sehen. In den Haßbergen und im Steigerwald sowie südwestlich von Bamberg kommen aber auch »Mischnamen« vor, die aus einem deutschen Grund- und einem slawischen Bestimmungswort gebildet sind. Ortsnamen wie Dobrach, Katzau, Ossek, die sich am Obermain und östlich der Regnitz häufen, sprechen für sich (Abb. 78).

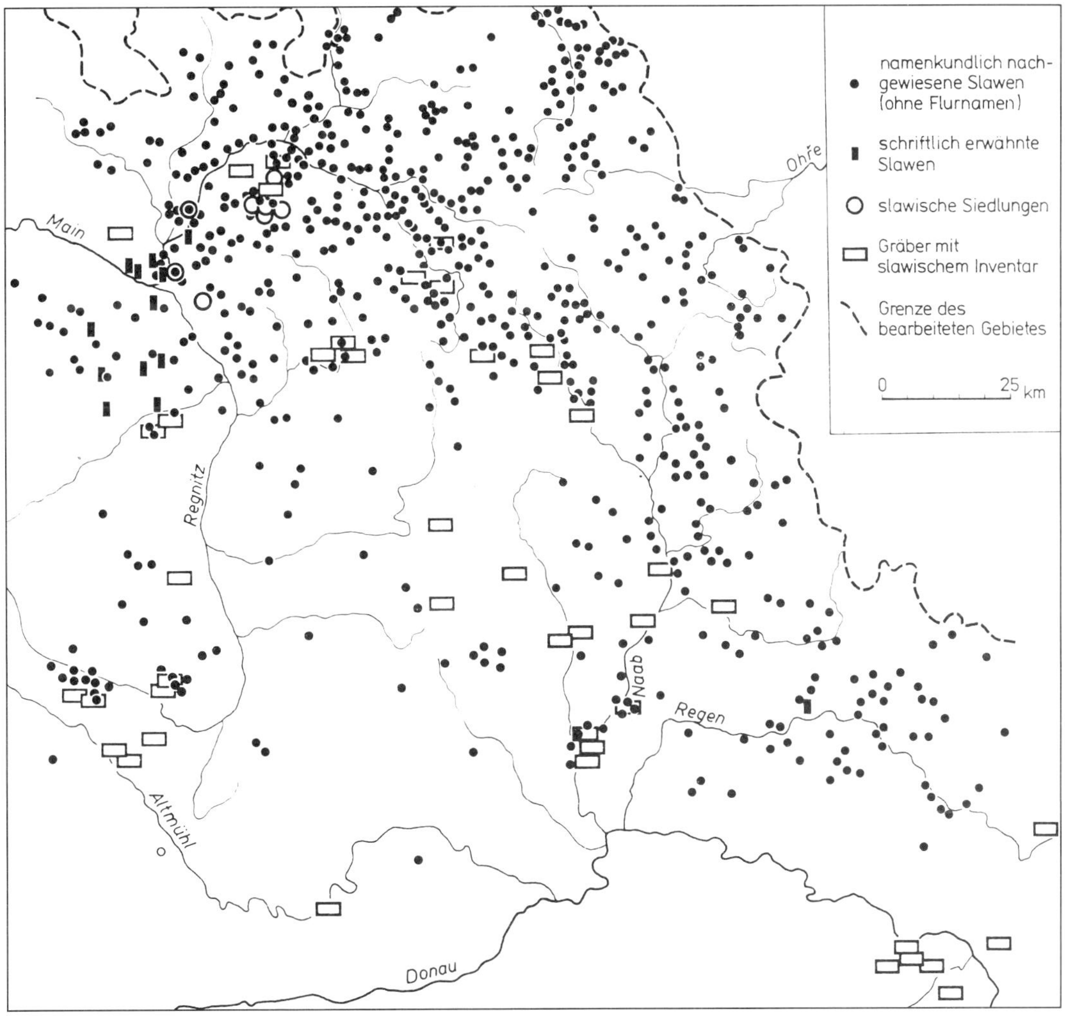

Streitpunkt der manchmal germanophilen bzw. slawophilen Forschung ist die Frage, wann diese Slawen – und an ihrer Existenz zweifelt niemand – nach Oberfranken und in die Oberpfalz kamen. Geschah dies bereits im 6. Jahrhundert in sozusagen eigener Regie, oder aber wurden sie erst im Zuge einer planmäßigen Kolonisation unter fränkisch- bzw. baierisch-deutscher Herrschaft in diesen Gebieten angesiedelt?

Archäologisch sind für diese Räume die sog. »karolingisch-ottonischen Reihengräberfelder« typisch, die in der älteren Forschung wegen ihres mit der Verbreitung der Ortsnamen identischen Verbreitungsgebiets als Beleg für die slawische Besiedlung gewertet wurden.[257] Die Bestattungsweisen knüpfen mit bestimmten Grabformen und mit der Beigabe von persönlichem Besitz sicher an spätmerowingisches Totenbrauchtum an, doch bleibt in dieser Randzone des Karolingerreichs die Beigabensitte länger lebendig als in den westlichen und südlichen Altsiedellandschaften. Die Grabinventare, vor allem der Frauenschmuck mit sog. silbernen Schläfenringen, Ohrgehängen (Tafel 64) und die Keramik mit Bodenmarken (Tafel 65), machen einen fremdartigen Eindruck. Sie finden tatsächlich Parallelen in den östlichen Slawengebieten (Tafel 62–65), doch fehlt für das 8. Jahrhundert die Gegenprobe, da in den Altsiedellandschaften zu dieser Zeit die Toten bereits ohne Beigaben begraben wurden.

Für Oberfranken konnte Klaus Schwarz eindeutig nachweisen, daß die karolingisch-ottonischen Reihengräber in ursächlichem Zusammenhang mit dem frühdeutschen Landesausbau zu sehen sind.[258] Das heißt aber nicht, daß die Besiedlung des Gebiets erst mit dem Einsetzen dieser Friedhöfe, etwa Weismain, Lkr. Lichtenfels, oder Bestattungen bei den Slawenkirchen (Urpfarreien) begann und daß die Bestatteten nur fränkisch-deutscher Abkunft waren.[259] Ähnlich wie in den Altsiedellandschaften am mittleren Main und an der oberen Altmühl im 6. Jahrhundert dürften in den Gräbern des 8. und 9. Jahrhunderts Deutsche und Slawen liegen, die vorher aufgrund ihres andersartigen Bestattungswesens in der Terra Sclavorum archäologisch nicht nachzuweisen sind. Neueste Forschungen sind bemüht, im Vergleich mit dem östlichen Mitteldeutschland die charakteristische slawische Keramik aus dem Fundmaterial herauszufiltern, um so der Klärung der Frage näherzukommen, seit wann und wie dicht Slawen in Oberfranken siedelten.

In der Oberpfalz reicht die historische Überlieferung nicht aus, um von vornherein eine intensivere slawische Besiedlung anzunehmen. Doch ist auch hier durch slawische Ortsnamen, wie Perschen usw., mit ähnlichen Verhältnissen wie am Obermain zu rechnen, wobei allerdings die meisten karolingisch-ottonischen Reihengräber bei abgegangenen, namenlosen Orten liegen, die sowohl slawisch als auch deutsch besiedelt gewesen sein können[260]. Die relativ reichen Gräber im bayerischen Nordgau (Tafel 62–65)[261] haben jedenfalls ihre Entsprechungen in den vermutlich slawischen Gräbern an der Donau–Traun–Enns-Linie und damit an der Ostgrenze des baierischen Siedlungsraums im 8. und 9. Jahrhundert[262].

Unabhängig davon, wie die karolingisch-ottonischen Gräberfelder interpretiert werden und wann sich die Terra Sclavorum gebildet hat, ist festzuhalten, daß mit den Main- und Regnitz-Wenden und den Slawen im baierischen Nordgau, deren Sprache – wie die der Walchen – wohl erst im 10./11. Jahrhundert erloschen ist, weitere ethnische Gruppen erfaßt sind, die zur Genese des mittelalterlichen Franken und Baiern und schließlich des modernen Bayern beigetragen haben.

Realienkunde

Einblicke in die materielle Kultur frühgeschichtlicher Populationen vermitteln in erster Linie die Grabfunde. Dem Bestattungsbrauch entsprechend wurden die Toten in ihrer vollen Tracht und mit Beigaben von Schmuck, Waffen, Toilette- und Hausgerät, mit Speise und Trank in metallenen, gläsernen und tönernen Gefäßen beigesetzt. Grabbau und Ausstattung lassen nicht nur Rückschlüsse auf den diesseitigen Wohlstand zu, der ins Jenseits transferiert werden sollte, sondern auch auf den realen Stand der materiellen Kultur.
Naturgemäß sind nach 1200 bis 1500 Jahren nur noch Gegenstände aus bodenresistentem Material – Metalle, Glas, Keramik und Bein – erhalten, während Holz, Leinen und andere organische Stoffe meist spurlos vergangen sind und sich im günstigsten Fall in den Korrosionsschichten der Metallgegenstände konserviert haben. Das Bild der materiellen Kultur der Merowingerzeit ist damit verfälscht, und es bedarf einiger Phantasie, sich das äußere Erscheinungsbild der damaligen Bevölkerung zu vergegenwärtigen. Auch die Lebensweise war sicher nicht so »urig«, wie sie die Historienmaler und Bühnenausstatter des 19. Jahrhunderts darstellten und die moderne Filmindustrie immer noch vorführt. Beiläufig werden in den Schriftquellen prachtvolle Gewänder und luxuriöse Raumausstattungen erwähnt, die in besonders günstigen Fällen archäologisch zu belegen sind.
So wurden – leider schon in den vierziger Jahren des 19. Jahrhunderts – in Württemberg am Lupfen bei Oberflacht (Lkr. Tuttlingen) im anmoorigen Boden alamannische Gräber geborgen, in denen sich Holz und anderes organisches Material erhalten hatten (Abb. 79).[263] Die Toten waren in sorgfältig gefugten Holzkammern in Baumsärgen bestattet. Das Mobiliar bestand aus Stühlen und Betten mit gedrechselten Füßen, Etageren, Kisten und Kästen, deren Schubladen die ordentlich verwahrten Beigaben enthielten. Gedrechselte Kerzenleuchter

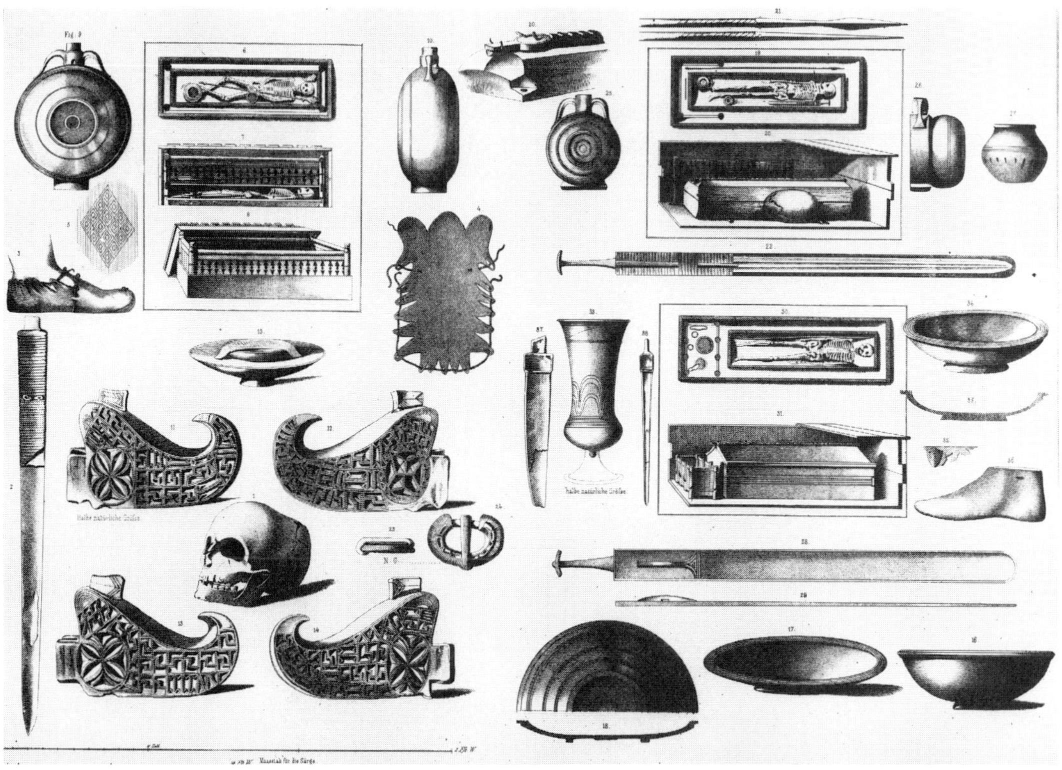

Abb. 79 Oberflacht, Lkr. Tuttlingen, Baden-Württemberg. Die Holzkammern und Baumsärge mit Beigaben aus drei alamannischen Gräbern im Zustand der Auffindung 1846.

standen auf dem Tischchen neben dem Sarg, die Stangenwaffen, der Bogen und der Schild lagen daneben. Speise und Trank in Holz-, Ton- und Glasgefäßen fehlten nicht, und in einem Fall fand sich sogar eine Leier. Im Sarg ruhte der Tote auf Daunenkissen und war pietätvoll mit Blumen und Obst bestreut. Leinen und Wolle haben sich in Oberflacht wegen der Moorsäure nicht erhalten, doch ist von anderen Plätzen wohlbekannt, daß mit feinem Leinen, farbenprächtigen, kompliziert gemusterten Wollstoffen, Teppichen, manchmal sogar mit Seide und vor allem mit kostbaren Pelzen zu rechnen ist.

Tracht

Unter der Krypta von St. Ulrich und Afra in Augsburg wurden mehrere Bestattungen in Steinsarkophagen aus der ersten Hälfte des 7. Jahrhunderts gefunden.[264] In Grab 1 lag ein im Alter von etwa 60 Jahren Verstorbener, dessen Kleidung sich in Resten so gut erhalten hat, daß die Tracht rekonstruiert werden konnte (Abb. 80).
Der ca. 1,66 m große Mann mit zartem Knochenbau trug einen knielangen Leinenkittel, darunter eine Leinenhose, die von einem Ledergürtel ohne Schnalle zusammengehalten wurde und unterhalb der Knie mit 2 cm breiten, überkreuzten Schaflederbändern abgebunden war. Die Füße steckten in kurzen Stiefeln aus gegerbtem Schafleder, deren nach hinten abgeschrägte Schäfte bis zur Mitte der Waden reichten und von den Knöcheln aufwärts mit Lederriemen umwickelt waren. Das gesamte Oberleder wurde aus einem Stück gefertigt und auf der Rückseite zusammengenäht, die dünne Sohle an das Fußteil angenäht. Am Spann des linken Stiefels war ein Ziegenlederriemen mit Eisenschnalle zur Befestigung des einzeln getragenen Eisensporns angebracht. Material, Machart und der Sporn verdeutlichen, daß es sich um ausgesprochene Reitstiefel handelte. Über den Leinenkleidern trug der Tote einen von den Schultern bis knapp über die Knie reichenden braunen Mantel aus grobem, flockigem Langhaarwollgewebe in regelmäßiger Köperbindung, bei dem die Schußfäden in Abständen von 4–5 cm als 7–8 cm lange Zotteln aus dem Stoff heraustreten. Auch dieses halblange Cape war für einen Reiter bestimmt. Ein großes Messer mit Kupferplattierung in der Blutrinne (L. 21 cm), ein kleines Messer und ein Eisenstift sowie eine Tasche aus Hanffäden waren wahrscheinlich an einem vergangenen Gürtel befestigt, der schräg über der linken Seite des Toten lag. An der rechten Brustseite fanden sich unter dem Mantel ein einreihiger Beinkamm und ein hölzerner Krummstab.
In Grab 8 unter der Krypta von St. Ulrich und Afra lag das Skelett eines 50- bis 60jährigen Mannes mit zierlichem Knochenbau, der ebenfalls nur 1,66–1,67 cm groß war. Über den Leinengewändern trug er eine bis zu den Knien reichende Jacke aus Fischotterpelz, deren Kanten mit Leder eingefaßt waren (Abb. 81).[265] Die vermutlich ärmellose Pelzjacke wurde über einem mit Wollfäden verwebten Leinenkittel getragen, dessen Ärmelenden mit geprägtem Ziegenleder verbrämt waren. Die Hände steckten offensichtlich in Stoffhandschuhen mit Ziegenlederstulpen. Der Leinenkittel reichte bis zu den Knien, die Leinenhosen steckten in Schaf- oder Ziegenlederstiefeln der oben beschriebenen Form.
Der breite, mit Zopfbandmuster geprägte, perforierte und mit Hanfbändern durchzogene Ledergürtel mit Messingbeschlägen (Tafel 38), an dem ein Messer in geprägter Lederscheide

Abb. 80/81 Zeichnerische Darstellung des Trachtenbefundes aus Grab 1 (links) und Grab 8 (rechts) unter der Krypta von St. Ulrich und Afra in Augsburg.

hing, war dem Toten quer über die Schenkel gelegt. Ansonsten fand sich im Grab nur noch ein zweireihiger Beinkamm am Schädel des Bestatteten.

Über die Farbigkeit der Stoffe und des Leders ist nichts bekannt, doch zeigen diese beiden außergewöhnlichen Befunde nicht nur, daß Weber, Schuhmacher, Kürschner und Gürtler bzw. Sattler ein hohes handwerkliches Niveau hatten, sondern auch, daß die germanische Männertracht prinzipiell sehr konservativ war: Kittel und Hose, kombiniert mit Schuhen oder Stiefeln und Mantel oder Jacke sind archäologisch, ikonographisch und literarisch von der älteren Kaiserzeit bis in die Karolingerzeit die grundlegenden Bestandteile germanischer Männertracht (Abb. 82).[266] Modische Erscheinungen und zeitspezifische Besonderheiten sind, soweit nachvollziehbar, auf die Gürtel beschränkt (Abb. 83).[267]

Abb. 82 Fränkische Hoftracht in einer karolingischen Miniatur der ersten Hälfte des 9. Jahrhunderts (Vivian-Bibel fol. 423 r, Paris, Bibliothèque Nationale). Neben dem Spathaträger, der das Schwert mit umgelegtem Wehrgehänge, das die typischen Beschläge zeigt, vor sich trägt, steht ein Franke in höfischer Tracht mit Mantel, brokatgesäumtem Kittel, Hosen mit Hosenband und Schnürstiefeln.

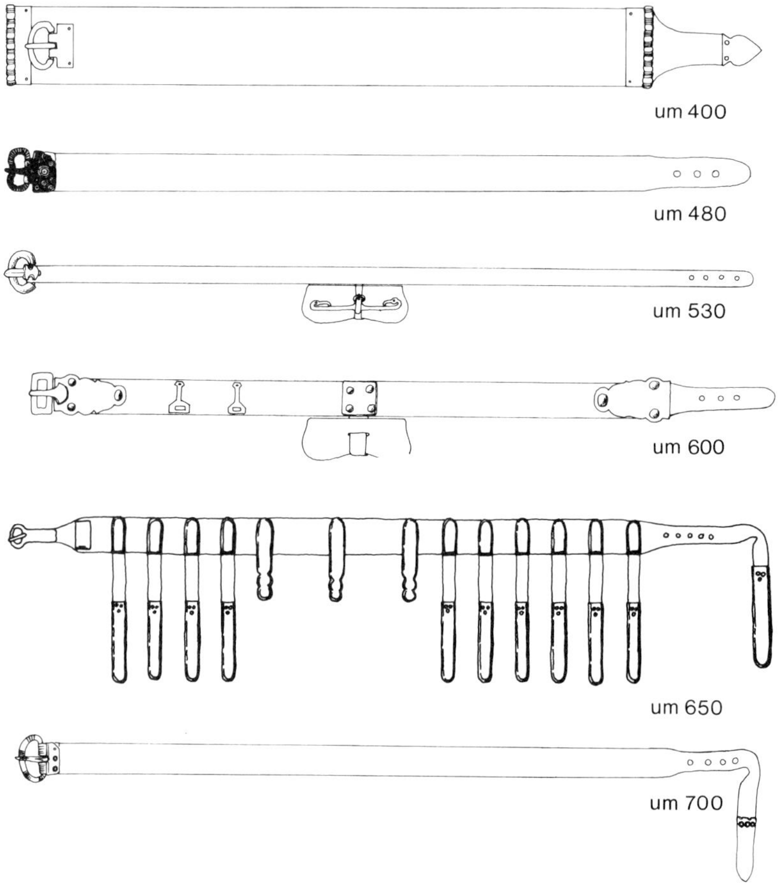

Abb. 83 Die Gürtelmode (Leibgurte der Männer) zwischen 400 und 700 (nach R. Christlein).

In der römischen Kaiserzeit waren aus der Militärtracht entlehnte Gürtel mit Beschlägen beliebt (Tafel 10; 13). Die frühe Merowingerzeit zeichnet sich durch Bergkristallschnallen und almandinverzierte Beschläge aus (Tafel 22). Im 6. Jahrhundert wurden dann einfache Leibgurte mit Schilddornschnallen aus Bronze oder Weißmetall üblich, bis vom frühen 7. Jahrhundert an die Gürtelmode wieder martialischer wurde. Die breiten, über dem Kittel getragenen Leibgurte waren mit Beschlägschnallen, Gegenbeschläg und Rückenbeschläg versehen (Tafel 47; 52). Die qualitätvollen, formal und zeitlich differenzierbaren eisernen und bronzenen Besätze sind häufig mit Tierornamenten verziert, wobei die silber- und messingtauschierten Garnituren aus Eisen eine Vielfalt von Mustern aufweisen (Tafel 58).

Ein im 7. Jahrhundert aus dem langobardischen Italien oder direkt aus dem Awarenreich angeregter Trend zeigt sich in den Gürteln mit Nebenriemen, die als »vielteilige Gürtelgarnituren« in den Gräbern der Mitte des 7. Jahrhunderts überliefert sind (Tafel 53). Im späten 7. Jahrhundert kommen dann wieder einfachere Gürtel auf, deren Metallbeschläge sich auf Schnalle und Riemenzunge beschränken. Die Gürtelmode ist ein wesentlicher Indikator für die chronologische Differenzierung der Männergräber und zugleich Beleg für die politisch bedingten kulturellen Zusammenhänge, wobei sich vor allem im 7. Jahrhundert in Süddeutschland regionale Unterschiede erkennen lassen (Tafel 59–60).

Auch in der Frauentracht sind selbstverständlich modische Tendenzen zu beobachten, wenngleich der Kleiderschnitt mangels ausreichender Textilfunde nur aus der Form, Kombination und Grablage der Schmuck- und Trachtaccessoires zu rekonstruieren ist. Regionale Besonderheiten in der Mode sind mit archäologischen Mitteln bislang nur bedingt und auf Bayern bezogen lediglich für das 7. Jahrhundert feststellbar. Hinweise auf die Kleidung der alamanni-

Abb. 84 Rekonstruktion der Tracht einer wohlhabenden alamannischen Frau in der zweiten Hälfte des 4. Jahrhunderts nach Befunden aus Gerlachsheim, Main-Tauber-Kreis, Baden-Württemberg (nach R. Christlein).

Abb. 85 Entwurf zur Rekonstruktion der Frauentracht im 6. Jahrhundert. Markant ist die Kombination von einem Bügelfibelpaar mit einem Kleinfibelpaar, die regelhaft im Becken- bzw. im Brustbereich gefunden werden.

schen, juthungischen und anderen germanischen Frauen der späten Kaiserzeit im 4. und 5. Jahrhundert ergeben sich nur über die wenigen Körpergräber. Dabei zeigt sich, daß die Frauentracht durch zwei große Fibeln auf den Schultern bestimmt war, die möglicherweise einen peplosartigen Kleiderschnitt voraussetzen (Abb. 84).[268]
In der frühen Merowingerzeit ist die Frauenmode Süddeutschlands durch die sog. »Vier-Fibel-Tracht« geprägt (Abb. 85). Zwei kleine Vogel-, Tier-, S- oder Almandinscheibenfibelchen hielten im Brustbereich ein leinenes, bis über die Knie reichendes Kleid oder Hemd zusammen. Zwei paarige Bügelfibeln (Tafel 23) schlossen im Becken ein Überkleid oder einen Mantel. Vom Gürtel mit einfacher Schnalle hingen an einem Lederriemen allerlei Utensilien – die Tasche, ein Messer, Schlüssel und ähnliches – herab. Die Kleider waren manchmal mit Perlen bestickt.
Von den Schuhen haben sich häufig die Schnallengarnituren der Schuhriemen und von den Strümpfen die unterhalb der Knie sitzenden, verzierten metallenen Strumpfbandgarnituren erhalten. Haarpfeile bzw. paarige Haarnadeln lassen einen Schleier oder Kopfputz vermuten. Als Schmuck waren Ohrringe, Glasperlenkolliers, seltener Fingerringe und ein am linken Handgelenk getragener silberner Armring üblich (Tafel 22). Daß diese von Nordfrankreich bis ins langobardische Pannonien über drei Generationen übliche Tracht in ihrer vollständigen Form den wohlhabenden Frauen vorbehalten war, versteht sich von selbst. Außerdem sind ethnische, zeitlich bedingte und individuelle Variationen anzunehmen, die dem Regelbefund aber nicht entgegenstehen.
Im Lauf des 6. Jahrhunderts kamen die Bügelfibeln aus der Mode, womit sich ein allmählicher, aber gründlicher Wandel in der süddeutschen Frauentracht zeigt. Üblicherweise sind in sonst gut ausgestatteten Gräbern nur noch zwei Kleinfibeln nachzuweisen, bis diese schließlich von einzelnen, am Hals der Toten gefundenen großen Broschen ersetzt werden (Tafel 41–43). Die Kleidung muß einen anderen Schnitt bekommen haben. Haarpfeile, Ohrringe und jetzt aufwendigere Glasperlenschnüre und komplizierte Gürtelgehänge (Tafel 44–45) mit durchbrochenen Zierscheiben und Amulettanhängern sowie reich verzierte Strumpfband- und Schuhgarnituren vervollständigen die nur schematisch rekonstruierbare Tracht des 7. Jahrhunderts (Abb. 86).
Die Frauenmode des späten 7. und des 8. Jahrhunderts ist hauptsächlich nur noch in den östlichen Randgebieten des Merowingerreichs nachzuvollziehen. Das Schmuckbedürfnis ist auf den Kopfputz konzentriert, wobei überschwere Ohrringe (Tafel 61) und sog. Schläfenringe, die an einem Stirnband oder einer Haube getragen werden (Tafel 64), die Mode prägen. Mit Emailbroschen endet die archäologisch nachweisbare Frauenmode in der karolingisch-ottonischen Epoche (Tafel 69).

Abb. 86 Die Frauentracht des 7. Jahrhunderts mit einzeln getragener großer Brosche und kompliziertem Gürtelgehänge ist ebenfalls nur schematisch rekonstruierbar (nach K. Zeller).

Gerät und Waffen

Eine Besonderheit des germanischen Totenbrauchtums ist die Beigabe von Arbeitsgeräten und Waffen, die Rückschlüsse auf die häusliche Tätigkeit der Frauen und das Kriegshandwerk der Männer zulassen. Zugleich ergeben sich aus der Beigabe von Toilettenartikeln und Speisegerät Hinweise auf den jeweiligen Zivilisationsstand.

Weit verbreitet war die Beigabe der Spindel, von der sich in den Frauengräbern die Schwungscheibe, d. h. der Spinnwirtel aus Ton oder manchmal Glas, erhalten hat. Seltener und an reichere Frauenbestattungen gebunden sind sog. »Webschwerter«[269], manchmal aus abgebrochenen Spathen gerichtet, die nach hochmittelalterlichen ikonographischen Belegen zum Brechen des Flachses dienten (Abb. 87)[270]. Eine ähnliche Funktion scheinen Wiegemesser mit zwei senkrecht stehenden Griffdornen gehabt zu haben, was eindeutig zeigt, daß Spinnen und Weben häusliche Domäne der Frauen war, deren Schlüsselgewalt in vereinzelten Fällen durch Hakenschlüssel am Gürtelgehänge belegt ist.

Aber auch ausgefallene Funde sind nachgewiesen. In einem Frauengrab der ersten Hälfte des 6. Jahrhunderts in Westheim, Lkr. Weißenburg-Gunzenhausen, fand sich unter dem Schädel ein Steckamboß, wie er üblicherweise nur in Goldschmiedegräbern überliefert ist (Abb. 88).[271] Nähnadeln und Pfrieme runden das Bild ab. Sie werden allerdings auch in den Männergräbern als Tascheninhalt zusammen mit dem Feuerstahl und dem Feuerstein gefunden.

Auffälligstes Toilettegerät sind in den Frauen- und Männergräbern die Kämme (Tafel 24) und in reicheren Gräbern die Waschgeschirre. Im 6. Jahrhundert handelt es sich in der Regel um sog. Perlrandbecken aus getriebenem Bronzeblech (Tafel 28), im 7. Jahrhundert sind schwere gegossene Bronzebecken mit Henkeln und Pfannen üblich, die zusammen mit Kannen manchmal regelrechte Geschirrsätze bilden (Tafel 55; 57). Wozu die relativ häufig gefundenen Scheren dienten, ob zur Körperpflege oder zur Schafschur, bleibt unklar.

Zur Tischkultur und zu den Eßgewohnheiten lassen sich aus den Grabfunden nur bedingt Schlüsse ziehen. Die Speisebeigabe ist bis weit ins 7. Jahrhundert nachzuweisen, wobei regionale Unterschiede in der Intensität und Dauer dieser heidnischen Sitte festzustellen sind. Eine hohe Dunkelziffer ergibt sich aus dem Umstand, daß Teller, Platten und Besteck häufig aus Holz bestanden, wie es noch im späten Mittelalter und in den rezenten bäuerlichen Kulturen die Regel war. Erhalten blieben die Tongefäße, über deren einstigen Inhalt bisher keine Analyse gegeben werden kann, Knochen der Fleischbeigabe und manchmal Gräten der Fischbeigabe sowie Schalen von Eiern, die sicher nicht einfach auf dem Grabboden, sondern auf Holztellern und -platten niedergelegt waren. Als Besteck können nur Messer nachgewiesen werden, die die Frauen und Männer in den Gürteltaschen trugen.

Realienkundlich und historisch aufschlußreich ist die Waffenbeigabe. Das »Heergerät« war persönliches, vom Erbgang ausgeschlossenes Eigentum und mußte als solches ins Jenseits folgen. Aus der Art und Kombination der unterschiedlichen Waffen wird häufig auf die soziale Stellung ihres Trägers und insgesamt auf die Kampfweise der so ausgerüsteten Krieger geschlossen.

Die Regelausstattung eines baierischen, fränkischen oder alamannischen Kriegers des 7. Jahrhunderts bestand aus zweischneidigem Langschwert (Spatha), einschneidigem Hiebschwert (Sax), Spieß oder Lanze und manchmal Pfeil und Bogen. Einzige Schutzwaffe war der Rundschild aus Holz und Leder mit eisernem Schildbuckel (Abb. 89). Helme und Brünnen, wie sie nach den Schriftquellen zu erwarten wären und in Alamannien und im Rheinland als Lamellenharnische oder Kettenhemden vorkommen[272], sind in den merowingerzeitlichen Gräbern Bayerns bisher nicht nachgewiesen.

Die ältere Forschung versuchte aus der jeweiligen Waffenkombination in den Gräbern den sozialen Status der Bestatteten zu rekonstruieren. Männer mit der vollen Waffenkombination wurden als »Freie« definiert, solche mit Hiebschwert, Spieß und Schild als »Halbfreie«, wer nur Hiebschwert und Bogen besaß, galt als »Knecht« usw. Inzwischen ist man von derartigen Generalisierungen abgekommen, weil in der Interpretation der Beigabensitte sehr vieles un-

Abb. 87 Das Webschwert, eine an reichere Frauenbestattungen gebundene germanische Grabbeigabe, findet sich als weibliches Arbeitsgerät noch in hochmittelalterlichen ikonographischen Darstellungen. Manessische Handschrift, zwischen 1300 und 1340.

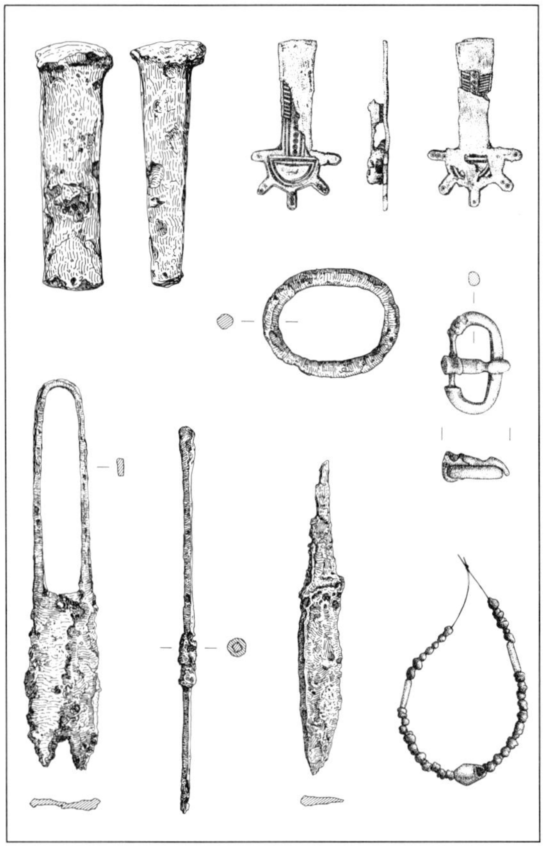

Abb. 88 Westheim. Lkr. Weißenburg-Gunzenhausen. Inventar eines Frauengrabs aus der ersten Hälfte des 6. Jahrhunderts. Außer einem Paar bronzener Bügelfibeln, Perlen und Gürtelzubehör fand sich – unter dem Schädel der Toten – ein Steckamboß (nach W. Menghin).

Abb. 89 Rekonstruktionsvorschlag zu Tracht und Bewaffnung eines Kriegers des 7. Jahrhunderts (Entwurf W. Menghin).

wägbar bleibt und selbst Intention und Mechanismus des Ritus nicht hinreichend geklärt sind. Daß das zweischneidige Langschwert seit der spätrömischen Zeit eine vornehme Waffe war, zeigt sich allein darin, daß im 6. und 7. Jahrhundert innerhalb eines Reihengräberfriedhofs nur ca. jedem zehnten bis zwölften Bestatteten die Spatha mitgegeben und diese wie-

derum häufig aus den Gräbern geraubt wurde. Technisch machte sie im Untersuchungszeitraum eine Entwicklung von breitklingigen Exemplaren mit einfachen Gefäßen aus Holz über Griffe mit Metallknäufen und eisengefütterten Parierstangen (Tafel 48) bis hin zu den panzerbrechenden Schwertern der Karolingerzeit mit intarsierten, hochwertigen Klingen durch (Abb. 90; Tafel 66).
Die Spathen wurden stets an einem eigenen Wehrgehänge in reich verzierten, manchmal mit Metallbeschlägen versehenen Scheiden aus Fell, Holz und Leder getragen.[273] In der Scheide, mit umgewickeltem Wehrgehänge, gelangten die Schwerter auch in die Gräber (Abb. 91). Die Schwertgurte selbst waren einem technischen und ornamentalen Wandel unterworfen, der von einfachen Riemen mit und ohne Schnalle zu komplizierten Gürteln mit verstellbaren Schleppriemen (Abb. 92) und mehrteiligen Beschlaggarnituren aus silbertauschiertem Eisen (Tafel 49) und aus Bronze führte (Tafel 54).
Stets am Leibgurt wurde der Sax, das einschneidige, anderthalb- oder beidhändig geführte Hiebschwert des späten 6. bis 7. Jahrhunderts, in der meist mit Bronzeknöpfen und Bronzenieten beschlagenen Scheide getragen (Abb. 93). Die zum Teil sehr schweren einschneidigen Schwerter haben sich anscheinend aus den Kampfmessern des 6. Jahrhunderts entwickelt, die allgemein als »Kurzsaxe« bezeichnet werden und aus fränkischen Zusammenhängen herzuleiten sind (Abb. 94).
Ähnlich häufig kommen Lanzenspitzen in den Gräbern vor, deren Formenanalyse sicher Rückschlüsse auf ihre Verwendung als infanteristische (Spieß, Speer) oder kavalleristische Waffe (Lanze) zulassen (Tafel 60).

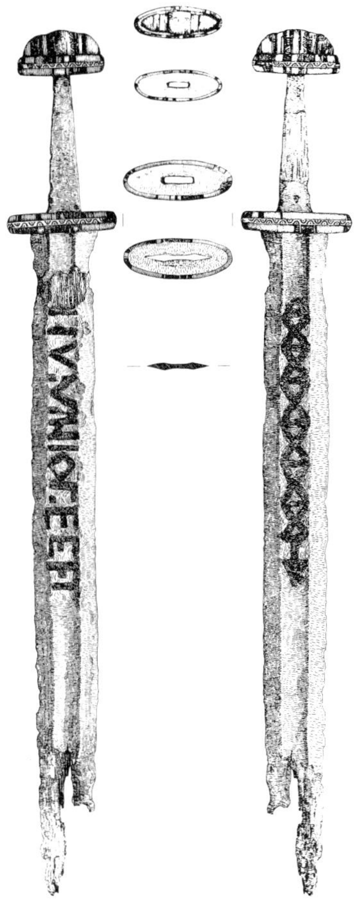

Abb. 90 Frühkarolingisches damasziertes Schwert aus dem Donaukies bei Neuburg. Die nicht entzifferbare Inschrift ist in einen Personennamen und . . . ME FECIT aufzulösen. Mitte des 8. Jahrhunderts.

Abb. 91 Westheim, Lkr. Weißenburg-Gunzenhausen, Grab 17. Nach dem Grabungsbefund war der Tote mit gegürtetem Sax beigesetzt, der quer über dem Becken lag. Das Langschwert war mit umgewickeltem Wehrgehänge zur Rechten des Toten niedergelegt.

Abb. 93 Mundsaum, Ortband (Länge 24,6 cm) und Zierknöpfe der Scheide eines Langschwerts aus feuervergoldeter Bronze mit Tierornamentik aus einem Grab der Zeit um 700 in St. Jakob bei Polling, Lkr. Weilheim-Schongau.

Abb. 94 Saxe des 7. Jahrhunderts aus Niederbreisig, Lkr. Ahrweiler, Rheinland-Pfalz, in den originalen, mit Messing und Silbernieten besetzten Lederscheiden.

Abb. 92 Zur Tragweise von Sax und Spatha am Mann: Das Kurzschwert war in der Scheide links am metallbeschlagenen Leibgurt befestigt; das Langschwert in der Scheide mit kompliziertem Wehrgehänge und verstellbarem Schleppriemen wurde ebenfalls links getragen (Entwurf W. Menghin).

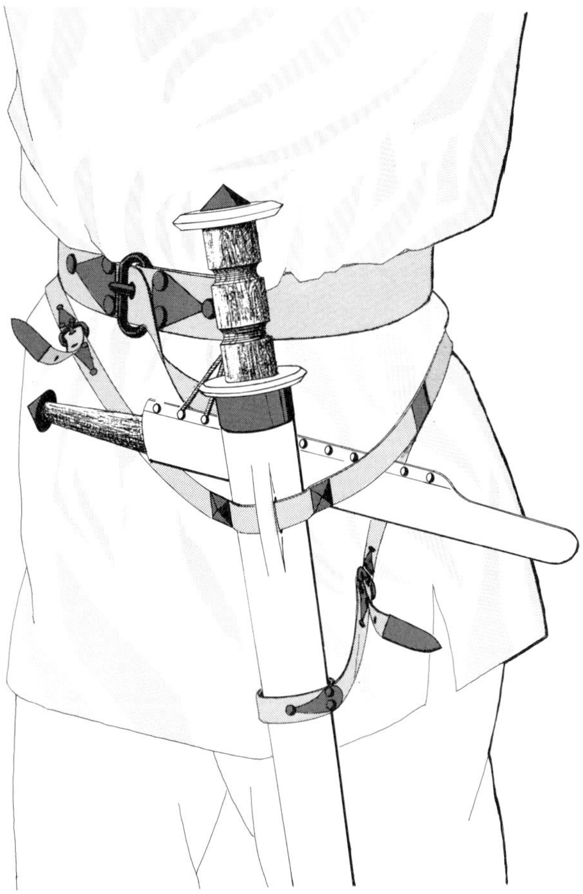

Der Schild, vor allem der Schildbuckel aus Eisen, war einer typologisch-technischen Entwicklung ausgesetzt, die von den spitzkonischen, manchmal facettierten Eisenbuckeln über flachkonische und halbsphärische mit Knopf zu den zuckerhutförmigen Schildbuckeln karolingischer Zeit führte (Tafel 66). Besonders auffällig sind die langobardischen Prunkschilde mit kupfervergoldeten Besätzen (Tafel 51).
Bei den Pfeilspitzen, meist wurden drei beigegeben, fällt die Entscheidung häufig schwer, ob es sich um Wurfpfeile oder um Geschosse für einen Langbogen – solche haben sich nur ganz vereinzelt erhalten – handelte. Kampfäxte, Wurfbeile (Franzisken), Widerhakenlanzen (Angones) und kurze Säbel treten in Süddeutschland nur in der ersten Hälfte des 6. Jahrhunderts auf und können in diesem Raum sozusagen als »exotisch« gewertet werden. Sie gehörten jedenfalls nicht zur Regelbewaffnung einheimischer Krieger.
Die Grabfunde zeigen, daß im Frühmittelalter beinahe jeder Mann unter Waffen stand und permanent sein Kriegertum – selbstverständlich auch noch im Tode – zur Schau stellte. Daß Raufhändel, Fehden und Scharmützel nichts Ungewöhnliches waren, geht indirekt aus den Volksrechten hervor und zeigt sich drastisch in den Friedhöfen, wo an den Skeletten und Schädeln die Spuren von Waffeneinwirkung relativ häufig nachzuweisen sind.[274] Daß zumindest ein Teil der Krieger schwer bewaffnet zu Pferd in den Kampf zog, belegen die Sporen (Abb. 95) – erst einzeln am linken, ab der Mitte des 7. Jahrhunderts an beiden Stiefeln getragen – und die Beigabe des Pferdezaums (Tafel 35) bzw. des Schlachtrosses selbst (vgl. Abb. 67). In dieser Zeit scheint sich bereits eine Art »Ritterschaft« herausgebildet zu haben, die in die frühfeudalen Verhältnisse des 9. Jahrhunderts überleitete.
Wie der baierische, fränkische oder alamannische Heerbann im frühen Mittelalter aussah und wie er gegliedert war, ist aus den Sachzeugnissen nicht zu rekonstruieren. Doch darf man ihn sich als eine wahrhaft schimmernde Wehr vorstellen, denn das (heute rostige) Metall der Schwerter, Lanzen und Schilde, die polychrom verzierten Gürtelbeschläge und die Pferdegeschirre glänzten und funkelten, eine imponierende Wirkung, die durch die farbenprächtigen Gewänder und bunt bemalten Schilde noch erhöht wurde.

Abb. 95 Bronzenes Sporenpaar aus Aschheim, Lkr. München. Ab der zweiten Hälfte des 7. Jahrhunderts treten in den Gräbern verzierte eiserne und bronzene Sporenpaare auf, während vorher einfache, am linken Fuß getragene Reitstachel üblich waren.

Das frühe Christentum in Bayern

Während in den westlich des Rheins gelegenen Kernlanden der Merowinger seit der Spätantike die kirchliche Organisation kontinuierlich bestand oder bereits unter König Chlodwig (482–511) reorganisiert wurde[275], gab es auf dem Gebiet des heutigen Bayern offensichtlich nichts, was einem organisierten Christentum förderlich gewesen wäre. Für eine Bistumsorganisation fehlten die kirchenrechtlichen Voraussetzungen, nämlich die Städte. Dies heißt aber nicht unbedingt, daß Baiern, Schwaben und Franken in Bayern »erst vor kurzem bekehrt« wurden, wie Arbeo von Freising Mitte des 8. Jahrhunderts glauben machen will[276].

Literarische Zeugnisse

Die romanischen bzw. romanisierten Bewohner der Provinzen Norikum und Rätien waren christianisiert. Ein eindringlicher Beleg ist der Grabstein der Sarmannina aus Regensburg, die in der Zeit um 400 »bei den Märtyrern beigesetzt« wurde (Abb. 96). Aus derselben Zeit stammt ein christlicher Grabstein aus Augsburg, wo Venantius Fortunatus noch im Jahre 565 am Grab der hl. Afra betete, bevor er über den Lech nach Italien weiterzog. Jedenfalls haben im späteren bajuwarischen Siedlungsgebiet Romanen überlebt und ihren christlichen Kult in

Abb. 96 Der Grabstein der Sarmannina in Regensburg, um 400. Die Übersetzung des lateinischen Textes (von K. Dietz) lautet: »Zum [Alpha und Omega, dazwischen das Christogramm] seligen Gedenken für Sarmann[i]na die [da] ruht in Frieden den Märtyrern vereint.«

das Frühmittelalter tradiert. Ortsnamen- und Kulttraditionen finden sich inselartig in den Alpen und im Alpenvorland.[277] Die Florian-, Valentin- und Maximilian-Patrozinien scheinen vorbaierisch zu sein, ebenso wie Marinus und Anianus, die auf dem Irschenberg (letzterer auch in Irschenhausen) verehrt werden: Märtyrer aus spätrömischer Zeit, die an Orten mit romanischer Wurzel »Irschen« = »Urso« ihren Kult haben.

Wie stark aber das Christentum dieser romanischen Restbevölkerung war und inwieweit es die Glaubensvorstellungen der germanischen Zuwanderer beeinflußte, bleibt offen. Zugleich aber stellt sich die Frage, ob die »Neuankömmlinge« wirklich alle Heiden waren oder ob diese immer wiederholte Ansicht nur ein Gemeinplatz ist. Es fällt auf, daß Eugippius in der »Vita Sancti Severini« schreibt, Severin hätte Romanen vom Alamannenkönig Gibuld freigekauft. Es werden keine »Pagani« (Heiden), sondern »Barbari« genannt, wenn von den Alamannen gesprochen wird (s. S. 70 f.).

Zum Heidentum der Bajuwaren ist literarisch nichts überliefert. Dasselbe gilt für die Alamannen, will man nicht die bei Prokop (Bellum Gothicum II, 25) überlieferten Greueltaten der Alamannen – beim Übergang über den Po wurden Knaben und Mädchen in den Fluß geschleudert – als Ausfluß heidnischen Ritualverhaltens werten und dem griechischen Geschichtsschreiber Agathias (Hist. I, 7) glauben,der über die Alamannen in Italien berichtet, daß sie bestimmte Bäume, Flüsse, Hügel und Waldtäler verehrten, denen sie Pferde, Rinder und andere Tiere opferten. Auch über die »altfränkische« Religion ist nur Weniges und Unzusammenhängendes bekannt. Historiographen, Hagiographen und königliche Erlasse wenden sich gegen Naturheiligtümer, Holztempel, Tierbilder, Ritualtänze und -gesänge und vor allem Ritualmahle, die sich offenbar größter Beliebtheit erfreuten.[278]

Territorial, zumindest de jure, gehörte das gesamte Alpenvorland zum Reich des arianischen Ostgotenkönigs Theoderich und ab spätestens 536 zum Reich des katholischen Frankenkönigs Theudebert I. Aus anderen Quellen ist zu erschließen, daß die Merowingerkönige in Binnennorikum, das eigentlich zum Patriarchat von Aquileia gehörte, in der Mitte des 6. Jahrhunderts Bischöfe einsetzten und die Bischöfe der Raetia II in Sabiona (Säben, Südtirol) residierten[279].

Der erste Baiernherzog Garibald I. war mit den Merowingern versippt, katholisch und mit Walderade verheiratet. Die Tochter aus dieser erzkatholischen Verbindung, die Langobardenkönigin Theodelinde (589–624), war im Verein mit dem römischen Bischof Gregor dem Großen und dem aus Burgund vertriebenen irischen Abt Columban, der 610 im Kloster Bobbio in den Seealpen eine Bleibe gefunden hatte, bemüht, die zum Teil heidnischen oder arianisch-christlichen Langobarden zum Katholizismus zu bekehren. Der Bruder Theodelindes, Gundoald von Asti († 616), wurde zum Stammvater der »baierischen« katholischen Dynastie im langobardischen Königreich.

Bei den Baiern war zumindest das von den Franken eingesetzte Herzogshaus katholisch, wie überhaupt die Ausdehnung fränkischer Macht zwangsläufig die Verbreitung des Katholizismus zur Folge haben mußte. Anzunehmen ist, daß auch die Genealogiae und die Nobiles (s. S. 116) katholisch getauft waren. Inwieweit und in welchem Maße das auch für das Volk zutrifft, ist ebenso ungeklärt wie die Frage nach der Organisationsform des Christentums. Ein rätischer Bischof ist im 6. Jahrhundert nur in Säben/Sabiona überliefert. Augsburg, Regensburg – die vermutete Hauptstadt des baierischen Stammesherzogtums – und Wels, die als Civitates die kanonischen Voraussetzungen geboten hätten, fallen als Bischofssitze aus. So kann man eigentlich nur von einer Art »Hofkaplane« und von »Wanderpriestern« oder »Wanderbischöfen« ausgehen, die am Herzogshof bzw. im Volk ihren seelsorgerischen Auf-

Abb. 97 Die archäologisch nachgewiesene früheste Kirche des 7. Jahrhunderts in Aschheim, Lkr. München. Befund und Rekonstruktionszeichnung.

gaben nachkamen. Literarisch überliefert sind sie freilich nicht. Daß diese Priesterschaft theologisch nicht auf dem laufenden war und häufig wohl nicht einmal die kanonischen Weihen hatte oder haben konnte, läßt sich denken. Eine Mission – gleich ob bei Heiden oder bei Christen – war vonnöten. Und das nicht nur bei den Baiern, sondern gleichermaßen bei den Alamannen zwischen Iller und Lech und den Franken in den Mainlanden.

Die iro-fränkische Mission

Eine erste literarisch nachweisbare Mission in Bayern hat in der ersten Hälfte des 7. Jahrhunderts stattgefunden. Sie ging von Luxeuil in Burgund aus; beteiligt waren Schüler Columbans, der 610 nach Italien gelangte und dort von seiner Förderin, Königin Theodelinde, gebeten wurde, bei den Baiern zu missionieren (Jonas von Bobbio). Nach 615 zogen angeblich Eustasius, Agilus, Agrestius und sicher noch viele andere von Burgund aus, um in Bayern das Wort Gottes zu verkünden. Offensichtlich wurden sie dort gut aufgenommen, denn keiner starb den Märtyrertod.[280] Diese »iro-fränkische« Mission hat in und über Bayern hinaus kaum literarische Spuren hinterlassen. Die Gründung des Klosters Weltenburg durch Eustasius ist fiktiv.[281] Insgesamt aber scheint die Mission weitaus wirksamer gewesen zu sein, als die Quellen vermuten lassen. Denn gerade in der ersten Hälfte des 7. Jahrhunderts werden im archäologischen Fundmaterial verstärkt Zeugnisse christlichen Glaubens faßbar, die unzweifelhaft mit den missionarischen Aktivitäten Columbans und seiner Schüler in Zusammenhang stehen. Von besonderer Bedeutung sind hierbei die Klerikergräber[282] aus St. Ulrich und Afra in Augsburg, an deren Ausstattung und Tracht sich eindeutige Bezüge nach Burgund feststellen lassen (Tafel 39). Daneben finden literarisch erschließbare Kirchen wie in Salzburg (St. Martin), Regensburg (St. Georg) und Freising (St. Stephan) ihre archäologisch nachweisbaren Vorgänger als Friedhofskapellen bzw. Memorien in München-Aubing, Staubing bei Weltenburg, Herrsching und Aschheim (Abb. 97) bei München.
Die columbanische Mission scheint aber nicht die einzige in Süddeutschland gewesen zu sein. Vielmehr weisen archäologische Zeugnisse auf eine Durchdringung mit christlichem Gedankengut hin, die direkt vom langobardischen Italien aus wirksam war. Besonders eindringlich bezeugen dies die sog. Goldblattkreuze (Tafel 46), die ab der Zeit um 600 ausschließlich in langobardischen, alamannischen und baierischen Gräbern auftreten (Abb. 98).[283]
Im fränkisch-alamannischen Raum zeigen sich auch Einflüsse aus dem Mittelrheingebiet. Die Prunkfibel aus dem sog. Fürstinnengrab von Wittislingen, Lkr. Dillingen a. d. Donau (Tafel 40), weist eine mit Niello ausgelegte lateinische Inschrift auf: »Uffila lebe glückselig in Gott / unsträflich vom Tode ergriffen / denn solange ich leben durfte / bin ich sehr gläubig gewesen / Ruhe in Gott / Wigerig fecit« (Abb. 99).[284]
Die iro-fränkische Mission im baierischen Stammesherzogtum scheint, wenn auch literarisch nicht belegt, das ganze 7. Jahrhundert über angedauert zu haben, was nicht zuletzt die grausigen Ereignisse um den Regensburger Missionsbischof Emmeram illustrieren. Auf der Flucht von Regensburg – wo er angeblich die Schwester des Herzogssohns Lantbert entehrt hatte – wurde er bei Helfendorf von seinen Verfolgern eingeholt und zu Tode gemartert. Sein Leichnam wurde nach Aschheim gebracht und in der dortigen Kirche beigesetzt.[285]
Nur ein Dezennium später ließ Kilian, Ire und »aller Franken Patron«, als Missionsbischof in

Abb. 98 Die Verbreitung der Goldblattkreuze nördlich der Alpen. Größere Signatur: mehrere Vorkommen (nach R. Christlein).

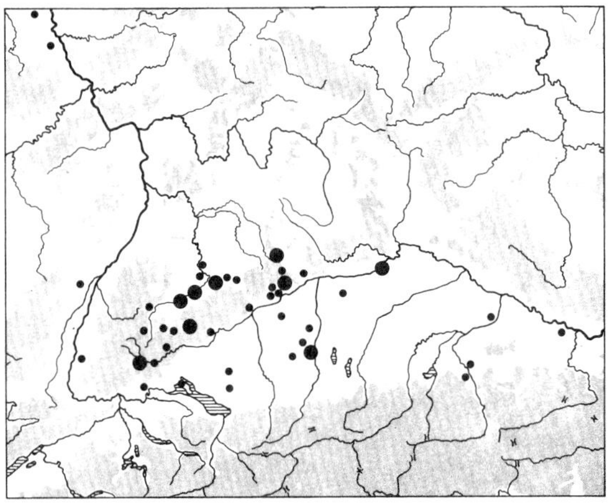

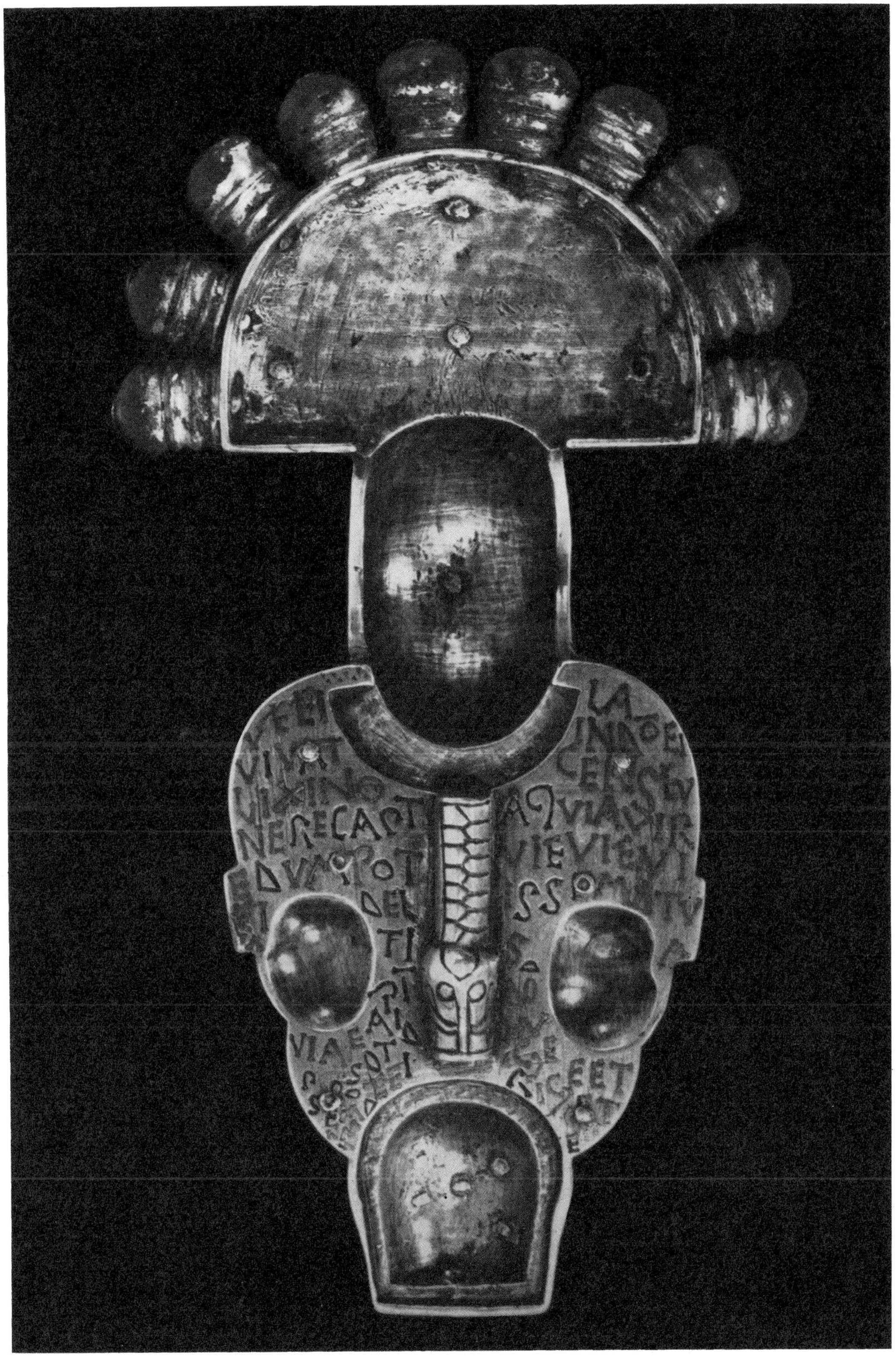

Abb. 99 Die Rückseite der Prunkfibel aus Wittislingen, Lkr. Dillingen a. d. Donau, um 600.

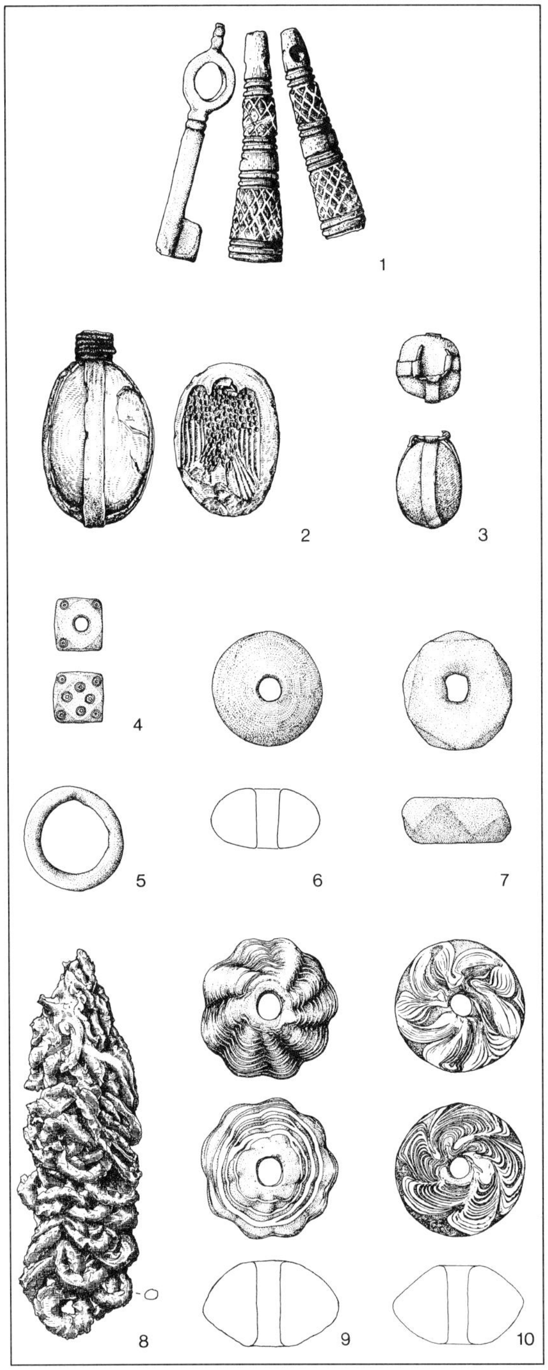

Abb. 100 Amulette aus alamannischen Gräbern des 6. Jahrhunderts; 1 Bronzeschlüssel und »Donarskeulen« aus Bein; 2 als Anhänger gefaßte römische Bergkristallgemme; 3 gefaßter Hämatit; 4 Bronzeanhänger in Würfelform; 5 Bronzeringanhänger; 6 Bernsteinanhänger; 7 Anhänger aus ko-

Würzburg sein Leben (s. S. 89). Obwohl nach Westen offen und in viel stärkerem Maße der herrschaftlichen Erfassung durch fränkische Amtsherzöge unterworfen, gibt es auch hier kaum literarische Zeugnisse zur Christianisierung bis in die Zeit Kilians. Bis auf den grundlegenden Unterschied, daß in den Gräbern Nordbayerns nirgendwo Goldblattkreuze nachzuweisen sind, entsprechen die archäologischen Verhältnisse denen in Baiern und Alamannien[286]. Kreuzförmige Anhänger, Kreuze auf Schmuckgegenständen und christliche Symbolik dokumentieren die allmähliche Durchdringung der durch Synkretismen gekennzeichneten germanischen Vorstellungswelt im 7. Jahrhundert.[287] Hier wie dort schaffen erst die angelsächsische Mission und die Bistumsorganisation durch Winfrid-Bonifatius die Verhältnisse der Karolingerzeit, die Ostfranken, Alamannien und Baiern als eindeutig christianisiert erscheinen lassen.

Heidentum, Christentum und Aberglaube

Das Leben der Menschen war in vor- und frühgeschichtlicher Zeit von vielen Bräuchen begleitet, die sich auf den Jahresablauf, das Wetter, die Geister- und Götterwelt und auf das Lebensalter bezogen. Unheil ließ sich durch bestimmte Riten, Personen bzw. Gegenstände – Amulette und Talismane – oder Zaubersprüche abwehren.[288] Frauen bedurften offensichtlich ganz besonders des Schutzes durch Talismane, die vorwiegend an vom Gürtel herabhängenden Bändern getragen wurden (Abb. 100). Altsachen – römische Münzen, Bruchstücke von Kettenhemden –, seltene Mineralien, geschliffene Bergkristallkugeln und das Gehäuse von Cyprea-Schnecken scheinen einen heilbringenden oder Unheil abwehrenden Symbolgehalt gehabt zu haben. Magische Bedeutung wohnte wahrscheinlich auch den durchbrochenen Zierscheiben (Tafel 44) und den Kettengehängen inne, in deren Verteilerplatten heidnische und christliche Symbolik kombiniert sind (Tafel 45).
Für das frühgeschichtliche Bayern gibt es kaum schriftliche Quellen zum alamannischen, baierischen und fränkischen »Volksglauben«. Was wir wissen, ist für die Zeit vom 4. bis zum 8. Jahrhundert nur aus den archäologischen Quellen zu erschließen. Dabei fällt es für diese Übergangszeit vom Heidentum zum kirchlich organisierten Christentum schwer, Heidnisches von Christlichem zu trennen.[289]
Die Bestattungssitten unterlagen in jener Zeit bei den Germanen und – um einige Generationen früher – bei den Romanen einem grundlegenden Wandel. Die Brandbestattung wurde vom Leichenbegräbnis abgelöst, bei dem gemeinhin die West-Ost-Orientierung und die zunehmende Beigabenarmut als Grad der Christianisierung gelten, bis schließlich als Folge der um 700 erstarkenden kirchlichen Organisation die »Reihengräberfelder« nicht mehr belegt werden.
Es ist unklar, inwieweit die in diesen Friedhöfen Bestatteten Heiden oder Christen waren. Vor allem deshalb, weil christliche Zeugnisse leichter zu erbringen sind als heidnische: Fibeln mit magischen Runenzeichen (Tafel 27), Brakteaten mit Wotandarstellungen oder Donarkeulen sind nicht sehr zahlreich und machen gerade wegen ihrer »altgermanischen« Bildinhalte in Süddeutschland einen eher fremdartigen Eindruck[290]; dafür mehren sich jedoch ab der Zeit um 600 die christlichen Bildzeichen auf Schmuck und anderen Gegenständen in den Gräbern.

Körperbestattung und vor allem die West-Ost-Orientierung in Richtung Jerusalem steht sicher mit christlichem Brauchtum in Verbindung. Ob aber die Beigabensitte bei den Germanen vom 5. bis 7. Jahrhundert heidnisches religiöses Relikt ist oder aber seine Wurzeln im germanischen Recht hat, ist eine an sich müßige Frage. Der rechtliche Aspekt ist vom religiösen zu trennen: Wurde der Tote in seiner Tracht mit seinem persönlichen, vom Erbgang ausgeschlossenen Besitz begraben, kann es sich sowohl um einen heidnischen als auch um einen christlichen Germanen handeln. Heidnische Vorstellungen spiegeln sich dagegen sicher in der Beigabe von Charonspfennigen und von Speise und Trank für die Reise ins Jenseits wider. Dies ist auch statistisch zu belegen. Die Beigabe von Speise und Trank – durch Tierknochen bzw. Tongefäße nachzuweisen – nimmt in einem geographisch-zeitlichen Gefälle von West nach Ost ab. Das heißt, in den zentralen Gebieten des Frankenreichs westlich des Rheins hört diese Sitte bereits in der Mitte des 6. Jahrhunderts auf, in den Randgebieten, in Alamannien und Baiern, entsprechend später.

baltblauem Glas; 8 eisernes Kettenpanzergeflecht; 9–10 Glasanhänger.
1 Dettingen/Erms, Lkr. Reutlingen, Baden-Württemberg; 2–8 Neuburg a. d. Donau-Bittenbrunn; 9–10 Buttenwiesen-Unterthürheim, Lkr. Dillingen a. d. Donau (nach R. Christlein).

Bayern in frühkarolingischer Zeit

Mit der Schwächung der fränkisch-merowingischen Zentralgewalt im 7. Jahrhundert konnten das alamannische und besonders das baierische Stammesherzogtum und sogar das thüringische Amtsherzogtum relativ selbständige Wege gehen; Schwaben und Baiern lebten unter eigenem Recht, der Lex Alamannorum bzw. der Lex Baiuvariorum. Ob die Bevölkerung Nordbayerns unter fränkischem (Lex Salica oder Lex Ribuaria) oder thüringischem Recht stand, ist unbekannt, wäre aber für eine ethnische Beurteilung sehr wichtig.

Die Volksrechte wurden im frühen 8. Jahrhundert aufgezeichnet, doch müssen ältere Fassungen bis weit ins 7. Jahrhundert zurückreichen. Die Entstehung der alamannischen und baierischen Leges, ihre Beeinflussung durch das römische bzw. durch das ost- und westgotische, fränkische bzw. langobardische Recht ist immer noch nicht bis ins letzte geklärt. Davon abgesehen sind die Gesetze aber eine wichtige Quelle für die Rekonstruktion der sozialen Strukturen, der Wirtschaft und Verwaltung sowie nicht zuletzt auch der Sprache. Die Leges wurden bis in die Zeit Karls des Großen immer wieder novelliert, bis sie im hohen Mittelalter außer Gebrauch kamen und durch das römische Recht ersetzt wurden.

In der ursprünglichen Fassung der Lex Baiuvariorum werden aus der Masse der freien Bauern nur die Herzogsfamilie der Agilolfinger und die berühmten fünf Genealogiae (Geschlechter), die Huosi, Drazza, Fagana, Hahilinga und Anniona, hervorgehoben. Daneben lassen sich aus der Lex nur Freie (liberi) und Unfreie (servi) eruieren (Abb. 101).[291] Dabei hatte der rechtliche Status nichts mit dem wirtschaftlichen zu tun. Unter den Freien befanden sich Arme, die ihr Wergeld (Bußgeld) nicht bezahlen konnten, und reiche Grundbesitzer. Adelige, wohl von Odal (Besitz), bekamen erst in der Spätzeit Tassilos III. auf dem Konzil von Dingolfing um 770 einen eigenen Rechtsstatus zugewiesen. Wahrscheinlich handelte es sich um die Ratifizierung einer sozialen Entwicklung, die schließlich in das mittelalterliche Lehenswesen einmündete.

Inhaltlich regelten die Gesetze den Rechtsverkehr und die Buße für Straftaten.[292] Die Todesstrafe war auf wenige Delikte, darunter Hochverrat, beschränkt. Ansonsten wurde nach einer Art Bußgeldkatalog verfahren, in dem das Wergeld für die verschiedenen Vergehen, vom Niederreißen eines Zauns bis zum Raub, vom unsittlichen Berühren einer Frau bis zum Mord minuziös geregelt war. Der Wahrheitsfindung im Streitfall dienten archaische Praktiken wie der Zweikampf und Reinigungseide, die aus vorchristlicher Zeit abzuleiten sind. Zu den regelmäßig stattfindenden Gerichtstagen unter Leitung des »Grafen« oder Richters (judex), der im 8. Jahrhundert bereits sein Gesetzbuch dabeihaben mußte, hatten alle Freien zu erscheinen.

Die Volksrechte waren, ob kodifiziert oder nur mündlich tradiert, das bestimmende Element für die Stammeszugehörigkeit. Wer unter baierischem Recht stand – ob germanischer, romanischer oder slawischer Abkunft – war de jure Baier.

Der Verselbständigung der baierischen und alamannischen Reichsteile traten erst die karolingischen Hausmeier und Könige entgegen. Sie setzten im Lauf des 8. Jahrhunderts bis zu Karl dem Großen die alten, aus dem 6. Jahrhundert herrührenden Rechtstitel wieder durch. Gerade am Anfang vom Ende – der alamannische Adel wurde 746 von Karlmann auf dem »Cannstatter Gerichtstag« weitgehend liquidiert und das thüringische Amtsherzogtum nach dem Tode des letzten Heden um 717/19 nicht mehr besetzt – hatte das agilolfingische Stammesherzogtum, durch Bündnisse und genealogische Bindungen mit den Awaren und Langobarden rückversichert, seine Blütezeit (vgl. Abb. 1). Unter den Agilolfingern Theodo (ca. 680–717), Odilo (738–748) und vor allem Tassilo III. (749–788), mütterlicherseits selbst Karolinger (Abb. 64), wurde Baiern kirchlich organisiert. Der Herzog und der Adel stifteten –

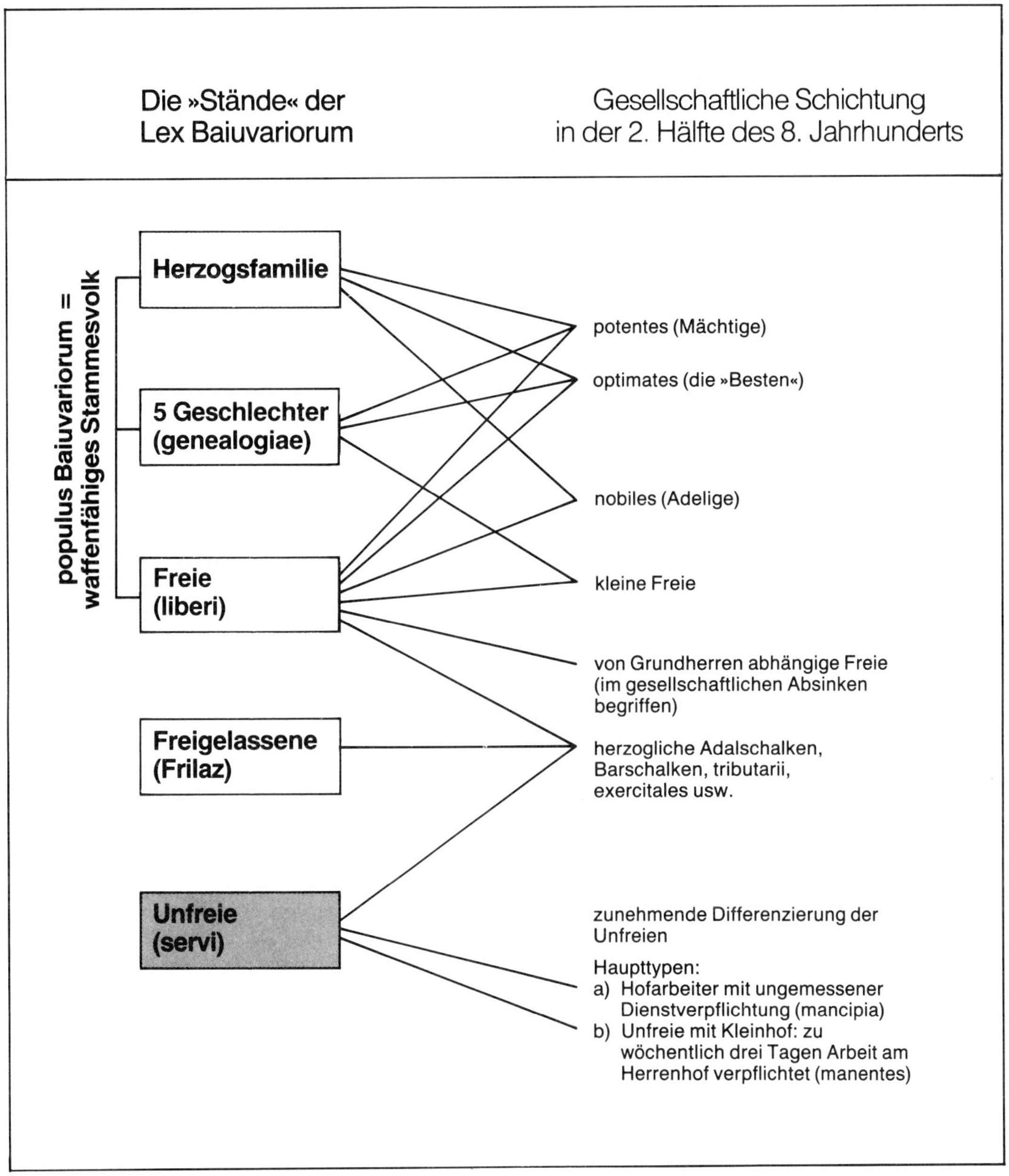

Abb. 101 Die gesellschaftliche Schichtung der Baiern in der zweiten Hälfte des 8. Jahrhunderts (nach W. Störmer und W. Hölzl).

ähnlich wie in Franken die Karolinger – Klöster und statteten sie reich mit Grundbesitz aus (Tafel 73). Unter anglo-irischem Einfluß erblühte eine klösterliche Kultur, von der außer illuminierten Handschriften (Tafel 71; 72) und Bucheinbänden (Tafel 70) liturgisches Gerät wie der Becher von Pettstadt bei Bamberg (Tafel 67) und der Tassilokelch aus Kremsmünster zeugen (Tafel 68).[293]

Mit der Absetzung Tassilos III., des letzten Agilolfingers, und seiner Verbannung ins Kloster durch Karl den Großen kam 788 auch das baierische Herzogtum – 16 Jahre nach dem langobardischen Königreich in Italien, zu dem bis zum Untergang der Selbständigkeit enge Beziehungen bestanden hatten – unter die unmittelbare Herrschaft der Franken, wobei aber die Stammesgrenzen in Bayern nicht verschoben wurden.[294]

Die stammesspezifischen Eigenheiten, die sich aus den Verhältnissen in der Spätantike bis in die Zeit um 600 entwickelten, haben sich, trotz aller historischen Ereignisse, sozialen Umwälzungen, Binnenwanderungen, Auswanderungen und Zuwanderungen, zumindest außerhalb der Ballungsgebiete, in Grundzügen bis heute erhalten. Das ist durchaus nicht selbstverständlich, denn Bayern ist weder eine geographische Einheit noch eine verkehrsferne Region. Eine der Ursachen liegt sicher in der konservativen, manchmal fälschlich als rückständig persiflierten Grundhaltung der Bevölkerung, die weit über ein Jahrtausend ein ungewöhnliches Assimilationsvermögen gezeigt hat, und in der sprichwörtlichen Liberalitas Bavariae.

Tafelteil

1 Spätrömische Gardehelme. Die beiden vergoldeten Garde- oder Offiziershelme wurden, wahrscheinlich ineinandergesteckt, 1897 aus dem Kies eines verlandeten Wertacharms bei Augsburg-Pfersee geborgen. Ihre Kalotten bestehen aus zwei eisernen Halbschalen, die mittels Nieten durch einen Eisenkamm und einen Stirnreif zusammengehalten werden und mit vergoldetem Silberblech kaschiert sind. Die Verzierung beschränkt sich auf Kreisaugen-, Winkel- und S-Bänder, wobei das Stück mit Nacken- und Nasenschutz an der Stirn nach oben gerichtete gestielte Trauben aufweist. Die ursprünglich vorhandenen Wangenklappen der ca. 24 cm langen und 14 cm hohen Helme sind verloren.

Rüstungsteile der spätrömischen Armee – vor allem Helme und Panzer – sind eine Rarität im Fundmaterial des 4. und 5. Jahrhunderts. Der Helmtyp, von dem bisher aus allen römischen Provinzen nur 25 Exemplare bekannt sind, ist wahrscheinlich sassanidisch-persischen Ursprungs und wurde unter Konstantin d. Gr. im römischen Heer eingeführt. Mit Edelsteinen besetzt sind derartige Helme für das 4. Jahrhundert auf Münzporträts und in den Schriftquellen als kaiserlicher Kopfschutz überliefert (Konstantin in der Schlacht bei der Milvischen Brücke 312 n. Chr.: Panegyricus Latinarum VII (VI) c 6 p. 224,7; Valentinian I. im Kampf gegen die Alamannen bei Solicinium 368 n. Chr.: Ammianus Marcellinus 27, 10.11).

Die in den kaiserlichen Waffenfabriken von den sog. *barbaricarii* hergestellten Helme mit vergoldeter Silberblechauflage waren sicherlich ausschließlich Gardetruppen und Offizieren vorbehalten, während die schlichten Eisenexemplare mit hohem Kamm, die ebenfalls archäologisch überliefert und beispielsweise in der letztmals um 425 redigierten Notitia dignitatum abgebildet sind, einfachen Soldaten gehörten. Möglicherweise waren Helme dieses Typs bis in die Mitte des 5. Jahrhunderts Standard des römischen Bewegungsheers.
4. Jahrhundert. Römisches Museum Augsburg; Germanisches Nationalmuseum Nürnberg.

2 Geschirrdepots. Die beiden scheibengedrehten Flaschen (H. 26 cm) und die Schüssel aus glänzend schwarzem, gefirnißtem und geglättetem Ton mit Horizontalwülsten wurden zusammen mit vielen anderen gleichartigen Gefäßfragmenten zerscherbt in einer Grube mit Brandspuren in der germanischen Siedlung von Werneck-Eßleben, Lkr. Schweinfurt, gefunden. Vielleicht handelt es sich bei der Grube um das ausgebrannte Kellerdepot eines Geschirrhändlers; wahrscheinlicher aber ist ein »Geschirropfer«, ein Brauch, der seit der vorrömischen Eisenzeit im freien Germanien belegt ist.
Das schwarz gefirnißte Siebgefäß (ergänzt, Dm. 17 cm) mit zwei Henkelösen ist ein gewöhnlicher Siedlungsfund aus Aub-Baldersheim, Lkr. Würzburg.
Die sog. Terra-nigra-Ware ist in Mittel- und Südwestdeutschland weit verbreitet. Unklar bleibt, ob sie im Lande selbst oder in grenznahen spätrömischen Töpfereien hergestellt wurde.
4. Jahrhundert. Mainfränkisches Museum Würzburg.

3 Spätkaiserzeitliches Frauengrab. In einem von beigabenlosen Urnengräbern bestimmten spätkaiserzeitlichen Germanenfriedhof im Sulztal bei Berching-Pollanten, Lkr. Neumarkt i. d. Oberpfalz, fanden sich vier nordwest-südost-orientierte Körperbestattungen.
Der Tote in Grab 4 ist als »Häuptling« anzusprechen (Abb. 47); die Frau in Grab 2 war eine Zeitgenossin und mit ihm wahrscheinlich auch familiär verbunden. Sie trug auf der Schulter ein Paar bronzene Armbrustfibeln, die mit einem Kollier aus Bernstein- und Glasperlen unterschiedlicher Form und Verzierung sowie silbernen Anhängern und Bronzedrahtringen mit verdrillten Enden verbunden waren. Den Halsschmuck bildete eine Kette aus kobaltblauen Ösen- und Scheibenperlen. Am Unterarm lagen noch ein Eisenmesser und ein kleiner Eisenring unbekannter Funktion.
Nach Ausweis der Funde bestand die zum »gemischt belegten Gräberfeld« gehörende Siedlung das ganze 4. Jahrhundert und ist wohl den in den Quellen als östliche Nachbarn der Alamannen erwähnten Juthungen zuzurechnen.
Anfang 4. Jahrhundert. Museum der Stadt Regensburg.

4 Germanischer Frauenschmuck. Aufgrund der nur selten gut beobachteten Grabfunde ist die Rekonstruktion der frühalamannischen Frauentracht nur in Grundzügen möglich. Aus einem Körpergrab in Mödingen-Bergheim, Lkr. Dillingen a. d. Donau, im Vorland des spätrömischen Limes in Schwaben gelegen, sind ein silberner Halsring, eine silberne Haarnadel mit Polyederkopf, eine schwere Bernsteinkette und zwei polychrome Glasperlen überliefert. Halsringe aus Metall – Silber oder Bronze – wurden im 4. Jahrhundert sowohl von Männern als auch von Frauen getragen. Typischer Kopfschmuck sind Haarnadeln und Halsketten, wobei Bernsteinperlen in den spätkaiserzeitlichen Frauengräbern Süddeutschlands relativ häufig vorkommen. Die 57 Bernsteine in der Halskette von Bergheim sind teilweise geschickt abgedreht, wobei die Drehrillen ein eigenes Verzierungselement bilden. Öfter treten grüne oder blaue Glasperlen auf; große Perlen mit polychromer Auf- bzw. Einlage dagegen sind selten. Das Fehlen des sonst obligaten Fibelpaars im Inventar von Bergheim weist darauf hin, daß der Fund unvollständig geborgen wurde.
4. Jahrhundert. Prähistorische Staatssammlung München.

5 Germanischer Grabfund. Das 1910 auf dem Spielberg bei Oettingen-Erlbach, Lkr. Donau-Ries, gefundene Frauengrab ist einer der frühesten archäologischen Belege für die alamannische Landnahme in den nördlichen Teilen der Provinz Rätien nach dem Fall des Limes. Das Silbergeschmeide – Haarpfeile, Halsring, Fingerring und zwei nadelförmige Riemenzungen von einer Tasche mit Bronzering –, bronzene Gürtelschnalle, Tonspinnwirtel und Knochenkamm mit halbrunder Griffplatte sowie ein bauchiger Napf mit Dellenzier, vor allem aber das Paar silberner Scheibenfibeln mit goldener Preßblechauflage und blauen Glasflußeinlagen (Dm. 7,8 cm), weisen auf den hohen sozialen Rang der in einem separiert angelegten Grab Bestatteten hin; zugleich ergibt der antiquarische Vergleich eine Herkunft des Schmucks tief aus dem Inneren des freien Germanien.
Anfang 4. Jahrhundert. Heimatmuseum Oettingen/Ries.

6 Spätkaiserzeitliches Männergrab. Derselben Zeit wie die Frauenbestattung vom Spielberg bei Erlbach gehört das Männergrab an, das bereits 1830 auf dem nördlichen Donauufer bei Laisacker, Neuburg a. d. Donau-Bittenbrunn, Lkr. Neuburg-Schrobenhausen, geborgen wurde. Zur Zeit der Bestattung des überdurchschnittlich reich ausgestatteten Toten, dessen Gürtel durch eine Silberschnalle mit Rechteckbeschlag und Preßblechauflage geschlossen wurde und dem neben drei bronzenen Pfeilspitzen drei handgemachte Tongefäße sowie ein provinzialrömischer Schwarzfirnisbecher mit den weiß aufgemalten Buchstaben REPLE beigegeben war, bestand im Kastell auf dem Schloßberg bei Neuburg eine römische Garnison. Die Volkszugehörigkeit des Toten, ob alamannisch oder juthungisch, bleibt offen, doch ergeben sich über die Trachtausstattung, die Grab- und Beigabensitte eindeutige Beziehungen in den mitteldeutsch-elbgermanischen Raum. Besonders eindringlich belegt dies die symbolische Beigabe der drei bronzenen (!) Pfeilspitzen, die dem Toten Pars pro toto für seine Waffenausrüstung mitgegeben war.
Anfang 4. Jahrhundert. Prähistorische Staatssammlung München.

7 Zwiebelknopffibeln. Teil der römischen Amts- und Militärtracht waren seit der späten Kaiserzeit bis weit in das 6. Jahrhundert die sog. Zwiebelknopffibeln. Wie Mosaiken, Dyptichen, Grabsteine und Ausgrabungsbefunde zeigen, dienten sie als Mantelverschluß und wurden ausschließlich von Männern mit nach oben gerichtetem Fuß auf der rechten Schulter getragen (Abb. 27). Ihre Ausführung in Bronze, Silber, vergoldeter Bronze oder in Gold scheint den Rang ihrer Besitzer angezeigt zu haben. Formgestaltung, technische Details und die Verzierung ermöglichen eine chronologische Differenzierung der im ganzen Imperium verbreiteten, in der Regel sicher serienmäßig hergestellten Fibeln.
Die sieben bronzegegossenen Zwiebelknopffibeln unterschiedlicher Form und Zeitstellung stammen aus den Kastellfriedhöfen von Straubing-Azlburg I und II und dem sog. »Altstadtfriedhof« in Straubing, welche die Anwesenheit des römischen Militärs und der Verwaltung im Kastell Sorviodurum bis in die Mitte des 5. Jahrhunderts belegen. Formengut aus dem mitteldeutschen und böhmischen Raum in den Gräbern mit »amtlichen« Zwiebelknopffibeln bestätigen die überall in den römischen Grenzprovinzen feststellbare Durchsetzung der römischen Truppen und der Bevölkerung mit germanischen Elementen.
Wegen ihrer technischen Details sind besonders hervorzuheben das Exemplar aus Straubing-Azlburg I, Grab 19 (L. 9 cm), bei dem die Nadelsicherung voll beweglich erhalten ist, und die Fibel aus Azlburg II, Grab 44, mit gekerbten Silbermanschetten an Arm- und Bügelenden.
4. bis 5. Jahrhundert. Gäubodenmuseum Straubing.

8 Spätrömische und germanische Keramik. Die Symbiose einheimisch-provinzialrömischer und zugewanderter germanischer Bevölkerungselemente zeigt sich in den Friedhöfen der spätrömischen Kastelle am Donaulimes unter anderem auch im Spektrum der Grabkeramik. Es kommen nebeneinander Formen römischer und germanischer Töpfertradition vor, wobei einer ethnischen Zuweisung in vielen Fällen der allgemeine Verfall der provinzialrömischen Zivilisation entgegensteht.
In Straubing-Azlburg I, Grab 15, fand sich ein handgeformter bauchiger Henkelkrug asymmetrischer Form aus grauem Ton zusammen mit einer grob handgeformten Öllampe (im Bild links hinten) sowie ein Tonbecher. Trotz der primitiv »germanisch« anmutenden Machart steht das Trinkservice aus der ersten Hälfte des 5. Jahrhunderts als solches in römischer Tradition, ebenso wie der handgeformte grautonige Becher (H. 11 cm, vor dem Henkelkrug) und der scheibengedrehte hochwandige, schwarztonige Teller mit gerauhtem Innenboden aus Azlburg II, Grab 14 (im Vordergrund), das wegen der Beigabe zweier Spinnwirtel als »germanisch« anzusprechen ist. In Grab 38 von Azlburg II aus der Mitte des 4. Jahrhunderts dagegen ist beste spätrömische Töpfertradition offenkundig. Das beigegebene Service besteht aus einem großen, rotgefirnißten Tonteller mit Randdekor und kleinem Standring (Dm. 28,3 cm) und einer hellgelben bauchigen Henkelflasche mit bräunlicher Bemalung. Die Tonware ist auf der schnellrotierenden Töpferscheibe gedreht und klingend hart gebrannt. Dasselbe gilt für den enghalsigen Henkelkrug mit Schnaupe aus Azlburg I, Grab 12 (rechts hinten). Eindeutig germanischer Herkunft ist die glimmerhaltige schwarztonige Flasche mit ausladender Schulter und Ritzdekor (H. 13,2 cm; rechts außen) aus dem süd-nord-orientierten Grab 41 von Azlburg II. Sie bildete mit einer Glasschale und einem Lavezbecher mit Bronzebändern wiederum ein Trinkservice, das, wie auch die kleine rottonig reduzierend gebrannte Flasche neben dem hochwandigen Teller, in die Zeit um 400 datiert werden kann.
4. bis frühes 5. Jahrhundert. Gäubodenmuseum Straubing.

9 Spätrömischer Ringschmuck. Das romanische Element in den spätrömischen Friedhöfen Südbayerns dokumentiert sich bei den Frauengräbern im Armschmuck. Im west-ost-orientierten Grab 11 von Straubing-Azlburg II trug die Tote am rechten Handgelenk den üblichen Bronzering mit Tierkopfende, den linken Unterarm hingegen schmückten nicht weniger als 20 Ringe: einfache rundstabige Armringe, solche mit verdrillten Enden, Ringe aus vier gewundenen Drähten, bandförmige Bronzeringe und Ringe mit Tierkopf- und Stollenenden. Daneben fanden sich ein Glasring und sechs beinerne Armringe.
Das Typenspektrum findet sich in zahllosen provinzialrömischen Gräbern von Pannonien bis Gallien wieder. Daß es sich bei der Toten in Grab 11 ethnisch möglicherweise um eine Germanin gehandelt hat, könnte aus der Lage des Grabs im Friedhof und durch die Beigabe des Glaskrugs (Tafel 11) erschlossen werden. In jedem Fall aber zeigt der Ringschmuck den Grad der Romanisierung eingewanderter germanischer Elemente in der Grenzprovinz Rätien an.
Spätes 4. Jahrhundert. Gäubodenmuseum Straubing.

10 Tierknopfschnalle. Einziger Metallfund in Grab 1 des Militärfriedhofs von Straubing-Azlburg II ist eine sog. bronzene Tierknopfschnalle. Sie besteht aus einem gegossenen Bügel mit Eierstabrelief und Tierkopfenden, einem Dorn mit gerieftem Dornschild und tierkopfförmiger Spitze sowie einem rechteckigen Laschenbeschläg, das mit verschiedenen Punzen und Tremolierstichen verziert ist. Abnutzungsspuren und vor allem die unsachgemäße Reparatur des Beschlägs mit zwei Nieten weisen auf eine lange Benutzungsdauer der 5,7 cm breiten, um 400 entstandenen Schnalle hin, deren ursprünglich zugehörige Beschläge schon lange vor der Grablegung verloren waren.
Der Waffengurt, das *cingulum,* hatte auch in der spätrömischen Armee uniformierenden Charakter und war nach der Dienstzeit Standeszeichen der Veteranen. In großen Mengen von kaiserlichen Manufakturen produziert und an das Militär ausgegeben, sind Schnallen- und Besatzgarnituren aus Bronze in relativ beschränkter Variationsbreite vor allem aus den nördlichen Grenzprovinzen des Imperiums bekannt. Vereinzelt werden solche Militärgürtel oder ihre subäraten Imitationen auch außerhalb der Reichsgrenzen gefunden, wohin sie wohl kaum als Handelsgut, sondern eher als das Eigentum ehemaliger barbarischer Söldner des römischen Heeres gelangt sind (vgl. Abb. 30–33; Tafel 13). Anfang 5. Jahrhundert. Gäubodenmuseum Straubing.

11 Spätrömisches Glas. In den regelhaft beigabenarmen Gräbern spätrömischer Zeit sind Glasgefäße eine relativ seltene Grabbeigabe und Indikator für den Wohlstand der Verstorbenen. Gläser wurden aus grenzfernen Gebieten importiert, in denen die Produktion von der Spätantike bis ins frühe Mittelalter überdauerte. Die Importwege an den Donaulimes und auch die Fabrikationszentren – seien es italische, gallische, norisch-pannonische oder gar byzantinische – können nur vermutet werden.
Das schönste Glas aus dem Friedhof von Straubing-Azlburg II fand sich im Frauengrab 11, wohl der Bestattung einer Germanin, deren sozial hervorgehobene Stellung durch den reichen Armschmuck (Tafel 9) dokumentiert wird. Die elegante Flasche aus hellgrünem, relativ dickem Glas mit aufgeschmolzenem Bandhenkel, Halswulst, Vertikalrippen und schmalem Standfuß mit Nuppen (H. 25 cm) lag zu Füßen der Toten. Wegen der Form und der Dicke des Glases ist eine östliche Herkunft der Flasche wahrscheinlich.
Aus denselben östlichen Zusammenhängen könnte das dickwandige Balsamarium aus lindgrünem Glas stammen, das in einem anderen Grab von Straubing-Azlburg II gefunden wurde. Die dünnwandige, lichtgrüne gedrungene Glasflasche mit Vertikalfalten und angeschmolzenem Henkel aus Grab 48 (H. 11,1 cm) ist westlicher Herkunft.
Spätes 4. Jahrhundert. Gäubodenmuseum Straubing.

12 Spätkaiserzeitliche Hirschdarstellung. Eine der wenigen naturalistischen Darstellungen aus spätrömischer Zeit im freien Germanien hat sich auf einem Dreilagenkamm mit dreieckiger Griffplatte im Friedhof von Altendorf, Lkr. Bamberg, erhalten.
In einem durch Brandgräber bestimmten Milieu fand sich im Grab 74 das Skelett einer Frau und der Leichenbrand eines Kindes. Einziger Schmuck war ein bronzener Fingerring, an Gerät waren zwei Spinnwirtel und eine Tonflasche mit drei tönernen Fußbechern beigegeben.
Der 16,4 cm lange Kamm aus Hirschgeweih mit Eisennieten zeigt im dreieckigen Zierfeld mit Mäander und Wellenbandbordüre auf der Vorderseite einen kapitalen Hirsch in Brunfthaltung und auf der Rückseite eine in den Vorderläufen einbrechende Hirschkuh. Es besteht wohl kaum ein Zweifel, daß im Bildinhalt eine Fruchtbarkeitsmagie zum Ausdruck kommt.
Tierdarstellungen auf Kämmen sind sonst in Mitteleuropa nicht nachgewiesen. Parallelen finden sich im Bereich der südosteuropäischen Sîntana de Mureş-Kultur in Rumänien und vereinzelt in Kastellen des pannonischen Donaulimes. Um 400. Historisches Museum Bamberg.

13 Militärgürtel. Die zehnteilige, massiv aus Bronze gegossene, punzverzierte Beschlaggarnitur mit scheibenförmiger Riemenzunge, Schnallenbügel mit Tierkopfenden, zwei Halbröhrchen und sechs Beschlagplatten ist eines der wenigen Beispiele mit vollständig erhaltener Besatzkombination. Sie gehörte zu einem 8,3 cm breiten Gürtel, der einer nord-süd-orientierten Körperbestattung im sonst durch Brandschüttungsgräber bestimmten germanischen Friedhof in Kahl am Main, Lkr. Aschaffenburg, quer über die Beine gelegt beigegeben war.
Der Tote ist durch einen bronzenen Ösenhalsring als germanisch bestimmt; die Niederlegung des Gürtels im Beinbereich entspricht provinzialrömischen Bestattungssitten der späten Kaiserzeit.
Anfang 5. Jahrhundert. Bayerisches Landesamt für Denkmalpflege Würzburg.

15 Alamannisches Frauengrab. Zu den herausragenden Befunden in dem von der ersten Hälfte des 5. Jahrhunderts bis in frühkarolingische Zeit belegten Friedhof in Großostheim-Wenigumstadt, Lkr. Aschaffenburg, gehört die Bestattung einer überdurchschnittlich reich ausgestatteten Frau aus der Frühphase des anfänglich überwiegend alamannisch geprägten Gräberfeldes.
Grab 231 war südwest-nordost-orientiert. Neben dem 2,3 m langen Holzsarg mit der Bestattung standen auf einem eisenbeschlagenen Holzkästchen die beiden Trinkbecher mit Fadenauflage aus honigfarbenem bzw. kobaltblauem Glas. Im Sarg lagen rechts am Schädel die bronzene, nachträglich umgestaltete Tierkopfschnalle und die Silbernadel mit Kugelkopf. Im Beckenbereich fanden sich der teilvergoldete silberne Sieblöffel, zwei Eisenschlüsselchen und die kreisaugenverzierte Knochenpyxis. Längs der linken Brustseite lagen in vertikaler Reihung die großen Bernstein- und Glasperlen, darunter, auf dem Brustkorb, paarig zwei kleine silbervergoldete Bügelfibeln des »rheinhessischen Typs« mit Tierkopffuß. Der silberne Armring mit vergoldeten profilierten Enden umschloß den linken Unterarm, während weitere große Perlen und der goldene Fingerring mit rund gefaßtem Glas- und Goldfadendekor die linke Hand schmückte.
Die Zusammensetzung des Schmuckensembles aus der Mitte des 5. Jahrhunderts, seine Kombination und modisch bedingte Tragweise – Fibeln auf der linken Brust, Perlen, Handgelenksring und Fingerring an der linken Hand – unterscheiden sich deutlich von der frühalamannischen Frauentracht des 4. Jahrhunderts. Parallelen haben sie dagegen in den jüngeren alamannischen Gräbern Südwestdeutschlands des späten 5. und frühen 6. Jahrhunderts. Möglicherweise entstand die später prägende Mode in der alamannischen Kontaktzone zum römisch-fränkischen Gebiet am Untermain.
Mitte 5. Jahrhundert. Städtisches Museum Aschaffenburg.

14 Spätrömischer Import. Der Spitzbecher aus olivgrünem Glas mit Schrägriefen, der kugelige Glasbecher mit ausladendem Rand und Standboden sowie die Terra-sigillata-Schüssel mit Rollstempeldekor (Dm. 15,4 cm) wurden 1863 in einem west-ost-orientierten Körpergrab bei Thüngersheim, Lkr. Würzburg, in 1,8 m Tiefe gefunden.
Die Schüssel und die Glasgefäße können nach zahlreichen Vergleichsfunden, vor allem aus den linksrheinischen Gebieten, als provinzialrömische Produkte des frühen 5. Jahrhunderts bestimmt werden. Sie belegen, wie andere gleichartig mit Import ausgestattete Germanengräber, einen regen Handelsaustausch über den Rhein, wobei das Wirtschafts- und Zivilisationsgefälle offensichtlich ist. Einziges germanisches Produkt ist der Dreilagenkamm mit dreieckiger Griffplatte und geometrischer Würfel- bzw. Einstichzier (L. 14,1 cm).
Anfang 5. Jahrhundert. Mainfränkisches Museum Würzburg.

16 Gefäße vom Typus Friedenhain-Přešt'ovice. Als eine besondere keramische Gruppe können in Ostbayern Gefäße vom Typ Friedenhain-Přešt'ovice herausgestellt werden. Neben weitverbreiteten, nicht unbedingt typischen Gefäßen sind handgeformte flache Schalen aus gelbbraunem bis schwärzlichem Ton mit sorgfältig geglätteter Oberfläche und Schrägkanneluren bzw. Ovalfacetten auf dem Bauchumbruch bezeichnend. Vereinzelte Zierelemente sind bandförmige Muster aus dreieckigen und kornförmigen Einstichen sowie Ritzlinien.
Namengebend für die Gruppe sind zwei Brandgräberfelder. Das eine liegt in Südböhmen und das andere in Parkstetten-Friedenhain, Lkr. Straubing-Bogen, nördlich der Donau. Dort dienten die Gefäße als Urnen, in denen der Leichenbrand meist ohne jegliche Beigaben geborgen war. Bruchstücke derartiger Keramik sind als Siedlungsrelikte von der oberen Altmühl bis nach Passau hin bekannt. Südlich der Donau kommen sie nur in den Grenzkastellen und vereinzelt auch in Gräbern der Kastellfriedhöfe von Straubing-Azlburg (beispielsweise die kleine Schale im Vordergrund des Bildes aus Azlburg I, Grab 60) und sogar noch im bajuwarischen Friedhof von Straubing-Bajuwarenstraße vor, was zeigt, daß derartige Keramik mindestens bis gegen die Mitte des 5. Jahrhunderts gebräuchlich war. Seit wann diese spezifischen Formen und Zierweisen auftreten, ist allerdings noch unklar. Insgesamt darf diese Irdenware als eine Variante der im Elbgebiet allgemein verbreiteten Keramik angesprochen werden, wobei sich eine durch die Forschungsintensität verursachte Verdichtung des Fundbildes im ostbayerischen Raum abzeichnet (Abb. 43).
4. bis 5. Jahrhundert. Gäubodenmuseum Straubing.

17 Ostgermanisches Fürstengrab. Ein für das spätrömische Südbayern in jeder Hinsicht außergewöhnlicher Fund ist das bereits 1843 in Fürst bei Fridolfing-Pietling, Lkr. Traunstein, geborgene Grab eines Landfremden. Erhalten sind drei massiv goldene Schnallen mit rundem Beschläg und Almandineinlagen (L. max. 7 cm), ein 69,16 g schwerer goldener Handgelenksring und ein grünlicher Glasbecher mit aufgeschmolzenem Arkadenmuster (H. 8,4 cm). Ein angeblich mitgefundener Glaskrug ist verschollen. Die Schnallen mit überlangem Dorn haben zahlreiche Parallelen im hunnisch beherrschten Donauraum und in Südrußland. Sie sind als Gürtel- bzw. Stiefelschnallen der Tracht zu werten, die nach den Beschreibungen des Priskos den Vornehmen am Hofe Attilas zu eigen waren und in lockerer Streuung von der Wolga bis zum Rhein archäologisch nachgewiesen ist. Obwohl durch vereinzelte Funde donauländischen Charakters in den spätrömischen Kastellen Rätiens ostgermanisch-gotische (?) Truppenkontingente wahrscheinlich gemacht werden konnten (vgl. Abb. 40), handelt es sich bei dem Toten von Fürst wohl nicht – wie von der neuesten Forschung diskutiert – um einen ostgermanischen oder sarmatischen Fürsten in römischen Diensten. Vielmehr scheint die Grablege mit der hunnischen Expansion nach Westen in der ersten Hälfte des 5. Jahrhunderts in Zusammenhang zu stehen, die in wenigen Belegen zwischen Pannonien und dem Rhein sporadisch ihren archäologischen Niederschlag gefunden hat. In diese Zusammenhänge gehört auch die vierte abgebildete Schnalle, die in der Gegend von Regensburg gefunden wurde.
Mitte 5. Jahrhundert. Prähistorische Staatssammlung München.

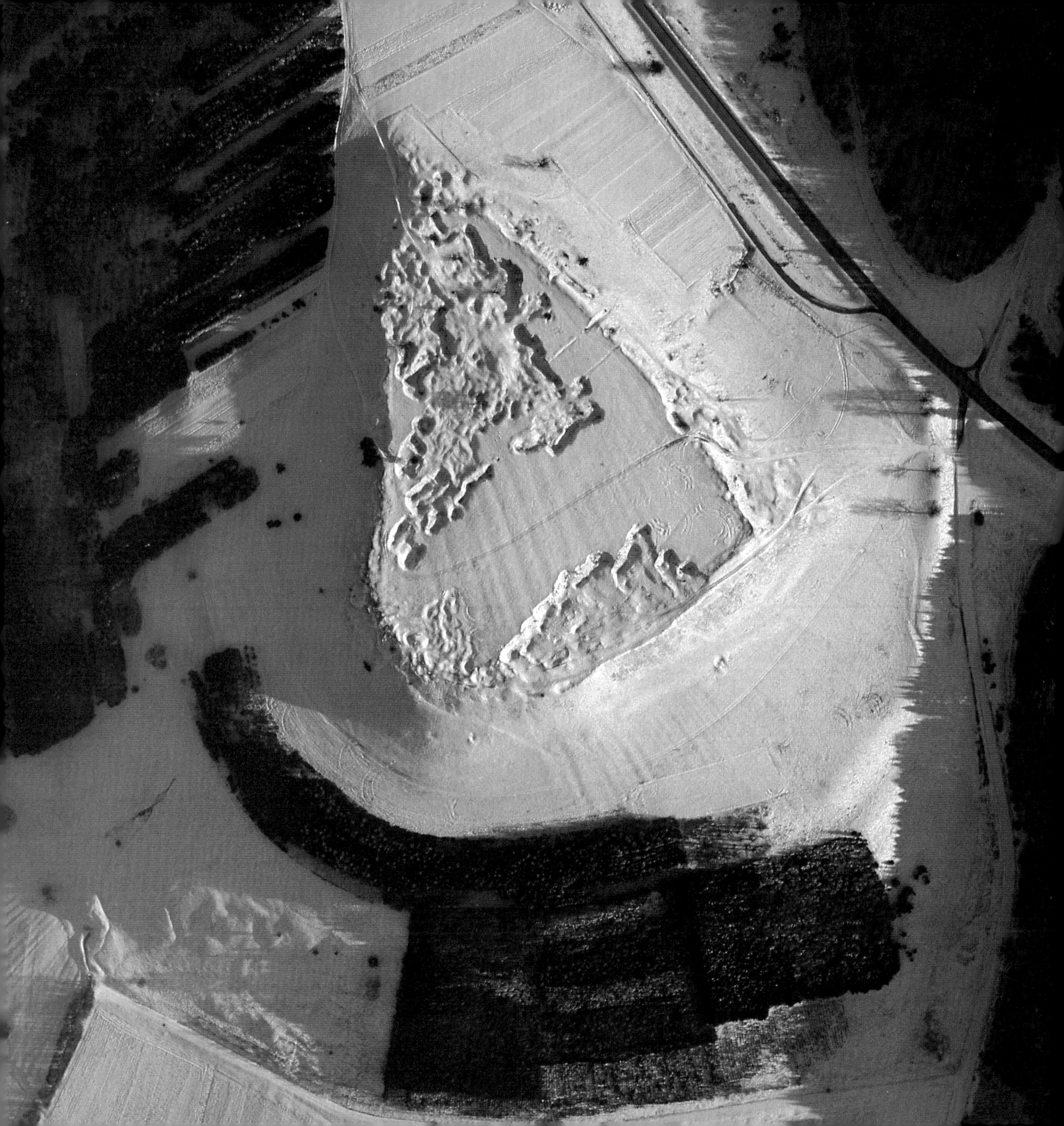

18 Die Gelbe Bürg. In der winterlichen Luftaufnahme sind deutlich die Randwälle des durch Steinbrüche zernarbten Gipfelplateaus und die äußere Umwallung der Gelben Bürg bei Dittenheim, Lkr. Weißenburg-Gunzenhausen, in Mittelfranken zu erkennen.
Auf der dreieckigen Hochfläche ist Besiedlung für mehrere vorgeschichtliche Perioden nachgewiesen. Die heute noch erkennbaren Mauerverstürze stammen aus dem 4. und 5. Jahrhundert n. Chr., als der Berg zu einer germanischen »Gauburg« ausgebaut war (vgl. Abb. 49).
4. bis 5. Jahrhundert.

19 Der Staffelberg bei Staffelstein. Auf dem 300 × 100 m großen Gipfelplateau mit steil abfallenden Flanken des weit in das Maintal vorspringenden Staffelbergs, Lkr. Lichtenfels, in Oberfranken ist vorzeitliche Besiedlung seit dem Neolithikum nachgewiesen. Erstmals in der späten Hallstattzeit befestigt, diente das Gipfelplateau in spätkeltischer Zeit als Akropolis eines 49 ha umfassenden Oppidums, bei dem es sich vielleicht um die bei Claudius Ptolemaeus genannte Stadt Menosgada handelte.
In spätrömischer Zeit wurde das Gipfelplateau erneut befestigt. Die verstürzten Mauern der germanischen Gauburg konnten vor wenigen Jahren ausgegraben, dokumentiert und in einem Ausschnitt rekonstruiert und konserviert werden.
4. bis 5. Jahrhundert.

20 Spätrömische Form- und Ziertraditionen. Die Eisenschnalle mit streifentauschiertem nierenförmigem Bügel, Kolbendorn und in Messing engmaschig gittertauschiertem Beschläg sowie der messingplattierte Feuerstahl mit gegenständigen Tierköpfen und Befestigungsschnalle wurden im west-ost-orientierten Grab 25 eines von der Mitte des 5. Jahrhunderts bis in das 7. Jahrhundert belegten Reihengräberfriedhofs bei Neuburg a. d. Donau-Bittenbrunn, Lkr. Neuburg-Schrobenhausen, gefunden.
Beide Objekte – der Feuerstahl wurde mit der Schnalle am Gürtel befestigt und diente möglicherweise zugleich als Taschenverschluß – stehen formal und ornamental in spätrömischer Handwerkstradition, worauf die vorwiegend linksrheinische Verbreitung entsprechender Vergleichsfunde hinweist.
Möglicherweise wurde ihr Besitzer, der zur Gründergeneration der zum Friedhof gehörenden Siedlung zählte, aus eben diesen Gebieten an die Donau verschlagen.
Mitte 5. Jahrhundert. Prähistorische Staatssammlung München.

21 Frühbajuwarisches Schmuckensemble. Die Schmuckausstattung vornehmer Frauen in der Zeit um 500 ist im frühbajuwarischen Grab 19 des Reihengräberfriedhofs von Barbing-Irlmauth, Lkr. Regensburg, beispielhaft belegt: Goldene Ohrringe mit Almandin- und Granateinlagen sowie ein silberner Haarpfeil mit Vogelkopf und Almandinrundel bildeten den Kopfschmuck. Den Hals zierte eine Bernsteinkette. Am linken Handgelenk trug die Frau einen schweren offenen Silberring mit profilierten und vergoldeten Kolbenenden. Das Untergewand schloß auf der Brust ein Paar silbervergoldete Vogelfibeln mit Almandineinlagen. Den Rock oder das Übergewand hielten in der Taille zwei silbervergoldete Bügelfibeln mit Kerbschnittdekor und einzelnen Granateinlagen zusammen (L. 7,9 cm). Die beiden silbervergoldeten Riemenzungen gehörten zu den Strumpfbändern, während die Glasperlen Teil des Gürtelgehänges waren. Der Silberlöffel und eine Glasschale mit Fadenauflage belegen die verfeinerte Eßkultur der wohlhabenden Frau.
Die »Vier-Fibel-Tracht« ist die gängige Frauenmode vom späten 5. bis in die zweite Hälfte des 6. Jahrhunderts im Raum zwischen Nordfrankreich und Pannonien. Regionale Differenzierungen ergeben sich aus Form und Verzierung des Schmucks. Zu Ohrringen des »Typs Irlmauth« finden sich Vergleichsstücke in frühbajuwarischen Gräbern, vor allem aber im Mittelrheingebiet. Haarpfeile mit Vogelköpfen haben ihre Hauptverbreitung in Nordfrankreich, Belgien, im Rheinland, am Oberrhein und am Neckar. Ein annähernd gleiches, nach Westen weisendes Verbreitungsbild haben die Bügelfibeln und die vogelförmigen Kleinfibeln, so daß unter Berücksichtigung des Armrings aus der Kombination und dem Formenspektrum des Trachtschmucks eine generelle Zugehörigkeit zum fränkisch-alamannischen Westen erschlossen werden kann.
Ob es sich bei der Dame aus Barbing-Irlmauth um eine aus diesen Räumen zugewanderte Person gehandelt hat oder eine »westliche« Mode von bereits im Donautal bei Regensburg Ansässigen übernommen wurde, läßt sich aus dem archäologischen Befund allein nicht entscheiden.
Um 500. Museum der Stadt Regensburg.

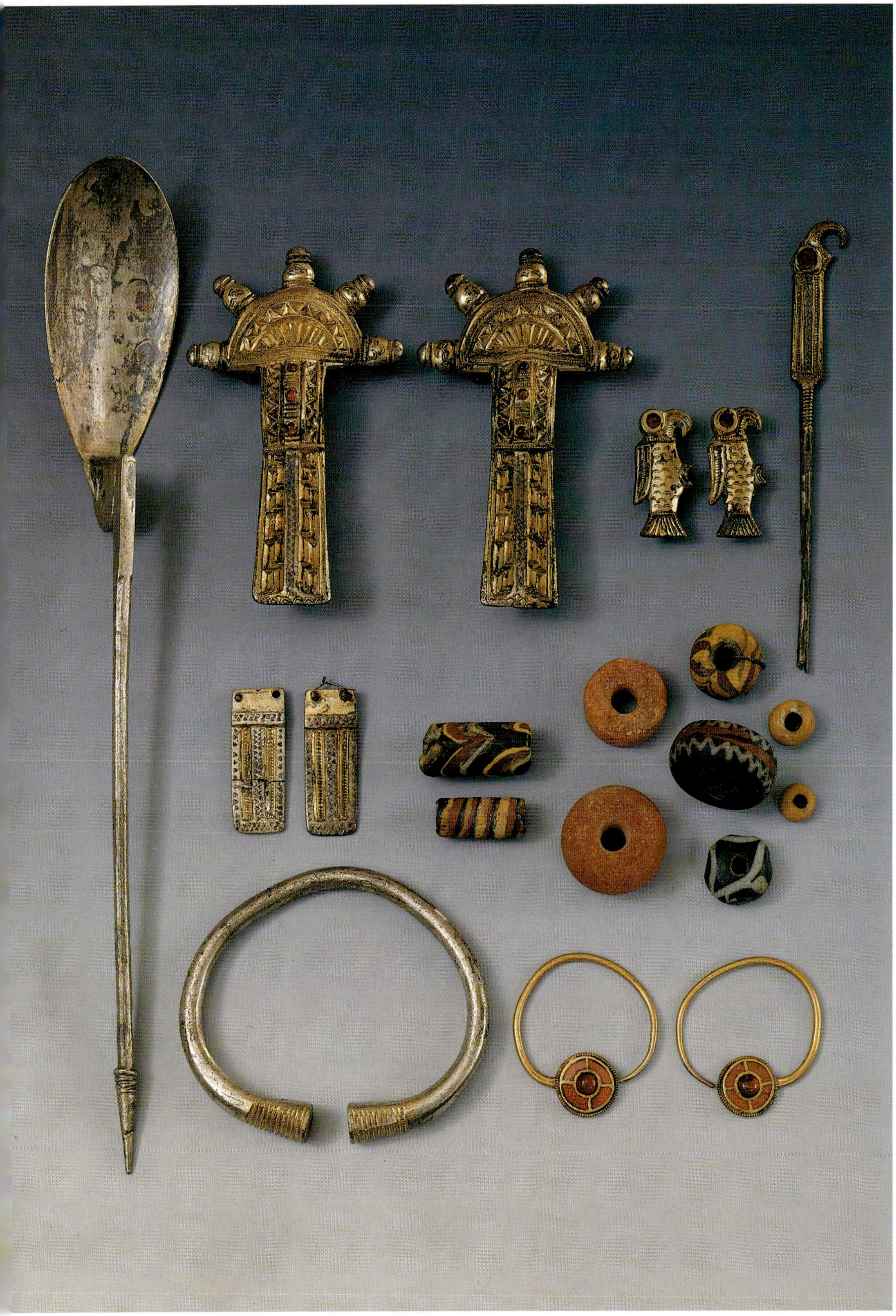

22 Gürtelschließen. Der Gürtel war wichtigster Schmuckträger der Männertracht. Angeregt durch die römischen Militärgürtel, waren die Leibriemen mit auffälligen Schnallen versehen, deren Form, Material und Verzierung einem stetigen modischen Wandel unterlagen. Sie stellen somit ein zuverlässiges Datierungskriterium der Grabfunde dar und geben zugleich Hinweise auf politisch-wirtschaftliche Einflüsse im süddeutschen Bereich vor allem während des 6. Jahrhunderts. Dies verdeutlichen Schnallen aus den frühbajuwarischen Gräbern in Erding-Altenerding, Lkr. Erding, und Pliening, Lkr. Ebersberg, im Semptal nordöstlich von München. ▷

Zu den ältesten Formen gehören Eisenschnallen mit silberner Streifentauschierung, die entweder halbrunde Silberblechbeschläge (Grab 245) oder Rechteckbeschläge mit einzeln gefaßten Steineinlagen (Grab 652) aufweisen. Sie datieren, wie auch die Eisenschnallen mit eingezogenem, manchmal geripptem Bügel (Grab 1288), in die Mitte bis zweite Hälfte des 5. Jahrhunderts.

Dem späten 5. Jahrhundert sind die Schnallen mit nierenförmigem Beschläg (Grab 106) zuzuweisen. Massiv aus Silber gegossen, vergoldet und mit Almandineinlagen versehen, sind sie in den ursprünglich selben östlichen Zusammenhängen zu sehen wie die rechteckigen Schnallen mit Rechteckbeschläg und flächigem Almandin-Cloisonné. Besonders kostbar waren die großen Bergkristallschnallen mit herzförmigem Bügel von rundem Querschnitt, die mittels zweier cloisonnierter Niete am Gürtel befestigt waren (Grab 92) und einen massiven vergoldeten Bronzedorn hatten (Grab 344). Sie gehören, ebenso wie die massiven Silberschnallen mit Kolbendorn (Gräber 504 und 1171), in das frühe 6. Jahrhundert.

Aus fränkischer Produktion stammen die sog. Schilddornschnallen mit schildförmigen Haften aus Bronze oder Weißmetall, die seit dem zweiten Viertel des 6. Jahrhunderts eine weite Verbreitung in Süddeutschland fanden. Sie kommen, ebenso wie die etwas jüngeren, komplizierter konstruierten kleinen Schnallen mit festem Dornschild und Rechteckbeschläg mit basaler Nietleiste aus Weißmetall und Silber, auch in Frauengräbern vor und sind von England bis Ungarn verbreitet. Diese Schnallen mit Rechteckbeschläg treten zum Teil zusammen mit Beschlaggarnituren auf und leiten die Entwicklung zu den dreiteiligen Gürtelgarnituren des 7. Jahrhunderts ein. Dies gilt auch für die massiven Silberschnallen mit dreieckigem Beschläg, Kugelkopfnieten und filigriertem Zierblech (Grab 969; L. 9,5 cm) und für die Schnalle mit festem, durchbrochenem Rahmenbeschläg.

Aus burgundisch-westlichen, letztlich mediterranen Zusammenhängen stammt die Schnalle mit durchbrochenem Rechteckbeschläg und Scharnierkonstruktion, die als Greifenschnalle bezeichnet wird (Grab 289).

Spätes 5. bis spätes 6. Jahrhundert. Prähistorische Staatssammlung München.

◁ **23 Bügelfibeln.** Bügelfibeln – Gewandspangen mit rückseitiger Nadelkonstruktion – sind wesentlicher und auffälligster Trachtenschmuck in den Frauengräbern des späten 5. und 6. Jahrhunderts. Aus Silber, seltener aus Bronze nach einem Model in der Kastenform gegossen, sind ihre Schauseiten in Kerbschnittechnik verziert, manchmal mit Halbedelsteinen eingelegt und fast immer feuervergoldet. Wahrscheinlich auf Bedarf von wandernden Goldschmieden aus den Edelmetallbeständen der Besteller hergestellt, haben gerade die Bügelfibeln eine große Typenvariation. Formale und ornamentale Merkmale in Verbindung mit den Verbreitungsschwerpunkten ermöglichen eine grobe »ethnische« Klassifizierung bestimmter Typen, auch wenn sie nebeneinander in Gräbern desselben Friedhofs, z. B. in Straubing-Bajuwarenstraße, vorkommen.
In donauländischer Tradition stehen die sog. ostgotischen Bügelfibeln. Meist aus schlechtem Silber gegossen und schwach vergoldet, haben sie eine halbrunde Kopfplatte mit fünf mitgegossenen Knöpfen und einen rautenförmigen Fuß mit seitlich angesetzten Granatrundeln und Tierkopfende. Die Flächen sind mit Spiralrankendekor in Kerbschnittechnik verziert. Bei dem Exemplar aus Grab 266 (L. 13,2 cm) sitzen am Fibelfuß zwei Randtiere.
Den alamannisch-fränkisch-süddeutschen Typ vertritt eine Fibel aus Grab 351 (L. 8,4 cm). Neben der halbrunden Kopfplatte mit fünf mitgegossenen, meist stärker profilierten Knöpfen sind der flache Bügel und der leicht trapezförmige Fuß typisch, die durch einen niellierten Mittelsteg in zwei Bahnen mit plastischem geometrischem Kerbschnittdekor verziert sind. Auf der Kopfplatte kommt neben geometrischem auch Rankendekor vor.
Mitteldeutsch-böhmischen Typs sind die »Zangenfibeln« mit ausgezackter Kopfplatte, flachem Bügel und ovalem Fuß. Wie bei dem Stück aus Straubing-Bajuwarenstraße Grab 477 (L. 7 cm) treten relativ häufig Tierkopfenden auf.
Als »langobardisch« werden Prunkfibeln mit großem Kopfteil bezeichnet. Acht bis zwölf separat gegossene, tierkopfförmige Knöpfe sind mit Eisennieten auf der relativ kleinen Kopfplatte befestigt, zwischen die mittels eines Blechstreifens in einer zweiten Zone tonnenförmig profilierte Zwischenfutter gesetzt sind. Die meist großen und vor allem schweren Gewandspangen haben einen ovalen Fuß mit plastisch ausgebildetem Tierkopfende, sind immer mit Tierornamentik flächig verziert und stark vergoldet. Fibeln dieser Art kommen gehäuft in Pannonien und in den langobardischen Gräbern Italiens vor und datieren in die Mitte bis zweite Hälfte des 6. Jahrhunderts (Straubing-Bajuwarenstraße, Grab 453; L. 10,8 cm).
Daß in einem Trachtensemble zusammen mit Fibeln des süddeutschen Typs und westlichen Ohrringen auch mehr »östliche« S-Fibeln vorkommen können, zeigt Grab 66. Umgekehrt bilden im Grab 432 »langobardische« Bügelfibeln (L. 8,6 cm) mit rechteckiger Kopfplatte und Zopfbanddekor, separat gegossenen, aufgenieteten profilierten Knöpfen, ovalem Fuß mit Tierkopfende und Tierornamentik zusammen mit zwei Almandinbroschen wahrscheinlich fränkischer Produktion eine entsprechende modische Schmuckkombination. Dies allein mag zeigen, daß Form und Typ der Gewandspangen nur wenig über die ethnische Identität ihrer Trägerin aussagen.
5. und 6. Jahrhundert. Gäubodenmuseum Straubing.

24 Kämme. Kämme sind seit der Spätantike eine stets wiederkehrende Beigabe in germanischen Frauen- und Männergräbern. Sie scheinen nicht nur profanes Gerät der Haar- und Bartpflege gewesen zu sein. Ihre magisch-rituelle Bedeutung – als Grabbeigabe – steht sicher im Zusammenhang mit dem Haar selbst, nämlich dem Symbol für Leben und Erneuerung. Langes, gepflegtes Haar war überdies bei Frauen wie bei Männern Statussymbol. Typisch für das 4. und 8. Jahrhundert sind sogenannte »Dreilagenkämme«. Auf das ein- oder zweireihige Kammblatt aus Knochen, Bein oder Horn wurden beidseitig formgleiche Griffplatten genietet. Ihre Herstellung geschah sicher durch spezialisierte Handwerker.
Im Friedhof Straubing-Bajuwarenstraße sind verschiedene Kammtypen vertreten, so die ältesten Formen mit dreieckiger Griffplatte, ferner einreihige und zweireihige, zum Teil mit raffiniert konstruiertem, reich mit Zirkelschlag und Würfelaugen verziertem vierteiligem Futteral, die als Prunkstücke an einem Band sichtbar am Gürtel getragen wurden. Der lange einreihige Kamm mißt 23 cm.
5. bis 7. Jahrhundert. Gäubodenmuseum Straubing.

25 Trinkgläser als Fernhandelsgut. Trinkgefäße aus Glas sind besonders wertvolle Beigaben in meist auch sonst üppig ausgestatteten Gräbern. Glas mußte seit der Spätantike nach Süddeutschland aus den Gebieten importiert werden, wo die römische Zivilisation über die Völkerwanderungszeit hinaus produktiv blieb. Wie man sich den Handel mit Glas über weite Strecken vorzustellen hat, ob Fern- oder Zwischenhandel üblich war, wie und womit die zerbrechliche Ware transportiert wurde und welchen Wertrelationen sie unterlag, ist unbekannt. Hauptlieferanten für den Raum nördlich der Alpen im 5. bis 7. Jahrhundert waren offensichtlich Glashütten in den fränkischen Kernlanden an Rhein und Maas.
Ob es sich um den spitzkonischen Becher aus Hammelburg, Lkr. Bad Kissingen, den hellgrünen Glockenbecher aus Kleinlangheim, Lkr. Kitzingen, oder den kunstvoll-bizarren »fränkischen Rüsselbecher« aus bräunlichem Glas aus Sindelsdorf, Lkr. Weilheim-Schongau, und auch um den hellgrünen Tummler aus Erding-Altenerding, Lkr. Erding, handelt, allen ist eine westlich-fränkische Provenienz zuzuschreiben. Italischer Herkunft sind wahrscheinlich das grünliche Stengelglas aus Altenerding und der bräunliche Faltenbecher aus Steinhöring, Lkr. Ebersberg.
5. bis 7. Jahrhundert. Prähistorische Staatssammlung München.

26 Frühbajuwarische Irdenware. Obwohl Tongefäße eine relativ seltene Beigabe in bajuwarischen Gräbern sind, konnten aus den über 800 Bestattungen des Friedhofs Straubing-Bajuwarenstraße an die hundert Keramiken geborgen werden. Da die Gefäße als Behältnisse für Speise und Trank dienten, erlauben sie zum einen Rückschlüsse auf die Jenseitsvorstellungen, zum anderen dokumentieren sie in Herstellungstechnik, Form und Verzierung den Stand der Töpferei vom 5. bis 7. Jahrhundert. Dabei stellt sich zumindest für Straubing heraus, daß die örtliche Tradition bis in die spätrömische Zeit zurückreicht und die Irdenware aus heimischem Ton hergestellt ist. »Fremd« wirkende Formen wurden nicht importiert, sondern die Töpfereien paßten ihre Produktionen ganz offensichtlich dem jeweiligen Zeitgeschmack an (freundl. Hinweis Th. Fischer).
Die örtliche Bevölkerungs- und Handwerkskontinuität zeigt sich in der hellbraunen schrägkannelierten Schale vom Typ Friedenhain-Přešťovice aus Grab 84 (im Vordergrund rechts) und in dem bauchigen Henkelkrug mit Schnaupe (Grab 303; H. 27 cm, im Hintergrund rechts) aus graubraunem grob gemagertem Ton, der mit einem Gefäß aus dem Kastellfriedhof von Straubing-Azlburg I durchaus vergleichbar ist (Tafel 8). Von ähnlicher Machart sind der Krug aus Grab 632, der 0,7 Liter faßt (rechts außen), und das hellbraun gebrannte Doppelhenkelgefäß aus Grab 560. Während diese Gefäße allem Anschein nach aus häuslicher Produktion stammen, wurde die Mehrzahl der aufgefundenen Irdenware in regelrechten Töpfereien hergestellt.
Langobardisch-gepidische, d. h. südöstliche Einflüsse zeigen Formgebung und Verzierung des beutelförmigen Bechers mit Rautengitterstempeldekor aus Grab 484 c, ein Gefäßtypus, der in der Mitte des 6. Jahrhunderts allgemein geläufig ist (vorn links). Anklang an fränkische sog. Knickwandtöpfe weisen die doppelkonischen, klingend hart gebrannten Gefäße aus Grab 170 a und Grab 685 auf. Ersteres (Mitte links) ist weißtonig, außen schiefergrau geschmaucht und mit dem Rollrädchen verziert, letzteres ist ebenfalls auf der schnellrotierenden Scheibe gedreht und stempelverziert.
5. bis 7. Jahrhundert. Gäubodenmuseum Straubing.

27 Fibeln als Bildträger. Die beiden prächtigen, aus Silber gegossenen, in den Zierfeldern feuervergoldeten, fast 13 cm langen Bügelfibeln aus Grab 137 von Nordendorf, Lkr. Augsburg, gehören dem skandinavisch-angelsächsischen Typus mit rechteckiger Kopfplatte und meist rhombischem Fuß an. In einigen Varianten sind derartige Fibeln auch im süddeutschen, vor allem alamannischen Raum verbreitet, wobei unsicher ist, ob diese im Lande produziert oder von weit her importiert wurden. Letzteres scheint bei den Nordendorfer Stücken der Fall zu sein, wie vor allem das Bildprogramm im germanischen Tierstil I auf Kopf- und Fußplatte zeigt. Auf den rechteckigen Kopfplatten sind die Innenfelder mit Paaren von nach außen blickenden kauernden Tieren gefüllt. Genauer und inhaltsreicher ist die Fußplatte mit rhombischem Mittelfeld und Randtieren gestaltet, wobei die nach unten geneigten Tierköpfe und das Mittelfeld ein Bildmotiv ergeben, dem mit dem aufwärtsblickenden Gesicht in der Rundel am Ende des Fibelfußes ein weiteres hinzugefügt ist.
Die ikonographische Deutung des ersten Motivs geht dahin, daß ein menschliches Gesicht ein Tier (im rhombischen Mittelfeld) ausspeit, auf das die weit geöffneten Rachen der zwei hängenden Tierköpfe gerichtet sind. Das zweite Motiv ist durch das nach oben gerichtete Gesicht und die kauernden, ganzkörperlich dargestellten, durchbrochen gegossenen Randtiere bestimmt.
Komplex ist die inhaltliche Deutung der Bildkomposition: »Die Protomen eines Wurmpaares sind die Sinnbilder schutz- und wachtübender Mächte, die ihnen entweder immanent sind oder die sie als Symboltiere einer Gottheit vertreten. Ein männliches Gesicht, dem sie sich mit weitgeöffnetem Rachen zuwenden, ist darin nicht ihrem Angriff ausgesetzt, sondern in ihre sympathetische Wirksamkeit einbezogen. Es ist als Bildkürzel der Gesamtgestalt einer Person – vorzugsweise eines exemplarischen Menschen – zu werten, dessen Lebenskraft = Seele durch ein Tier bezeichnet wird, das dem Mund entweicht« (H. Vierck 1967).
Im zweiten Bildmotiv scheinen die Gegenmächte dargestellt zu sein, die den von den Tierprotomen beschützten Menschen bedrohen und von dem aufwärts gerichteten Gesicht ihren Ausgangspunkt nehmen. Die germanische Tierornamentik ist nicht bloßer Dekor, sondern eine Bildsprache, deren Kürzel heute kaum noch zu lesen sind und wohl hauptsächlich heilbringende oder Unheil abwehrende Bedeutungsinhalte vermitteln.
1. Hälfte 6. Jahrhundert. Prähistorische Staatssammlung München.

28 Beigaben aus alamannischen Frauengräbern. In Buttenwiesen-Unterthürheim, Lkr. Dillingen, wurden in neuerer Zeit ca. 260 alamannische Gräber des 6. und 7. Jahrhunderts ausgegraben. In Grab 39, der Bestattung einer erwachsenen Frau, fanden sich u. a. die Bügelfibel mit Tierkopfende (L. 9,2 cm), die Almandinscheibenfibel und ein Kollier aus drei bunten Perlenketten.
In der Mitte des 6. Jahrhunderts wurde in Grab 71 eine wohlhabende Dame beigesetzt. Auffällige Beigaben sind der einreihige Beinkamm mit Tierprotomen (L. 35,7 cm), ein gläserner Glockenbecher, ein doppelkonisches Tongefäß mit ausschwingendem Rand und Gitterstempeldekor und ein aus Kupferblech getriebenes, sog. Perlrandbecken (Dm. 27,8 cm). Letzteres weist eine weiße, wasserlösliche (!) Innenbemalung aus S-Linien, Kreisen und Punkten auf, wobei offenbleibt, wie die Bemalung mit wasserlöslicher Farbe in einem Waschbecken zu deuten ist.
6. Jahrhundert. Römisches Museum Augsburg.

29 Ländlicher Schmuck. Im Inventar des alamannischen Gräberfeldes von Buttenwiesen-Unterthürheim, Lkr. Dillingen a. d. Donau, zeigt sich ein teilweise überdurchschnittlicher Wohlstand, den vor allem der Fibelschmuck belegt. Dabei lassen sich über die großen Bügelfibeln vom sog. nordischen Typ (Grab 219; L. 11,9 cm), die donauländischen Silberfibeln mit rautenförmigem Fuß und die beiden kleinen mitteldeutschen Bügelfibeln, die Vogel- und S-Fibeln auch hier Fernbeziehungen rekonstruieren.
6. Jahrhundert. Römisches Museum Augsburg.

30–32 Irdenware aus fränkischen Gräbern. Das Keramikspektrum im fränkischen Friedhof von Westheim, Lkr. Weißenburg-Gunzenhausen, ist von einer großen Typenvariation geprägt. Dabei fallen drei Hauptgruppen von Beigabengefäßen auf, die sich in Tonkonsistenz, Brand und Form unterscheiden und mit Sicherheit unterschiedlichen Werkstattkreisen zuzuordnen sind.

Eine erste Gruppe (Tafel 30) stellen bauchige Henkelkrüge (Grab 187), flache Teller (Grab 161), doppelkonische Töpfe (Grab 5), Töpfe mit scharfem Schulterumbruch und eingezogenem profiliertem Hals (Grab 10) bzw. zylindrischem Hals mit Querrillen (Grab 109; H. 19 cm) sowie bauchige Gefäße mit Röhrenausguß und Schnurösen (Grab 120; H. 18 cm) und als Einzelform ein großes eiförmiges Gefäß (ohne Grabzusammenhang; H. 21,5 cm) dar. Die Gefäße sind scheibengedreht, reduzierend rötlichgelb und klingend hart gebrannt. Nach ihrem Vorkommen in datierbaren Fundzusammenhängen gehören sie in die erste Hälfte des 6. Jahrhunderts.

Eine zweite Gruppe (Tafel 31) ist in ihrer Zusammensetzung weniger homogen: Das doppelkonische Gefäß aus gräulichbraunem Ton mit Stempeldekor aus Grab 195 vertritt einen im gesamten süddeutschen Raum üblichen Keramiktyp des 6. Jahrhunderts, was auch für den kleinen Becher aus Grab 168 (H. 9,5 cm) gilt. Eine lokale Variante großer kugeliger Töpfe mit geradem Boden und scharf profiliertem Schulter- und Halsteil, die mit Punktreihen und Stempeln verziert sind, liegt unter anderem aus Grab 161 vor (H. 21 cm), das noch in das späte 6. Jahrhundert datiert. Ein ähnlicher Zeitansatz ist für den beutelförmigen Becher mit hängenden Dreiecken aus gegitterten Rautenstempeln anzunehmen, wobei dieser dünnwandige Keramiktyp eine Verbreitung von Ungarn über Italien und Süddeutschland bis an die Unterelbe hat. In südwestdeutsch-alamannischen Zusammenhängen treten sog. Rippenbecher auf (Grab 96; H. 12 cm). Sie sind handgeformt, oxydierend gebrannt und mit vertikalen Rippen, Kanneluren und Stempeln ornamentiert. Sie datieren ebenso wie der Knickwandtopf mit profilierter Randzone und Stempeldekor (Grab 141; H. 13,5 cm) in die erste Hälfte des 6. Jahrhunderts, wobei hier der Einfluß aus den fränkischen Kerngebieten am Rhein offensichtlich ist.

Die dritte Keramikgruppe (Tafel 32) besteht aus hartgebrannten, meist bauchigen, scheibengedrehten Gefäßen mit glattem Standboden. Typische Vertreter sind der Becher aus Grab 72 (H. 10,5 cm) mit Drehrillen auf der Schulter, das große bauchige Gefäß mit ausgestelltem Rand (Grab 154; H. 21,5 cm) und der einfache bauchige Topf aus Grab 234 (H. 15 cm). Irdenware dieser Art scheint in einer lokalen Töpferei – ganz entsprechende Gefäße finden sich auch in dem nur eine halbe Tagesreise entfernten Friedhof von Dittenheim (Tafel 33) – im 7. Jahrhundert hergestellt worden zu sein. Grobe handgeformte, anscheinend nur für den Funeralbrauch hergestellte Kümpfe und Becher (Grab 240, H. 13,5 cm) sind eine häufige Erscheinung in Gräbern des späten 6. und 7. Jahrhunderts (Tafel 32).

Wie variantenreich Irdenware sein kann, zeigt das Beispiel des wellenbandverzierten Bechers mit Kugelboden und doppelkonischem Profil (H. 12,5 cm). Obwohl Form und Verzierung eine Datierung ins 7. oder 8. Jahrhundert implizieren könnten, wurde das Stück zusammen mit dem kleinen rotgebranntem Henkelkrug (Tafel 30) in Grab 187 gefunden, das eindeutig in die erste Hälfte des 6. Jahrhunderts zu datieren ist.

6. und 7. Jahrhundert. Germanisches Nationalmuseum Nürnberg.

33 Gefäßbeigaben. Trotz anzunehmender Durchdringung der Bevölkerung mit christlichen Glaubensvorstellungen blieben in den fränkischen Friedhöfen konservative Beigabensitten gebräuchlich. Dies zeigt sich vor allem in der Beigabe von Gefäßen aus Ton zur Aufnahme von Totenspeisen. Das gilt sowohl für den Friedhof von Westheim als auch für das nur wenige Kilometer entfernte Gräberfeld von Dittenheim, beide Lkr. Weißenburg-Gunzenhausen. Die Gräberzahl und die Größe der zugehörigen Siedlung entsprechen einander in etwa, wenngleich die Belegung des Dittenheimer Friedhofs ca. zwei Generationen später einsetzt als die der Nekropole von Westheim. Entsprechend stellt sich auch das Spektrum der in den Gräbern gefundenen Irdenware dar.
Neben groben Kümpfen kommen bauchige Flaschen mit Henkelösen und Stempelzier sowie Henkelkannen mit Röhrenausguß vor (H. 25,5 cm). Daneben finden sich Knickwandtöpfe mit Rollrädchendekor des späten 6. Jahrhunderts. Mit Westheim austauschbare Funde sind die großen, hellgrauen bauchigen Töpfe mit abgesetzter Schulterzone, Keilstich- und Stempeldekor sowie die braunschwarzen bauchigen Gefäße mit abgestrichenem Boden und stark profiliertem Halsteil. Diese Gefäße wurden mit Sicherheit in einer lokalen Töpferei des 7. Jahrhunderts im nördlichen Albvorland produziert und in die umliegenden Siedlungen verhandelt (Tafel 32). Wie Produktion und Handel organisiert waren, ist leider nicht erforscht.
Spätes 6. und 7. Jahrhundert. Prähistorische Staatssammlung München.

34 Trachtschmuck aus Mainfranken. Einen fränkischen Bügelfibeltypus der Zeit um 600 verkörpert eine silbervergoldete Bügelfibel aus Würzburg-Heidingsfeld. Im rechteckigen Feld der Kopfplatte mit sieben separat gegossenen vollplastischen Knöpfen sind zwei Tiere im Stil II in diagonaler, auf der ovalen Fußplatte in spiegelbildlicher Komposition ineinander verbissen dargestellt. Die Felder des Bügels zeigen ein parallel verlaufendes Zopfband, der Fuß endet in einem kräftig profilierten Tierkopf. Die in scharfem Kerbschnitt ornamentierten, stark vergoldeten Zierfelder werden von niellierten Konturleisten eingefaßt. Die Fibel bildet mit einer zweiten ein Paar; zu dem nicht gesicherten Grabfund gehört angeblich noch eine Bronzeschnalle.
2. Hälfte 6. Jahrhundert. Mainfränkisches Museum Würzburg.

35 Pferdezaum. Die beiden massiv aus Bronze gegossenen, auf der Schauseite vergoldeten stufenförmigen Beschläge mit vier Nieten (6,6 × 6,6 cm) sind Riemenverteiler eines prächtigen Pferdezaums, der in Regensburg-Bismarckplatz gefunden wurde.
Die vergoldete Schauseite zeigt im erhöhten rautenförmigen Zierfeld einen Viererwirbel aus verschlungenen Wurmtieren im Stil II, in den flacheren Dreieckszwickeln verschlungene Tierprotome. Die Ränder der Basisebenen sind mit geperlten Dreieckspunzen verziert. Das Kopfgeschirr, von dem sich eine Trense und weitere gleichartig im Tierstil II verzierte Beschläge erhalten haben, war in der Grabgrube oberhalb der Bestattung von vier Pferden deponiert, die mit abgeschlagenem Kopf, aber aufgesattelt begraben worden waren. Das zugehörige Reitergrab konnte nicht gefunden werden. Wahrscheinlich ist es bereits bei mittelalterlichen Bauarbeiten zerstört worden.
Pferdebestattungen sind im frühmittelalterlichen Bayern nicht ungewöhnlich und stehen wahrscheinlich mit bestimmten Glaubens- und Rechtsvorstellungen im Zusammenhang. In den meisten Fällen stellen sie wohl eine „Beigabe“ für den verstorbenen Reiter dar. Der Tote von Regensburg-Bismarckplatz – extra muros der frühmittelalterlichen Stadt – muß ein wohlhabender Mann gewesen sein. Das beweisen nicht nur die vier Pferde, von denen das größte mit seiner Widerristhöhe von 152 cm in der damaligen Zeit ein wahres Schlachtroß gewesen sein muß, sondern auch die Beschläge des prunkvollen Kopfgeschirrs, das vereinzelte Parallelen im langobardischen Italien, im Rheinland und in Mittelschweden hat.
Um 600. Museum der Stadt Regensburg.

36 Rüsselbecher. Einen besonderen Typus fränkischer Gläser stellen die sog. Rüsselbecher dar. Das Stück aus dem thüringisch-fränkischen Reihengräberfriedhof bei Werneck-Zeuzleben, Lkr. Schweinfurt, besteht aus lichtgrünem dünnem Glas, ist weitmündig, hat einen kleinen Standfuß und in zwei Dreiergruppen angesetzte hohle Rüssel. Dieser Bechertypus ist eine langlebige Form, deren Beliebtheit durch eine weite Verbreitung von England bis Ungarn dokumentiert wird. Aus grünlichem oder braunem Glas mehr oder weniger dünnwandig geblasen, sind Rüsselbecher in variierender Form seit der Mitte des 5. bis in das ausgehende 6. Jahrhundert in anglischen, sächsischen, thüringischen, fränkischen, alamannischen, bajuwarischen und langobardischen Gräbern als kostbare Beigaben belegt. Vorläufer der hybriden Gläser sind Glasbecher mit senkrecht aufgesetzten Rüsseln in Delphinform aus römisch-rheinischer Produktion der Zeit um 300.
1. Hälfte 6. Jahrhundert. Mainfränkisches Museum Würzburg.

37 Fränkische und thüringische Irdenware. Eine Besonderheit des ältermerowingerzeitlichen Friedhofs von Werneck-Zeuzleben, Lkr. Schweinfurt, ist die Überlagerung mitteldeutsch-elbgermanisch-thüringischer durch rheinisch-fränkische Formen, die ihre Ursachen in den politisch-territorialen Entwicklungen der ersten Hälfte des 6. Jahrhunderts hat.
Besonders deutlich läßt sich die »Frankisierung« aufgrund des Keramikspektrums nachvollziehen. Neben handgemachten vertikal- und schrägkannelierten schwarztonigen Schüsseln und Schalen kommen klingend hartgebrannte rottonige Henkelkrüge und flache Teller sowie stempelverzierte fränkische »Knickwandtöpfe« und bauchige Henkelgefäße mit Rollrädchenzier und Röhrenausguß vor.
1. Hälfte 6. Jahrhundert. Mainfränkisches Museum Würzburg.

38 Reliquienschnalle. Die dreiteilige Messingschnalle mit anhaftenden Gürtelresten aus längsprofiliertem Rindsleder und drei aufgenieteten durchbrochen gearbeiteten Rechteckbeschlägen aus Messing war dem Toten in Grab 8 der Bestattungen unter der Krypta von St. Ulrich und Afra in Augsburg quer über die Oberschenkel gelegt. In der Steinkiste mit Deckplatte fanden sich neben einem Messer mit reich verzierter Scheide und einem zweireihigen Beinkamm zahlreiche Textil-, Holz- und Lederreste, die Rückschlüsse auf die Kleidung des in der ersten Hälfte des 7. Jahrhunderts gestorbenen 50- bis 60jährigen Klerikers erlauben (Abb. 81).
Die stark abgenutzte Schnalle mit Scharnierkonstruktion und ursprünglich zwölf Nieten (L. 14,6 cm; B. 6,1 cm; H. 0,8 cm) besteht aus einem profilierten abgerundeten Bügel, einem Schilddorn mit degenerierter doppelköpfiger Schlange und einem 11,2 cm langen kastenartigen Beschläg, das auf der figürlich verzierten Schauseite durch eine gegossene Messingplatte und auf der Rückseite durch ein Messingblech gebildet wird. Beide Teile sind auf der Längs- und der unteren Schmalseite fest vernietet. An der vorderen Schmalseite hält der Scharnierstift beide Teile zusammen. Auf der oberen Schmalseite ist ein 9,6 cm langer und 1,4 cm breiter Messingschieber eingepaßt, der den Hohlraum des Schnallenbeschlägs verschließt und durch den Scharnierstift sichert.
Der Hohlraum im Schnallenbeschläg diente als Reliquien- oder Eulogienbehälter: Bei der Restaurierung der Schnalle fanden sich drei Klümpchen Bienenwachs, Leinen- und Wollfasern, nicht mehr bestimmbare pflanzliche Reste und eine Blütenkapsel des Baumwollstrauchs.
Die Zierplatte des Reliquienbehälters ist in vier Felder gegliedert. Unter einem Andreaskreuz steht S-förmig eine doppelköpfige Schlange, die in den Außenfeldern von heraldisch angeordneten Greifen flankiert wird. Das Flachrelief ist durch eine Leiste von einem degenerierten Rankenband abgesetzt, das an der Schmalseite mit dem Rückenblech eine Zwinge zur Aufnahme des Ledergürtels mittels dreier Nieten bildet. Die Funktion einer ovalen Öse im unteren rechten Winkel des Beschlägs ist nicht geklärt.
Die drei durchbrochen gearbeiteten bronzenen Gürtelbesätze (L. 5,5 cm; B. 2,3 cm), die das extrem stilisierte altchristliche Motiv der aus einem Kelch trinkenden Taube zeigen, waren mit fünf bzw. sechs Nieten vertikal auf dem Ledergürtel befestigt. Sie stammen nicht aus derselben Werkstatt wie die Reliquienschnalle, für die aufgrund des Verbreitungsbildes vergleichbarer Gürtelschließen burgundische Herkunft gesichert ist.
Spätes 6. Jahrhundert. Römisches Museum Augsburg.

39 Jonasschnalle. Die dreigliedrige Schnalle aus Knochen mit beweglichem Dorn, verziertem Bügel und langrechteckigem Beschläg mit szenischem Relief und sieben Bronzenieten (L. 8,7 cm; B. 2,9 cm) stammt aus Grab 9 der Bestattungen unter der Krypta von St. Ulrich und Afra in Augsburg. Sie wurde in Trachtlage auf dem Skelett eines etwa 40jährigen Mannes in einer Steinkiste mit Deckplatte zusammen mit einem Prunksax, einer Streitaxt, einem Messer, einem Kamm, einer bronzenen Gürtelschnalle und einem am linken Fuß getragenen Eisensporn gefunden (Abb. 80).
Rahmen, Dorn und Beschläg der Knochenschnalle sind in Scharnierkonstruktion durch einen Eisenstift beweglich miteinander verbunden. Der Bügel mit Dornrast und breiter Basis ist mit Perlreihen und einem Zopfband verziert. Während die Rückseite des Beschlägs mit ausgesparter Riemenzunge und drei Nieten glatt ist, zeigt die partiell korrodierte Vorderseite in einem Feld mit doppelter Perlleiste eine Szene aus dem biblischen Jonas-Wunder: Das vierfüßige Meeresungeheuer speit den nackten Jonas vor den Toren der Stadt Ninive auf den Strand.
Nach Joachim Werner wurden derartige Knochenschnallen im 6. Jahrhundert in Südfrankreich gefertigt. Das Augsburger Exemplar scheint als Amulett in das im zweiten Drittel des 7. Jahrhunderts angelegte Grab gekommen zu sein, da sich keinerlei Lederreste eines Gürtels an ihr fanden und zudem eine Bronzeschnalle mediterranen Typs zur Trachtausstattung des sicher landfremden Toten gehörte.
2. Hälfte 6. Jahrhundert. Römisches Museum Augsburg.

40 Prunkfibel aus Wittislingen. Als eines der bedeutendsten alamannischen Frauengräber des 7. Jahrhunderts kann das Fürstengrab von Wittislingen, Lkr. Dillingen a. d. Donau, gelten. Sein Inventar ist unvollständig erhalten, die antiquarischen Vergleiche belegen aber, daß die adelige Dame, die in einem Reihengräberfeld ca. 600 m östlich des heutigen Ortskerns begraben wurde, um 650 gestorben ist. Der außergewöhnlichste Fund ist eine 16 cm lange, aus Silber gegossene Bügelfibel mit halbrunder Kopfplatte, zehn aufgenieteten, stark abgenutzten profilierten Knöpfen, schildförmigem Fuß mit hängenden Raubvogelköpfen und Tierkopfende. Die Felder zwischen den niellierten Stegen zeigen eingelegtes flächiges Cloisonné aus Almandinen und grünem Glas auf gewaffelter Goldfolie in goldenem Zellwerk und aufgelötete perldrahtgefaßte Goldbleche mit Filigranornamenten. Die Vogelschnäbel treten plastisch aus dem Fibelkorpus hervor. Auf der Rückseite (Abb. 99) fehlt die Nadelkonstruktion, während der Nadelhalter als halbplastisches Schlangentier mit niellierten Konturlinien ausgebildet ist. In die Fußplatte ist eine mit Schwefelsilber gefüllte lateinische Inschrift graviert, wobei sich die Meistersignatur WIGERIG FECIT am Schluß wohl auf den Schreiber und nicht auf den Goldschmied bezieht: »Uffila lebe glücklich in Gott, unsträflich vom Tode ergriffen, denn so lange ich leben durfte, bin ich sehr gläubig gewesen. Ruhe in Gott«, lautet die Übersetzung. Die Prunkfibel ist eine hybride Form. Im Umriß und in Details, wie etwa den stark profilierten, vollplastischen aufgenieteten Knöpfen, gleicht sie langobardischen Fibeln der Zeit um 600. Der flächige Zell- und Filigranblechdekor hat Parallelen in der angelsächsischen und südskandinavischen Goldschmiedekunst. Die Qualität der Ausführung macht wahrscheinlich, daß sie als Einzelauftrag von einem Hofjuwelier westlich des Rheins in der Zeit um 600 gefertigt wurde. Die Inschrift wurde später eingraviert, ob noch zu der Zeit, da die Fibel Schmuckfunktion hatte oder später, ist nicht zu entscheiden. Sie liest sich jedenfalls wie eine Grabinschrift aus dem linksrheinischen Frankenreich. Ob Uffila die letzte Besitzerin war oder ob die Prunkfibel der Dame aus Wittislingen als Altstück, persönliche Reminiszenz oder als Amulett aus Familienbesitz ins Grab folgte, kann nicht geklärt werden. Um 600. Prähistorische Staatssammlung München.

41 Werkstattkreise. Aufgrund formaler, ornamentaler und technischer Übereinstimmungen dürften die beiden Goldbroschen aus Dittenheim, Lkr. Weißenburg-Gunzenhausen (links), und Westheim (Grab 179; Dm. 4,5 cm) trotz der divergierenden Abmessungen aus ein und derselben Werkstatt im Raum zwischen Brenz, Donau und oberer Altmühl stammen, da sich das Auftreten gleichartiger Fibeln im ostalamannischen Raum konzentriert.
Diese einzeln getragenen Fibeln der ersten Hälfte des 7. Jahrhunderts bestehen aus einer Grundplatte mit Nadelkonstruktion, auf die über einem Tonkern ein drahtgefaßtes Zierteil aufgelötet ist. Beide Broschen und ihre Vergleichsstücke zeigen dieselbe Komposition: Von einem erhabenen, mit Chalzedon eingelegten Medaillon mit Granatperle gehen drei doppelköpfige, flechtbandkonturierte Tiere aus, die in ihren aufgerissenen Mäulern rautenförmige, erhaben gefaßte Glaspasten halten. In den Zwickeln der Doppeltierköpfe und zwischen den Tierhälsen finden sich ebenfalls dreieckige Fassungen. Die vertieften Felder sind mit Filigranornamenten ausgelegt.
Die silberne Almandinbrosche mit planen Almandineinlagen der Mitte des 6. Jahrhunderts aus einem zerstörten Frauengrab in Westheim zeigt die Unterschiede in der ornamentalen Auffassung und den Abmessungen zwischen den Scheibenfibeln des 6. und 7. Jahrhunderts auf.
1. Hälfte 7. Jahrhundert; Mitte 6. Jahrhundert. Germanisches Nationalmuseum Nürnberg.

42 **Goldschmuck aus alamannischen Gräbern.** Im späten 6. Jahrhundert zeigt sich in den Grabfunden Süddeutschlands ein Wandel in der Frauentracht, der letztlich auf Einflüsse aus den zentralen Gebieten des Frankenreichs zurückzuführen ist. Statt Bügelfibeln und kleinen Almandinbroschen, Vogel-, Tier- oder S-Fibeln, die normalerweise paarig getragen wurden, schmücken nun einzelne prachtvolle Broschen das Gewand, die in Gräbern in der Halsgegend der Bestatteten gefunden werden und einen anderen Kleiderschnitt implizieren.
Aus alamannischen Gräbern in Bayerisch-Schwaben sind – neben späten goldenen, almandinverzierten Vogel- und S-Fibeln (Schwabmünchen, Lkr. Augsburg; Mertingen, Lkr. Donau-Ries) mit einzelnen grünen und blauen Glaseinlagen – große Scheibenfibeln mit flächigem Almandincloisonné in kompliziertem konzentrischem Zellwerk mit geschwungenem und getrepptem Stegwerk des späten 6. Jahrhunderts vor allem aus dem großen Friedhof von Nordendorf, Lkr. Augsburg, bekannt. In das 7. Jahrhundert datieren sog. Goldblechscheibenfibeln, wie eine aus Nordendorf, von der nur noch das goldene Preßblech mit kreuzförmig um ein Zentralmedaillon angeordneten Tierköpfen mit Almandinrundeln erhalten ist. Jüngeren Datums ist die große Scheibenfibel mit erhaben gefaßten, wiederum kreuzförmig angeordneten Almandinen auf filigrandrahtbelegter Goldblechplatte mit Mittelmedaillon. Konstruktives Merkmal sind die gepreßten Goldbleche über einem Tonkern auf einer silbernen und bronzenen Grundplatte mit der rückseitigen Nadelkonstruktion. Derartige Fibeln waren das ganze 7. Jahrhundert in Gebrauch und finden sich noch in Gräbern des 8. Jahrhunderts.
7. Jahrhundert. Römisches Museum Augsburg.

43 **Frauengrab von Westheim.** Die anspruchsvolle Schmuckausstattung einer Frau aus der Zeit um 600 ist in Grab 167 von Westheim, Lkr. Weißenburg-Gunzenhausen, repräsentiert. Auffälligstes Schmuckstück ist eine gegossene Silberbrosche mit qualitätvollem Tierornament aus kreuzförmig um ein Zentralmedaillon angeordneten Vogelköpfen. Zentrum und Vogelkopfaugen der vergoldeten Schauseite sind mit Almandinrundeln markiert (Dm. 3,8 cm). Nacken und Hals der Verstorbenen zierte eine Kette aus 97 Glasfritte-, Glas-, Chalzedon-, Ton- und Millefioriperlen unterschiedlicher Form, Größe und Farbe, die Ohren ein Paar Silberringe mit Polyederknopf. Vom Leibgürtel haben sich eine eiserne Schnalle und eine breite, ebenfalls eiserne Riemenzunge (L. 7,8 cm) erhalten. Am langen Gürtelband getragen wurden wohl das Messer mit auffallend langer Griffangel (L. 25 cm) und der zweireihige Beinkamm. Die Strumpfbänder endeten in je einer punzverzierten Riemenzunge aus Weißmetall, und zum Schuhwerk gehörten zwei Schnällchen mit dreieckigem Beschläg, eine Riemenzunge (L. 2,4 cm) sowie ein Rechteckbeschläg aus Weißmetall. Als Behältnis für Speise und Trank war ein doppelkonisches Tongefäß mit Stempeldekor (Tafel 31) beigegeben.
Um 600. Germanisches Nationalmuseum Nürnberg.

44 Durchbrochene Zierscheiben. Weit verbreiteter und wichtiger Bestandteil des Frauengürtels, dem auch im Frühmittelalter magisch-mythischer Symbolgehalt innewohnte, waren seit dem beginnenden 7. Jahrhundert durchbrochene Zierscheiben aus Bronze. Sie wurden an einem langen Band am Gürtel getragen, sind häufig mit großen Bronze- oder Beinringen kombiniert und hatten keine praktische Funktion. Die Scheiben sind kreuz- oder swastikaförmig bzw. geometrisch durchbrochen gegossen und haben eine glatte Rückseite. Seltener finden sich anthropomorphe bzw. zoomorphe Muster. Die Verzierung beschränkt sich auf einfache, manchmal regelhaft aufgebrachte Würfelaugen.

Welchen Sinngehalt die Zierscheiben in der magischen Vorstellungswelt hatten, ob es heilbringende oder Unheil abwehrende Zeichen waren, ist unklar. Manche Motive, wie Sonnensymbole oder ineinander verschlungene menschliche Figuren (vgl. Tafel 45), werden wohl als Fruchtbarkeitssymbolik zu interpretieren sein. Anderes, wie das Kreuzzeichen und Reiterdarstellungen (Reiterheilige), entspringt der christlichen Vorstellungswelt, womit auch bei den Zierscheiben die Vermischung heidnischer und christlicher Ideen im nur oberflächlich missionierten Süddeutschland sichtbar wird.

Die abgebildeten Zierscheiben stammen aus baierischen Gräbern in Steinhöring, Lkr. Ebersberg (Gräber 99; 126; 224; 263), und Aschheim, Lkr. München. Der Durchmesser der größten Scheibe mit Swastika beträgt 8,7 cm.

1. Hälfte 7. Jahrhundert. Prähistorische Staatssammlung München.

45 Kettengehänge und Zierscheiben. Auffälliger Bestandteil der frühmittelalterlichen Frauentracht sind die Gürtelgehänge, die naturgemäß einem zeitlich-modischen Wandel unterworfen waren. An ihnen wurden nicht nur Gerätschaften wie Messer, Taschen und Schlüssel getragen, sondern auch Amulette und Gegenstände Unheil abwehrenden Charakters. Besonders ab der Zeit um 600 kommen durchbrochene Zierscheiben vor, die früher als Taschendeckel identifiziert wurden, neuerdings aber ausschließlich in apotropäischer Funktion gesehen werden. Von den drei Bronzescheiben aus Nordendorf, Lkr. Augsburg, zeigen zwei ein vierspeichiges Rad mit integrierten Vögeln, in der dritten (Dm. 8,4 cm) sind zwei menschliche Silhouetten in Adorantenhaltung in den Kreis komponiert und mit Würfelaugen verziert.

Eine Erscheinung der Mitte des 7. Jahrhunderts sind aufwendige Kettengehänge, die an reiche Frauenbestattungen gebunden sind und ausschließlichen Schmuck- und Amulettcharakter haben. Aus Nordendorf sind zwei mehrgliedrige Bronzegehänge erhalten. Das vollständige Exemplar ist noch 76 cm lang und besteht aus drei Verteilerplatten, von denen zwei durchbrochen als Tierstil-II-Ornamente und eine kreuzförmig mit Flechtbanddekor gegossen sind. Das dreistrangige Kettengehänge aus bronzenen Ringgliedern endet in je einem durchbrochen gegossenen Anhänger mit floralem Tierornament.

Das zweite Gehänge ist im Prinzip gleichartig angelegt, aber nicht mehr vollständig (L. noch 53 cm). Das Oberteil mit der Befestigungsöse fehlt. Die beiden restlichen Verteilerplatten zeigen ein bandförmiges Tierornament; die Bronzeketten aus Ringgliedern enden in kubischen, kreuzförmig durchbrochenen Anhängern.

Ob beide Gehänge aus ein und demselben Grab stammen, wie es zuweilen im Rheinland und in Südwestdeutschland vorkommt, ist nicht mehr zu klären, da die Grabinventare des im 19. Jahrhundert ausgegrabenen Friedhofs von Nordendorf nicht getrennt sind. Auffällig ist aber die Kombination christlicher Symbole mit heidnischen Heilszeichen, die ihren Ausdruck in den Tierornamenten finden.

1. Hälfte bis Mitte 7. Jahrhundert. Römisches Museum Augsburg.

46 a Goldblattkreuz mit Tierornament. Eindeutiger Beleg für die Christianisierung der Alamannen und Bajuwaren sind Goldblattkreuze. Aus papierdünnem Goldblech mit der Schere ausgeschnitten, mit Punzen und Modeln unterschiedlich verziert und auf Schweißtücher aufgenäht, waren sie den Toten beiderlei Geschlechts so auf das Gesicht gelegt, daß das Kreuz den Mund verschloß.
Das Kreuz aus dem Reitergrab von Landsberg/Lech-Spötting mit kreissegmentförmig erweiterten gleicharmigen Schenkeln ist mit zwei Modeln verziert: Im zentralen Medaillon eine Büste en face – vielleicht eine Christus-Darstellung – und zwischen den Kreuzarmen mit identischen Abdrücken eines Preßmodels im germanischen Tierstil II.
Die Beigaben des reich ausgestatteten alamannischen Grabes 8 – unter anderem Langschwert (Tafel 48), Sax, Lanze, Schild und Pferdegeschirr – sowie die aufwendig silbertauschierte dreiteilige Gürtelgarnitur datieren die christliche Bestattung in die Mitte des 7. Jahrhunderts (Tafel 48).
Mitte 7. Jahrhundert. Prähistorische Staatssammlung München.

46 b Goldblattkreuz mit Münzabdruck. Ein wichtiger Fund für die Datierung der Goldblattkreuze nördlich der Alpen ist das Exemplar aus einem Grab in Langerringen, Lkr. Augsburg, das dort bereits 1875 an der Untermeitinger Straße ausgegraben wurde.
Das kleine Kreuz aus dünnem Goldblech mit Stummelarmen zeigt im Zentrum den Abdruck eines Solidus (Avers) des byzantinischen Kaisers Phokas (602–610). Die Kreuzarme sind sorgfältig mittels eines Preßmodels mit einem Tiergeschlinge im germanischen Tierstil II verziert (L. 6,1 cm).
Goldblattkreuze treten im Funeralbrauch nördlich der Alpen seit dem frühen 7. Jahrhundert ausschließlich im alamannischen und bajuwarischen Siedlungsgebiet auf. Wahrscheinlich wurde diese Sitte aus dem langobardischen Italien übernommen, wo Goldblattkreuze – griechischer und lateinischer Form, unverziert, punz- oder floral- bzw. tierornamentiert oder mit Münzabdrücken versehen – eine weite Verbreitung haben und vom späten 6. bis ins 8. Jahrhundert archäologisch nachzuweisen sind. Die Übernahme dieser ursprünglich mediterran-christlichen Sitte bei den Alamannen und Bajuwaren hängt höchstwahrscheinlich mit der von Theodelinde geförderten columbanischen Mission zusammen, die gleichermaßen bei den Langobarden, Alamannen und Bajuwaren zu Beginn des 7. Jahrhunderts wirksam war.
1. Hälfte 7. Jahrhundert. Römisches Museum Augsburg.

47 Dreiteilige Gürtelgarnitur. Frühes Beispiel einer silbertauschierten eisernen Gürtelgarnitur sind die Beschläge aus Straubing-Bajuwarenstraße, Grab 589. Der dreiteilige Beschlagsatz zierte den Leibgurt des Mannes, an dem die Tasche und der Sax getragen wurden. Die martialisch wirkende Gürtelmode verbreitete sich im frühen 7. Jahrhundert gleichermaßen bei Franken, Alamannen, Bajuwaren und Langobarden, wobei die Silbertauschierung der Eisenbesätze die Wohlhabenheit ihrer Besitzer anzeigt.
Die Straubinger Garnitur besteht aus einer streifentauschierten Schnalle mit Schilddorn und rundem Beschläg (L. 9 cm), einem gleichartigen Gegenbeschläg und einem rückseitigem Beschläg, die mit jeweils drei Eisennieten auf dem Leder befestigt waren. Die freihand angelegten Tauschiermuster bestehen in den Mittelfeldern aus Kreuzblüten in Vierpässen und sind von Zierbändern, Fischgrät- und Streifenornamenten gerahmt.
Um 600. Gäubodenmuseum Straubing.

48 Langschwerter. Die vornehmste Waffe des merowingerzeitlichen Kriegers war das zweischneidige Langschwert (Spatha). Nach den Grabstatistiken zu schließen, besaß nur etwa jeder zehnte Mann einer Gemeinschaft eine derartige Waffe. Die bis zu 1 Meter langen Schwerter mit ca. 4 bis 5,5 cm breiten, flachen Klingen mit zungenförmiger Spitze sind aus Eisen geschmiedet, häufig damasziert oder mit einem Schweißdamastmuster verziert. Die Griffteile bestanden aus organischem Material (Holz, Bein) und waren der Griffangel aufgesetzt. Abgesehen von wenigen Prunkspathen des 5. und 6. Jahrhunderts setzte eine formale und funktionale Gestaltung der Griffe in größerem Umfang erst ab dem späten 6. Jahrhundert ein. Metallknäufe und Metallfutter der Parierstangen als technische Verbesserung boten sich zur Verzierung an, wobei zugleich auch die Scheiden und Wehrgehänge mit Metallbeschlägen versehen wurden. Das in Kösching, Lkr. Eichstätt, gefundene Schwert mit bronzevergoldetem Pyramidenknauf ist ein Importstück aus Skandinavien und gehört dem späten 6. Jahrhundert an. Die drei anderen Schwerter stammen aus der ersten Hälfte des 7. Jahrhunderts. Die Spatha aus Landsberg/Lech-Spötting (vgl. Tafel 46 a) hat einen silbertauschierten Tierkopfknauf. Die Eisenfutter der Querstücke mit bronzevergoldeten Ziernieten sind streifentauschiert. Dieses Ziermuster weisen auch die eisernen Gefäßteile des jüngeren Schwertes aus München-Englschalking auf. Aus einer alamannischen Werkstatt dürfte der Bronzeknauf mit Tierkopfenden aus Egling, Lkr. Landsberg/Lech, stammen.
7. Jahrhundert. Prähistorische Staatssammlung München.

49 Tauschierte Schwertgarnitur. Wie die Leibgurte, an denen der Sax getragen wurde, waren auch die Wehrgehänge der Spathen im 7. Jahrhundert reichlich mit Metallbeschlägen verziert. Der martialischen Mode kam entgegen, daß ab dem späten 6. Jahrhundert ein kompliziertes Riemenwerk die älteren einfachen Schwertgurte ablöste. Die Langschwerter wurden nun an einem Gürtel mit Schleppriemen getragen. Ihre Rekonstruktion gestaltet sich schwierig, da die Schwerter den Toten stets in der Scheide steckend mit darumgewickelten Wehrgehängen beigegeben waren und die wenigen dafür verwertbaren Buchillustrationen des 9. Jahrhunderts ausnahmslos Schwerter mit umgewickelten Wehrgehängen zeigen. Zudem sind nur in seltenen Fällen alle Beschläge in den Grabfunden in der Regelkombination überliefert (Abb. 92).
Weit verbreitet waren in der Mitte des 7. Jahrhunderts Beschlaggarnituren aus Eisen mit Silberplattierung, wie sie unter anderem aus Grab 102 des alamannischen Friedhofs von Buttenwiesen-Unterthürheim, Lkr. Dillingen a. d. Donau, vorliegt. Die Tauschiermuster der Schnallen und Beschläge zeigen, daß die Garnitur aus ursprünglich nicht zusammengehörigen Teilen kombiniert ist.
Mitte 7. Jahrhundert. Römisches Museum Augsburg.

50 Stangenwaffen. In den germanischen Volksrechten erscheint die Lanze als weitaus symbolträchtigste Waffe, und in den Gräbern ist sie das häufigste überlieferte Kriegsgerät, von dem sich nur die »Speereisen« und manchmal auch ein eiserner »Lanzenschuh« erhalten haben. Abmessungen und Formen sind vielfältig und entsprachen wohl der Funktion. Relativ einfach ist ein großes schweres Blatt als Eisen einer Lanze zu definieren, deren großer Tüllendurchmesser eine Mindestlänge des Schaftholzes bedingt. Definitorische Schwierigkeiten treten bei Formen auf, die ebenso als »Spieß« wie als »Speer« bezeichnet werden könnten, wobei wiederum zwischen den Waffen für Infanteristen und Kavalleristen unterschieden werden müßte. Diese Fragen sind realienkundlich noch nicht untersucht, und so fällt es auch schwer, zu entscheiden, ob es sich bei bis zu 12 cm langen »Pfeilspitzen« um die Eisen von Bogen- oder Wurfpfeilen gehandelt hat. Das reiche Fundmaterial kann bislang nur formal und chronologisch kategorisiert werden.
Die Abbildung zeigt eine Auswahl von Speereisen unterschiedlichster Form. Eindeutig als Jagdwaffe ist der »Sauspieß« mit Aufhaltern aus einem Grab des 5. Jahrhunderts in Hammelburg, Lkr. Bad Kissingen, zu definieren (L. 33,5 cm). Zu Reiterwaffen gehörten mit Sicherheit die Lanzenspitze mit spitzovalem Blatt, achtkantiger Tülle und Mittelrippe aus Pähl, Lkr. Weilheim-Schongau (L. 21,5 cm), und das Stück mit schmalem Blatt, rautenförmigem Querschnitt und kräftiger Tülle aus Garching, Lkr. Altötting, die zahlreiche Vergleichsstücke im langobardischen Italien bzw. im awarischen Mitteldonaubecken haben.
5. und 7. Jahrhundert. Prähistorische Staatssammlung München.

51 Prunkschilde. Die wichtigste Schutzwaffe des Kriegers war der Schild. Von den aus Holz und Leder hergestellten Rundschilden haben sich in den Gräbern nur der eiserne Schildbuckel und der Griff mit Angel erhalten. Der kalottenförmige Eisenbuckel mit Kragenrand war über der Öffnung für den Handgriff auf den leicht gewölbten Schildkorpus aufgenietet. Die Schildbuckel waren vom 5. bis 9. Jahrhundert einer Entwicklung von flach-konischer über halbsphärische Form bis hin zur Zuckerhutform (Tafel 66) unterworfen. Ihre Verzierung beschränkt sich meist auf kupferne oder silberne Schildniete, wobei anzunehmen ist, daß die bis zu 1 Meter messenden Schilde mit »heraldischen« Mustern bunt bemalt waren. Für diese Annahme sprechen – neben spätantiken Originalen und ikonographischen Belegen – die sog. langobardischen Prunkschilde.
Aus einem Grab bei Seeon-Ischl, Lkr. Traunstein, stammt ein eiserner Schildbuckel (Mitte des 7. Jahrhunderts), dessen Kuppa mit einem vogelförmigen Dreierwirbel aus vergoldetem Kupfer verziert ist. Er war mit ursprünglich fünf gleichartig gepunzten, vergoldeten Kupfernieten auf dem Schild befestigt, auf den zusätzlich ein Löwe zwischen zwei Raubvögeln aus dem gleichen Material appliziert waren.
Ebenfalls aus der Mitte des 7. Jahrhunderts stammt der in Form und Material gleichartige Schildbuckel aus Freilassing-Salzburghofen, Lkr. Berchtesgadener Land. Hier allerdings wies sich sein Besitzer eindeutig als Christ aus: Die kupfervergoldete, reich gepunzte Buckelzier ist als Kreuz angelegt.
Derartige Prunkschildbuckel, solche mit Dreierwirbel und häufiger noch mit Kreuzzier, haben ihre Hauptverbreitung im langobardischen Italien und gelangten wohl direkt von dort in die alamannischen und baierischen Gräber nördlich der Alpen. Die beinahe genormt wirkenden Appliken scheinen in regelrechten Manufakturen hergestellt zu sein.
Mitte 7. Jahrhundert. Prähistorische Staatssammlung München.

52 Tauschiermuster. Die Unterschiede im Typenspektrum, den Ziertechniken und ihrer Qualität sowie in der Motivwahl belegen die silbertauschierten Gürtelschließen und -beschläge aus den Gräbern 49 und 87 von Pähl, Lkr. Weilheim-Schongau. Die ursprünglich dreiteilige Gürtelgarnitur aus Grab 87 ist mit einem regelmäßigen Flechtbandfeld zwischen feinen Zierleisten ornamentiert, das wohl mit einer Schablone in das Eisen eingebracht wurde, während die Rahmenbänder offensichtlich freihand tauschiert sind. Die Beschlägform mit Schwalbenschwanzende und messingvergoldeten Nietknöpfen ist in ganz Süddeutschland und der Ostschweiz weit verbreitet, so daß an eine Herstellung in spezialisierten Werkstätten zu denken ist (L. des Beschlägs 7,7 cm).
Gegenüber dieser beinahe flächendeckenden Tauschierung zeigt die eiserne Garnitur mit Messingziernieten auf dem Schnallenbeschläg aus Grab 49 ein offenbar freihand eingeschnittenes Bildmotiv aus verknoteten Schlangentieren, die organisch in das trapezförmige Feld hineinkomponiert sind. Wie ein Spiel mit Formen wirken die Knotenornamente auf den beiden Rechteckbeschlägen. Die Ornamentik ist individuell und wurde sicher nicht in großer Serie hergestellt.
2. Viertel 7. Jahrhundert. Prähistorische Staatssammlung München.

53 Prunkgürtel. Eines der reichsten frühmittelalterlichen Grabinventare in Bayern wurde 1982 in einer kleinen Adelsnekropole in Herrsching am Ammersee, Lkr. Starnberg, entdeckt. Der 30- bis 40jährige Tote aus Grab 9 war in einem Tuffsteinplattensarkophag mit seiner vollständigen Waffenausrüstung – Spatha, Sax mit silbernen Scheidenziernägeln, Lanze und Schild – bestattet. Der Leibgurt mit Nebenriemen war aufwendig mit 21 in Silber gegossenen, auf der Schauseite feuervergoldeten Besätzen verziert, für die es bisher keine Vergleichsfunde im süddeutschen Raum gibt. Die vielteilige Garnitur besteht aus einer Schnalle mit Beschläg, Gegenbeschläg und Hauptriemenzunge (L. 7 cm) sowie acht Nebenriemenzungen mit den zugehörigen Gürtelbesätzen mit einem Gesamtgewicht von 230 Gramm. Die Verzierung – Flechtbänder, Tierköpfe, Tierklauen und Komma-Ornamente sowie gepunzte Felderfassungen, Buckelgruppen und Buckelschnüre – legt eine Herkunft der Garnitur aus ostmediterran-byzantinischen Zusammenhängen nahe.
Eine zweite Beschlaggarnitur aus Grab 9 gehört zum Schwertgehänge. Sie besteht aus Eisen, ist silberplattiert und mit Messingfäden tierstilverziert. Die Beschläge des mehrteiligen Wehrgehänges vom Typ Civezzano, der eine weite Verbreitung in Süddeutschland und in Italien hat, sind nicht vollständig. Unter anderem fehlen ein Pyramidenknopf sowie eine Schnalle.
Mitte 7. Jahrhundert. Prähistorische Staatssammlung München.

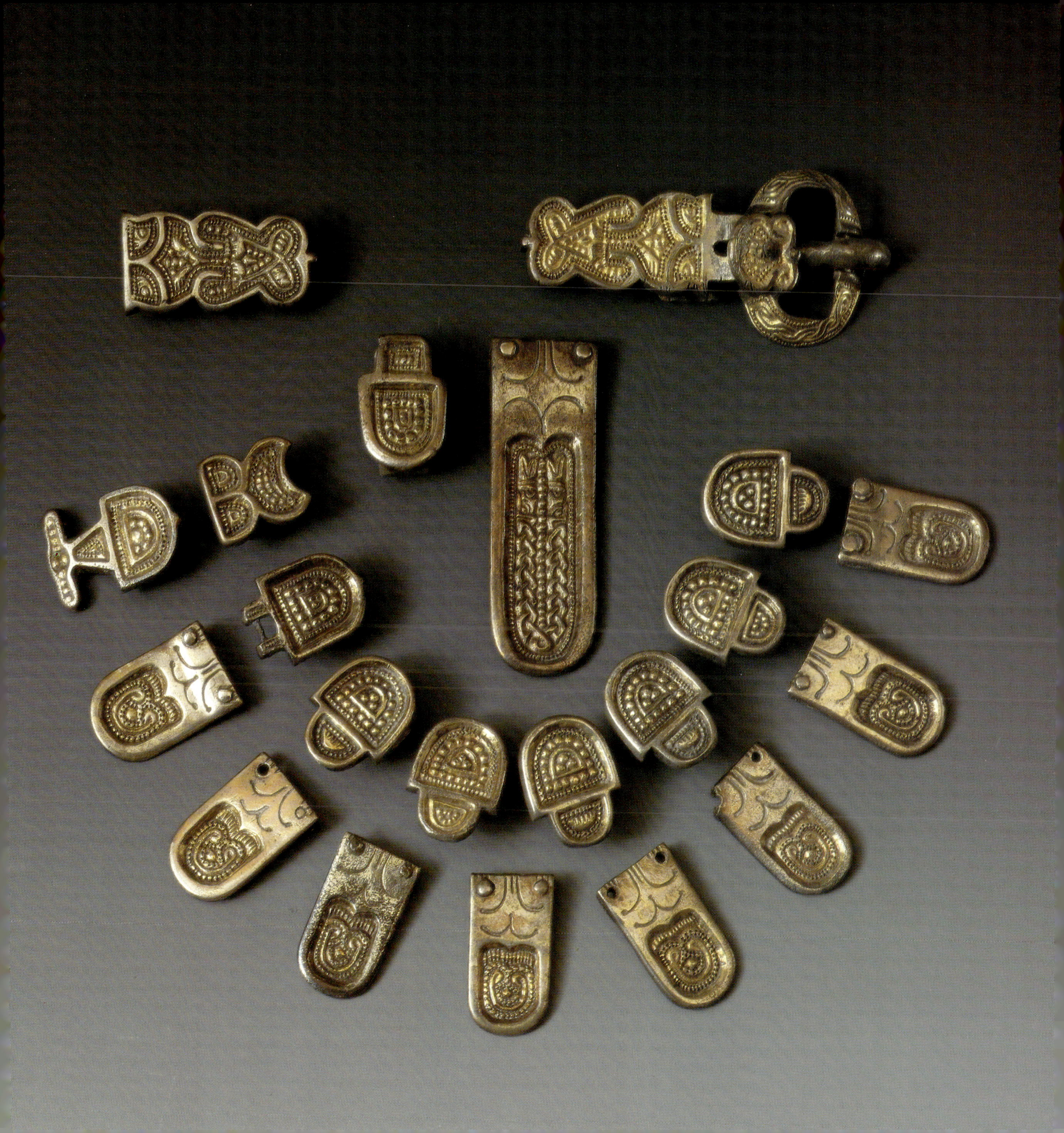

54 Schwertgurtgarnitur. Eine späte Variante der mehrteiligen Schwertgurtgarnituren wurde in Dittenheim, Lkr. Weißenburg-Gunzenhausen, in Grab 152 gefunden.
Die Beschläge sind aus Bronze gegossen und auf der Schauseite mit Weißmetall belegt. Je eine Schnalle mit Beschläg und eine Riemenzunge gehören funktional zusammen. Die Rechteckbeschläge und die langovalen Besatzstücke mit unterseitigen Riemendurchzügen bildeten die Verbindung mit der Schwertscheide. Länge der großen Riemenzunge: 17 cm.
2. Hälfte 7. Jahrhundert. Prähistorische Staatssammlung München.

55 Bronzegeschirr als Fernhandelsgut. Für das 7. Jahrhundert ist in den Grabbeigaben Süddeutschlands ein wohl politisch bedingter starker Import aus dem langobardischen Italien festzustellen. Während das Bronzegeschirr des 6. Jahrhunderts, vor allem die getriebenen »Perlrandbekken«, aus fränkischer Produktion stammte, entstanden die Bronzegeschirre des 7. Jahrhunderts im Mittelmeerraum. Es handelt sich um massiv gegossene Becken und Kannen, die auf der Drehbank nachgearbeitet und poliert sind. Sie werden als »koptisches« Bronzegeschirr bezeichnet, da ihr Vorkommen von Oberägypten und Syrien bis in den westlichen Mittelmeerraum nachgewiesen ist.
Die in diesen Räumen wahrscheinlich regelrecht industriell hergestellten Geschirre hatten in den halbzivilisierten Ländern nördlich der Alpen nicht nur materiellen, sondern auch Prestigewert. Sie finden sich ausschließlich in reichen Gräbern, wobei die eigentlich reguläre Kombination aus Kanne und Becken – meist mit zwei beweglichen Henkeln und aufgelötetem, durchbrochenem kleinem Standring – auch funktional die hervorgehobene soziale Stellung ihres Besitzers betont. Sie dienten, wie heute noch in der Liturgie, der Handwaschung und setzten die Tradition der älteren Perlrandbecken fort.
Das große Becken mit zwei Henkeln wurde in Aschheim, Lkr. München, gefunden; die gestielte Pfanne stammt aus dem Fürstengrab von Wittislingen, Lkr. Dillingen a. d. Donau. Neben dem »koptischen« Bronzegeschirr gelangten auch Bronzeblechflaschen aus dem südwestlichen Mittelmeerraum nach Norden, wie eine Flasche aus Thierhaupten-Oberbaar (Lkr. Augsburg; H. 21,1 cm) beweist, die auf dem Bauch eine lateinische Inschrift trägt.
Mitte bis 2. Hälfte 7. Jahrhundert. Römisches Museum Augsburg; Prähistorische Staatssammlung München.

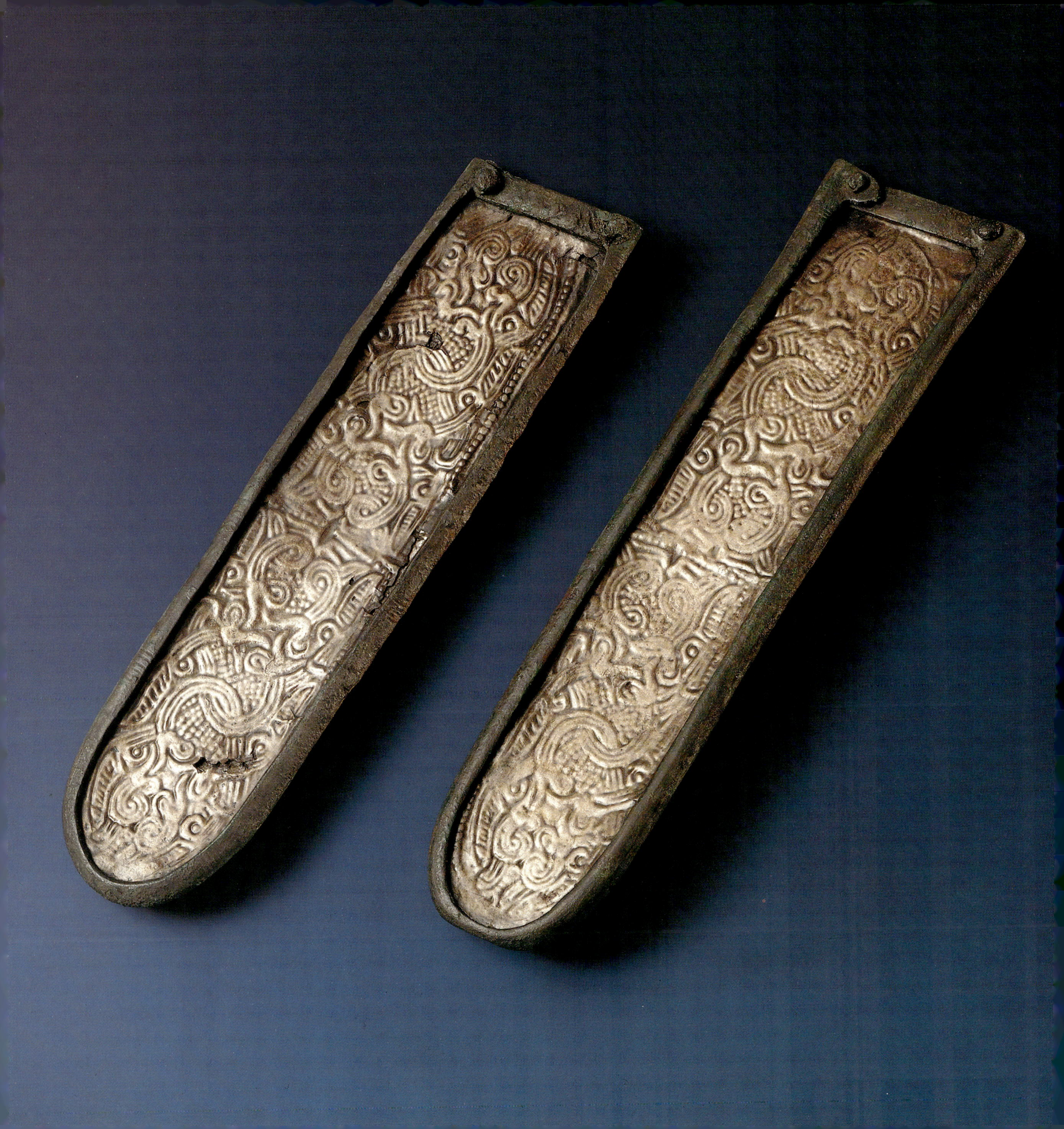

56 Strumpfbänder. Schmuckträger der merowingerzeitlichen Frauentracht waren auch die Strumpfbänder, von denen sich in den Gräbern häufig die metallbesetzten Riemenenden erhalten haben. In situ liegen sie außen an den Unterschenkeln kurz unterhalb des Knies, woraus zu schließen ist, daß die Kleider nicht bodenlang getragen wurden. Eine Besonderheit des südwestdeutsch-alamannischen Raumes sind Strumpfbandzungen mit tierstilornamentierten silbernen Preßblechen. Sie bestehen aus zwei kongruenten, meist unterschiedlich verzierten Blechen mit hölzernem Zwischenfutter, die durch bronzene Rahmenleisten zusammengehalten und mittels zweier Niete am Strumpfbandende aus Leder oder Textil befestigt waren. Die Garnitur aus Nordendorf, Lkr. Augsburg, war modisches Accessoire einer wohlhabenden Dame aus der ersten Hälfte des 7. Jahrhunderts.
Römisches Museum Augsburg.

57 »Koptische« Bronzepfanne. Die serienmäßige Herstellung des sog. »koptischen« Bronzegeschirrs belegt auch eine Pfanne aus einem Grabfund in Salgen, Lkr. Unterallgäu. Fuß und Schale sind in einem Stück gegossen (Dm. 22 cm; H. 8,3 cm) und abgedreht. Der Bandstiel mit unterseitigem Haken ist angelötet.
Das Stück wurde im Museum entpatiniert, so daß man einen Eindruck von der einstigen Buntmetallwirkung erhält.
Mitte 7. Jahrhundert. Römisches Museum Augsburg.

58 Silbertauschierte Gürtelgarnitur. Vom späten 6. Jahrhundert an ist die Tendenz zu einer zunehmend martialischen Gürtelmode festzustellen. Der Leibgurt, sichtbar über dem Kittel oder Wams getragen, wurde durch wuchtige Metallbesätze betont. Der Normalkombination ist eine Schnalle mit Beschläg, entsprechendem Gegenbeschläg und einem Rückenbeschläg, die auf die bis zu 6 cm breiten Gürtel aufgenietet waren. Manchmal gehörten noch eine Riemenzunge und Metallösen zur Befestigung des Kurzschwerts und der Gürteltasche dazu. Die einfachen Garnituren bestehen aus Eisen und sind gelegentlich mit kupfernen Schaunieten verziert. Wohlhabendere leisteten sich silbertauschierte Beschlaggarnituren.
Wie die Auswahl von dreiteiligen Gürtelgarnituren des 7. Jahrhunderts aus Gräbern in Erding-Altenerding, Lkr. Erding, zeigt, sind beträchtliche Unterschiede in der Beschlagform, den Tauschiermustern und der handwerklichen Qualität festzustellen. Mehrfach (Grab 673; 859; 716) sind in den Konturen und Tauschierungen der Beschläge hängende Tierköpfe mit Flecht- und Schlaufenbandornamentik festzustellen, andere haben ein Schwalbenschwanzende (Grab 20; 724; 667) und zeigen einfache Bandornamentik (Grab 878). Zu den älteren Beispielen gehört das Exemplar mit Pilzzellentauschierung (Grab 712), während die silberplattierten Beispiele in Kombination mit Messingtauschierung bereits der Mitte bis zweiten Hälfte des 7. Jahrhunderts angehören.
Die Vielfalt der Formen und Ornamente ist nicht nur zeitlich bedingt. Es ist anzunehmen, daß in Süddeutschland gleichzeitig verschiedene Werkstätten bestanden, die Beschlaggarnituren in Serie herstellten. Länge des Beschlägs links oben außen: 10,8 cm (Grab 673).
7. Jahrhundert. Prähistorische Staatssammlung München.

59 Hauptriemenzungen. Im späten 7. Jahrhundert ist die Beigabensitte nur noch in den Randgebieten des Merowingerreichs lebendig. Dort finden sich reich ausgestattete Männergräber mit schweren vielteiligen Gürtelgarnituren, deren Zierweisen auf regionale Herstellungszentren verweisen. Bemerkenswert ist die Verbreitung der vielteiligen eisernen Gürtelgarnituren mit »Porträtplattierung«, die ihren Schwerpunkt im schwäbisch-bayerischen Alpenvorland hat. Auf den Riemenzungen des Saxgürtels sind in schmalen rechteckigen Feldern männliche Büsten en face in Silber einplattiert und mit Messingdrähten konturiert. Die Genese der in der Kunst der Merowingerzeit seltenen naturalistischen Darstellungen ist nicht erforscht, doch fällt auf, daß etwa bei der eisernen Hauptriemenzunge aus München-Feldmoching (L. 11,2 cm) beide Porträts einen helmartigen Kopfputz aufweisen und eine Hand im »Redegestus« abgebildet ist, Motive, die von Siegelringporträts aus dem langobardischen Italien der Mitte des 7. Jahrhunderts bekannt sind.
Mit einem beinahe ins Florale aufgelösten Tierornament ist die Hauptriemenzunge aus Aschheim, Lkr. München, Grab 1, mit Messingtauschierung vor silberplattiertem Hintergrund verziert (L. 14,6 cm). Sie ist einem im süddeutschen Raum weitverbreiteten Typus zuzurechnen, während Riemenzungen mit Silberplattierung, dünnleibigen Tierornamenten und lateinischen Umschriften häufiger im südwestdeutschen und schweizerischen alamannischen Raum anzutreffen sind. Die Hauptriemenzunge aus einem Grab in Biessenhofen-Ebenhofen, Lkr. Ostallgäu, zeigt die in der Silberplattierung ausgesparte Umschrift +DEVS IN ADIVTARIVM TVO INIEN+: »Herr, merke auf meine Hilfe« (Psalm 69,2).
Wahrscheinlich wurden diese Beschlaggarnituren mit lateinischer Inschrift westlich des Rheins und in Italien hergestellt und nach Baiern und Alamannien verhandelt. Denkbar wäre aber auch, daß sie in Süddeutschland selbst entstanden sind.
2. Hälfte 7. Jahrhundert. Prähistorische Staatssammlung München.

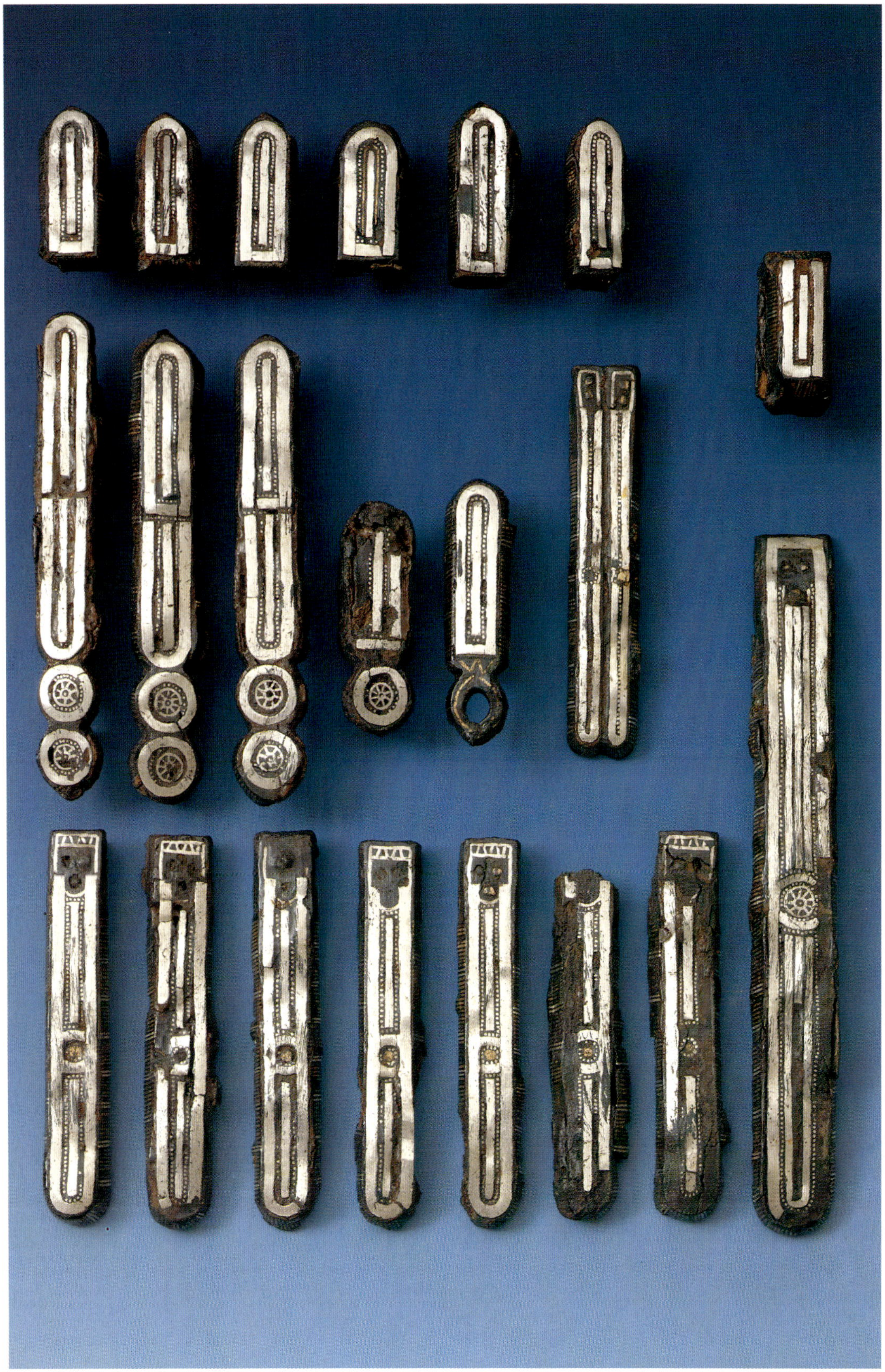

60 Spätbajuwarische Gürtelgarnitur. Am Ende der modischen Entwicklung der Waffengürtel mit Nebenriemen, die vor allem in Süddeutschland vertreten sind, stehen schwere, kaum noch »tragbare« vielteilige Eisengarnituren. Sie datieren in das Ende des 7. Jahrhunderts und kennzeichnen den Übergang von der späten Merowinger- in die frühe Karolingerzeit.
Ein wahrscheinlich vollständiger Beschlagsatz hat sich im Grab 1 des Gräberfelds am Sandweg in Straßkirchen, Lkr. Straubing-Bogen, erhalten. Er besteht aus 21 Teilen mit sieben Riemenzungen und einer Hauptriemenzunge von 14,8 cm Länge. Die Beschläge sind auf der Schauseite silberplattiert, die Konturlinien gepunktet und die Schmalseiten streifentauschiert. Wie die Besätze im einzelnen angeordnet waren, ist unklar, wobei ihre Zahl möglicherweise – nach steppennomadisch-östlichem Vorbild – im Zusammenhang mit dem Rang des Gürtelinhabers zu sehen ist.
Um 700. Gäubodenmuseum Straubing.

61 Körbchenohrringe. Eine ausschließlich auf das altbaierische Siedlungsgebiet beschränkte Schmuckvariante sind Ohrringe mit großen, trichterförmigen Körbchen, wie sie ein Paar aus Grab 10 in Lauterhofen, Lkr. Neumarkt i. d. Oberpfalz, aufweist.
Der drahtförmige Silberring mit Hakenende ist an der Vorderseite bandförmig ausgetrieben und war ehedem mit einer Preßblechfolie belegt. Das trichterförmige Körbchen besteht aus einem Tonkern mit Silberblechüberzug und ist am Ring festgelötet. Der Mantel der großen Kegelkörbchen ist durch Perlstriche in Drei- und Fünfeckfelder gegliedert, die Deckelscheibe in Preßtechnik mit Buckeln im Perlkreis verziert. Die dünnen Bleche sind miteinander verlötet. Der Durchmesser des Rings beträgt 6,2 cm. Größe und Gewicht der Gehänge machen wahrscheinlich, daß sie nicht an den Ohrläppchen getragen, sondern in ein Haarband oder Haarnetz eingehängt wurden und in jedem Fall zur Festtagstracht gehörten.
Um 700. Museum der Stadt Regensburg.

62–64 Silberschmuck. Eines der bestausgestatteten Gräber karolingisch-ottonischer Zeitstellung ist ein vermutliches Doppelgrab in Hohenfels-Matzhausen, Lkr. Neumarkt i. d. Oberpfalz. Im west-ost-orientierten Körpergrab fanden sich im Schädelbereich zwei Sätze mit je drei rundstabigen Silberringen (Tafel 64) mit einem größten Durchmesser von 6,2 cm, die, als »Schläfenringe« im Haar oder an einem Band getragen, zum Kopfputz gehörten. Weiterer Schmuck ist ein Paar silberne Halbmondohrringe (Tafel 64) mit Granulation und rautenförmigen Klapperblechen an Gehangeketten (L. 9 cm).
Ob die silberne Pferdchenapplik (Tafel 62 und 64) als Körperschmuck oder als Aufsatz für ein Behältnis diente, ist unklar. Das naturalistisch gestaltete Pferdchen besteht aus zwei verlöteten, getriebenen Halbschalen auf einer Grundplatte mit sieben Perforationen, die mit Perldraht verziert sind; seine Länge beträgt 3,6 cm.
Zum Grabinventar gehörten außerdem zwei silberne Bommelanhänger (Tafel 63). Sie sind aus zwei Blechhalbkugeln zusammengesetzt, von denen eine an der Öse alt repariert ist. Die unversehrte Kugel enthält Klappersteine. Die Verzierungen der beiden gleich großen Bommeln (Dm. 3,1 cm) sind identisch: Jede Kugel hat sechs kreisförmige Zierfelder, wobei sich im horizontalen Medaillonfries zwei Gesichtsdarstellungen auf gepunktetem Grund gegenüberstehen. Die übrigen sind mit jeweils vier Halbkreisschlägen sternförmig verziert.
Wo diese Klapperkugeln getragen wurden, ob am Kopf oder am Gürtelgehänge, ist unklar. Zur Ornamentik und vor allem zur Gesichtsdarstellung findet sich Vergleichbares im östlichen Mitteleuropa, so in Gräbern des sicherlich slawisch bestimmten Großmährischen Reiches des 9. Jahrhunderts.
9. Jahrhundert. Museum der Stadt Regensburg.

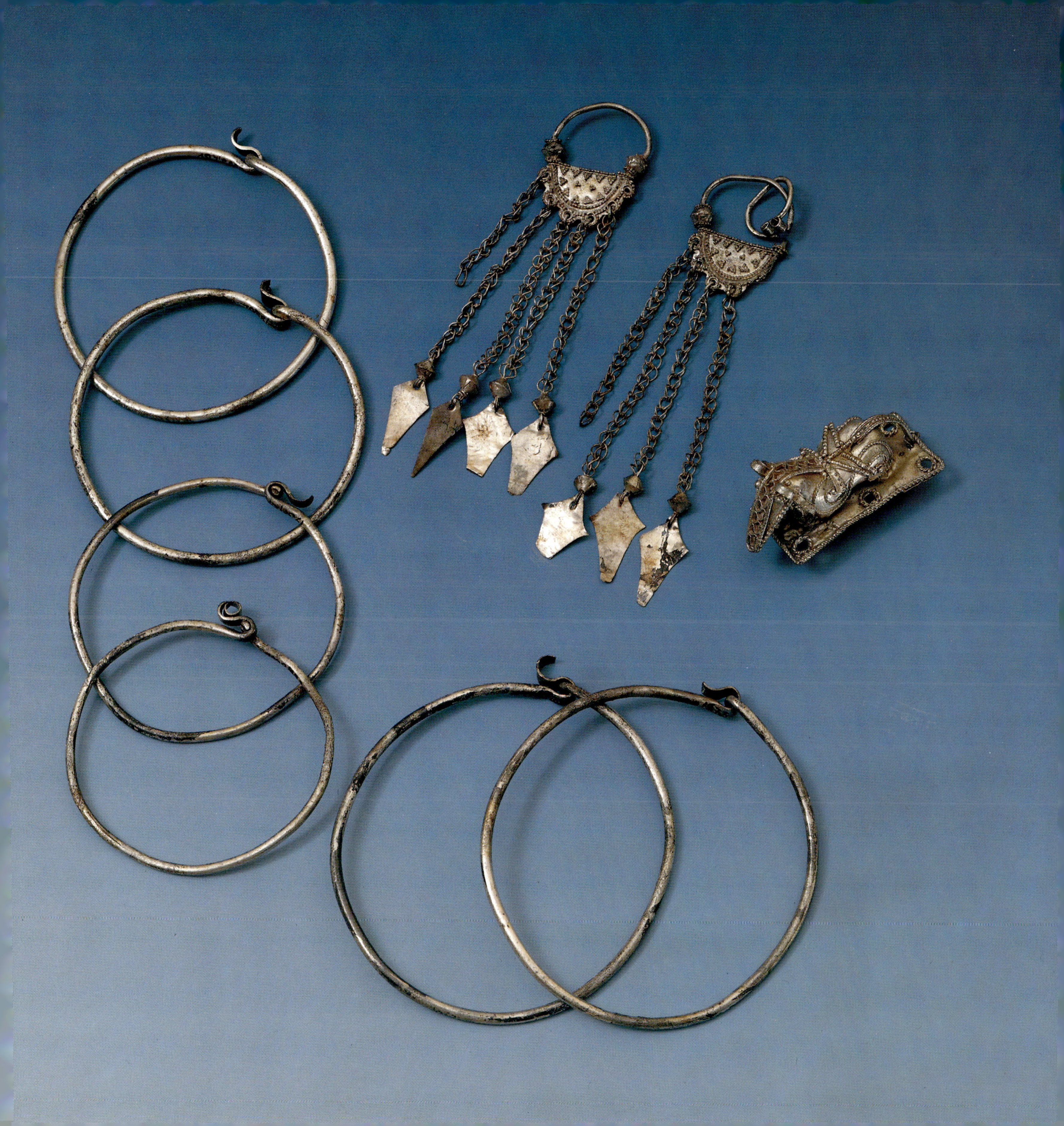

65 »Slawische« Keramik. Häufige Beigabe in Körpergräbern der karolingisch-ottonischen Epoche an der Peripherie des Frankenreiches sind scheibengedrehte Gefäße mit kurzem Rand und glattem Boden. Der Topf hinten links stammt aus Nabburg, Lkr. Schwandorf, ist 14,6 cm hoch und hat eine Bodendelle. Die beiden Gefäße mit Bodenmarke, ebenfalls aus Nabburg, sind sicher in einer Töpferei von zumindest lokaler Bedeutung hergestellt. Die zwei kleineren Töpfe im Vordergrund (H. 11,5 cm und 10,9 cm) wurden in Kallmünz, Lkr. Regensburg, gefunden, haben eine andere Tonkonsistenz und sind sorgfältiger mit den typischen Wellenbändern verziert.
9.–10. Jahrhundert. Museum der Stadt Regensburg.

66 Karolingische Waffen. Für die Karolingerzeit ist die Waffenbeigabe in Gräbern nur noch sporadisch in den Randgebieten des Frankenreiches und den östlich und nördlich anschließenden Räumen nachzuweisen. Waffentechnische Entwicklungen sind nun schwerer nachzuvollziehen, doch bieten »Flußfunde« einen gewissen Ausgleich.
Aus dem Donaukies bei Neuburg, Lkr. Neuburg-Schrobenhausen, stammt das reich verzierte Schwert mit messingtauschiertem Gefäß (links). Die abgebrochene Klinge trägt auf der Vorderseite eine in Eisentausia eingelegte Inschrift in verballhorntem Latein und auf der Rückseite ein eingelegtes Rautenmuster. Das andere Schwert wurde bei Linz (Oberösterreich) aus der Traun geborgen und ist vollständig erhalten. Der dreieckige Knauf und die massive Knaufplatte sowie die eiserne Parierstange waren ehemals in Messingstreifen tauschiert.
In technischer Hinsicht ist gegenüber den Spathen der Merowingerzeit ein Fortschritt festzustellen, der sich in der massiveren Gestaltung des Gefäßes und in der ausgewogeneren Form der Klinge zeigt. Die Schwerter von Neuburg a. d. Donau und aus der Traun bei Linz finden ihre ikonographischen Belege in karolingischen Fresken und in den Miniaturen der Handschriften. Dort sind auch – so zum Beispiel im Stuttgarter Bilderpsalter – buntbemalte Schilde mit zuckerhutformigen Eisenbuckeln abgebildet, die ihren archäologischen Nachweis im Grab 28 von Augsburg-Göggingen finden. Der eiserne Schildbuckel (Dm. 15,4 cm; H. 14,4 cm) war mit 20 silberplattierten Nieten auf dem Schildkorpus befestigt; die Kalotte ist vom Kragen durch ein Silberband abgesetzt.
8. Jahrhundert. Germanisches Nationalmuseum Nürnberg; Römisches Museum Augsburg.

67 Der Silberbecher von Pettstadt. Der gegossene und auf der Drehbank nachgearbeitete beutelförmige Silberbecher (H. 10 cm) wurde bei Pettstadt, Lkr. Bamberg, aus dem Kies der Regnitz gebaggert. Die Außenseite ist durch Ornamentbänder in vier Wandfelder und ein Bodenkreisfeld gegliedert. Die Innenseite und die Ornamente sind feuervergoldet und waren ursprünglich mit Niello konturiert. Die Zierbänder in sauberem Kerbschnitt zeigen ein endloses Geflecht ineinander verschlungener und verbissener stilisierter Tiere, deren Leiber durch vergoldete Linien konturiert sind. Der Becher gehört zu einer kleinen Gruppe kontinentaler Metallarbeiten, deren Tierornamentik mit den Zierformen – im sog. »insularen Stil« – der irischen und northumbrischen Buchmalerei des 7. und 8. Jahrhunderts im Zusammenhang zu sehen sind.
Form und Dekor weisen den Becher als liturgisches Gerät aus, wobei unklar bleibt, welche Ereignisse oder Intentionen zu seiner Versenkung in der Regnitz südlich von Bamberg geführt haben.
2. Hälfte 8. Jahrhundert. Germanisches Nationalmuseum Nürnberg.

68 Der Tassilokelch aus Kremsmünster. Der flächendeckend figürlich und ornamental verzierte Kelch aus vergoldetem Kupfer mit Silberauflagen und Niello- sowie vereinzelten Glasflußeinlagen trägt auf dem Fuß die Umschrift TASSILO DVX FORTIS – LIVTPIRC VIRGA REGALIS. Der 27 cm hohe, ca. 1,75 Liter fassende Spendekelch (*calix maior*) wurde dem Benediktinerstift Kremsmünster (Oberösterreich) zu seiner Gründung im Jahr 777 von Tassilo III. (748–788) und seiner Gattin Liutpirc, der Tochter des letzten Langobardenkönigs Desiderius, gestiftet.
Der Kelch besteht aus drei Teilen. Die gegossene Cuppa mit flechtbandgefaßten Medaillons des thronenden Christus und der vier Evangelisten auf silberplattiertem Grund ist gegossen und durch einen Perlkranz mit Glasflußeinlagen vom getriebenen Nodus und Fuß abgesetzt, der vier Medaillons mit figürlichen Darstellungen auf silbernem Grund – zu identifizieren sind Maria und Johannes der Täufer – und die Stifterinschrift aufweist. Am Rand, in den Zwickeln zwischen den Medaillons und auf dem Nodus sind in scharfem Kerbschnitt pflanzliche und geometrische Ornamente sowie Flechtbänder und Zierfelder mit Tiergeflechten des »insularen Stils kontinentaler Prägung« eingeschnitten. Die Konturen sind, wie auch bei den figürlichen Darstellungen, vergoldet oder nielliert. Der ursprüngliche silbervergoldete Cuppaeinsatz ist verloren.
Der Tassilokelch, in dessen Ornamentik und Herstellungstechnik die verschiedensten Stilrichtungen vereint sind, wobei die »insularen Einflüsse« dominieren, ist das hervorragendste Werk anglo-karolingischer Goldschmiedekunst. Vermutlich entstand er in einer baierischen Klosterwerkstatt, in der Traditionen der anglo-irischen Mission wirksam waren.
Ende 8. Jahrhundert. Stiftsschatz Kremsmünster.

69 Karolingisch-ottonischer Schmuck. Die Broschen stammen aus zerstörten Gräbern des 9. und 10. Jahrhunderts eines zur ältesten Kirche unter St. Peter in Straubing gehörenden Friedhofs.
Wertvollstes Stück ist die kleine silberne Vierpaßfibel mit Karneol in zweiter Verwendung, der auf der ehemaligen Schauseite geschnitten ist. Die silberne Scheibenfibel mit Perldrahtauflage und zentralem blauem Glasstein dürfte wenig älter als das 10. Jahrhundert sein. Die mit blauem, gelbem, rotem und grünem Glasschmelz in Pelten und Lunulen flächig verzierten bronzenen Scheibenfibeln waren im 9. Jahrhundert in den östlichen Randgebieten Mittel- und Nordeuropas weit verbreitet (Dm. max. 1,7 cm).
9./10. Jahrhundert. Gäubodenmuseum Straubing.

70 Der Lindauer Buchdeckel. Der hintere Deckel des in St. Gallen entstandenen Evangeliars besteht aus vergoldetem Silberblech mit Niello-, Email- und Almandineinlagen. Die Ikonographie ist durch ein gerahmtes Kreuz mit sich verbreiternden Armenden bestimmt. Auffallend ist die Kombination von Tierornamentik mit figürlichen Tierbildern in Kerbschnitt- und Grubenschmelztechnik, die starke Einflüsse aus dem northumbrischen Raum aufweist.
Der heute 34 × 26,4 cm messende, ursprünglich kleinere Deckel wurde bis ins 16. Jahrhundert mehrfach erneuert und war liturgisches Gerät des Nonnenklosters Lindau am Bodensee.
Älteste Fassung: spätes 8. Jahrhundert. Pierpont Morgan Library New York.

71 Buchmalerei. Das ehemalige Frontispiz einer Handschrift der Paulusbriefe zeigt eine ungewöhnliche Kreuzigungsszene: Christus mit fremdartig anmutenden Gesichtszügen ist in einen Chiton gehüllt, in dessen Gürtel die Marterwerkzeuge stecken. Das Kreuz hängt in einer Arkade mit bunten Flechtbandornamenten über einem Boot in fischreichem Gewässer. Im Boot steht Christus mit neun Männern (Apostel?). Ob mit der Szene der wunderbare Fischzug gemeint ist, bleibt unklar.
Den triumphierenden Christus am Kreuz flankieren auf den Kreuzarmen zwei prachtvolle Vögel. An den Kreuzarmen hängen an kleinen Kreuzen die Schächer, auf die vogelartige Fabelwesen, beim guten Schächer mit menschlichen Köpfen, zufliegen.
Die Ikonographie der Miniatur ist nicht eindeutig, doch überwiegen die Elemente der irischen Buchmalerei. Die Paulusbriefe wurden in der zweiten Hälfte des 8. Jahrhunderts noch in Irland auf Pergament niedergeschrieben und gelangten wahrscheinlich mit dem Iren Clemens Scottus († 826) von der Palastschule Karls des Großen nach Würzburg. Wegen der zahlreichen lateinischen und altirischen Glossen sind die 60 Pergamente des nicht vollständigen Codex eine der wichtigsten Quellen moderner Keltologie.
2. Hälfte 8. Jahrhundert. Universitätsbibliothek Würzburg, Mp.theol. fol. 69, Paulusbriefe, fol. 7a.

72 Mönche im Skriptorium. Schreiber und Maler bei der Arbeit an einem Perikopenbuch Heinrichs III. in der Schreibstube der Abtei Echternach.

Mit der anglo-irischen Mission und den Klostergründungen seit dem 6. Jahrhundert wurden die antiken Traditionen auch im Raum nördlich der Alpen wiederaufgenommen. In den Schreibstuben der Klöster, den Skriptorien, wurden antike Werke transskribiert bzw. kopiert, Codices und Evangeliare geschrieben und illuminiert. Ein reger Bücheraustausch über weite Entfernungen fand zwischen den Klöstern statt, um durch das Kopieren der Pergamente die eigenen Bibliotheken, den Stolz jeder Abtei, zu vergrößern. Könige und Kaiser machten Klöstern und Kirchen die wertvollen Bücher zum Geschenk.

Mönche waren als Schreiber und Miniaturenmaler spezialisiert. In den Klöstern entwickelten sich Schulen der Buchmalerei wie die der 698 gegründeten Abtei Echternach bei Trier. Vor allem die Palastschule Karls des Großen war ein Zentrum der karolingischen Renaissance, die bestimmend für die Kultur des ausgehenden 1. Jahrtausends wurde.

Perikopenbuch Heinrichs III. Echternach, 1039–1043. Staats- und Universitätsbibliothek Bremen, Ms.b.21, verso 124.

73 Tegernsee. Als Gründungsjahr der Benediktinerabtei gilt das Jahr 746, die erste urkundliche Erwähnung datiert in das Jahr 804. Das Kloster liegt direkt am See und ist an keinen überregionalen Verkehrsweg angebunden. Die Stifter waren Adalbert und Oatker aus der Sippe der Huosi. Ihnen wurden in den sechziger Jahren des 8. Jahrhunderts vom Papst die Reliquien des Märtyrers Quirinus überlassen, der seitdem Schutzheiliger der Klosterkirche ist.
Das römische Patrozinium und die in der Klosterschule spürbaren angelsächsischen Einflüsse stellen Tegernsee in den Kreis jener Klöster, die am Alpenrand und im Vorland während des 8. Jahrhunderts durch den mächtigen westbaierischen, fränkisch orientierten Adel ohne wesentliche Mitwirkung des Herzogs gegründet wurden: Zu ihnen gehörten Ilmmünster in der Holledau, dem Kernland der Huosi-Genealogia, Benediktbeuern, Scharnitz-Schlehdorf und Schäftlarn.
Im Jahr 788 wurde Tegernsee karolingisches Reichskloster und entwickelte sich binnen kurzem zu einer der bedeutendsten, ungewöhnlich reich begüterten Abteien Süddeutschlands. Ein erster Niedergang im frühen 10. Jahrhundert war Folge der Ungarnnot, dem bald aber eine erneute Blüte unter Kaiser Otto II. folgte.

Anmerkungen

Abgekürzt zitierte Literatur

Arch. Jahr Bayern: Das archäologische Jahr in Bayern
Bayer. Vorgeschichtsbl.: Bayerische Vorgeschichtsblätter
Berichte RGK: Berichte der Römisch-Germanischen Kommission
Die Bajuwaren (1988): Die Bajuwaren. Von Severin bis Tassilo 488–788. Gemeinsame Landesausstellung des Freistaates Bayern und des Landes Salzburg. Rosenheim/Bayern–Mattsee/Salzburg. 19. Mai bis 6. November 1988, hrsg. von H. Dannheimer u. H. Dopsch
Festschrift Werner (1974): G. Kossack u. G. Ulbert (Hrsg.), Studien zur vor- und frühgeschichtlichen Archäologie. Festschrift für Joachim Werner zum 65. Geburtstag. Münchner Beiträge zur Vor- und Frühgeschichte. Ergänzungsband 1, I–II (1974)
GDV: Germanische Denkmäler der Völkerwanderungszeit, Serie A bzw. B, Bd.
Jahrbuch RGZM: Jahrbuch des Römisch-Germanischen Zentralmuseums
Katalog Kilian (1989): Kilian – Mönch aus Irland, aller Franken Patron. Aufsätze. Veröffentlichungen zur Bayerischen Geschichte und Kultur Nr. 19/89. München 1989
Regensburg zur Römerzeit (1979): K. Dietz, U. Osterhaus, S. Rieckhoff-Pauli, K. Spindler, Regensburg zur Römerzeit. Regensburg 1979
Römer in Schwaben (1985): Die Römer in Schwaben. Jubiläumsausstellung 2000 Jahre Augsburg. Arbeitshefte des Bayerischen Landesamtes für Denkmalpflege 27 (1985)

1 S. Rieckhoff-Pauli, Kelten, Germanen und Römer im 1. vorchristlichen Jahrhundert. In: Römer in Schwaben (1985), S. 15 ff.
2 S. von Schnurbein, Die Besetzung des Alpenvorlandes durch die Römer. In: Römer in Schwaben (1985), S. 17–23.
3 K. Dietz, Räter und Vindeliker im römischen Heer. In: Römer in Schwaben (1985), S. 50–51.
4 E. Keller, Das Schicksal der einheimischen Bevölkerung und das Fortleben keltischer Traditionen. In: Römer in Schwaben (1985), S. 28 f.
5 E. Keller, Die frühkaiserzeitlichen Körpergräber von Heimstetten bei München und die verwandten Funde aus Südbayern. Münchner Beiträge zur Vor- und Frühgeschichte 37 (1984), S. 49 f., bes. S. 57.
6 J. Garbsch, Die norisch-pannonische Frauentracht im 1. und 2. Jahrhundert. Münchner Beiträge zur Vor- und Frühgeschichte 11 (1965). – R. Christlein, Zu den jüngsten keltischen Funden Südbayerns. In: Bayer. Vorgeschichtsbl. 47, 1982, S. 21 ff.
7 M. Mackensen, Die erste Grenze an der Donau. In: Römer in Schwaben (1985), S. 31–37 mit Abb. 11.
8 H.-J. Kellner, Die Römer in Bayern (^{4}1978).
9 K. Dietz, Einrichtung und Verwaltung der Provinz Rätien bis auf Kaiser Mark Aurel. In: Römer in Schwaben (1985), S. 82–86 mit Abb. 54.
10 D. Timpe, Die Siedlungsverhältnisse Mainfrankens in caesarisch-augusteischer Zeit nach den literarischen Quellen. In: Chr. Pescheck, Die germanischen Bodenfunde der römischen Kaiserzeit in Mainfranken. Münchner Beiträge zur Vor- und Frühgeschichte 27 (1978), S. 119–129.
11 L. Wamser, Ein augusteisches Legionslager auf dem Kapellenberg bei Marktbreit, Landkreis Kitzingen, Unterfranken. In: Arch. Jahr Bayern 1986 (1987), S. 105–108. – Ders., Neue Untersuchungen im frührömischen Legionslager bei Marktbreit. In: Arch. Jahr Bayern 1987 (1988), S. 93 ff.
12 Chr. Pescheck, Die germanischen Bodenfunde der römischen Kaiserzeit in Mainfranken. Münchner Beiträge zur Vor- und Frühgeschichte 27 (1978), Zusammenfassung S. 106–110.
13 K. Peschel, Die Anfänge germanischer Besiedlung im Mittelgebirgsraum. Sueben – Hermunduren – Markomannen (1978). – D. Rosenstock, Ein reicher Keramikkomplex der Großromstedter Kultur aus Oberstreu, Landkreis Rhön-Grabfeld. Ein Beitrag zur frühgermanischen Besiedlung in Mainfranken. In: Aus Frankens Frühzeit. Festgabe für Peter Endrich. Mainfränkische Studien 37 (1986), S. 113–138.
14 D. Rosenstock, Die ersten Grab- und Siedlungsfunde der Großromstedter Kultur aus dem Landkreis Röhn-Grabfeld, Unterfranken. In: Arch. Jahr Bayern 1985 (1986), S. 95 ff. mit Abb. 54. – Ders., Zweierlei Verlust. Zum Schicksal germanischer Gräberfelder in Mainfranken. In: Arch. Jahr Bayern 1986 (1987), S. 132 ff.
15 S. Rieckhoff-Pauli (wie Anm. 1), S. 15–17 mit Abb. 2.
16 Th. Fischer, S. Rieckhoff-Pauli u. K. Spindler, Grabungen in der spätkeltischen Siedlung im Sulztal bei Berching-Pollanten, Landkreis Neumarkt, Oberpfalz. In: Germania 62, 1984, S. 311 ff.
17 G. Weber, Cambodunum – eine Stadt nach mediterranem Vorbild. In: Römer in Schwaben (1985), S. 60–64. – G. Ulbert, Zu den Anfängen der Stadtentwicklung im Voralpenland. In: Römer in Schwaben (1985), S. 59.
18 H. W. Böhme, Archäologische Zeugnisse zur Geschichte der Markoman-

nenkriege (166–180 n. Chr.). In: Jahrbuch RGZM 22, 1975, S. 153–217. – J. Garbsch, Die Markomannenkriege. In: Römer in Schwaben (1985), S. 238–240.

19 H.-J. Kellner, Rätien in den Markomannenkriegen. In: Bayer. Vorgeschichtsbl. 30, 1965, S. 154 ff. – Ders. mit Nachtrag in: R. Klein (Hrsg.), Marc Aurel (1979), S. 226 ff.

20 C.-M. Hüssen, Römerzeit – Militärgeschichte. In: Landkreis Weißenburg-Gunzenhausen. Archäologie und Geschichte. Führer zu archäologischen Denkmälern in Deutschland 14 (1987), S. 103 ff. – L. Bakker, Ein Schatzfund von Goldmünzen bei St. Stephan in Augsburg. In: Römer in Schwaben (1985), S. 240.

21 K. Dietz, Die ältesten Weiheinschriften aus dem Regensburger Legionslager. In: Bayer. Vorgeschichtsbl. 49, 1984, S. 79 ff.

22 K. Dietz, Die Römer in Regensburg – Geschichte. In: Regensburg zur Römerzeit (1979), S. 73 ff.

23 Th. Fischer, Zur Chronologie der römischen Fundstellen um Regensburg. In: Bayer. Vorgeschichtsbl. 46, 1981, S. 63 ff.

24 H. U. Nuber, Ausgrabungen in Bad Gögging, Stadt Neustadt an der Donau, Landkreis Kelheim – Römisches Staatsheilbad und frühmittelalterliche Kirche (1980).

25 J. Eingartner, Phoebiana – Römerstadt und Apollo Grannus-Heiligtum in Faimingen. In: Römer in Schwaben (1985), S. 223 ff.

26 Vgl. »Reise ins Jenseits«. In: Römer in Schwaben (1985), S. 185–210.

27 H. Koch, Treuchtlingen. In: Landkreis Weißenburg-Gunzenhausen. Denkmäler und Fundstätten. Führer zu archäologischen Denkmälern in Deutschland 15 (1987), S. 185 ff. mit Abb. 86–88.

28 K. Dietz, Römische Kaiser in Rätien. In: Römer in Schwaben (1985), S. 79 ff.

29 G. Wirth, Caracalla in Franken. In: Jahrbuch für fränkische Landesforschung 34/35 (1974/75), S. 37–74.

30 H.-J. Kellner, Die Alamanneneinfälle im 3. Jahrhundert. In: Römer in Schwaben (1985), S. 241 f.

31 A. Alföldi, Studien zur Geschichte der Weltkrise des 3. Jahrhunderts n. Chr. (1967).

32 L. Bakker, Ehreninschriften für die Kaiser Probus und Diokletian aus Augsburg (1985), S. 261 f., Abb. 214–215.

33 K. Dietz, Die Römer in Regensburg – Geschichte. In: Regensburg zur Römerzeit (1979), S. 125–146.

34 J. Garbsch, Der spätrömische Donau-Iller-Rhein-Limes. Kleine Schriften zur Kenntnis der römischen Besetzungsgeschichte in Südwestdeutschland 6 (1970).

35 J. Moosdorf-Ottinger, Der Goldberg bei Türkheim. Münchner Beiträge zur Vor- und Frühgeschichte 24 (1981).

36 K. Dietz, Die Notitia dignitatum, ein Orts- und Truppenverzeichnis. In: Römer in Schwaben (1985), S. 273.

37 G. Bersu, Die spätrömische Befestigung »Bürgle« bei Gundremmingen. Münchner Beiträge zur Vor- und Frühgeschichte 10 (1964).

38 J. Garbsch, Die Burgi von Meckatz und Untersaal und die valentinianische Grenzbefestigung zwischen Basel und Passau. In: Bayer. Vorgeschichtsbl. 32, 1967, S. 51 ff.

39 Th. Fischer u. K. Spindler, Das römische Grenzkastell Abusina-Eining. Führer zu archäologischen Denkmälern in Bayern. Niederbayern 1 (1984), S. 40, Abb. 14.

40 E. Keller, Die spätrömischen Grabfunde in Südbayern. Münchner Beiträge zur Vor- und Frühgeschichte 14 (1971).

41 Vgl. Anm. 23 und Anm. 62 mit Abb. 7–8; 21.

42 Ammianus Marcellinus, Römische Geschichte – Lateinisch und Deutsch 4, 26–31. Schriften und Quellen der Alten Welt 21, 4 (1978), S. 83 f.; 277 f.

43 A. Lippold, Theodosius der Große und seine Zeit. Beck'sche Schwarze Reihe, Bd. 209 (1980).

44 K. Dietz, Die Römer in Regensburg – Geschichte. In: Regensburg zur Römerzeit (1979), S. 155–174. – Ders., Das Ende der Römerherrschaft in Rätien. In: Römer in Schwaben (1985), S. 287 ff.

45 H. Castritius, Das Ende der Geldwirtschaft im Römischen Reich am Beispiel des Alpen-Donauraumes. In: Deutscher Numismatikertag 1981, Vorträge (1983), S. 31–39.

46 K. Böhner, Zur historischen Interpretation der sog. Laetengräber. In: Jahrbuch RGZM 10, 1963, S. 139 ff. – H. W. Böhme, Germanische Grabfunde des 4. bis 5. Jahrhunderts zwischen unterer Elbe und Loire. Studien zur Chronologie und Bevölkerungsgeschichte. Münchner Beiträge zur Vor- und Frühgeschichte 19 (1974), S. 195 ff., Abb. 69.

47 Das folgende ist nach E. Keller, Die spätrömischen Grabfunde in Südbayern (wie Anm. 40), referiert.

48 Ebd., Beilage 2.

49 Ebd., S. 26 ff., Abb. 11.

50 Ebd., S. 114 ff., Abb. 31–36.

51 R. Koch, in: Festschrift Werner (1974), S. 236 ff.; 228 ff. – M. Schulze-Dörrlamm, Romanisch oder germanisch? Untersuchungen zu Armbrust- und Bügelknopffibeln des 5. und 6. Jahrhunderts n. Chr. aus den Gebieten westlich des Rheins und südlich der Donau. In: Jahrbuch RGZM 33, 1986, S. 593 ff.

52 E. Keller, Das spätrömische Gräberfeld von Neuburg a. d. Donau. Materialhefte zur bayerischen Vorgeschichte 40 (1979).

53 G. Ziegelmayer, Die anthropologischen Befunde. In: E. Keller (wie Anm. 52), S. 71 ff.

54 V. Bierbrauer, Zur chronologischen, soziologischen und regionalen Gliederung des ostgermanischen Fundstoffs des 5. Jahrhunderts in Südosteuropa. In: H. Wolfram u. F. Daim (Hrsg.), Die Völker an der mittleren Donau im 5. und 6. Jahrhundert (1980), S. 131 ff.

55 E. Keller, Germanenpolitik Roms im bayerischen Teil der Raetia secunda während des 4. und 5. Jahrhunderts. In: Jahrbuch RGZM 33, 1986, S. 575 ff.

56 E. Keller, Ein frühvölkerwanderungszeitliches Frauengrab von Götting, Landkreis Bad Aibling (Oberbayern). In: Bayer. Vorgeschichtsbl. 36, 1971, S. 129 ff.

57 H. W. Böhme, Zur Bedeutung des spätrömischen Militärdienstes für die Stammesbildung der Bajuwaren. In: Die Bajuwaren (1988), S. 23 ff.

58 J. Prammer, Neue Forschungen zum spätrömischen Straubing. Die Gräberfelder Azlburg I und II. In: Vorträge des 5. Niederbayerischen Archäologentages (1987), S. 133 ff.

59 J. Prammer, Das spätrömische Gräberfeld Straubing-Azlburg, Niederbayern. In: Arch. Jahr Bayern 1981 (1982), S. 154 f., Abb. 131; 134.

60 Th. Fischer, Archäologische Funde der römischen Kaiserzeit und der Völkerwanderungszeit aus der Oberpfalz (nördlich der Donau). In: Verhandlungen des Historischen Vereins für Oberpfalz und Regensburg 121, 1981, S. 349 ff.

61 E. Keller (wie Anm. 40), S. 145 ff.

62 Th. Fischer, Römer und Bajuwaren an der Donau. Bilder zur Frühgeschichte Ostbayerns (1988), S. 23 ff.

63 K. Dietz, Das Ende der Römerherrschaft in Rätien. In: Römer in Schwaben (1985), S. 288. – J. Garbsch, Grenzbefestigungen an Iller und Donau. Ebd., S. 265 ff.; bes. S. 269.

64 H. J. Eggers, Der römische Import im Freien Germanien. Atlas der Urgeschichte 1 (1951). – E. Keller, Zur Chronologie der jüngerkaiserzeitlichen Grabfunde aus Südwestdeutschland und Nordbayern. In: Festschrift Werner I (1974), S. 247 ff.
65 D. Rosenstock (wie Anm. 14), S. 97, Abb. 55.
66 Chr. Pescheck (wie Anm. 12), Taf. 138.
67 Ebd., S. 10 ff.; S. 133 ff.
68 Ebd., S. 13 ff., Abb. 10; Taf. 30–31.
69 Th. Fischer, Ein germanisches Gräberfeld der jüngeren Kaiserzeit aus Berching-Pollanten, Landkreis Neumarkt i. d. OPf., Oberpfalz. In: Arch. Jahr Bayern 1983 (1984), S. 123 ff.
70 D. Rosenstock, Eine Fibelgußform aus der germanischen Siedlung von Geldersheim, Landkreis Schweinfurt, Unterfranken. In: Arch. Jahr Bayern 1984 (1985), S. 125.
71 H. Dannheimer, Die germanischen Funde der späten Kaiserzeit und des frühen Mittelalters in Mittelfranken. GDV, A, 7 (1962), S. 170.
72 Ebd., S. 176; Taf. 2–6; 17–20.
73 H. Eidam, Eine prähistorische Befestigung auf der Gelben Bürg bei Gunzenhausen. In: Korrespondenzblatt der Deutschen Gesellschaft für Anthropologie, Ethnologie und Urgeschichte 43, 1912, S. 140.
74 F.-R. Herrmann, Ausgrabungen an den Ringwallanlagen der Gelben Bürg bei Dittenheim. Neue Ausgrabungen in Bayern – Probleme der Zeit (1970), S. 36 ff. – Ders., Neue Ausgrabungen in Mittelfranken. In: Jahrbuch des Historischen Vereins für Mittelfranken 85, 1969/70, S. 211 ff.
75 J. Werner, Zu den alamannischen Burgen des 4. und 5. Jahrhunderts. In: Speculum Historiale – Festschrift Johannes Spörl (1965), S. 439–453. – Wiederabgedruckt in: Zur Geschichte der Alamannen (1975), S. 67–90.
76 E. Keller (wie Anm. 40), S. 156 ff.
77 J. Werner (wie Anm. 75), S. 73.
78 Ammianus Marcellinus, Römische Geschichte – Lateinisch und Deutsch, 4, 26–31. Schriften und Quellen der Alten Welt 21, 4 (1978), S. 83 f.; 277 f.
79 M. Hundt, In: Bayer. Vorgeschichtsbl. 15, 1938, S. 107 (Fundberichte). – Ders., Flachgräber der späteren Bronzezeit bei Mainleus, Bayerische Ostmark. In: Mannus 31, 1939, S. 452 ff. – Staffelberg: Zuletzt B.-U. Abels, Archäologischer Führer Oberfranken. Führer zu archäologischen Denkmälern in Bayern – Franken 2 (1986), S. 171 ff. – Ders., Ausgrabungen und Funde in Oberfranken 4, 1983–1984. In: Geschichte am Obermain – Jahrbuch des Colloquium Historicum Wirsbergense 15, 1985/86, S. 22 f.; 63 ff.; Abb. 33–35. – R. Koch, Bodenfunde der Völkerwanderungszeit aus dem Main-Tauber-Gebiet. GDV, A, 8 (1967), S. 175 f. – B.-U. Abels 1986 (a. a. O.), S. 195 ff. – H. Koschik (Hrsg.), Die Houbirg im Nürnberger Land – Archäologische Forschungen in Vergangenheit und Gegenwart (1985), S. 156. – Verhandlungen Historischer Verein Oberpfalz und Regensburg 103, 1963, S. 457, Abb. 6. – J. Werner (wie Anm. 75), S. 84. – H. Dannheimer (wie Anm. 71), S. 165.
80 B.-U. Abels, Eine neue germanische Befestigungsanlage auf dem Reißberg bei Scheßlitz. In: Arch. Jahr Bayern 1983 (1984), S. 129 f. – Ders., Neue Ausgrabungen im Befestigungsbereich des Staffelberges, Stadt Staffelstein, Oberfranken, In: Bericht der Bayerischen Bodendenkmalpflege 28/29, 1987/88, S. 143–180.
81 L. Wamser, Eine völkerwanderungszeitliche Befestigung im Freien Germanien: Die Mainschleife bei Urphar, Markt Kreuzwertheim, Landkreis Main-Spessart, Unterfranken. In: Arch. Jahr Bayern 1981 (1982), S. 156 f.; Abb. 135.
82 B. Overbeck u. L. Wamser, Ein Schatzfund spätrömischer Münzen von der völkerwanderungszeitlichen Befestigung in der Mainschleife bei Urphar, Markt Kreuzwertheim, Landkreis Main-Spessart, Unterfranken. In: Arch. Jahr Bayern 1982 (1983), S. 96 f.
83 H. Richter, Der Glauberg (Bericht über die Ausgrabungen 1933 bis 1934). In: Volk und Scholle 12, 1934, H. 10. – J. Werner (wie Anm. 75), S. 84 ff., Abb. 3.
84 V. Milojčić im Geleitwort zu R. Christlein, Der Runde Berg bei Urach I – Die frühgeschichtlichen Funde außerhalb der Plangrabungen (1974).
85 Der Runde Berg bei Urach I–V. Abhandlung der Heidelberger Akademie der Wissenschaften, Philos.-hist. Kl. 1 (1974–1984). – U. Koch, Der Runde Berg bei Urach V – Die Metallfunde der frühgeschichtlichen Perioden aus den Plangrabungen 1967–1981 (1984), S. 189 ff.
86 R. Christlein, Spathascheidenbeschläge des 5. und 6. Jahrhunderts vom Runden Berg bei Urach, Württemberg, In: Archäologisches Korrespondenzblatt 1, 1971, S. 180 ff. – Ders., Der Runde Berg bei Urach III – Kleinfunde der frühgeschichtlichen Perioden aus den Plangrabungen 1967–1972 (1979), S. 7 mit Anm. 6.
87 Chr. Pescheck (wie Anm. 12), S. 25, Abb. 14.
88 K. Weidemann, Untersuchungen zur Siedlungsgeschichte des Landes zwischen Limes und Rhein vom Ende der Römerherrschaft bis zum Frühmittelalter. In: Jahrbuch RGZM 19, 1972, S. 99–154.
89 Chr. Pescheck (wie Anm. 12), Taf. 136.
90 D. Rosenstock, Völkerwanderungszeitliche Körpergräber aus Dettingen, Gemeinde Karlstein, Landkreis Aschaffenburg, Unterfranken. In: Arch. Jahr Bayern 1984 (1985), S. 128 ff.
91 Bayer. Vorgeschichtsbl. Fundchronik für 1983, S. 166, Abb. 113.
92 D. Rosenstock (wie Anm. 90), S. 130, Abb. 93.
93 E. Weinlich, Eine germanische Siedlung des 4./5. Jahrhunderts n. Chr. bei Treuchtlingen-Schambach, Landkreis Weißenburg-Gunzenhausen, Mittelfranken. In: Arch. Jahr Bayern 1984 (1985), S. 126.
94 L. Wamser, Biriciana – Weißenburg zur Römerzeit. Führer zu archäologischen Denkmälern in Bayern, Franken 1 (1984), S. 114 f.
95 J. Henning, Zur Datierung von Werkzeug- und Agrargerätfunden im germanischen Landnahmegebiet zwischen Rhein und Oberer Donau. In: Jahrbuch RGZM 32, 1985, S. 570 ff.
96 A. Leube, Niemberger Fibeln im Oder-Spree-Gebiet und ihre historische Interpretation. In: Ausgrabungen und Funde 31, 1986, S. 76 ff., bes. Abb. 2c.
97 T. Springer, Germanenfunde der Völkerwanderungszeit in Nordbayern – Bemerkungen zur Keramik vom Typ Friedenhain-Přešt'ovice. In: Archäologisches Korrespondenzblatt 15, 1985, S. 235 ff.
98 B. Schmidt, Die späte Völkerwanderungszeit in Mitteldeutschland (1961), S. 89 ff.
99 T. Springer (wie Anm. 97), S. 239, Abb. 3–4.
100 Th. Fischer (wie Anm. 60), S. 349 ff. – Ders., Der Übergang von der Spätantike zum frühen Mittelalter. In: Regensburg, Kelheim, Straubing. Führer zu archäologischen Denkmälern in Deutschland 5 (1984), S. 236 ff., Abb. 63.
101 R. Roeren, Zur Archäologie und Geschichte Südwestdeutschlands im 3. bis 5. Jahrhundert n. Chr. In: Jahrbuch RGZM 7, 1960, S. 326. – M. Knaut, Frühe Alamannen in Baden-Württemberg. Ein Forschungsüberblick für die Zeit vom Limesfall bis 500 n. Chr. In: D. Planck (Hrsg.), Archäologie in Württemberg (1988), S. 311–325 mit Fundortliste, Karte Abb. 1.
102 H. Dannheimer (wie Anm. 71), S. 17 ff.
103 K. Böhner, Die Alamannen im Ries. In: Nördlingen, Bopfingen, Oettingen, Harburg. Führer zu vor- und frühgeschichtlichen Denkmälern 40/I (1979), S. 198 ff.

104 P. Reinecke, Die kaiserzeitlichen Germanenfunde aus dem bayerischen Anteil an der Germania magna. In: Berichte RGK 23, 1933, S. 141 ff.
105 W. Czysz, Siedlungsgeographie und Geschichte der Römerzeit und frühalamannischen Landnahme in Nördlinger Ries (Masch. Diss. München 1975).
106 L. Schmidt, Geschichte der deutschen Stämme bis zum Ausgang der Völkerwanderungszeit – Die Westgermanen ([2]1940), S. 100 f. – J. Kunow, Negotiator et Vectura – Händler und Transport im Freien Germanien. Kleine Schriften aus dem vorgeschichtlichen Seminar in Marburg 6 (1980), S. 10; 14.
107 P. Reinecke (wie Anm. 104), S. 144 f.
108 C. Dirlmeier u. G. Gottlieb, Quellen zur Geschichte der Alamannen I. Heidelberger Akademie der Wissenschaften. Kommission für alamannische Altertumskunde. Schriften I (1976), S. 9.
109 L. Schmidt, Geschichte der deutschen Stämme bis zum Ausgang der Völkerwanderung. Die Ostgermanen ([2]1934), S. 129 ff. mit Quellenangaben.
110 L. Schmidt (wie Anm. 106), S. 17 ff. – Hydatius 93; Chron. Gal. 106. – Sidonius Apollinaris, Carminae 7, 233.
111 P. Reinecke (wie Anm. 104), S. 161 f. – Dieser Interpretation folgt auch H. Dannheimer (wie Anm. 71), S. 7.
112 L. Schmidt (wie Anm. 106), S. 101 ff.
113 Eugippius, Das Leben des heiligen Severin – Lateinisch und Deutsch. Einführung, Übersetzung und Erläuterung von R. Noll (1981), S. 93: Vita Sancti Severini 27, 3; 31, 4.
114 Geographus Ravennatus 4, 25.
115 H. Dannheimer (wie Anm. 71), S. 138, lehnte diese Interpretation ab, während G. Raschke, Vorgeschichte Frankens, in: C. Scherzer (Hrsg.), Franken – Land, Volk, Geschichte und Wirtschaft I (1955), S. 389, diese These vertrat.
116 Einen »Hiatus« in der Siedlungsgeschichte Südwestdeutschlands in der Zeit nach 400 erkennen nach archäologischer Sachlage R. Roeren (Anm. 101), S. 236, und K. Weidemann (Anm. 88), S. 99 ff. – Auch U. Koch (Anm. 85), S. 189, stellt nach der Statistik der Funde eine Katastrophe auf dem Runden Berg bei Urach fest.
117 B.-U. Abels 1986 (wie Anm. 79), S. 92. – W. Sage, Frühgeschichte und Frühmittelalter. In: W. Sage (Hrsg.), Oberfranken in vor- und frühgeschichtlicher Zeit (1986), S. 167.
118 R. Roeren (wie Anm. 116), S. 92.
119 F. Altheim, Geschichte der Hunnen. Bd. 1–5 (1962).
120 Ammianus Marcellinus 31, 2.9.
121 H. Wolfram, Geschichte der Goten von den Anfängen bis zur Mitte des 6. Jahrhunderts (1979).
122 Jordanes, Getica 253.
123 A. Lippold (wie Anm. 43).
124 L. Schmidt, Geschichte der deutschen Stämme bis zum Ausgang der Völkerwanderungszeit. Die Ostgermanen ([2]1934).
125 V. Bierbrauer (wie Anm. 54), S. 131 ff. – J. Tejral, Zur Chronologie der frühen Völkerwanderungszeit im mittleren Donauraum. In: Archaeologia Austriaca 72, 1988, S. 295.
126 I. Bóna, Die archäologischen Denkmäler der Hunnen und der Hunnenzeit in Ungarn im Spiegel der internationalen Hunnenforschung. In: Nibelungenlied (1979), S. 297–342.
127 K. Dietz, Schriftquellen zur Völkerwanderungszeit im pannonischen Raum (378–584 n. Chr.), In: Germanen, Hunnen und Awaren. Ausstellungskatalog 1987, S. 27 ff.
128 I. Bóna, Ungarns Völker im 5. und 6. Jahrhundert. Eine historisch-archäologische Zusammenschau. In: Germanen, Hunnen und Awaren. Ausstellungskatalog 1987, S. 116 ff. – W. Menghin, Die Völkerwanderungszeit im Karpatenbecken. Ebd., S. 15 ff.
129 Eugippius (wie Anm. 113).
130 Ebd., 19, 2.
131 Ebd., 19, 3.
132 Ebd., 19, 5.
133 Vgl. Anm. 115.
134 E. Keller, Die Germanenpolitik Roms im bayerischen Teil der Raetia secunda während des 4. und 5. Jahrhunderts. In: Jahrbuch RGZM 33, 1986, S. 577 f.
135 W. Menghin, Die Langobarden. Archäologie und Geschichte (1985), S. 21 ff.
136 Cassiodor, Variae II, 41.
137 Ebd., III, 50, 104.
138 Ebd., III, 3.
139 Zur Rolle der Heruler im Kräftespiel an der mittleren Donau vgl. W. Menghin (wie Anm. 135), S. 29 ff.
140 Cassiodor, Variae IV, 2, 114.
141 Ebd., IV, 1, 114.
142 Ebd., VII, 4, 203.
143 Ebd., VIII, 21, 252.
144 Prokop, Bellum Gothicum I, 13.
145 Zur Geschichte der Langobarden vgl. ausführlich W. Menghin (wie Anm. 135).
146 Epistulae Austriacae 20.
147 Agathias, Hist. I, 6, 17.
148 Prokop, Bellum Gothicum III, 13.
149 Agathias, Hist. I, 1, 5–7.
150 Jordanes, Getica 55 LV 280. – Die Nennung der Baiern ist wahrscheinlich von Jordanes aus aktuellem Wissen 551 eingefügt. Die Textstelle bezieht sich inhaltlich auf die Schlacht an der Bolia, irgendwo in Pannonien, in der 469/70 die Ostgoten eine donaugermanische Allianz besiegten.
151 Venantius Fortunatus, Vita sancti Martini IV, S. 642 ff.
152 Venantius Fortunatus, Carmina, Praefatio (2).
153 Paulus Diaconus I, 21: »Unus ex suis, qui dicebatur Garipald.«
154 K. Reindel, Die Herkunft der Bayern. In: M. Spindler (Hrsg.), Handbuch der bayerischen Geschichte, Bd. I, 3 ([3]1975), S. 75 ff.
155 A. Kraus, Die Abstammung der Bayern in der Historiographie des 18. Jahrhunderts. In: Zeitschrift für bayerische Landesgeschichte 20, 1957, S. 53–82.
156 A. Kraus, Die Herkunft der Bayern. Zu Neuerscheinungen des letzten Jahrzehnts. In: Augsburger Beiträge zur Landesgeschichte Bayerisch-Schwabens 1 (1979), S. 27.
157 Paulus Diaconus, Historia Langobardorum III, 30.
158 Vgl. W. Foerste, Die germanischen Stammesnamen auf -varii. In: Frühmittelalterliche Studien 3, 1969, S. 60 ff.
159 Zur Herkunft und Landnahme der Bajuwaren vgl. K. Reindel, Die Bajuwaren. Quellen, Hypothesen, Tatsachen. In: Deutsches Archiv für Erforschung des Mittelalters 37, Heft 2 (1981), S. 451 ff.
160 B. Svoboda, Böhmen in der Völkerwanderungszeit (1965), S. 354 ff., bes. S. 358.
161 U. Koch, Die Grabfunde der Merowingerzeit aus dem Donautal um Regensburg. GDV, A, 10, 1–2 (1968). – Dies., Alamannische Gräber der ersten Hälfte des 6. Jahrhunderts in Südbayern. In: Bayer. Vorgeschichtsbl. 34, 1969, S. 162 ff.

162 W. Sage, Das Reihengräberfeld von Altenerding in Oberbayern I (Text- und Tafelband). GDV, A, 14 (1984). – R. Christlein, Ein bajuwarischer Friedhof des 5. bis 7. Jahrhunderts von Straubing-Alburg, Niederbayern. In: Arch. Jahr Bayern 1980 (1981), S. 145 ff. – Ders., Ostgotischer Fibelschmuck aus dem bajuwarischen Gräberfeld von Straubing-Alburg, Niederbayern. In: Arch. Jahr Bayern 1981 (1982), S. 168 f. – R. Christlein, Ausgrabungen eines Gräberfeldes des 5. bis 7. Jahrhunderts bei Bittenbrunn, Landkreis Neuburg a. d. Donau. In: Jahresbericht der Bayerischen Bodendenkmalpflege 8/9, 1967–68, S. 87–103.

163 Vgl. zusammenfassend R. Christlein, Die rätischen Städte Severins. Quintanis, Batavis und Boiotro und ihr Umland im 5. Jahrhundert aus archäologischer Sicht. In: Severin. Zwischen Römerzeit und Völkerwanderung. Ausstellungskatalog des Stadtmuseums Enns (1982), S. 217 ff. mit Literaturverzeichnis S. 251 ff. – Th. Fischer u. S. Rieckhoff-Pauli, Von den Römern zu den Bajuwaren. Stadtarchäologie in Regensburg. Bavaria Antiqua. München 1982.

164 W. Sage, Gräber der älteren Merowingerzeit aus Altenerding, Ldkr. Erding (Oberbayern). In: Berichte RGK 54, 1973, S. 211 ff. – V. Bierbrauer, Das Reihengräberfeld von Altenerding in Oberbayern und die bajuwarische Ethnogenese. Eine Problemskizze. Zeitschrift für Archäologie des Mittelalters 13, 1985, S. 7–25. – H. Helmuth, Zwei künstlich deformierte Schädel aus Altenerding. In: Berichte RGK 54, 1973, S. 304 ff.

165 P. Schröter, Zur beabsichtigten künstlichen Kopfumformung im völkerwanderungszeitlichen Mitteleuropa. In: Die Bajuwaren (1988), S. 258–265 mit Abb. 177.

166 H. Helmuth, Körperhöhe, Paläodemographie und Selektion bei der frühmittelalterlichen Skelettserie von Altenerding. In: Festschrift 75 Jahre Anthropologische Staatssammlung München (1977), S. 125 ff. – G. Ziegelmayer, Die Bajuwaren aus anthropologischer Sicht. In: Die Bajuwaren (1988), S. 249–257.

167 Vgl. Anm. 164 u. W. Sage, Das Reihengräberfeld von Altenerding. In: Ausgrabungen in Deutschland 2 (1975), S. 275, Abb. 27. – Zur archäologischen Einordnung vgl. J. Werner, Zur Verbreitung frühgeschichtlicher Metallarbeiten. In: Early Medieval Studies 1, 1970, S. 78 ff.

168 W. Hartung, Süddeutschland in der frühen Merowingerzeit. Beiheft 73 der Vierteljahresschrift für Sozial- und Wirtschaftsgeschichte (Wiesbaden 1983), S. 133 ff., dessen Argumentation aus archäologischer Sicht jedoch nicht stichhaltig ist.

169 H. Geisler, Das Gräberfeld von Straubing-Bajuwarenstraße. In: Germanen, Hunnen und Awaren. Ausstellungskatalog 1987, S. 608 ff.

170 V. Bierbrauer, Zu den Vorkommen ostgotischer Bügelfibeln in der Raetia II. In: Bayer. Vorgeschichtsbl. 36, 1971, S. 131 ff. – R. Christlein, Ostgotischer Fibelschmuck aus dem bajuwarischen Gräberfeld von Straubing-Alburg, Niederbayern. In: Arch. Jahr Bayern 1981 (1982), S. 168 f.; vgl. ebd. S. 48, Abb. 47.

171 P. Schröter, Künstlich deformierte Schädel aus dem bajuwarischen Gräberfeld von Straubing-Alburg, Niederbayern. In: Arch. Jahr Bayern 1981 (1982), S. 170 f.

172 R. Christlein, Ausgrabungen eines Gräberfeldes des 5. bis 7. Jahrhunderts bei Bittenbrunn, Landkreis Neuburg a. d. Donau. In: Jahresbericht der Bayerischen Bodendenkmalpflege 8/9, 1967/68, S. 96 ff.

173 H. W. Böhme, Germanische Grabfunde des 4. und 5. Jahrhunderts zwischen unterer Elbe und Loire. Münchner Beiträge zur Vor- und Frühgeschichte 19 (1974), S. 79 ff., S. 83.

174 H. W. Böhme (wie Anm. 57), S. 23 ff., bes. S. 32.

175 Böhme (wie Anm. 173), S. 32.

176 Ohne weiter auf das Friedenhain-Přešt'ovice-Syndrom, die wissenschaftsmethodisch völlig unhaltbaren Mischargumentationen zur baierischen Ethnogenese und das seit R. Christlein 1980 (Bayern. In: Lexikon des Mittelalters, S. 1695–1698) kolportierte Geschichtsbild von dem seit der Zeit um 400 bestehenden »böhmischen« = »baierischen« Traditionskern der Leute, die durch Keramik vom Typ Friedenhain-Přešt'ovice gekennzeichnet sind, einzugehen, sei hier auf die Ausführungen W. Torbrügges 1984 (Führer zu archäologischen Denkmälern in Deutschland 5. Regensburg, Kelheim, Straubing I, S. 91 ff.) und die sehr kritische, aber wissenschaftlich schlagende Besprechung von A. Kraus zu Th. Fischer, »Römer und Bajuwaren an der Donau. Bilder zur Frühgeschichte Ostbayerns« (1987) hingewiesen (Schrifttum I. Allgemeines und Gesamtbayern. In: Zeitschrift für bayerische Landesgeschichte 51, 1988, S. 937–942). Ein Aufsatz zum Thema »Die archäologische Frühgeschichtsforschung und das Friedenhain-Přešt'ovice-Syndrom« befindet sich in Vorbereitung. – In diesem Zusammenhang vgl. auch jüngst Th. Fischer u. H. Geisler, Herkunft und Stammesbildung der Baiern aus archäologischer Sicht. In: Die Bajuwaren (1988), S. 61–68, wo die kritisierte Argumentation nochmals dezidiert dargestellt ist.

177 Lex Baiuvariorum III, 1, S. 312 ff.: Es handelt sich um die »Huosi, Fagana, Hahilinga, Drazza und Anniona«. Dem Herzog stand diesen gegenüber nochmals das doppelte Wergeld zu: Lex Baiuvariorum II, 2, S. 293.

178 Paulus Diaconus, Historia Langobardorum I, 21: »unus ex suis, qui dicebatur Garipald.«

179 W. Hessler, Mitteldeutsche Gaue des Frühen und Hohen Mittelalters. Abhandlungen Leipzig 49, 2 (1957), S. 70 u. S. 112, emendiert den Text des Theudebert-Briefes so: »Nachdem wir durch die Gnade unseres Gottes die Thüringer glücklich unterworfen, ihre Provinzen uns einverleibt und ihre damaligen Könige ausgelöscht haben und daher der Stamm der Nordschwaben sich mit unserer Majestät versöhnte und weiterhin mit Gottes Hilfe auf unsere Befehle hin die Westgoten, die Bewohner des Frankenreiches, mit den Euzischen Sachsen, die sich uns auf eigenen Entschluß hin ergaben, die Nacken beugten, erstreckt sich unser von Gott beschütztes Reich von der Nordseite Italiens längs der Donau und der pannonischen Grenze bis an die Gestade des Ozeans.« Lateinisch: »Norsavorum itaque gente nobis placata maiestati, colla subdentibus edicitis ideoque, Deo propitio, Wesigotis, incolis Franciae, cum Saxonibus Euciis, qui se nobis voluntate propria tradiderunt, a septentrionali plaga Italiae per Danubium et limitem Pannoniae usque in oceanis litoribus custodiente Deo dominatio nostra porrigitur.«

180 Gregor von Tours, Historia Francorum IV, 9. – Lex Baiuvariorum III, 1, 313: »Der Herzog aber, der dem Volk vorsteht, war immer aus dem Geschlecht der Agilolfinger und muß es immer sein.«

181 Origo 6: »Et exivit Aeauo dux Thuringus de Thaurinis . . .«. – Historia Langobardorum Codex Gothanus 6: »Et venit Agilwald dux Turigorum de Taurinis . . .«. – W. Goez, Über die Anfänge der Agilolfinger. In: Jahrbuch für Fränkische Landesforschung 34/35, 1975, S. 145 ff. – Für burgundische Herkunft plädiert E. Zöllner, Die Herkunft der Agilolfinger. In: Mitteilungen des Instituts für Österreichische Geschichtsforschung 59, 1951, S. 107 ff.

182 W. Menghin (wie Anm. 135), S. 106 ff.

183 Vgl. hierzu T. Springer (wie Anm. 97), S. 235 ff.

184 J. Werner, Zur Entstehung der Reihengräberzivilisation. In: Archaeologia Geographica I, 1950, S. 23 ff.

185 W. Menghin, Spätrömische und frühmittelalterliche Zeit. In: Landkreis Weißenburg-Gunzenhausen. Archäologie und Geschichte. Führer zu archäologischen Denkmälern in Deutschland 14 (1987), S. 122 ff.

186 W. Schulz, Das Fürstengrab und das Grabfeld von Haßleben. Römisch-Germanische Forschungen 7 (1933), – Ders., Leuna, ein germanischer Bestattungsplatz der spätrömischen Kaiserzeit. Deutsche Akademie der Wissenschaften, Berlin. Schriften der Sektion für Vor- und Frühgeschichte 1 (1953).
187 G. Mildenberger, Mitteldeutschlands Ur- und Frühgeschichte (1959). – Ders., Die thüringischen Brandgräber der spätrömischen Zeit. Mitteldeutsche Forschungen 60 (1970).
188 B. Schmidt, Das Königreich der Thüringer und seine Provinzen. In: Germanen, Hunnen und Awaren. Ausstellungskatalog 1987, S. 471 ff.
189 J. Zeman, Böhmen im 5. und 6. Jahrhundert. In: Germanen, Hunnen und Awaren. Ausstellungskatalog 1987, S. 515 ff.
190 A. Rybová, Brandgräberfelder des 5. Jahrhunderts in Böhmen. In: Germanen, Hunnen und Awaren. Ausstellungskatalog 1987, S. 528 ff.
191 J. Tejral, Skelettgräber aus Mistřín, Polkovice, Šlapanice und Tasov und ihre Stellung im Rahmen der Mährischen Völkerwanderungszeit. In: Památky Archeologické 64, 1973, S. 301–339. – Ders., Probleme der Völkerwanderungszeit nördlich der mittleren Donau. In: Germanen, Hunnen und Awaren. Ausstellungskatalog 1987, S. 351 ff. – K. Pieta, Die Slowakei im 5. Jahrhundert. Ebd., S. 385 ff.
192 D. Csallány, Archäologische Denkmäler der Gepiden im Mitteldonaubekken (454–568 u. Z.). Archaeologia Hungarica 38 (1961).
193 J. Werner, Die Herkunft der Bajuwaren und der »östlich-merowingische« Reihengräberkreis. In: Aus Bayerns Frühzeit. Friedrich Wagner zum 75. Geburtstag (1962), S. 230 ff.
194 V. Bierbrauer (wie Anm. 54).
195 A. Roeren (wie Anm. 101), S. 214–296.
196 J. Werner (wie Anm. 184).
197 W. Menghin, Kelten, Römer und Germanen. Archäologie und Geschichte (1980), S. 232 ff.
198 U. Koch, Das Reihengräberfeld bei Schretzheim. GDV, A, 13 (1977), S. 187 ff.
199 H. Dannheimer, Die germanischen Funde der späten Kaiserzeit und des frühen Mittelalters in Mittelfranken. GDV, A, 7 (1962). – R. Koch, Bodenfunde der Völkerwanderungszeit aus dem Main-Tauber-Gebiet. GDV, A, Bd. 8 (1967): Ober- und Unterfranken.
200 W. Menghin (wie Anm. 185), S. 134 ff.
201 H. Dannheimer, Neue Reihengräberfunde der Merowingerzeit aus Mittelfranken. In: Jahrbuch für Fränkische Landesforschung 31, 1971, S. 69.
202 H. Dannheimer (wie Anm. 199), S. 121 f.
203 H. Nehlsen, Der Grabfrevel in den germanischen Rechtsaufzeichnungen – zugleich ein Beitrag zur Diskussion um Todesstrafe und Friedlosigkeit bei den Germanen. In: Zum Grabfrevel in vor- und frühgeschichtlicher Zeit. Abhandlungen der Akademie der Wissenschaften Göttingen. Phil.-hist. Kl., 3. Folge, Nr. 113 (1978), S. 107 ff.
204 L. Wamser, Neue Ausgrabungen im Weißenburger Reihengräberfeld. In: Villa nostra 3, 1975, S. 72 ff.
205 H. Dannheimer (wie Anm. 199), S. 141 ff.
206 B. Haas, Ein merowingerzeitlicher Friedhof bei Dittenheim, Landkreis Weißenburg-Gunzenhausen (ungedruckte maschinenschriftl. Dissertation, Würzburg 1988). – R. Reiß, Der frühmittelalterliche Friedhof von Westheim im südlichen Mittelfranken. Funde und Befunde der Ausgrabungen von 1979 bis 1985 (ungedruckte Magisterarbeit, Regensburg 1989).
207 H. Dannheimer, Untersuchungen zur Besiedlungsgeschichte Bayerns im frühen Mittelalter. In: Ausgrabungen in Deutschland 2 (1975), S. 224 ff.
208 Ebd., S. 225 ff.
209 Chr. Pescheck, Neue alamannische Grabfunde in Mittelfranken. In: Frankenland 13, 1961, S. 28 f., Abb. 3. – H. Dannheimer (wie Anm. 199), S. 186. – F. Stein, Adelsgräber des 8. Jahrhunderts in Deutschland. GDV, A, 9 (1967), S. 236, Abb. 39.
210 W. Menghin, Ein Friedhof des frühen Mittelalters von Westheim, Landkreis Weißenburg-Gunzenhausen, Mittelfranken. In: Arch. Jahr Bayern 1981 (1982), S. 160 f. – W. Pülhorn, Die Grabungen 1984 im frühmittelalterlichen Friedhof in Westheim, Landkreis Weißenburg-Gunzenhausen, Mittelfranken. Ebd. 1984 (1985), S. 134 f.
211 H. Dannheimer (wie Anm. 207), S. 224 ff., bes. S. 231, Abb. 9–10; S. 234, Abb. 12.
212 L. Pauli, Keltischer Volksglaube. Amulette und Sonderbestattungen am Dürnberg bei Hallein und im eisenzeitlichen Mitteleuropa. Münchner Beiträge zur Vor- und Frühgeschichte 18 (1978).
213 Zu den chronologischen Grundlagen vgl. W. Menghin, Das Schwert im frühen Mittelalter. Wissenschaftliche Beibände zum Anzeiger des Germanischen Nationalmuseums 1 (1983), S. 52 ff.
214 Vgl. R. Christlein, Das alamannische Reihengräberfeld von Marktoberdorf im Allgäu. Materialhefte zur bayer. Vorgeschichte 21 (1966), S. 44–60.
215 Zur Herkunft, Funktion und Verbreitung der Angones vgl. S. von Schnurbein, Zum Ango. In: Festschrift Werner II (1974), S. 411 ff. Beilage 3. – Zu den Franzisken: K. Böhner, Die fränkischen Altertümer des Trierer Landes. GDV, B, 1 (1958), S. 164, ff. – U. Dahmlos, Francisca – bipennis – securis. Bemerkungen zu archäologischem Befund und schriftlicher Überlieferung. In: Germania 55, 1977, S. 141 ff.
216 M. Martin, Das fränkische Gräberfeld von Basel-Bernerring. Basler Beiträge zur Ur- und Frühgeschichte 1 (1976). – H. F. Müller, Das alamannische Gräberfeld von Hemmingen (Kreis Ludwigsburg). Forschungen und Berichte zur Vor- und Frühgeschichte in Baden-Württemberg 7 (1976).
217 Zu den frühgeschichtlichen Siedlungsräumen Mittelfrankens und dem Volkstum der germanischen Siedler des 3. bis frühen 8. Jahrhunderts unter Berücksichtigung der historischen und archäologischen Quellen sowie der Ortsnamen vgl. H. Dannheimer (wie Anm. 199), S. 135 ff.
218 U. Koch (wie Anm. 198), S. 138 ff.
219 L. Wamser, Eine thüringisch-fränkische Adelsgrablege des 6./7. Jahrhunderts bei Zeuzleben, Gemeinde Werneck, Landkreis Schweinfurt. In: Jahrbuch der Bayerischen Denkmalpflege 38, 1987, S. 30–50 mit Abb. 1–10.
220 L. Wamser, Eine thüringisch-fränkische Adels- und Gefolgschaftsgrablege des 6./7. Jahrhunderts bei Zeuzleben. Wegweiser zu vor- und frühgeschichtlichen Stätten Mainfrankens, Heft 5 (1985), S. 9, Abb. 3.
221 L. Wamser (wie Anm. 219), S. 37.
222 Ebd., Abb. 3.
223 L. Wamser (wie Anm. 220), Titelblatt.
224 Vgl. hierzu Hauskirchen und andere Fundorte mit Wagengräbern bei W. Menghin (wie Anm. 135), S. 63 ff., u. W. Janssen, Reiten und Fahren in der Merowingerzeit. In: Untersuchungen zu Handel und Verkehr der vor- und frühgeschichtlichen Zeit in Mittel- und Nordeuropa, Teil V. Abhandlungen der Akademie der Wissenschaften Göttingen. Phil.-hist. Kl., 3. Folge, Nr. 180 (1989), S. 174–228.
225 L. Wamser (wie Anm. 220), S. 5, Abb. 1.
226 M. Klein-Pfeuffer, Die Bevölkerungsverhältnisse in Mainfranken zur Zeit Kilians. In: Katalog Kilian (1989), S. 133 ff.; bes. S. 135 f. mit Abb. 1.
227 Chr. Pescheck, Neue Reihengräberfunde aus Unterfranken. Kataloge der Prähistorischen Staatssammlung München 21 (1983), S. 77 ff.
228 Chr. Pescheck, Germanische Gräberfelder in Kleinlangheim (Landkreis Kit-

zingen). In: Ausgrabungen in Deutschland 2 (1975), S. 211–223.
229 Chr. Pescheck, Die wichtigsten Bodenfunde und Ausgrabungen des Jahres 1969. In: Frankenland NF 21, 1969, S. 250, Abb. 21, 1–6.
230 Chr. Pescheck (wie Anm. 228), S. 212, Abb. 1; bes. S. 223. – K. Schwarz, Der frühmittelalterliche Landesausbau in Nordost-Bayern – archäologisch gesehen. In: Ausgrabungen in Deutschland 2 (1975), S. 338 ff., Abb. 34–36; bes. S. 375 ff.
231 W. Menghin (wie Anm. 197), S. 221 f., Abb. 209.
232 B. Haas (wie Anm. 206), S. 53 ff.
233 U. Koch (wie Anm. 198), S. 178 f. – Zeitschrift Historischer Verein Schwaben 73, 1979, S. 70 f. mit Abb. 19.
234 R. Koch (wie Anm. 199), S. 117.
235 Zuletzt: M. Klein-Pfeuffer (wie Anm. 226), S. 133 ff.; bes. S. 135.
236 F.-J. Schmale, Grundlegung: Die Eingliederung Thüringens in das merowingische Frankenreich (bis 716/19). In: M. Spindler (Hrsg.), Handbuch der bayerischen Geschichte, Bd. III, 1 (1979), S. 12 ff.
237 A. Bigelmair, Die Passio des hl. Kilian und seiner Gefährten. In: Würzburger Diözesangeschichtsblätter 14/15, 1952/53, S. 1 ff.
238 F.-J. Schmale (wie Anm. 236), S. 29 f.
239 L. Wamser, Castellum quod nominantur Wircipurc. In: Katalog Kilian (1989), S. 173–226.
240 L. Wamser, Merowingerzeitliche Bergstationen in Mainfranken – Stützpunkte der Machtausübung gentiler Gruppen. In: Arch. Jahr Bayern 1984 (1985), S. 136–140. – Ders., Zur Bedeutung des Schwanbergs im Frühen und Hohen Mittelalter. In: Aus Frankens Frühzeit. Festgabe für Peter Endrich. Mainfränkische Studien 37, 1986, S. 164–182.
241 Annales Bertiniani, hrsg. v. G. Waitz (MGH SS rer. Germ.), 1883.
242 H. Weigel, Ostfranken im frühen Mittelalter. In: Blätter für deutsche Landesgeschichte, S. 131 mit Anm. 12.
243 A. Layer, Von der Landnahme bis zum Ende des Frankenreichs. In: M. Spindler (Hrsg.), Handbuch der bayerischen Geschichte, Bd. III, 2 (1979), S. 803.
244 J. Werner, Die frühgeschichtlichen Grabfunde vom Spielberg bei Erlbach, Ldkr. Nördlingen, und von Fürst, Ldkr. Laufen a. d. Salzach. In: Bayer. Vorgeschichtsbl. 25, 1960, S. 168 f. – K. Böhner (wie Anm. 103), S. 198 ff.
245 U. Koch, Die alamannische Landnahme. In: Römer in Schwaben (1985), S. 302 ff. – Dies., Alamannische Gräber der ersten Hälfte des 6. Jahrhunderts in Südbayern. In: Bayer. Vorgeschichtsbl. 21, 1966.
246 U. Koch (wie Anm. 198), S. 184 ff.
247 Ebd., S. 190.
248 Ebd., S. 178.
249 Chr. Grünewald, Das alamannische Gräberfeld von Unterthürheim, Bayerisch-Schwaben. Materialhefte zur bayerischen Vorgeschichte. Reihe A, Bd. 59 (1988).
250 J. N. von Raiser, in: Jahresbericht des Historischen Vereins für den Regierungsbezirk Schwaben und Neuburg für die Jahre 1844–1845 (1846), S. 1 ff.
251 R. Christlein, Das alamannische Gräberfeld von Dirlewang bei Mindelheim. Materialhefte zur bayerischen Vorgeschichte 25 (1971).
252 M. Menke, Neue Ergebnisse der archäologischen Landeskunde zur bayerischen Besiedlung des alpennahen Raumes. In: H. Friesinger u. F. Daim (Hrsg.), Die Bayern und ihre Nachbarn, Teil 2 (1985), S. 27–58.
253 H. Dopsch, Zum Anteil der Romanen und ihrer Kultur an der Stammesbildung der Bajuwaren. In: Die Bajuwaren (1988), S. 47 ff.
254 W. Sage, Frühgeschichte und Frühmittelalter. In: W. Sage (Hrsg.), Oberfranken in vor- und frühgeschichtlicher Zeit (1986), S. 186 ff.
255 R. Endres, Das Slawenmotiv bei der Gründung des Bistums Bamberg. Berichte des Historischen Vereins Bamberg 109, 1973, S. 161 ff.
256 E. Schwarz, Sprache und Siedlung in Nordostbayern. Erlanger Beiträge zur Sprach- und Kunstwissenschaft 4 (1960).
257 W. Torbrügge, Die Landschaften um Regensburg in vor- und frühgeschichtlicher Zeit. In: Regensburg, Kelheim, Straubing I. Führer zu archäologischen Denkmälern in Deutschland 5 (1984), S. 98 ff.
258 K. Schwarz, Frühmittelalterlicher Landesausbau im östlichen Franken zwischen Steigerwald, Frankenwald und Oberpfälzerwald. Monographien RGZM 5 (1984).
259 K. Schwarz, Der frühmittelalterliche Landesausbau in Nordost-Bayern – archäologisch gesehen. In: Ausgrabungen in Deutschland 1950–1975. Monographien RGZM I, 2 (1975), S. 338–409.
260 P. Reinecke, Die Slaven in Nordostbayern. In: Bayerischer Vorgeschichtsfreund 7, 1927/28, S. 17–37; 8, 1929, S. 42–43.
261 A. Stroh, Die Reihengräber der karolingisch-ottonischen Zeit in der Oberpfalz. Materialhefte zur bayerischen Vorgeschichte 4 (1954).
262 V. Tovornik, Die Slawen. In: Die Bajuwaren (1988), S. 118 f. mit Abb. 78.
263 H. v. Dürnich u. W. Menzel, Die Heidengräber am Lupfen (bei Oberflacht) (1847); dazu die Tafeln 8–11 der Jahreshefte des Wirtembergischen Alterthumsvereins Bd. 1, Heft 3 (1847).
264 J. Werner, Die Gräber aus der Krypta-Grabung 1961/1962. In: J. Werner (Hrsg.), Die Ausgrabungen in St. Ulrich und Afra in Augsburg 1961–1968. Münchner Beiträge zur Vor- und Frühgeschichte 23 (1977), S. 142 ff., Abb. 1–4.
265 Ebd., S. 159 mit Abb. 7–12.
266 Ausschnitt aus der Miniatur in der Vivian-Bibel, Paris, Bibl. Nat. fol. 423 r. W. Köhler, Die karolingischen Miniaturen, Bd. 1. Die Schule von Tours. Textteil 1 (1930), S. 238 ff. und 241 ff.
267 R. Christlein, Die Alamannen. Archäologie eines lebendigen Volkes (1978), S. 65, Abb. 37.
268 Ebd., S. 78, Abb. 52.
269 M. Martin (wie Anm. 216), S. 91 f. mit Anm. 118.
270 Vgl. dazu die Spinn- und Webtätigkeit selbst der Töchter Karls d. Gr.: Einhardi vita Caroli cap. 19. – W. Menghin (wie Anm. 135), S. 71, Abb. 61.
271 W. Menghin, Ein Friedhof des frühen Mittelalters von Westheim, Landkreis Weißenburg-Gunzenhausen, Mittelfranken. In: Arch. Jahr Bayern 1981 (1982), S. 160 f.; vgl. ebd., S. 46, Abb. 41–43. – J. Werner (wie Anm. 167), S. 65 ff.
272 J.-P. Bodmer, Der Krieger der Merowingerzeit und seine Welt. Geist und Werk der Zeiten, Heft 2 (1957).
273 W. Menghin (wie Anm. 213), S. 18 f.
274 A. Czarnetzki u. a., Menschen des frühen Mittelalters im Spiegel der Anthropologie und Medizin. Württembergisches Landesmuseum Stuttgart (1983), S. 37 ff.
275 K. Böhner, Rheinische Grabmäler der Merowingerzeit als Zeugnisse frühen fränkischen Christentums. In: Das erste Jahrtausend. Textband II (1964), S. 653 ff.
276 B. Bischoff, Leben und Leiden des Hl. Emmeram. Tusculum Bücherei (1953).
277 H. Dopsch (wie Anm. 253). – J. Garbsch u. B. Overbeck, Spätantike zwischen Heidentum und Christentum. Ausstellungskataloge der Prähistorischen Staatssammlung München 17 (1989), S. 113 ff.
278 E. Zöllner, Geschichte der Franken bis zur Mitte des 6. Jahrhunderts (1970), S. 17 ff.

279 R. Sörries, Frühes Christentum in Tirol. Eine Bestandsaufnahme. In: Der Schlern 63, 1989, S. 257 f.
280 K. Reindel, Fortleben des Christentums nach der bajuwarischen Landnahme und neue Missionsversuche. In: M. Spindler (Hrsg.), Handbuch der bayerischen Geschichte, Bd. I ([2]1981), S. 195 ff.
281 W. Torbrügge, Die Legende von der Weltenburger Klostergründung. In: Regensburg, Kelheim, Straubing II. Führer zu archäologischen Denkmälern in Deutschland 6 (1984), S. 143 ff.
282 J. Werner (wie Anm. 264), S. 217 ff.
283 R. Christlein (wie Anm. 267), S. 119, Abb. 96.
284 Ebd., Taf. 23.
285 H. Dannheimer, Aschheim im frühen Mittelalter. I. Archäologische Funde und Befunde. Münchner Beiträge zur Vor- und Frühgeschichte 32 (1988). – Ders., Auf den Spuren der Baiuwaren. Archäologie des frühen Mittelalters in Altbayern (1987), S. 121 ff., Abb. 82–99.
286 W. Müller u. M. Knaut, Heiden und Christen. Archäologische Funde zum frühen Christentum in Südwestdeutschland. Kleine Schriften zur Vor- und Frühgeschichte Südwestdeutschlands II (1987).
287 M. Klein-Pfeuffer, Archäologische Zeugnisse des frühen Christentums in Mainfranken. In: Katalog Kilian (1989), S. 227 ff.
288 L. Hansmann u. L. Kriss-Rettenbeck, Amulett und Talisman. Erscheinungsformen und Geschichte ([2]1977).
289 L. Pauli, Heidnisches und Christliches im frühmittelalterlichen Bayern. In: Bayer. Vorgeschichtsbl. 43, 1978, S. 147 ff.
290 F. Hauck u. H. Geisler, Zwei Frauengräber von Straubing-Bajuwarenstraße mit Goldbrakteaten aus dem Norden (Zur Ikonologie der Goldbrakteaten XXXIV). In: Frühmittelalterliche Studien 21, 1987, S. 124 ff.
291 W. Störmer, Zur gesellschaftlichen Gliederung. In: Die Bajuwaren (1988), S. 224 ff., Abb. 149.
292 K. Reindel, Das Zeitalter der Agilolfinger. Recht und Verfassung. In: M. Spindler (Hrsg.), Handbuch der bayerischen Geschichte, Bd. I ([2]1981), S. 234–245.
293 F. Prinz, Frühes Mönchtum im Frankenreich. Kultur und Gesellschaft in Gallien, den Rheinlanden und Bayern am Beispiel der monastischen Entwicklung (4.–8. Jahrhundert), 1965. – Literatur zu archäologischen Untersuchungen an frühen Klöstern in Bayern siehe: H. Dannheimer, Die agilolfingerzeitlichen Klöster. 2. Archäologische Spuren. In: Die Bajuwaren (1988), S. 311 ff., bes. S. 316 f.
294 K. Reindel (wie Anm. 292), S. 166–176. – Ders., Bayern vom Zeitalter der Karolinger bis zum Ende der Welfenherrschaft (788–1180). In: M. Spindler (Hrsg.), Handbuch der bayerischen Geschichte, Bd. I, S. 249–277.

Literatur zum Tafelteil

Tafel 1: H. Klumbach (Hrsg.), Spätrömische Gardehelme. Münchner Beiträge zur Vor- und Frühgeschichte 15 (1973), S. 95, Taf. 38–42. – L. Bakker, Die Gardehelme aus Augsburg-Pfersee. In: Die Römer in Schwaben. Jubiläumsausstellung 2000 Jahre Augsburg. Bayer. Landesamt f. Denkmalpflege. Arbeitsheft 27 (1985), S. 275 f. – B. Overbeck, Numismatische Zeugnisse zu den spätrömischen Gardehelmen. In: G. Kossack u. G. Ulbert (Hrsg.), Studien zur Vor- und Frühgeschichtlichen Archäologie. Festschrift J. Werner, Münchner Beiträge zur Vor- und Frühgeschichte. Ergänz.-Bd. 1/I (1974), S. 217 ff.
Tafel 2: Chr. Pescheck, Germanische Funde der Kaiserzeit in Mainfranken. Münchner Beiträge zur Vor- und Frühgeschichte 27 (1978), S. 5, S. 232 f.; Taf. 67,2–4; S. 212, Taf. 47,9.
Tafel 3: Th. Fischer, Ein germanisches Gräberfeld der jüngeren Kaiserzeit aus Berching-Pollanten, Landkreis Neumarkt i. d. OPf., Oberpfalz. In: Das archäologische Jahr in Bayern 1983 (1984), S. 123 ff., Abb. 83,12–19; 85. – Ders., Römer und Bajuwaren an der Donau. Bilder zur Frühgeschichte Ostbayerns (1988), S. 100, Taf. 18.
Tafel 4: R. Roeren, Zur Archäologie und Geschichte Südwestdeutschlands im 3. bis 5. Jahrhundert n. Chr. In: Jahrbuch RGZM 7, 1960, S. 245, Nr. 4. – R. Koch, Tracht und Bewaffnung der Alamannen. In: Die Römer in Schwaben. Jubiläumsausstellung 2000 Jahre Augsburg. Bayer. Landesamt f. Denkmalpflege. Arbeitsheft 27 (1985), S. 250 f., Abb. 207.
Tafel 5: P. Reinecke, Ein spätkaiserzeitliches Germanengrab aus dem Neuburgischen. In: Germania 18, 1934, S. 117 ff. – J. Werner, Die frühgeschichtlichen Grabfunde vom Spielberg bei Erlbach, Ldkr. Nördlingen, und von Fürst, Ldkr. Laufen a. d. Salzach. In: Bayerische Vorgeschichtsblätter 25, 1960, S. 164 ff. – E. Keller, Die germanischen Grabfunde vom Spielberg bei Erlbach im Ries und von Laisacker bei Neuburg a. d. Donau. In: Die Römer in Schwaben. Jubiläumsausstellung 2000 Jahre Augsburg. Bayer. Landesamt f. Denkmalpflege. Arbeitsheft 27 (1985), S. 255 f.
Tafel 6: P. Reinecke, Ein spätkaiserzeitliches Germanengrab aus dem Neuburgischen. In: Germania 18, 1934, S. 117 ff. – R. Roeren, Zur Archäologie und Geschichte Südwestdeutschlands im 3. bis 5. Jahrhundert n. Chr. In: Jahrbuch RGZM 7 (1960), Nr. 31 (S. 31). – E. Keller, Die germanischen Funde vom Spielberg bei Erlbach im Ries und von Laisacker bei Neuburg a. d. Donau. In: Die Römer in Schwaben. Jubiläumsausstellung 2000 Jahre Augsburg. Bayer. Landesamt f. Denkmalpflege. Arbeitsheft 27 (1985), S. 256 f., Abb. 211.
Tafel 7: J. Prammer, Germanen im spätrömischen Straubing. In: Kat. Germanen, Hunnen und Awaren (1987), S. 599 ff., Abb. 3,5. – Unpubliziert.
Tafel 8: J. Prammer, Germanen im spätrömischen Straubing. In: Kat. Germanen, Hunnen und Awaren (1987), S. 606 ff. – Unpubliziert.
Tafel 9: J. Prammer, Germanen im spätrömischen Straubing. In: Kat. Germanen, Hunnen und Awaren (1987), S. 599 ff., Abb. 10–11 (bes. S. 606).
Tafel 10: J. Prammer, Das spätrömische Gräberfeld Azlburg II, Stadt Straubing, Niederbayern. In: Das archäologische Jahr Bayern 1985 (1986), S. 117 ff., Abb. 73. – Ders., Germanen im spätrömischen Straubing, In: Kat. Germanen, Hunnen und Awaren (1987), S. 606, Abb. 13. – Th. Fischer, Römer und Bajuwaren an der Donau. Bilder zur Frühgeschichte Ostbayerns (1988), S. 112, Taf. 24.
Tafel 11: J. Prammer, Germanen im spätrömischen Straubing. In: Kat. Germanen, Hunnen und Awaren (1987), S. 606. – Th. Fischer, Römer und Germanen an der Donau. Bilder zur Frühgeschichte Ostbayerns (1988), Taf. 25. – Rippenbecher und Balsamarium unpubliziert.
Tafel 12: Chr. Pescheck, Die germanischen Bodenfunde der römischen Kaiserzeit in Mainfranken. Münchner Beiträge zur Vor- und Frühgeschichte 27 (1978), S. 50, S. 145 f.; Taf. 10,1–3. 5–9, Taf. 108.
Tafel 13: F. Teichner, Siedlung und Gräberfeld der Völkerwanderungszeit bei Kahl a. Main, Landkreis Aschaffenburg, Unterfranken. In: Das archäologische Jahr in Bayern 1988 (1989), S. 128 ff., Abb. 94.
Tafel 14: R. Koch, Bodenfunde der Völkerwanderungszeit aus dem Main-Tauber-Gebiet. Germanische Denkmäler der Völkerwanderungszeit, Serie A, Bd. 8 (1967), S. 13 f., 166, Taf. 29,4. 8–10.
Tafel 15: B. Jahreis u. L. Wamser, Die Ausgrabungen 1982 im Reihengräberfeld von Wenigumstadt, Markt Großostheim, Landkreis Aschaffenburg, Unterfranken. In: Das archäologische Jahr in Bayern 1982 (1983), S. 120 f., Abb. 103 oben und Mitte.
Tafel 16: Unpubliziert.
Tafel 17: H. Dannheimer, Prähistorische Staatssammlung München. Museum für Vor- und Frühgeschichte. Die Funde aus Bayern ([2]1980), S. 127, Abb. 201 (ohne Glas). – J. Werner, Die frühgeschichtlichen Grabfunde vom Spielberg bei Erlbach, Ldkr. Nördlingen, und von Fürst, Ldkr. Laufen a. d. Salzach. In: Bayerische Vorgeschichtsblätter 25, 1960, S. 164 ff. – K. W. Zeller, Tracht, Bewaffnung und Schmuck. In: Die Bajuwaren. Von Severin bis Tassilo 488–788. Ausst.-Kat. Rosenheim/Mattsee (1988), S. 237, Abb. 160.
Tafel 18: R. Christlein u. O. Braasch, Das unterirdische Bayern. 7000 Jahre Geschichte und Archäologie im Luftbild. Stuttgart 1982, S. 106, Taf. 3.
Tafel 19: R. Christlein u. O. Braasch (wie Taf. 18), S. 104, Taf. 2.
Tafel 20: R. Christlein, Ausgrabungen eines Gräberfeldes des 5. bis 7. Jahrhunderts bei Bittenbrunn, Landkreis Neuburg a. d. Donau. In: Jahresbericht der Bayerischen Bodendenkmalpflege 8/9, 1967/68, S. 96, Abb. 9; 98. – W. Menghin, Das Schwert im Frühen Mittelalter. Chronologisch-typologische Untersuchungen zu Langschwertern aus germanischen Gräbern des 5. bis 7. Jahr-

hunderts. Wissenschaftliche Beibände zum Anzeiger des Germanischen Nationalmuseums 1 (1983), S. 29, Abb. 9.
Tafel 21: U. Koch, Die Grabfunde der Merowingerzeit aus dem Donautal um Regensburg. Germanische Denkmäler der Völkerwanderungszeit, Serie A, Bd. 10 (1968), S. 177 ff., Taf. 36,1–16; 82,1–7; 83, 12–13.
Tafel 22: W. Sage, Das Reihengräberfeld von Altenerding in Oberbayern I. Germanische Denkmäler der Völkerwanderungszeit, Serie A, Bd. 14 (1984).
Tafel 23: R. Christlein, Ostgotischer Fibelschmuck aus dem bajuwarischen Gräberfeld von Straubing-Alburg, Niederbayern. In: Das archäologische Jahr in Bayern 1981 (1982), S. 168, Abb. 144. – H. Dopsch u. H. Geisler, Archäologische und schriftliche Zeugnisse zu den Anfängen des Baiernvolkes. In: Die Bajuwaren. Hefte zur Bayerischen Geschichte und Kultur 6 (1988), S. 20.
Tafel 24: E. Keller, Schätze aus Bayerns Erde. Ausst.-Kat. Würzburg (1983), Abb. 55.– Unpubliziert.
Tafel 25: H. Dannheimer, Prähistorische Staatssammlung München. Die Funde aus Bayern (^{2}1980), S. 137, Abb. 231–232.
Tafel 26: Z. T. abgebildet bei Th. Fischer, Römer und Germanen an der Donau. Bilder zur Frühgeschichte Ostbayerns (1988), Taf. 32.
Tafel 27: H. Vierck, Ein Relieffibelpaar aus Nordendorf in Bayerisch-Schwaben. In: Bayerische Vorgeschichtsblätter 32, 1967, S. 104 ff. mit Taf. 11–13.
Tafel 28: Chr. Grünewald, Das alamannische Gräberfeld von Unterthürheim. Materialhefte zur bayerischen Vorgeschichte 59 (1988), Taf. 8, 1–2; Taf 9, 4–7.11; Taf. 13; Taf. 16, 7–8; Taf. 17, 10; Taf. 18,9.
Tafel 29: R. Christlein, Silberfibeln des 6. Jahrhunderts von Unterthürheim, Gemeinde Buttenwiesen, Landkreis Dillingen a. d. Donau, Schwaben. In: Das archäologische Jahr in Bayern 1980 (1981), S. 160 f., Abb. 133. – Chr. Grünewald, Das alamannische Gräberfeld von Unterthürheim, Bayerisch-Schwaben. Materialhefte zur bayerischen Vorgeschichte 59 (1988), Taf. 124,1–7; Taf. 125,2–4; Taf. 126,1–3.9–11.14.
Tafel 30–32: Z. T. veröffentlicht in: W. Menghin, Spätrömische und frühmittelalterliche Zeit. In: Landkreis Weißenburg-Gunzenhausen. Archäologie und Geschichte. Führer zu archäologischen Denkmälern in Deutschland 14 (1987), S. 122 ff. mit Taf. IV.
Tafel 33: Unpubliziert. – B. Haas, Ein merowingerzeitlicher Friedhof bei Dittenheim, Mittelfranken. Diss. (masch.) Würzburg 1988.
Tafel 34: Chr. Pescheck, Vor- und Frühgeschichte Unterfrankens. Mainfränkische Hefte 38 (1975), Taf. D.
Tafel 35: U. Osterhaus, Eine Reiterbestattung aus dem frühen Mittelalter aus Regensburg, Bismarckplatz. In: Jahresberichte der Bayerischen Bodendenkmalpflege 21, 1980, S. 182 ff., Abb. 5.
Tafel 36: Unpubliziert.
Tafel 37: L. Wamser, Eine thüringische Adelsgrablege des 6. Jahrhunderts bei Zeuzleben, Gemeinde Werneck, Landkreis Schweinfurt. In: Das archäologische Jahr in Bayern 1983 (1984), S. 133 ff.
Tafel 38: J. Werner, Die Gräber aus der Krypta-Grabung 1961/62. In: J. Werner (Hrsg.), Die Ausgrabungen in St. Ulrich und Afra in Augsburg 1961–1968. Münchner Beiträge zur Vor- und Frühgeschichte 23 (1977), S. 159 ff., Abb. 7–12, Taf. 31–37.
Tafel 39: J. Werner, Die Gräber aus der Krypta-Grabung 1961/62. In: J. Werner (Hrsg.), Die Ausgrabungen in St. Ulrich und Afra in Augsburg 1961–1968. Münchner Beiträge zur Vor- und Frühgeschichte 23 (1977), S. 173 ff., Abb. 13–15; Taf. 46,1; 69.
Tafel 40: J. Werner, Das alamannische Fürstengrab von Wittislingen (1950). – R. Christlein, Die Alamannen. Archäologie eines lebendigen Volkes (^{2}1979), Taf. 93; 23.
Tafel 41: H. Dannheimer, Untersuchungen zur Besiedlungsgeschichte Bayerns im frühen Mittelalter. In: Ausgrabungen in Deutschland. Teil II. Monographien RGZM 1, 2 (1975), S. 224 ff., Abb. 5. – W. Menghin, Spätrömische und frühmittelalterliche Zeit. In: Landkreis Weißenburg-Gunzenhausen. Archäologie und Geschichte. Führer zu archäologischen Denkmälern in Deutschland 14 (1987), S. 122 ff., Abb. 69.
Tafel 42: H. P. Uenze, Vor- und Frühgeschichte im Landkreis Schwabmünchen. Kataloge der Prähistorischen Staatssammlung München 14 (1971), S. 161, Taf. 31,3–4. – M. Franken, Die Alamannen zwischen Iller und Lech. Germanische Denkmäler der Völkerwanderungszeit, Serie A, Bd. 5 (1944), Taf. 5,19–20; Taf. 6,23; Taf. 7,47–48.
Tafel 43: W. Menghin, Spätrömische und frühmittelalterliche Zeit. In: Landkreis Weißenburg-Gunzenhausen. Archäologie und Geschichte. Führer zu archäologischen Denkmälern in Deutschland 14 (1987), S. 153, Abb. 67.
Tafel 44: Unpubliziert.
Tafel 45: M. Franken, Die Alamannen zwischen Iller und Lech. Germanische Denkmäler der Völkerwanderungszeit, Serie A, Bd. 5 (1944), Taf. 5–7.
Tafel 46a: R. Christlein, Die Alamannen. Archäologie eines lebendigen Volkes (^{2}1979), Taf. 78; 89. Abb. 47,2; 50 Mitte.
Tafel 46b: H. P. Uenze, Vor- und Frühgeschichte im Landkreis Schwabmünchen. Kat. der Prähistorischen Staatssammlung München 14 (1971), S. 122, Taf. 42.
Tafel 47: Unpubliziert.
Tafel 48: W. Menghin, Das Schwert im Frühen Mittelalter. Chronologisch-typologische Untersuchungen zu Langschwertern aus germanischen Gräbern des 5.–7. Jahrhunderts. Wissenschaftliche Beibände zum Anzeiger des Germanischen Nationalmuseums 1 (1983), S. 317, 326.
Tafel 49: Chr. Grünewald, Das alamannische Gräberfeld von Unterthürheim. Materialhefte zur bayerischen Vorgeschichte 59 (1988), S. 252, Taf. 130, a-k.
Tafel 50: H. Dannheimer, Prähistorische Staatssammlung München. Museum für Vor- und Frühgeschichte. Die Funde aus Bayern (^{2}1980), S. 26 u. Abb. 219. – Ders., Auf den Spuren der Bajuwaren. Archäologie des frühen Mittelalters in Altbayern. Ausgrabungen – Funde – Befunde (1987), S. 47, Abb. 27; S. 66, Abb. 41.
Tafel 51: J. Werner, Ein langobardischer Schild von Ischl an der Alz. In: Bayerische Vorgeschichtsblätter 18/19, 1951/52, S. 45 ff. mit Taf. 3 und 4. – H. Dannheimer, Prähistorische Staatssammlung München. Museum für Vor- und Frühgeschichte. Die Funde aus Bayern (^{2}1980), S. 132, Abb. 217. – Unpubliziert.
Tafel 52: H. Dannheimer, Auf den Spuren der Bajuwaren. Archäologie des frühen Mittelalters in Altbayern. Ausgrabungen – Funde – Befunde (1987), S. 79, Abb. 36; Abb. 53.
Tafel 53: E. Keller, Ein frühmittelalterlicher Adelsfriedhof mit Kirche von Herrsching am Ammersee, Landkreis Starnberg, Oberbayern. In: Das archäologische Jahr in Bayern 1982 (1983), S. 122 ff., Abb. 107.
Tafel 54: B. Haas, Ein merowingerzeitlicher Friedhof bei Dittenheim, Mittelfranken. Diss. (masch.) Würzburg 1988, Taf. 72.
Tafel 55: H. Dannheimer, Aschheim im frühen Mittelalter. Teil I. Archäologische Funde und Befunde. Münchner Beiträge zur Vor- und Frühgeschichte 32 (1988), Taf. 12–13. – J. Werner, Das alamannische Fürstengrab von Wittislingen. Münchner Beiträge zur Vor- und Frühgeschichte 4 (1951), Taf. 15. – Bayerische Vorgeschichtsblätter, Beiheft 1 (1987), S. 172 f., Abb. 118 (Thierhaupten-Oberbaar).
Tafel 56: Unpubliziert.
Tafel 57: M. Franken, Die Alamannen zwischen Iller und Lech. Germanische Denkmäler der Völkerwanderungszeit, Serie A, Bd. 5 (1944), Taf. 12–14.

Tafel 58: W. Sage, Das Reihengräberfeld von Altenerding in Oberbayern. Bd. 1. Germanische Denkmäler der Völkerwanderungszeit, Serie A, Bd. 14, Gräber 20; 667; 673; 710; 712; 724; 859 und 878.
Tafel 59: H. Dannheimer, Prähistorische Staatssammlung München. Museum für Vor- und Frühgeschichte. Die Funde aus Bayern (²1980), Nr. 211–213. – Zur Verbreitung der Maskenschnallen vgl. H. Dannheimer, Lauterhofen im frühen Mittelalter. Materialhefte zur bayerischen Vorgeschichte 22 (1968), S. 37, Abb. 8.
Tafel 60: U. Koch, Die Grabfunde der Merowingerzeit aus dem Donautal um Regensburg. Germanische Denkmäler der Völkerwanderungszeit, Serie A, Bd. 10 (1968), S. 232, Taf. 90,1–21.
Tafel 61: H. Dannheimer, Lauterhofen im frühen Mittelalter. Materialhefte zur bayerischen Vorgeschichte 22 (1968), S. 65, Taf. 5,1–2.
Tafel 62–64: A. Stroh, Die Reihengräber der karolingisch-ottonischen Zeit in der Oberpfalz. Materialhefte zur bayerischen Vorgeschichte 4 (1954), S. 30 f., Taf. 1.
Tafel 65: A. Stroh, Die Reihengräber der karolingisch-ottonischen Zeit in der Oberpfalz. Materialhefte zur bayerischen Vorgeschichte 4 (1954), S. 26 f.
Tafel 66: W. Menghin, Neue Inschriftenschwerter aus Süddeutschland und die Chronologie karolingischer Spathen auf dem Kontinent. In: K. Spindler (Hrsg.), Vorzeit zwischen Main und Donau. Neue archäologische Forschungen und Funde aus Franken und Altbayern. Erlanger Forschungen, Reihe A, 26 (1980), S. 227 ff., Abb. 7–8 (Neuburg a. d. Donau). – Ders., Eine karolingische Spatha aus der Traun bei Linz (Oberösterreich). In: Bayerische Vorgeschichtsblätter 48, 1983, S. 217 ff. – F. Stein, Adelsgräber des 8. Jahrhunderts in Deutschland. Germanische Denkmäler der Völkerwanderungszeit, Serie A, Bd. 9 (1967), S. 230, Nr. 30, I.
Tafel 67: G. Haseloff, Der Silberbecher aus der Regnitz bei Pettstadt, Landkreis Bamberg. In: Jahresbericht der Bayerischen Bodendenkmalpflege 17/18, 1976/77, S. 132 ff., Abb. 9–11.
Tafel 68: G. Haseloff, Der Tassilokelch. Münchner Beiträge zur Vor- und Frühgeschichte 1 (1951). – V. Bierbrauer, Liturgische Gerätschaften aus Baiern und seinen Nachbarregionen in Spätantike und frühem Mittelalter. Liturgie- und kunstgeschichtliche Aspekte. In: Die Bajuwaren. Von Severin bis Tassilo 488–788. Ausst.-Kat. Rosenheim/Mattsee 1988, S. 328 ff., 331 f., Abb. 223.
Tafel 69: W. Sage, Die Ausgrabungen in St. Peter zu Straubing. In: Jahresbericht des Historischen Vereins für Straubing und Umgebung 79, 1976 (1977), S. 113 ff., Abb. 5,3–6.
Tafel 70: J. Guilmain, The enigmatic beasts of the Lindau gospels lower cover. In: International Centre of Medieval Art. Vol. 10/1, 1971, 3 ff.
Tafel 71: E. H. Zimmermann, Vorkarolingische Miniaturen (1916), S. 109, S. 257 f., Taf. 220. – H. Thurn, Irische und angelsächsische Handschriften auf dem Kontinent – am Beispiel der Würzburger Dombibliothek. In.: Kilian – Mönch aus Irland, aller Franken Patron. Aufsätze. Veröffentlichungen zur Bayerischen Geschichte und Kultur Nr. 19/89 (1989), S. 318 ff.
Tafel 72: R. Kahsnitz, U. Mende, E. Rücker, Das goldene Evangelienbuch von Echternach. Eine Prunkhandschrift des 11. Jahrhunderts (1982), S. 19 ff., Abb. 2.
Tafel 73: W. Sage, in: Miesbach, Tegernsee, Bad Tölz, Wolfratshausen, Bad Aibling. Führer zu vor- und frühgeschichtlichen Denkmälern 18 (1971), S. 212.

Personen- und Ortsregister

Aalen 18
Abodiacum → Epfach
Abusina → Eining
Acholshausen → Gaukönigshofen
Adrianopel 31, 66
Aelium Augustum → Augsburg
Aetius, röm. Patricius, Heermeister 32, 68
Afra, Hl. 92, 110
Agathias, gen. Scholastikos, griech. Dichter und Geschichtsschreiber 73, 77, 111
Agilulf, langobardischer Herzog 77
Agilus, iro-fränk. Missionar 112
Agrestius, iro-schott. Missionar 112
Alarich I., König der Westgoten 31, 66
Alatheus, Ostgotenführer 66
Altendorf 16, 48, 53, 55, 60; Taf. 12
Altenerding → Erding
Amantius, Diakon 70 f.
Ammianus Marcellinus, röm. Geschichtsschreiber 31, 56
Anniona, bair. Uradelsgeschlecht 116
Antoninus Pius (Titus Aelius Hadrianus A.), röm. Kaiser 18
Aquileia 20, 111
Arbeo, Bischof von Freising 110
Arcadius (Flavius A.), oström. Kaier 31
Ariovist, König der Sveben 52
Arnstein-Müdesheim 87
Aschheim 112; Taf. 44, 55
Asturis → Zeiselmauer
Athalarich, König der Ostgoten 73, 85
Attila, König der Hunnen 66, 68, 69, 70
Aub-Baldersheim 52; Taf. 2
Aubing → München
Augsburg 12, 15, 21, 25, 26, 38, 63, 70, 91, 100, 110, 111, 112; Taf. 38, 39
-Lechhausen 91; Taf. 1
-Pfersee 91
Augusta Vindelicum → Augsburg
Augustus, röm. Kaiser 12, 15, 18
Aurelian (Lucius Domitius), röm. Kaiser 25
Avenches 24
Aventicum → Avenches

Bad Gögging 22
Baldersheim → Aub
Barbing-Irlmauth Taf. 21
Batavis → Passau
Belisar, byzantin. Feldherr 73
Berching-Pollanten 16, 53; Taf. 3
Bergheim → Mödingen
Biessenhofen-Ebenhofen Taf. 59
Bittenbrunn → Neuburg a. d. Donau
Bleda, Bruder Attilas 68
Bobbio, Kloster 111
Böhming 21
Boiotro → Passau-Innstadt
Bonifatius, Missionar, Bischof, Hl. 90, 114
Bregenz 12
Brigantia → Bregenz
Bruckmühl-Götting 44, 67
Buch 18
Bullenheimer Berg 52
Burghöfe 29, 44
Bürgle (bei Gundremmingen) 44
Butilin, Alamannenherzog 73
Buttenwiesen-Unterthürheim 93; Taf. 28, 29, 49

Caelio Monte → Kellmünz
Cambodunum → Kempten
Caracalla (Marcus Aurelius Antoninus), röm. Kaiser 24, 63
Carnuntum 21
Cäsar, Gaius Julius 16
Cassiodor, Flavius Magnus Aurelius 73
Cassius Dio, griech. Geschichtsschreiber 12, 15, 21
Castra Regina → Regensburg
Chlodwig I., fränk. König 71
Chlothar I., fränk. König 73
Chur 26
Claudian (Claudius Claudianus), lat. Dichter 31
Claudius I. (Tiberius C. Nero Germanicus), röm. Kaiser 12
Claudius II. (Marcus Aurelius C. Goticus) röm. Kaiser 25
Columban, Abt, Missionar, Hl. 111, 112
Commodus (Marcus Aurelius C. Antoninus), röm. Kaiser 21
Constantius I. Chlorus (Gaius Flavius Aurelius C.), röm. Kaiser 26, 28

Dagobert I., fränk. König 89, 95
Dambach 21
Dannheimer, Hermann 63, 82
Dettingen a. Main 60
Dietz, Karlheinz 13
Dillingen a. d. Donau-Schretzheim 88, 91 ff.
Dingolfing 116
Diokletian (Gaius Aurelius Valerius Diocletianus), röm. Kaiser 25, 26, 46
Dittenheim 82, 83, 84, 85, 86, 88; Taf. 33, 41, 54
Dobrach 97
Domitian (Titus Flavius Domitianus), röm. Kaiser 12
Domitius Ahenobarbus, Lucius 63
Drazza, bair. Uradelsgeschlecht 116
Drusus (Nero Claudius D. Germanicus) 12

Ebenhofen → Biessenhofen
Echternach Taf. 72
Eggstätt 21
Ehrenbürg (bei Forchheim) 57
Eining 12, 21, 28, 29, 46, 47, 70
Ellingen 21
Emmeram, fränk. Wanderbischof, Hl. 112
Epfach 12, 91
Erding-Altenerding 75, 76, 81, 91; Taf. 22, 25, 58
Ermanarich, König der Ostgoten 66
Eßleben → Werneck
Eugippius, Abt 30, 69, 111
Eustasius, Missionar 112

Fagana, bair. Uradelsgeschlecht 116
Faimingen 22, 24
Favianis → Mautern
Feldmoching → München
Fewa, König der Rugier 70
Flaccitheus, König der Rugier 70
Foetibus → Füssen
Forchheim 97
Forchheim (Lkr. Neumarkt/OPf.) → Freystadt
Forheim 63
Frauenberg (bei Weltenburg) 44, 46
Fredegar 96
Freilassing-Salzburghofen Taf. 51
Freising 112
Freystadt-Forchheim 61
Fridolfing-Fürst 44, 68; Taf. 17
Fürst → Fridolfing
Füssen 29, 91

Galerius (Gaius G. Valerius Maximinianus), röm. Kaiser 26, 28
Garibald, Herzog von Baiern 73, 77, 94, 111
Gaukönigshofen-Acholshausen 52
Gelbe Bürg (bei Dittenheim) 21, 55 f., 57, 59, 60, 61, 63, 64, 82; Taf. 18
Geograph von Ravenna 64, 71
Gibuld, König der Alamannen 30, 70 f., 74, 111, 112
Glauberg (bei Büdingen) 58
Goldberg (bei Türkheim) 46, 47
Götting → Bruckmühl
Gozbert, Herzog von Thüringen 89
Gratian (Flavius Gratianus), röm. Kaiser 31, 33, 56
Gregor I., der Große, Papst 112
Großer Knetzberg 52
Großostheim-Wenigumstadt 60, 89; Taf. 15
Gundoald, Herzog von Asti 111
Guntia → Günzburg
Günzburg 91

Hadrian (Publius Aelius Hadrianus), röm. Kaiser 15
Hahilinga, bair. Uradelsgeschlecht 116
Hallstadt 97
Hammelburg Taf. 25, 50
Heden II., Herzog von Thüringen 90, 116
Heidingsfeld → Würzburg
Herminafried, König der Thüringer 72
Herrsching 112; Taf. 53
Hirschaid 64
Hohenfels-Matzhausen Taf. 62–64
Honorius (Flavius H.), weström. Kaiser 31
Houbirg (bei Happurg) 57
Huosi, bair. Uradelsgeschlecht 116

Irlmauth → Barbing
Ischl → Seeon-Seebruck
Iuvavum → Salzburg

Jordanes, Geschichtsschreiber 73
Julian Apostata (Flavius Claudius Iulianus), röm. Kaiser 33
Justinian I., oström. Kaiser 73, 77

Kahl a. Main 53, 60; Taf. 13
Kallmünz Taf. 65
Karl I., der Große, fränk. König, röm. Kaiser 96, 97, 116, 117
Karlmann, fränk. Hausmeier 90, 116
Karl Martell, fränk. Hausmeier 90
Katzau 97

Kelheim 21
Keller, Erwin 38, 43
Kellmünz 91
Kempten 12, 21, 29, 91
Kilian, irischer Mönch, Hl. 89, 112, 114
Kleinlangheim 16, 48, 53, 55, 60, 87 f., 92
Kleinwallstadt 60
Koch, Ursula 91
Konstantin I., der Große (Flavius Valerius Constantinus), röm. Kaiser 29
Konstantinopel 29
Kösching Taf. 48
Kremsmünster 117; Taf. 68
Künzing 13, 29, 32, 47, 70, 71

Landsberg a. Lech-Spötting Taf. 46 a
Langerringen Taf. 46 b
La Turbie 12
Lauriacum → Lorch
Lauterhofen Taf. 61
Leo I., der Große, Papst 68
Leuthari, Alamannenherzog 73
Lindau Taf. 70
Linz 12
Lochenstein (bei Balingen) 57
Lorch 18, 32, 70, 71
Lorenzberg (bei Epfach) 44, 47
Lucillus, Presbyter 71
Lupfen → Oberflacht
Luxeuil, Kloster 112

Mailand 28, 31
Manching 16
Marbod, König der Markomannen 15, 16, 52
Marienberg (bei Würzburg) 57
Mark Aurel (Marcus Aurelius Antoninus), röm. Kaiser 19, 20, 21
Marktbreit 15, 52
Matzhausen → Hohenfels
Mautern 32, 71
Maximinian (Marcus Aurelius Valerius Maximinianus), röm. Kaiser 26
Maximinus (Magnus M.), röm. Kaiser/Usurpator 44
Mertingen Taf. 42
Michelsberg (bei Kelheim) 16
Michelsberg (bei Kipfenberg) 57, 60, 61, 63
Miltenberg 18
Mindzell 21
Mödingen-Bergheim 55; Taf. 4
Moosberg (bei Murnau) 47
Müdesheim → Arnstein
München-Aubing 112
-Feldmoching Taf. 59
Munningen 21
Munziuch, hunnischer Fürst 68

Nabburg Taf. 65
Narses, byzantin. Feldherr 73
Nero (Claudius Drusus Germanicus), röm. Kaiser 12
Neuburg a. d. Donau 43, 45, 46, 61; Taf. 66
-Bittenbrunn 55, 76, 81; Taf. 6
Nordendorf 93; Taf. 27, 42, 45, 56

Oberbaar → Thierhaupten
Oberflacht 99
Octar, hunnischer Fürst 68
Odilo, Herzog von Baiern 116
Odoaker, germ. Heerführer, König von Italien 32, 70, 71
Opitergium 20
Orestes, Patricius des Weström. Reichs 70
Ossek 97

Pähl Taf. 50, 52
Passau 13, 32, 46, 47, 61, 70, 71
-Innstadt 13, 47, 70
Paulus Diaconus, Geschichtsschreiber 74, 77
Perschen 98
Pettstadt 117
Pfersee → Augsburg
Pforzen 91
Pfünz 21
Pliening Taf. 22
Plinius d. Ältere, Gaius P. Secundus 12
Pollentia 31
Premberg 97
Priskos von Panion, griech. Geschichtsschreiber 68
Probus (Marcus Aurelius P.), röm. Kaiser 25, 27, 46, 56
Prokop, byzantin. Geschichtsschreiber 111

Quintanis → Künzing

Radulf, Herzog von Thüringen 89, 95
Ravenna 38
Regensburg 15, 28, 29, 30, 38, 44, 46, 47, 70, 97, 111, 112
-Bismarckplatz Taf. 35
-Kumpfmühl 13, 21
Reißberg (bei Scheßlitz-Burgellern) 57, 60
Rodulf, König der Heruler 72
Romulus Augustulus, weström. Kaiser 31, 32, 70, 71
Rua, hunnischer Fürst 68
Ruffenhofen 18
Runder Berg (bei Urach) 57, 58 f., 60, 66

Säben 111
Sabiona → Säben
Safrax, Ostgotenführer 66
Salgen Taf. 57
Salzburg 12, 112
Salzburghofen → Freilassing
Samo, slaw. Händler 95
Sarmannina 110
Schambach → Treuchtlingen
Scheßlitz 60
Schirenhof 18
Schretzheim → Dillingen a. d. Donau
Schwabmünchen 91; Taf. 42
Schwabthal → Staffelstein
Schwarz, Klaus 98
Seeon-Seebruck-Ischl Taf. 51
Septimius Severus (Lucius Septimius Severus Pertinax), röm. Kaiser 22
Severin, Hl. 32, 69, 71
Sindelsdorf Taf. 25
Sorviodurum → Straubing
Spielberg (bei Erlbach im Ries) 55, 63; Taf. 5, 6
Spötting → Landsberg a. Lech
Staffelberg (bei Staffelstein) 15, 16, 57, 60; Taf. 19
Staffelstein 64
-Schwabthal 64
Staubing 112
Steinhöring Taf. 25, 44
Stilicho, weström. Heermeister 31, 32, 66
Stockstadt 60
Strabo 12
Straßkirchen Taf. 60
Straubing 13, 45, 47; Taf. 7, 69
-Azlburg 45, 46, 62; Taf. 7–11, 16
-Bajuwarenstraße 46, 62, 75, 81, 91; Taf. 16, 23, 24, 26, 47
Sulzbürg (bei Neumarkt/OPf.) 57, 60, 63

Tacitus, Cornelius 15
Tapfheim 88
Tassilo I., Herzog von Baiern 77, 117
Tassilo III., Herzog von Baiern 77, 116
Tegernsee Taf. 73
Theodelinde, langobardische Königin 111, 112
Theoderich I., der Große, König der Ostgoten 32, 71, 72 f., 94, 111
Theodo, Herzog von Baiern 116
Theodosius I., der Große, röm. Kaiser 31, 64, 66
Theudebald, fränk. König 73
Theudebert I., fränk. König 73, 77, 111
Thierhaupten-Oberbaar Taf. 55
Thiudimir, König der Ostgoten 66
Thüngersheim 60; Taf. 14
Tiberius (Tiberius Iulius Caesar Augustus), röm. Kaiser 12, 18
Totila, König der Ostgoten 73, 85
Treuchtlingen-Schambach 60, 61
Trier 28
Troyes 68
Turmberg (bei Kasendorf) 57, 60

Uldin, hunnischer Fürst 68
Unterthürheim → Buttenwiesen

Valens (Flavius Valens), röm. Kaiser 31, 66
Valentin, rätischer Abt, Wanderbischof 71
Valentinian I. (Flavius Valentinianus), röm. Kaiser 31, 33
Valentinian II. (Flavius Valentinianus), röm. Kaiser 33
Valerian (Publius Licinius V.), röm. Kaiser 56
Vallatum 47
Venantius Fortunatus, Honorius Clementianus, lat. Dichter 73, 91, 110
Verona 31
Victorinus 21
Vogelsberg (bei Escherndorf) 57

Walamir, König der Ostgoten 66
Walderade, langobardische Prinzessin 73, 77, 111
Weismain 98
Weißenburg i. Bayern 21, 82, 85
Wels 111
Weltenburg, Kloster 112
Wenigumstadt → Großostheim
Werneck-Eßleben Taf. 2
-Zeuzleben 86 f., 92; Taf. 36, 37
Werner, Joachim 56
Weßling 38
Westheim 82, 83, 85, 86, 105; Taf. 30–33, 41, 43
Wettenburg (bei Urphar) 57, 58, 60, 63
Widimir, König der Ostgoten 66
Wittigis, König der Ostgoten 32, 73, 85
Wittislingen 112; Taf. 40, 55
Wogastisburg 95
Wörth 18
Würzburg 89, 90, 114; Taf. 71
-Heidingsfeld Taf. 34

Zeiselmauer 70
Zeno, oström. Kaiser 71
Zeuzleben → Werneck
Zirl 29

Bildnachweis

Archiv für Kunst und Geschichte, Berlin: 12
Bayerisches Landesamt für Denkmalpflege, München, Luftbildarchiv: 9 (freigegeben durch die Regierung von Oberbayern Nr. GS 300/9119-82); 17 (freigegeben durch die Regierung von Mittelfranken, Luftamt Nordbayern Nr. P 3571/22); 24 (freigegeben durch die Regierung von Oberpfalz Nr. 9503-83); 50 (freigegeben durch die Regierung von Oberbayern Nr. GS 300/9021-81)
Oktavian Catrici, Nürnberg: 67, 88
Verena Croon, Berlin: 80, 81, 85, 89, 92
Manfred Eberlein: 15
Germanisches Nationalmuseum Nürnberg: 19, 27, 31, 53, 55, 68, 79, 87, 90, 96, 97
Hirmer Archiv, München: 13
Heinz Kornemann: 66, 69, 91
Luftbild Albrecht Brugger: 51 (Nr. 2/43859)
Karl Natter und Irene Nägele, Stuttgart: 99
Prähistorische Staatssammlung München: 10, 36, 37, 48, 62, 93, 94, 95
Konrad Theiss Verlag, Stuttgart, Archiv: 18